PAP88 98

Romanciers et Conteurs du 19e Siècle

Jean et Jacqueline Sareil

REGENTS PUBLISHING COMPANY, INC.

Published by
Regents Publishing Company, Inc.
2 Park Avenue
New York, N.Y. 10016

Printed in the United States of America

TABLE DES MATIERES

INTRODUCTION

L e dix-neuvième siècle est l'âge d'or du roman. Jusque là, et malgré d'éclatantes réussites, il était considéré comme un genre mineur, indigne de plaire aux esprits sérieux. Soudain il s'épanouit, comme la tragédie et la comédie s'étaient épanouis au dix-septième siècle. Des critiques, comme Sainte-Beuve, des philosophes, comme Taine, en composent qui connaissent un certain succès. Dans tout ce siècle, si fertile en grands écrivains, il en est peu qui résistent à la tentation d'arriver par ce moyen à la gloire littéraire.

Ce qui frappe dans cette production, c'est non seulement la qualité mais la quantité de chefs-d'oeuvre, et plus étonnant peut-être encore, le nombre de livres qui, sans être des ouvrages de tout premier plan, se lisent encore avec intérêt aujourd'hui. De toutes les formes de littérature du siècle, c'est incontestablement celle qui a le moins vieilli, celle qui est restée la plus proche de nos préoccupations actuelles. Le théâtre romantique, à l'exception de celui de Musset, n'a plus qu'une valeur historique; la poésie, si brillamment illustrée pendant toute cette période, est l'objet de fréquentes révisions de valeurs. Des écoles entières ont disparu et certains poètes, qui furent grands de leur temps, ne sont plus lus de nos contemporains que durant leurs études scolaires. Au contraire, Stendhal, Balzac, Flaubert, Zola, sont dans toute leur gloire. Même ceux des auteurs d'aujourd'hui qui se détournent d'eux, les traitent comme de grands seigneurs et non comme des rois détrônés.

De leur côté, le conte et la nouvelle connaissent une vogue parallèle et égale à celle du roman. Les influences subies sont les mêmes. D'ailleurs ce sont les mêmes auteurs qui s'expriment dans l'un et l'autre genre selon les dimensions du sujet traité. Simplement on peut dire que les grands romanciers ne sont pas extrêmement à l'aise dans la nouvelle, qui ne permet pas à leur génie de s'épanouir pleinement tandis que les meilleurs conteurs manquent souvent de souffle dans le roman.

Si l'on compare cette littérature romanesque du dix-neuvième siècle à la production classique correspondante, on est frappé par son tour dramatique: ce ne sont que catastrophes, morts, ruines, trahisons, déchéances. La vie est une jungle et nous assistons au massacre des faibles par les forts. L'humour, quand il s'en trouve, est presque toujours noir. Pourtant cette attitude ne s'explique pas par un soudain pessimisme.

Sous l'Ancien Régime, les auteurs dressaient souvent un réquisitoire rigoureux contre les mœurs ou la société, mais ils le faisaient en quelque sorte d'une manière abstraite. Les écrivains classiques, soucieux de bienséance et de politesse, mettaient un écran entre le lecteur et la représentation de l'existence. Dans *La Princesse de Clèves* ou *Les Liaisons dangereuses*, héros et héroïnes vont à leur destruction; on nous la raconte, mais on ne nous la montre pas, ou à peine. Au contraire, un Balzac, un Flaubert, s'acharnent sur leurs personnages, ne nous font grâce d'aucun détail de leur déchéance. Et naturellement l'histoire prend un tour pénible pour le lecteur qui s'identifie au héros.

Deux raisons expliquent ce changement. L'une est le fait du public, l'autre des écrivains. Au dix-neuvième siècle, les gens apprennent à lire en bien plus grand nombre. Les lecteurs désormais appartiennent à des milieux où les livres ne pénétraient guère autrefois. D'autre part la Révolution française a amené des bouleversements sociaux: le nationalisme est apparu, la guerre affecte maintenant tout un peuple et non plus seulement des professionnels, les paysans sont devenus propriétaires. Ce sont ces thèmes qui vont apparaître dans la littérature et les références historiques vont introduire un plus grand réalisme dans le récit, vont le charger d'émotion.

L'autre raison vient du développement du *Moi* romantique. A partir de 1820, l'artiste essaie de communiquer ses préoccupations au lecteur. Il en résulte une sensibilité beaucoup plus grande dans toute l'œuvre. Et même, lorsque, plus tard, les réalistes raconteront une histoire avec l'impassibilité de savants décrivant une expérience, il n'en restera pas moins que le récit sera toujours marqué de ce besoin d'émouvoir le

lecteur, de le faire participer à l'événement qui lui est présenté. Si l'on ajoute encore le tour d'esprit mélancolique de l'époque, connu sous le nom de *mal du siècle*, l'on conçoit que les textes de notre sélection aient pour la plupart un intérêt dramatique.

Dans l'ensemble de ces sélections, le vocabulaire pose un problème à l'étudiant, car il est très vaste, les auteurs ayant le désir d'employer le mot propre, à la différence des classiques, qui se contentaient volontiers d'un langage abstrait. Par contre, l'étudiant trouvera des textes plus proches de ses préoccupations habituelles, des livres qu'il est accoutumé de lire, et de ce fait il a plus de chance de s'intéresser à ses lectures.

Toute anthologie repose sur un certain degré d'arbitraire. Nous avons décidé de ne retenir qu'une seule œuvre par auteur, quelle que soit son importance, afin de donner un panorama de la littérature de fiction au dix-neuvième siècle aussi vaste que possible. Certains écrivains ont été éliminés parce que les sélections auraient été trop longues, médiocres une fois sorties des contextes, ou simplement sans autre raison que la nécessité de faire un choix. Nos décisions ont été déterminées par deux considérations: d'abord sélectionner un texte qui soit représentatif de l'auteur, de manière à permettre à l'instructeur, s'il le désire, de bâtir une leçon de littérature autour de ce passage. Ensuite, prendre des morceaux susceptibles d'intéresser les étudiants, même s'ils ignorent tout de l'auteur ou de la période. Pour cela nous n'avons fait aucune coupure à l'intérieur des passages. Et nous nous sommes efforcés de faire des sélections assez longues, lorsque nous ne prenions pas une nouvelle, afin que l'élève ait le temps d'être entraîne par le récit.

Chaque auteur fait l'objet d'une notice biographique succincte, en français, l'utilisation de l'anglais étant réduite au strict minimum. Cette notice est suivie d'une présentation du texte qui en facilite la compréhension.

A chaque sélection est joint un certain nombre de questions. Les questions *A*, qui portent sur l'histoire, sont généralement destinées à vérifier si l'étudiant a bien fait la lecture. Elles peuvent lui permettre aussi de se rendre compte si sa préparation a été assez consciencieuse. Elles ont encore l'avantage de permettre aux élèves qui ont du mal à s'exprimer dans une langue étrangère de préparer leurs réponses et d'être ainsi capables de participer à une conversation en français. Les questions *B*, plus subtiles, relèvent de l'explication de texte. Signalons

que les plus difficiles ont reçu une réponse au moins partielle dans la présentation du passage dans la notice.

Enfin, nous avons joint des sujets de conversation sous forme de débats, où, partant librement du texte, nous essayons de provoquer des discussions en soutenant tour à tour le *pour* et le *contre*. Notre espoir est d'amener les étudiants à discuter des points qui les intéressent directement, tout en conservant à ces conversations une allure nettement intellectuelle. Naturellement il ne nous semble pas qu'elles doivent être utilisées dans les classes de littérature.

Le dix-neuvième siècle est très proche de nous par certains côtés. La sélection définitive n'est pas faite, ce qui explique pourquoi le nombre d'auteurs qu'on lit encore est plus grand qu'aux époques antérieures. En conséquence, il est difficile pour un instructeur de donner une vue d'ensemble de cette immense période, d'autant que les grands romans du temps constituent de longues lectures. C'est donc pour permettre de connaître et de discuter cette littérature romanesque que nos avons fait cette anthologie.

<div align="right">J. S.</div>

Madame de Staël
Germaine Necker, baronne de Staël-Holstein
(1766-1817)

Ce qui caractérise essentiellement madame de Staël, c'est le mélange exceptionnel d'intelligence et de passion. Elle veut tout connaître, tout comprendre, tout sentir. Aucune oeuvre n'est plus directement inspirée de l'actualité que la sienne. Cela devait faire scandale à une époque où la littérature féminine ne pouvait qu'être édifiante ou charmante. On lui pardonna d'autant moins d'avoir des idées, et de les exprimer avec talent, qu'elle entendait rester femme, qu'elle avait des amants, qu'elle était mère. Dans ces conditions, cela semblait une faute de goût et un manque de discrétion de prétendre écrire des livres qui étaient des manifestes de la sensibilité nouvelle et d'une culture européenne. On le lui fit bien voir.

Aujourd'hui, où le public ne lit plus ses livres, parce que le style

en est démodé, les critiques continuent à s'intéresser à elle, car les problèmes qu'elle traite sont toujours les nôtres, mais, chose curieuse, on n'en continue pas moins à la détester avec une violence qui tient probablement à son style de vie et à sa façon de penser.

Madame de Staël est la fille du célèbre banquier Necker, auquel elle a voué un véritable culte. Sa mère tenait un salon fort réputé et la petite Germaine y faisait figure d'enfant prodige. Par exception, l'enfant prodige devint génie. Très jeune, elle épouse un insignifiant diplomate suédois, le comte de Staël-Holstein, sensiblement plus âgé qu'elle. Elle tient un salon où, au début de la Révolution, se réunissent les principales têtes du parti libéral modéré. Elle se mêle activement aux événements et est vivement attaquée par la presse royaliste. Aux heures difficiles de la Terreur, madame de Staël voyage; elle rencontre Benjamin Constant, avec qui elle a une liaison célèbre et mouvementée. Elle revient à Paris, déplaît au gouvernement du Directoire qui l'exile. En 1797, elle est à nouveau à Paris, rencontre Bonaparte, mais ne tarde pas à lui devenir suspecte. En 1800, elle fait paraître un livre important: *De la littérature considérée dans ses rapports avec les institutions sociales,* où elle reprend certaines idées des penseurs du dix-huitième siècle. Elle montre la littérature comme un produit de la société, dépendant aussi bien des climats que du régime politique d'un pays. En 1802, paraît son premier roman, *Delphine.* En 1803, elle est exilée et, malgré ses efforts, elle ne réussira jamais à vaincre la méfiance et l'hostilité de l'Empereur. Pour madame de Staël, si habituée à la vie de salon, dont toutes les idées ont été parlées avant d'être écrites, le coup était sensible. Elle s'installe à Coppet, propriété des Necker qui surplombe le lac de Genève et qui va devenir un centre de rayonnement européen. Ainsi les circonstances vont développer son cosmopolitisme, l'amener à se tourner vers ce qui se passe ailleurs qu'en France.

Un voyage en Italie est à l'origine de son second roman, *Corinne* (1807). Puis elle se rend en Allemagne. Au siècle précédent, Voltaire avait commencé sa campagne contre les institutions de son temps par ses *Lettres anglaises.* C'est un effet assez semblable qu'allait avoir *De l'Allemagne* (1810), aussitôt détruit par la police de Napoléon et qui ne paraîtra en Angleterre qu'en 1813. Pour nous aujourd'hui l'information en est un peu superficielle (on fait le même reproche à Voltaire), mais le livre révélait une littérature aux Français, montrait l'importance du génie, opposait la poésie du nord à celle du midi et le romantisme au classicisme.

En 1812, madame de Staël, se sentant menacée à Coppet même, décide de s'enfuir, part pour la Russie, la Suède pour finalement arriver en Angleterre. C'est le récit de ce voyage en Russie et des démêlés avec Napoléon qui est le sujet des *Dix années d'exil*, qui paraîtra après sa mort et qui se lit très agréablement encore aujourd'hui.

A la Restauration, elle rentre en France, se rallie aux Bourbons, épouse un officier suisse, John Rocca, beaucoup plus jeune qu'elle. Mais elle meurt bientôt et son dernier livre, *Considérations sur la Révolution française* est publié après sa mort.

*
**

Les romans de madame de Staël ont connu le plus vif succès à l'époque. Mais leur parfum de modernisme s'est éventé. *Delphine*, roman par lettres, est un livre féministe où, pour la première fois, une femme défend les droits de l'amour contre les conventions sociales. *Corinne* est un roman cosmopolite, qui se déroule en Italie et en Angleterre et qui est l'histoire d'une femme, poète de génie. Cette opposition du bonheur et du génie est un sujet dont on comprend qu'il ait pas-

sionné les contemporains; malheureusement le style a terriblement
vieilli, l'Italie, l'Angleterre ne sont que des noms géographiques, des
prétextes à généralisations intellectuelles. Au fond, il manque au livre
la poésie de la géniale Corinne.

Le chapitre que nous offrons au lecteur se situe au début du livre.
Un jeune Anglais, Lord Nelvil, a décidé de voyager pour se remettre du
chagrin que lui a causé la mort de son père. En chemin, il rencontre
un Français légèrement caricatural qui l'accompagne. On notera dans
ce passage le libéralisme de l'auteur, son refus des préjugés et des con-
ventions, le côté moderne de ses prises de position. Aujourd'hui, la
personnalité de madame de Staël l'emporte sur son oeuvre.

Corinne ou l'Italie

*U*ne circonstance imprévue accrut beau-
coup le sentiment de respect que le comte d'Erfeuil éprouvait déjà,
presque à son insu, pour son compagnon de voyage. La santé de lord
Nelvil l'avait contraint de s'arrêter quelques jours à Ancône[1]. Les mon-
tagnes et la mer rendent la situation de cette ville très belle, et la foule 5
de Grecs, qui travaillent sur le devant des boutiques, assis à la manière
orientale, la diversité des costumes des habitants du Levant[2] qu'on
rencontre dans les rues, lui donnent un aspect original et intéressant.
L'art de la civilisation tend sans cesse à rendre tous les hommes sem-
blables en apparence et presque en réalité; mais l'esprit et l'imagination 10
se plaisent dans les différences qui caractérisent les nations: les hommes
ne se ressemblent entre eux que par l'affectation ou le calcul; mais tout
ce qui est naturel est varié. C'est donc un petit plaisir, au moins pour
les yeux, que la diversité des costumes; elle semble promettre une
manière nouvelle de sentir et de juger. 15

Le culte grec, le culte catholique et le culte juif existent simultané-
ment et paisiblement dans la ville d'Ancône. Les cérémonies de ces
religions diffèrent extrêmement entre elles; mais un même sentiment
s'élève vers le ciel dans ces rites divers, un même cri de douleur, un
même besoin d'appui. 20

[1] Ancône: port d'Italie, sur la côte adriatique.
[2] Levant: nom donné aux pays de la côte orientale de la Méditerranée.

L'église catholique est au haut de la montagne, et domine à pic[3] sur la mer; le bruit des flots se mêle souvent aux chants des prêtres: l'église est surchargée, dans l'intérieur, d'une foule d'ornements d'assez mauvais goût; mais, quand on s'arrête sous le portique du temple, on aime à rapprocher le plus pur des sentiments de l'âme, la religion, avec le spectacle de cette superbe mer, sur laquelle l'homme jamais ne peut imprimer sa trace. La terre est travaillée par lui, les montagnes sont coupées par ses routes, les rivières se resserrent en canaux pour porter ses marchandises; mais si les vaisseaux sillonnent un moment les ondes, la vague vient effacer aussitôt cette légère marque de servitude, et la mer reparaît telle qu'elle fut au premier jour de la création.

Lord Nelvil avait fixé son départ pour Rome au lendemain, lorsqu'il entendit, pendant la nuit, des cris affreux dans la ville: il se hâta de sortir de son auberge pour en savoir la cause, et vit un incendie qui partait du port et remontait, de maison en maison, jusqu'au haut de la ville; les flammes se répétaient au loin dans la mer; le vent, qui augmentait leur vivacité, agitait aussi leur image dans les flots, et les vagues soulevées réfléchissaient, de mille manières, les traits sanglants d'un feu sombre.

Les habitants d'Ancône, n'ayant point chez eux de pompes en bon état, se hâtaient de porter, avec leurs bras, quelques secours. On entendait, à travers les cris, le bruit des chaînes des galériens[4] employés à sauver la ville, qui leur servait de prison. Les diverses nations du Levant, que le commerce attire à Ancône, exprimaient leur effroi par la stupeur de leurs regards. Les marchands, à l'aspect de leurs magasins en flamme, perdaient entièrement la présence d'esprit. Les alarmes, pour la fortune, troublent autant le commun des hommes[5] que la crainte de la mort, et n'inspirent pas cet élan de l'âme, cet enthousiasme qui fait trouver des ressources.

Les cris des matelots ont toujours quelque chose de lugubre et de prolongé, que la terreur rendait encore bien plus effrayant. Les mariniers, sur les bords de la mer Adriatique, sont revêtus d'une capote rouge et brune très singulière; et, du milieu de ce vêtement, sortait le visage animé des Italiens, qui peignait la crainte sous mille formes. Les habitants, couchés par terre dans les rues, couvraient leurs têtes de leurs manteaux, comme s'il ne leur restait plus rien à faire qu'à ne pas

[3] à pic: perpendiculairement.
[4] galériens: "galley-slaves".
[5] le commun des hommes: le plus grand nombre.

voir leur désastre; d'autres se jetaient dans les flammes, sans la moindre espérance d'y échapper: on voyait tour à tour une fureur et une résignation aveugles, mais nulle part le sang-froid qui double les moyens et les forces.

Oswald se souvint qu'il y avait deux bâtiments[6] anglais dans le port, et ces bâtiments ont à bord des pompes parfaitement bien faites: il courut chez le capitaine, et monta, avec lui, sur un bateau pour aller chercher ces pompes. Les habitants qui le virent entrer dans la chaloupe lui criaient: *Ah! vous faites bien, vous autres étrangers, de quitter notre malheureuse ville.* — Nous allons revenir, dit Oswald. — Ils ne le crurent pas. Il revint pourtant, établit l'une de ses pompes en face de la première maison qui brûlait sur le port, et l'autre vis-à-vis de celle qui brûlait au milieu de la rue. Le comte d'Erfeuil exposait sa vie avec insouciance, courage et gaîté; les matelots anglais et les domestiques de lord Nelvil vinrent tous à son aide; car les habitants d'Ancône restaient immobiles, comprenant à peine ce que ces étrangers voulaient faire, et ne croyant pas du tout à leurs succès.

Les cloches sonnaient de toutes parts, les prêtres faisaient des processions, les femmes pleuraient en se prosternant devant quelques images de saints au coin des rues; mais personne ne pensait aux secours naturels que Dieu a donnés à l'homme pour se défendre. Cependant, quand les habitants aperçurent les heureux effets de l'activité d'Oswald, quand ils virent que les flammes s'éteignaient, et que leurs maisons seraient conservées, ils passèrent de l'étonnement à l'enthousiasme; ils se pressaient autour de lord Nelvil, et lui baisaient les mains avec un empressement si vif, qu'il était obligé d'avoir recours à la colère, pour écarter de lui tout ce qui pouvait retarder la succession rapide des ordres et des mouvements nécessaires pour sauver la ville. Tout le monde s'était rangé sous son commandement, parce que, dans les plus petites comme dans les plus grandes circonstances, dès qu'il y a du danger, le courage prend sa place: dès que les hommes ont peur, ils cessent d'être jaloux.

Oswald, à travers la rumeur générale, distingua cependant des cris plus horribles que tous les autres, qui se faisaient entendre à l'autre extrémité de la ville. Il demanda d'où venaient ces cris; on lui dit qu'ils partaient du quartier des Juifs: l'officier de police avait coutume de fermer les barrières de ce quartier le soir, et l'incendie gagnant de ce

[6] bâtiments: navires, bateaux.

côté, les Juifs ne pouvaient s'échapper. Oswald frémit à cette idée, et
demanda qu'à l'instant le quartier fût ouvert; mais quelques femmes 95
du peuple, qui l'entendirent, se jetèrent à ses pieds, pour le conjurer
de n'en rien faire: *Vous voyez bien*, disaient-elles, *oh! notre bon ange!*
que c'est sûrement à cause des Juifs qui sont ici, que nous avons souffert
cet incendie; ce sont eux qui nous portent malheur; et, si vous les
mettez en liberté, toute l'eau de la mer n'éteindra pas les flammes; 100
et elles suppliaient Oswald de laisser brûler les Juifs, avec autant d'élo-
quence et de douceur que si elles avaient demandé un acte de clé-
mence. Ce n'étaient point de méchantes femmes, mais des imaginations
superstitieuses, vivement frappées par un grand malheur. Oswald con-
tenait à peine son indignation, en entendant ces étranges prières. 105

Il envoya quatre matelots anglais, avec des haches, pour briser les
barrières qui retenaient ces malheureux; et ils se répandirent à l'instant
dans la ville, courant à leurs marchandises, au milieu des flammes, avec
cette avidité de fortune, qui a quelque chose de bien sombre, quand
elle fait braver la mort. On dirait que l'homme, dans l'état actuel de 110
la société, n'a presque rien à faire du simple don de la vie.

Il ne restait plus qu'une maison au haut de la ville, que les flammes
entouraient tellement qu'il était impossible de les éteindre, et plus im-
possible encore d'y pénétrer. Les habitants d'Ancône avaient montré
si peu d'intérêt pour cette maison, que les matelots anglais, ne la croyant 115
point habitée, avaient ramené leurs pompes vers le port. Oswald lui-
même, étourdi par les cris de ceux qui l'entouraient et l'appelaient à
leur secours, n'y avait pas fait attention. L'incendie s'était commu-
niqué plus tard de ce côté, mais y avait fait de grands progrès. Lord
Nelvil demanda si vivement quelle était cette maison, qu'un homme 120
enfin lui répondit que c'était l'hôpital des fous. A cette idée, toute son
âme fut bouleversée; il se retourna, et ne vit plus aucun de ses matelots
autour de lui: le comte d'Erfeuil n'y était pas non plus; et c'était en
vain qu'il se serait adressé aux habitants d'Ancône; ils étaient presque
tous occupés à sauver ou à faire sauver leurs marchandises, et trouvaient 125
absurde de s'exposer pour des hommes dont il n'y avait pas un qui ne
fût fou sans remède: *C'est une bénédiction du ciel*, disaient-ils, *pour*
eux et pour leurs parents, s'ils meurent ainsi, sans que ce soit la faute
de personne.

Pendant que l'on tenait de semblables discours[7] autour d'Oswald, 130
il marchait à grands pas vers l'hôpital, et la foule qui le blâmait, le

[7] l'on tenait de semblables discours: l'on parlait ainsi.

suivait avec un sentiment d'enthousiasme involontaire et confus. Os-
wald, arrivé près de la maison, vit, à la seule fenêtre qui n'était pas
entourée par les flammes, des insensés qui regardaient les progrès de
l'incendie, et souriaient de ce rire déchirant qui suppose ou l'ignorance 135
de tous les maux de la vie, ou tant de douleur au fond de l'âme, qu'au-
cune forme de la mort ne peut plus épouvanter. Un frissonnement
inexprimable s'empara d'Oswald, à ce spectacle: il avait senti, dans le
moment le plus affreux de son désespoir, que sa raison était prête à se
troubler; et, depuis cette époque, l'aspect de la folie lui inspirait tou- 140
jours la pitié la plus douloureuse. Il saisit une échelle qui se trouvait
près de là; il l'appuie contre le mur, monte au milieu des flammes, et
entre, par la fenêtre, dans une chambre où les malheureux, qui restaient
à l'hôpital, étaient tous réunis.

Leur folie était assez douce pour que, dans l'intérieur de la maison, 145
tous fussent libres, excepté un seul, qui était enchaîné dans cette même
chambre, où les flammes se faisaient jour[8] à travers la porte, mais n'a-
vaient pas encore consumé le plancher. Oswald apparaissant au milieu
de ces misérables créatures, toutes dégradées par la maladie et la souf-
france, produisit sur elles un si grand effet de surprise et d'enchante- 150
ment, qu'il s'en fit obéir d'abord sans résistance. Il leur ordonna de
descendre devant lui, l'un après l'autre, par l'échelle que les flammes
pouvaient dévorer dans un moment. Le premier de ces malheureux
obéit sans proférer une parole: l'accent et la physionomie de lord Nelvil
l'avaient entièrement subjugué. Un troisième voulut résister, sans se 155
douter du danger que lui faisait courir chaque moment de retard, et
sans penser au péril auquel il exposait Oswald, en le retenant plus long-
temps. Le peuple, qui sentait toute l'horreur de cette situation, criait
à lord Nelvil de revenir, de laisser ces insensés s'en tirer[9] comme ils le
pourraient; mais le libérateur n'écoutait rien avant d'avoir achevé sa 160
généreuse entreprise.

Sur les six malheureux qui étaient dans l'hôpital, cinq étaient déjà
sauvés; il ne restait plus que le sixième, qui était enchaîné. Oswald
détache ses fers, et veut lui faire prendre, pour échapper, les mêmes
moyens qu'à ses compagnons, mais c'était un pauvre jeune homme 165
privé tout à fait de la raison; et, se trouvant en liberté, après deux ans
de chaîne, il s'élançait dans la chambre avec une joie désordonnée.
Cette joie devint de la fureur, lorsque Oswald voulut le faire sortir par

[8] se faisaient jour: se montraient.
[9] s'en tirer: se sortir heureusement d'une situation difficile.

la fenêtre. Lord Nelvil, voyant alors que les flammes gagnaient toujours plus la maison, et qu'il était impossible de décider cet insensé à se sauver lui-même, le saisit dans ses bras, malgré les efforts du malheureux, qui luttait contre son bienfaiteur. Il l'emporta, sans savoir où il mettait les pieds, tant la fumée obscurcissait sa vue; il sauta les derniers échelons au hasard, et remit l'infortuné, qui l'injuriait encore, à quelques personnes, en leur faisant promettre d'avoir soin de lui. 175

Oswald, animé par le danger qu'il venait de courir, les cheveux épars, le regard fier et doux, frappa d'admiration et presque de fanatisme la foule qui le considérait; les femmes surtout s'exprimaient avec cette imagination qui est un don presque universel en Italie, et prête souvent de la noblesse aux discours des gens du peuple. Elles se jetaient 180 à genoux devant lui, et s'écriaient: *Vous êtes sûrement saint Michel, le patron de notre ville, déployez vos ailes, mais ne nous quittez pas: allez là-haut sur le clocher de la cathédrale, pour que de là toute la ville vous voie et vous prie. — Mon enfant est malade,* disait l'une, *guérissez-le. — Dites-moi,* disait l'autre, *où est mon mari, qui est absent* 185 *depuis plusieurs années?* Oswald cherchait une manière de s'échapper. Le comte d'Erfeuil arriva, et lui dit, en lui serrant la main: — Cher Nelvil, il faut pourtant partager quelque chose avec ses amis; c'est mal fait de prendre ainsi pour soi seul tous les périls. — Tirez-moi d'ici, lui dit Oswald à voix basse. — Un moment d'obscurité favorisa leur fuite, 190 et tous les deux en hâte allèrent prendre des chevaux à la poste[10].

Lord Nelvil éprouva d'abord quelque douceur par le sentiment de la bonne action qu'il venait de faire; mais avec qui pouvait-il en jouir, maintenant que son meilleur ami n'existait plus[11]? Malheur aux orphelins! les événements fortunés aussi bien que les peines leur font sentir 195 la solitude du coeur. Comment, en effet, remplacer jamais cette affection née avec nous, cette intelligence, cette sympathie du sang, cette amitié préparée par le ciel entre un enfant et son père? On peut encore aimer; mais confier toute son âme est un bonheur qu'on ne retrouvera plus.

Questions

A. 1. Quel intérêt présente un port comme Ancône pour le voyageur?
 2. Quels sont les points communs entre les différentes religions, dont les cérémonies sont si peu semblables?

[10] poste: autrefois, endroit où les voyageurs trouvaient des chevaux.
[11] allusion à la mort du père de Lord Nelvil, qui l'a déterminé à voyager.

3. La mer possède une qualité qui la met à part. Quelle est-elle? De quoi est-elle ici le symbole?

4. Quelle est la réaction des commerçants devant l'incendie?

5. Pourquoi les habitants se couvrent-ils la tête de leur manteau?

6. Comment interprètent-ils l'entrée d'Oswald dans la chaloupe?

7. Pourquoi tout le monde obéit-il spontanément à Oswald?

8. Pour quelle raison les Juifs n'auraient-ils pas pu échapper à l'incendie sans l'intervention d'Oswald?

9. Qu'est-ce qui fait croire aux femmes du peuple qu'Oswald a tort de vouloir sauver les Juifs?

10. Pourquoi est-ce *une bénédiction du ciel* (l. 127) que les flammes entourent l'hôpital des fous?

11. Pourquoi Oswald a-t-il un sentiment de pitié douloureuse lorsqu'il voit les fous?

12. Comment se fait-il qu'Oswald se fasse obéir des fous sans aucune difficulté?

13. Lorsqu'il sort de l'hôpital, comment Oswald est-il considéré par les femmes italiennes?

14. Qu'est-ce que lord Nelvil et le comte d'Erfeuil font dès qu'ils se retrouvent?

15. Quelle est la réaction d'Oswald après le sauvetage? Pourquoi n'est-il pas aussi heureux qu'il devrait l'être?

B. 1. D'après ce que dit madame de Staël sur les cultes à Ancône, essayez de trouver ses idées sur la religion et sur la tolérance.

 2. Quelle est son attitude envers les richesses et la crainte qu'ont les gens de perdre leur fortune?

 3. Commentez cette phrase: *dès que les hommes ont peur, ils cessent d'être jaloux* (l. 87). De quel ordre est la supériorité d'Oswald sur les gens qui l'entourent?

 4. Quel est le rôle que madame de Staël semble attribuer à la superstition dans ce passage?

 5. Dans cette scène d'action, contée à vive allure, le "suspense" est assez faible. Quelle est la raison qui a pu déterminer l'auteur à écrire ce chapitre?

 6. A la fin du chapitre, l'auteur semble mettre quelque chose au-dessus de l'amour, quelque chose d'irremplaçable. De quoi s'agit-il? Et qu'en pensez-vous?

Sujets de Conversation

Au début du dix-neuvième siècle déjà, madame de Staël déclarait que *l'art de la civilisation tend sans cesse à rendre tous les hommes semblables en apparence et presque en réalité.* Que dirait-elle aujourd'hui! Cette uniformisation est la suite du développement scientifique, on ne saurait l'empêcher, mais on peut avoir la nostalgie de ce qui disparaît ou au contraire préférer les avantages qu'apportent le progrès et la standardisation.

Pour la standardisation

On peut aller d'un continent à un autre en quelques heures, pour un prix relativement modéré. Est-ce que vous espérez profiter de ces facilités pour beaucoup voyager? Qu'est-ce que le voyage représente pour vous?

Si vous aviez suffisamment d'argent, iriez-vous dans un palace du type "Hilton", ou préféreriez-vous le petit hôtel typique, celui que fréquentent les voyageurs du pays?

Le steak avec des frites est une spécialité internationale. Pour quelles raisons le commanderiez-vous en voyage? Par prudence, pour ne pas risquer d'être empoisonné? par commodité, parce que cela est facile à commander? parce que l'on sait d'avance ce qu'on va avoir? par nostalgie du pays?

Recherchez-vous les manifestations folkloriques et locales (racontez une réunion à laquelle vous avez assisté)? Aimez-vous les fêtes en costumes régionaux et historiques?

Pour la variété

Quel plaisir y a-t-il à manger un "hamburger" à Paris ou à acheter, dans un bazar d'Afrique, un objet fabriqué au Japon? Ne valait-il pas mieux voyager moins vite et voir des choses plus rares et plus originales?

Si votre voiture tombait en panne en Europe, est-ce que vous n'hésiteriez pas à passer la nuit dans la première auberge de campagne que vous rencontreriez? (S'il vous est arrivé une aventure de ce genre, racontez-la).

Aimez-vous aller dans des restaurants étrangers? Choisissez-vous de préférence des plats exotiques que vous ne connaissez pas ou bien vous contentez-vous des spécialités que vous déjà découvertes?

Détestez-vous les endroits typiques où les gens du pays déguisés attendent les touristes? Au contraire, aimez-vous rencontrer des Américains durant vos voyages?

Allez-vous voir ce que tout le monde visite ou cherchez-vous plutôt ce qui est en dehors des circuits touristiques? Essayez de justifier les deux points de vue.

Si vous tombiez sérieusement malade en Europe, appelleriez-vous un médecin du pays ou retourneriez-vous chez vous pour vous faire soigner?

Essayez-vous de parler la langue du pays? Quels avantages cela offre-t-il pour vous de pouvoir communiquer avec les gens du pays dans leur propre langue?

Si vous aviez assez d'argent, est-ce que vous achèteriez beaucoup de souvenirs dans vos voyages? Croyez-vous que la disparition du pittoresque ôte beaucoup à la valeur instructive des voyages?

Benjamin Constant
(1767-1830)

De toutes les oeuvres écrites sous le Consulat et l'Empire, la seule qui soit lue aujourd'hui pour sa valeur actuelle et non pour son importance historique, c'est *Adolphe* de Benjamin Constant, écrit en 1806 et publié en 1816.

Adolphe est un des chefs-d'oeuvre du roman d'analyse. Mais qu'entend-on par roman d'analyse, puisque, en fin de compte, toutes les fictions psychologiques aboutissent à une analyse? On pourrait peut-être dire que c'est un roman écrit par l'auteur plus pour lui-même que pour le public. *Les Confessions* de Jean-Jacques Rousseau, *les Mémoires d'Outre-Tombe* de Chateaubriand, toute la *Comédie humaine* de Balzac, sont destinés au lecteur. C'est lui qu'il s'agit de convaincre ou de séduire. Au contraire, madame de La Fayette ou Constant donnent l'impression que c'est leur propre approbation qui les occupe, que la résolution romanesque des problèmes de leurs héros est un problème

capital pour eux. Et par là, ces ouvrages s'apparentent à la grande tradition des moralistes français, celle d'un Montaigne, d'un La Rochefoucauld.

Constant est encore un homme du dix-huitième siècle, un cosmopolite. Né en Suisse, Constant perd sa mère en naissant, est élevé par son père, dont l'influence sur lui sera aussi grande que celle du père d'Adolphe dans le roman. A cinq ans, il sait le grec, à sept, la musique, à douze, il écrit des romans, et les lettres qu'il écrit à sa grand-mère à cette date sont étonnantes de virtuosité. Cet enfant prodige a une culture européenne, ayant fait ses études à Oxford, Erlangen et Edimbourg.

Toute sa vie, il a donné l'impression que son intelligence était supérieure à son caractère. Peut-être a-t-il simplement souffert de cette aptitude à pouvoir entreprendre tant de choses différentes avec succès. Sa carrière politique a certainement plus compté aux yeux de ses contemporains que sa carrière littéraire et, à sa mort, survenue peu après la révolution de 1830, ses obsèques ont été celles du champion de la liberté qu'il n'avait pas toujours été. Lui-même se croyait plus philosophe qu'écrivain et serait surpris de devoir sa réputation à *Adolphe* et non à son ouvrage sur *La Religion* (1831). Mais on ne lit plus de lui que ses livres consacrés à l'analyse psychologique, *Adolphe* et sa séquelle, les *Journaux intimes, Cécile* et *Le Cahier rouge,* publiés longtemps après sa mort.

Mais il y a aussi chez Constant un homme touché par les idées et la sensibilité nouvelles. *Adolphe,* par tout un côté, marque une forte réaction contre la fatuité masculine du dix-huitième siècle, contre l'esprit des *Liaisons dangereuses,* condamné, non pas au nom de la morale — car la société accepte et admire les libertins — mais au nom de la souffrance qu'un orgueil mal entendu peut apporter aux deux êtres qui forment un couple. Constant nous dit: "La grande question dans la vie, c'est la douleur que l'on cause", mais, il ne faut pas l'oublier, c'est à la souffrance d'Adolphe autant qu'à celle d'Ellénore que nous nous intéressons, à la souffrance de la victime et à celle du bourreau, si intimement liées qu'on ne sait plus bien s'il n'y a pas deux victimes ou deux bourreaux.

Adolphe souffre, lui aussi, du mal du siècle. Il est sans vigueur, sans désirs suivis. Ses qualités sont immenses et viennent bêtement se détruire dans l'amour d'Ellénore, mais se seraient-elles autrement épanouies? Il a si peu l'appétit de vivre, il est tellement hanté par la mort, il s'ennuie si facilement. Tout le blesse, rien ne l'intéresse. Le caractère

autobiographique du roman est évident. C'est dans sa vie même que Constant a pris l'histoire de ce couple mal assorti. Mais il n'est pas plus Adolphe que madame de Staël, Charlotte de Hardenberg ou Anna Lindsay ne sont Ellénore. Tout ce que l'on peut apprendre des personnages réels n'ajoute rien à l'intérêt de la fiction. Constant est plus vaste que son héros, ne serait-ce que pour avoir écrit *Adolphe,* ce que celui-ci n'a pu faire que fictivement. Peut-être a-t-il voulu exorciser une certaine image de lui-même qu'il détestait en la mettant au jour, ce qui expliquerait son acharnement contre son personnage, le poussant jusqu'au bout de son égoïste cruauté, et réalisant ainsi un chef-d'oeuvre.

On a souvent dit que le malheur d'Adolphe venait de son pouvoir d'introspection, qu'il était victime de sa trop grande intelligence. Nous ne croyons pas que Constant ait songé un instant à dénoncer les méfaits de l'intelligence, mais bien plutôt ceux d'une complaisance et d'un amour de soi excessifs. "Je hais d'ailleurs cette fatuité d'un esprit qui croit excuser ce qu'il explique; je hais cette vanité qui s'occupe d'elle-même en racontant le mal qu'elle a fait . . ."

Dans le premier chapitre du livre, on voit Adolphe, marqué par l'influence de son père, impressionné par l'idée de la mort, s'aliéner par

ses plaisanteries la meilleure société de Göttingen, petite ville d'Allemagne, où il finit ses études.

Adolphe

Distrait, inattentif, ennuyé, je ne m'apercevais point de l'impression que je produisais, et je partageais mon temps entre des études que j'interrompais souvent, des projets que je n'exécutais pas, des plaisirs qui ne m'intéressaient guère, lorsqu'une circonstance, très frivole en apparence, produisit dans ma disposition une révolution importante.

Un jeune homme avec lequel j'étais assez lié cherchait depuis quelques mois à plaire à l'une des femmes les moins insipides de la société dans laquelle nous vivions: j'étais le confident très intéressé de son entreprise. Après de longs efforts, il parvint à se faire aimer; et comme il ne m'avait point caché ses revers et ses peines, il se crut obligé de me communiquer ses succès: rien n'égalait ses transports et l'excès de sa joie. Le spectacle d'un tel bonheur me fit regretter de n'en avoir pas essayé encore; je n'avais point eu jusqu'alors de liaison de femme qui pût flatter mon amour-propre; un nouvel avenir parut se dévoiler à mes yeux; un nouveau besoin se fit sentir au fond de mon coeur. Il y avait dans ce besoin beaucoup de vanité, sans doute, mais il n'y avait pas uniquement de la vanité: il y en avait peut-être moins que je ne le croyais moi-même. Les sentiments de l'homme sont confus et mélangés; ils se composent d'une multitude d'impressions variées qui échappent à l'observation; et la parole, toujours trop grossière et trop générale, peut bien servir à les désigner, mais ne sert jamais à les définir.

J'avais, dans la maison de mon père, adopté sur les femmes un système assez immoral. Mon père, bien qu'il observât strictement les convenances extérieures, se permettait assez fréquemment des propos légers[1] sur les liaisons d'amour: il les regardait comme des amusements, sinon permis, du moins excusables, et considérait le mariage seul sous un rapport sérieux. Il avait pour principe qu'un jeune homme doit éviter avec soin de faire ce qu'on nomme une folie, c'est-à-dire de contracter un engagement durable avec une personne qui ne fût pas parfaitement

[1] propos légers: remarques inconsidérées et assez immorales.

son égale pour la fortune, la naissance et les avantages extérieurs; mais du reste, toutes les femmes, aussi longtemps qu'il ne s'agissait pas de les épouser, lui paraissaient pouvoir, sans inconvénient, être prises, puis être quittées; et je l'avais vu sourire avec une sorte d'approbation à cette parodie d'un mot connu: *Cela leur fait si peu de mal, et à nous* 35
tant de plaisir[2].

L'on ne sait pas assez combien, dans la première jeunesse, les mots de cette espèce font une impression profonde, et combien à un âge où toutes les opinions sont encore douteuses et vacillantes, les enfants s'é-
tonnent de voir contredire, par des plaisanteries que tout le monde 40
applaudit, les règles directes qu'on leur a données. Ces règles ne sont plus à leurs yeux que des formules banales que leurs parents sont con-
venus de leur répéter pour l'acquit de leur conscience[3], et les plaisante-
ries leur semblent renfermer le véritable secret de la vie.

Tourmenté d'une émotion vague, je veux être aimé, me disais-je, et 45
je regardais autour de moi; je ne voyais personne qui m'inspirât de l'amour, personne qui me parût susceptible d'en prendre; j'interrogeais mon coeur et mes goûts: je ne me sentais aucun mouvement de préfé-
rence. Je m'agitais ainsi intérieurement lorsque je fis connaissance avec le comte de P***, homme de quarante ans, dont la famille était alliée 50
à la mienne. Il me proposa de venir le voir. Malheureuse visite! Il avait chez lui sa maîtresse, une Polonaise, célèbre par sa beauté, quoiqu'elle ne fût plus de la première jeunesse. Cette femme, malgré sa situation désavantageuse, avait montré dans plusieurs occasions un caractère distingué. Sa famille assez illustre en Pologne, avait été ruinée dans les 55
troubles de cette contrée. Son père avait été proscrit, sa mère était allée chercher un asile en France, et y avait mené sa fille, qu'elle avait laissée, à sa mort, dans un isolement complet. Le comte de P*** en était de-
venu amoureux. J'ai toujours ignoré comment s'était formée une liaison qui, lorsque j'ai vu pour la première fois Ellénore, était, dès longtemps, 60
établie et pour ainsi dire consacrée[4]. La fatalité de sa situation ou l'inex-
périence de son âge l'avait-elle jetée dans une carrière qui répugnait également à son éducation, à ses habitudes et à la fierté qui faisait une partie très remarquable de son caractère? Ce que je sais, ce que tout le monde a su, c'est que la fortune du comte de P*** ayant été presque 65

[2] la phrase aurait été dite par la célèbre actrice du dix-huitième siècle, mademoiselle
 Gaussin, avec quelques différences.
[3] pour l'acquit de leur conscience: pour avoir la conscience en repos.
[4] consacrée: ici, autorisée, reconnue.

entièrement détruite et sa liberté menacée, Ellénore lui avait donné
de telles preuves de dévouement, avait rejeté avec un tel mépris les
offres les plus brillantes, avait partagé ses périls et sa pauvreté avec tant
de zèle et même de joie, que la sévérité la plus scrupuleuse ne pouvait
s'empêcher de rendre justice à la pureté de ses motifs et au désintéres- 70
sement de sa conduite. C'était à son activité, à son courage, à sa raison,
aux sacrifices de tout genre qu'elle avait supportés sans se plaindre, que
son amant devait d'avoir recouvré une partie de ses biens. Ils étaient
venus s'établir à D*** pour y suivre un procès qui pouvait rendre
entièrement au comte de P*** son ancienne opulence, et comptaient 75
y rester environ deux ans.

Ellénore n'avait qu'un esprit ordinaire; mais ses idées étaient justes,
et ses expressions, toujours simples, étaient quelquefois frappantes par
la noblesse et l'élévation de ses sentiments. Elle avait beaucoup de
préjugés; mais tous ses préjugés étaient en sens inverse de son intérêt. 80
Elle attachait le plus grand prix à la régularité de la conduite, précisé-
ment parce que la sienne n'était pas régulière suivant les notions reçues.
Elle était très religieuse, parce que la religion condamnait rigoureuse-
ment son genre de vie. Elle repoussait sévèrement dans la conversation
tout ce qui n'aurait paru à d'autres femmes que des plaisanteries inno- 85
centes, parce qu'elle craignait toujours qu'on ne se crût autorisé par son
état à lui en adresser de déplacées[5]. Elle aurait désiré ne recevoir chez
elle que des hommes du rang le plus élevé et de mœurs irréprochables,
parce que les femmes à qui elle frémissait d'être comparée se forment
d'ordinaire une société mélangée[6], et, se résignant à la perte de la con- 90
sidération, ne cherchent dans leurs relations que l'amusement. Ellénore,
en un mot, était en lutte constante avec sa destinée. Elle protestait,
pour ainsi dire, par chacune de ses actions et de ses paroles, contre la
classe dans laquelle elle se trouvait rangée; et comme elle sentait que
la réalité était plus forte qu'elle, et que ses efforts ne changeaient rien 95
à sa situation, elle était fort malheureuse. Elle élevait deux enfants
qu'elle avait eus du comte de P***, avec une austérité excessive. On
eût dit quelquefois qu'une révolte secrète se mêlait à l'attachement
plutôt passionné que tendre qu'elle leur montrait, et les lui rendait en
quelque sorte importuns. Lorsqu'on lui faisait à bonne intention quel- 100
que remarque sur ce que ses enfants grandissaient, sur les talents qu'ils
promettaient d'avoir, sur la carrière qu'ils auraient à suivre, on la voyait

[5] de déplacées: des paroles qui manquaient aux convenances, à la politesse.
[6] société mélangée: société où l'on trouve des personnes de toutes sortes.

pâlir de l'idée qu'il faudrait qu'un jour elle leur avouât leur naissance. Mais le moindre danger, une heure d'absence, la ramenait à eux avec une anxiété où l'on démêlait une espèce de remords, et le désir de leur donner par ses caresses le bonheur qu'elle n'y trouvait pas elle-même. Cette opposition entre ses sentiments et la place qu'elle occupait dans le monde avait rendu son humeur fort inégale. Souvent elle était rêveuse et taciturne; quelquefois elle parlait avec impétuosité. Comme elle était tourmentée d'une idée particulière, au milieu de la conversation la plus générale, elle ne restait jamais parfaitement calme. Mais, par cela même, il y avait dans sa manière quelque chose de fougueux et d'inattendu qui la rendait plus piquante[7] qu'elle n'aurait dû l'être naturellement. La bizarrerie de sa position suppléait en elle à la nouveauté des idées. On l'examinait avec intérêt et curiosité comme un bel orage.

Offerte à mes regards dans un moment où mon cœur avait besoin d'amour, ma vanité, de succès, Ellénore me parut une conquête digne de moi. Elle-même trouva du plaisir dans la société d'un homme différent de ceux qu'elle avait vus jusqu'alors. Son cercle s'était composé de quelques amis ou parents de son amant et de leurs femmes, que l'ascendant du comte de P*** avait forcés à recevoir sa maîtresse. Les maris étaient dépourvus de sentiments aussi bien que d'idées; les femmes ne différaient de leurs maris que par une médiocrité plus inquiète et plus agitée, parce qu'elles n'avaient pas, comme eux, cette tranquillité d'esprit qui résulte de l'occupation et de la régularité des affaires. Une plaisanterie plus légère, une conversation plus variée, un mélange particulier de mélancolie et de gaieté, de découragement et d'intérêt, d'enthousiasme et d'ironie étonnèrent et attachèrent Ellénore. Elle parlait plusieurs langues, imparfaitement à la vérité, mais toujours avec vivacité, quelquefois avec grâce. Ses idées semblaient se faire jour[8] à travers les obstacles, et sortir de cette lutte plus agréables, plus naïves et plus neuves; car les idiomes étrangers rajeunissent les pensées, et les débarrassent de ces tournures qui les font paraître tour à tour communes et affectées. Nous lisions ensemble des poètes anglais; nous nous promenions ensemble. J'allais souvent la voir le matin; j'y retournais le soir: je causais avec elle sur mille sujets.

Je pensais faire, en observateur froid et impartial, le tour de son caractère et de son esprit; mais chaque mot qu'elle disait me semblait

[7] piquant: vif, excitant.
[8] se faire jour: se montrer, se produire.

revêtu d'une grâce inexplicable. Le dessein de lui plaire, mettant dans ma vie un nouvel intérêt, animait mon existence d'une manière inusitée. J'attribuais à son charme cet effet presque magique: j'en aurais joui plus complètement encore sans l'engagement que j'avais pris envers mon amour-propre. Cet amour-propre était en tiers[9] entre Ellénore et moi. Je me croyais comme obligé de marcher au plus vite vers le but que je m'étais proposé: je ne me livrais donc pas sans réserve à mes impressions. Il me tardait[10] d'avoir parlé, car il me semblait que je n'avais qu'à parler pour réussir. Je ne croyais point aimer Ellénore; mais déjà je n'aurais pu me résigner à ne pas lui plaire. Elle m'occupait sans cesse: je formais mille projets; j'inventais mille moyens de conquête, avec cette fatuité sans expérience qui se croit sûre du succès parce qu'elle n'a rien essayé.

Cependant une invincible timidité m'arrêtait: tous mes discours expiraient sur mes lèvres, ou se terminaient tout autrement que je ne l'avais projeté. Je me débattais intérieurement: j'étais indigné contre moi-même.

Je cherchai enfin un raisonnement qui pût me tirer de cette lutte avec honneur à mes propres yeux. Je me dis qu'il ne fallait rien précipiter, qu'Ellénore était trop peu préparée à l'aveu que je méditais, et qu'il valait mieux attendre encore. Presque toujours, pour vivre en repos avec nous-mêmes, nous travestissons en calculs et en systèmes nos impuissances ou nos faiblesses: cela satisfait cette portion de nous qui est, pour ainsi dire, spectatrice de l'autre.

Cette situation se prolongea. Chaque jour, je fixais le **lendemain** comme l'époque invariable d'une déclaration positive, et chaque lendemain s'écoulait comme la veille. Ma timidité me quittait dès que je m'éloignais d'Ellénore; je reprenais alors mes plans habiles et mes profondes combinaisons: mais à peine me retrouvais-je auprès d'elle, que je me sentais de nouveau tremblant et troublé. Quiconque aurait lu dans mon coeur, en son absence, m'aurait pris pour un séducteur froid et peu sensible; quiconque m'eût aperçu à ses côtés eût cru reconnaître en moi un amant novice, interdit et passionné. L'on se serait également trompé dans ces deux jugements: il n'y a point d'unité complète dans l'homme, et presque jamais personne n'est tout à fait sincère ni tout à fait de mauvaise foi.

Convaincu par ces expériences réitérées que je n'aurais jamais le

[9] être en tiers: être là comme une troisième personne.
[10] il me tardait: j'attendais avec impatience.

courage de parler à Ellénore, je me déterminai à lui écrire. Le comte de P*** était absent. Les combats que j'avais livrés longtemps à mon propre caractère, l'impatience que j'éprouvais de n'avoir pu le surmonter, mon incertitude sur le succès de ma tentative, jetèrent dans ma lettre une agitation qui ressemblait fort à l'amour. Echauffé d'ailleurs que j'étais par mon propre style, je ressentais, en finissant d'écrire, un peu de la passion que j'avais cherché à exprimer avec toute la force possible. 180

Ellénore vit dans ma lettre ce qu'il était naturel d'y voir, le transport passager d'un homme qui avait dix ans de moins qu'elle, dont le coeur s'ouvrait à des sentiments qui lui étaient encore inconnus, et qui méritait plus de pitié que de colère. Elle me répondit avec bonté, me donna des conseils affectueux, m'offrit une amitié sincère, mais me déclara que, jusqu'au retour du comte de P***, elle ne pourrait me recevoir. 185 190

Cette réponse me bouleversa. Mon imagination, s'irritant de l'obstacle, s'empara de toute mon existence. L'amour, qu'une heure auparavant je m'applaudissais de feindre, je crus tout à coup l'éprouver avec fureur. Je courus chez Ellénore; on me dit qu'elle était sortie. Je lui écrivis; je la suppliai de m'accorder une dernière entrevue; je lui peignis en termes déchirants mon désespoir, les projets funestes que m'inspirait sa cruelle détermination. Pendant une grande partie du jour, j'attendis vainement une réponse. Je ne calmai mon inexprimable souffrance qu'en me répétant que le lendemain je braverais toutes les difficultés pour pénétrer jusqu'à Ellénore et pour lui parler. On m'apporta le soir quelques mots d'elle: ils étaient doux. Je crus y remarquer une impression de regret et de tristesse; mais elle persistait dans sa résolution, qu'elle m'annonçait être inébranlable. Je me présentai de nouveau chez elle le lendemain. Elle était partie pour une campagne dont ses gens ignoraient le nom. Ils n'avaient même aucun moyen de lui faire parvenir[11] des lettres. 195 200 205

Je restai longtemps immobile à sa porte, n'imaginant plus aucune chance de la retrouver. J'étais étonné moi-même de ce que je souffrais. Ma mémoire me retraçait les instants où je m'étais dit que je n'aspirais qu'à un succès; que ce n'était qu'une tentative à laquelle je renoncerais sans peine. Je ne concevais rien à la douleur violente, indomptable, qui déchirait mon coeur. Plusieurs jours se passèrent de la sorte. J'étais également incapable de distraction et d'étude. J'errais sans cesse devant 210

[11] faire parvenir: envoyer, adresser.

la porte d'Ellénore. Je me promenais dans la ville, comme si, au détour 21!
de chaque rue,[12] j'avais pu espérer de la rencontrer. Un matin, dans
une de ces courses sans but qui servaient à remplacer mon agitation par
la fatigue, j'aperçus la voiture du comte de P***, qui revenait de son
voyage. Il me reconnut et mit pied à terre[13]. Après quelques phrases
banales, je lui parlai, en déguisant mon trouble, du départ subit d'El- 22◆
lénore. "Oui, me dit-il, une de ses amies, à quelques lieues d'ici, a
éprouvé je ne sais quel événement fâcheux qui a fait croire à Ellénore
que ses consolations lui seraient utiles. Elle est partie sans me consulter.
C'est une personne que tous ses sentiments dominent, et dont l'âme
toujours active, trouve presque du repos dans le dévouement. Mais sa 22
présence ici m'est trop nécessaire; je vais lui écrire: elle reviendra sûre-
ment dans quelques jours."

Cette assurance me calma; je sentis ma douleur s'apaiser. Pour la
première fois, depuis le départ d'Ellénore, je pus respirer sans peine.
Son retour fut moins prompt que ne l'espérait le comte de P***. Mais 23◆
j'avais repris ma vie habituelle, et l'angoisse que j'avais éprouvée com-
mençait à se dissiper, lorsqu'au bout d'un mois M. de P*** me fit avertir
qu'Ellénore devait arriver le soir. Comme il mettait un grand prix à
lui maintenir dans la société la place que son caractère méritait, et dont
sa situation semblait l'exclure, il avait invité à souper plusieurs femmes 23.
de ses parentes et de ses amies qui avaient consenti à voir Ellénore.

Mes souvenirs reparurent, d'abord confus, bientôt plus vifs. Mon
amour-propre s'y mêlait. J'étais embarrassé, humilié, de rencontrer une
femme qui m'avait traité comme un enfant. Il me semblait la voir, sou-
riant à mon approche de ce qu'une courte absence avait calmé l'effer- 24
vescence d'une jeune tête; et je démêlais dans ce sourire une sorte de
mépris pour moi. Par degrés mes sentiments se réveillèrent. Je m'étais
levé, ce jour-là même, ne songeant plus à Ellénore; une heure après
avoir reçu la nouvelle de son arrivée, son image errait devant mes yeux,
régnait sur mon coeur, et j'avais la fièvre de la crainte de ne pas la voir. 24

Je restai chez moi toute la journée; je m'y tins[14], pour ainsi dire,
caché: je tremblais que le moindre mouvement ne prévînt notre ren-
contre. Rien pourtant n'était plus simple, plus certain; mais je la dési-
rais avec tant d'ardeur, qu'elle me paraissait impossible. L'impatience
me dévorait: à tous les instants je consultais ma montre. J'étais obligé 25

[12] au détour de chaque rue: à l'endroit où chaque rue tourne.
[13] mettre pied à terre: descendre (de cheval, de voiture).
[14] je m'y tins: je restai là.

d'ouvrir la fenêtre pour respirer; mon sang me brûlait en circulant dans mes veines.

Enfin j'entendis sonner l'heure à laquelle je devais me rendre chez le comte. Mon impatience se changea tout à coup en timidité; je m'habillai lentement; je ne me sentais plus pressé d'arriver: j'avais un tel 255 effroi que mon attente ne fût déçue, un sentiment si vif de la douleur que je courais le risque d'éprouver, que j'aurais consenti volontiers à tout ajourner.

Il était assez tard lorsque j'entrai chez M. de P***. J'aperçus Ellénore assise au fond de la chambre; je n'osais avancer, il me semblait 260 que tout le monde avait les yeux fixés sur moi. J'allai me cacher dans un coin du salon, derrière un groupe d'hommes qui causaient. De là je contemplais Ellénore: elle me parut légèrement changée, elle était plus pâle que de coutume. Le comte me découvrit dans l'espèce de retraite où je m'étais réfugié; il vint à moi, me prit par la main, et me conduisit 265 vers Ellénore. "Je vous présente, lui dit-il en riant, l'un des hommes que votre départ inattendu a le plus étonnés." Ellénore parlait à une femme placée à côté d'elle. Lorsqu'elle me vit, ses paroles s'arrêtèrent sur ses lèvres; elle demeura tout interdite: je l'étais beaucoup moi-même.

On pouvait nous entendre: j'adressai à Ellénore des questions in 270 différentes. Nous reprîmes tous deux une apparence de calme. On annonça qu'on avait servi; j'offris à Ellénore mon bras, qu'elle ne put refuser. "Si vous ne me promettez pas, lui dis-je en la conduisant, de me recevoir demain chez vous à onze heures, je pars à l'instant, j'abandonne mon pays, ma famille et mon père, je romps tous mes liens, 275 j'abjure tous mes devoirs et je vais, n'importe où, finir au plus tôt une vie que vous vous plaisez à empoisonner. — Adolphe!" me répondit-elle; et elle hésitait. Je fis un mouvement pour m'éloigner. Je ne sais ce que mes traits exprimèrent, mais je n'avais jamais éprouvé de contraction si violente. Ellénore me regarda. Une terreur mêlée d'affection se 280 peignit sur sa figure. "Je vous recevrai demain, me dit-elle, mais je vous conjure . . ." Beaucoup de personnes nous suivaient, elle ne put achever sa phrase. Je pressai sa main de mon bras; nous nous mîmes à table.

J'aurais voulu m'asseoir à côté d'Ellénore, mais le maître de la maison l'avait autrement décidé: je fus placé à peu près vis-à-vis d'elle. Au 285 commencement du souper, elle était rêveuse. Quand on lui adressait la parole, elle répondait avec douceur; mais elle retombait bientôt dans la distraction. Une de ses amies, frappée de son silence et de son abattement, lui demanda si elle était malade. "Je n'ai pas été bien dans ces

derniers temps, répondit-elle, et même à présent je suis fort ébranlée." 290
J'aspirais à produire dans l'esprit d'Ellénore une impression agréable;
je voulais, en me montrant aimable et spirituel, la disposer en ma
faveur, et la préparer à l'entrevue qu'elle m'avait accordée. J'essayai
donc de mille manières de fixer son attention. Je ramenai la conversa-
tion sur des sujets que je savais l'intéresser; nos voisins s'y mêlèrent: 295
j'étais inspiré par sa présence; je parvins à me faire écouter d'elle, je la
vis bientôt sourire: j'en ressentis une telle joie, mes regards exprimèrent
tant de reconnaissance, qu'elle ne put s'empêcher d'en être touchée. Sa
tristesse et sa distraction se dissipèrent: elle ne résista plus au charme se-
cret que répandait dans son âme la vue du bonheur que je lui devais; et 300
quand nous sortîmes de table, nos coeurs étaient d'intelligence comme
si nous n'avions jamais été séparés. "Vous voyez, lui dis-je en lui don-
nant la main pour rentrer dans le salon, que vous disposez de toute mon
existence; que vous ai-je fait pour que vous trouviez du plaisir à la
tourmenter?" 305

Chapitre III

Je passai la nuit sans dormir. Il n'était plus question dans mon âme
ni de calculs ni de projets; je me sentais, de la meilleure foi du monde,
véritablement amoureux. Ce n'était plus l'espoir du succès qui me
faisait agir: le besoin de voir celle que j'aimais, de jouir de sa présence,
me dominait exclusivement. Onze heures sonnèrent, je me rendis au- 310
près d'Ellénore; elle m'attendait. Elle voulut parler: je lui demandai de
m'écouter. Je m'assis auprès d'elle, car je pouvais à peine me soutenir,
et je continuai en ces termes, non sans être obligé de m'interrompre
souvent.

"Je ne viens point réclamer contre la sentence que vous avez pro- 315
noncée; je ne viens point rétracter un aveu qui a pu vous offenser; je
le voudrais en vain. Cet amour que vous repoussez est indestructible:
l'effort même que je fais dans ce moment pour vous parler avec un peu
de calme est une preuve de la violence d'un sentiment qui vous blesse.
Mais ce n'est plus pour vous en entretenir que je vous ai priée de m'en- 320
tendre; c'est au contraire pour vous demander de l'oublier, de me re-
cevoir comme autrefois, d'écarter le souvenir d'un instant de délire, de
ne pas me punir de ce que vous savez un secret que j'aurais dû ren-
fermer au fond de mon âme. Vous connaissez ma situation, ce caractère
qu'on dit bizarre et sauvage, ce cœur étranger à tous les intérêts du 325
monde, solitaire au milieu des hommes, et qui souffre pourtant de l'i-

solement auquel il est condamné. Votre amitié me soutenait: sans cette amitié je ne puis vivre. J'ai pris l'habitude de vous voir; vous avez laissé naître et se former cette douce habitude: qu'ai-je fait pour perdre cette unique consolation d'une existence si triste et si sombre? Je suis horriblement malheureux; je n'ai plus le courage de supporter un si long malheur; je n'espère rien, je ne demande rien, je ne veux que vous voir; mais je dois vous voir s'il faut que je vive."

Ellénore gardait le silence. "Que craignez-vous? repris-je. Qu'est-ce que j'exige? Ce que vous accordez à tous les indifférents. Est-ce le monde que vous redoutez? Ce monde, absorbé dans ses frivolités solennelles, ne lira pas dans un coeur tel que le mien. Comment ne serais-je pas prudent? N'y va-t-il pas[15] de ma vie? Ellénore, rendez-vous à ma prière: vous y trouverez quelque douceur. Il y aura pour vous quelque charme à être aimée ainsi, à me voir auprès de vous, occupé de vous seule, n'existant que pour vous, vous devant toutes les sensations de bonheur dont je suis encore susceptible, arraché par votre présence à la souffrance et au désespoir."

Je poursuivis longtemps de la sorte, levant toutes les objections, retournant de mille manières tous les raisonnements qui plaidaient en ma faveur. J'étais si soumis, si résigné, je demandais si peu de chose, j'aurais été si malheureux d'un refus!

Ellénore fut émue. Elle m'imposa plusieurs conditions. Elle ne consentit à me recevoir que rarement, au milieu d'une société nombreuse, avec l'engagement que je ne lui parlerais jamais d'amour. Je promis ce qu'elle voulut. Nous étions contents tous les deux: moi d'avoir reconquis le bien que j'avais été menacé de perdre, Ellénore, de se trouver à la fois généreuse, sensible et prudente.

Je profitai dès le lendemain de la permission que j'avais obtenue; je continuai de même[16] les jours suivants. Ellénore ne songea plus à la nécessité que mes visites fussent peu fréquentes: bientôt rien ne lui parut plus simple que de me voir tous les jours. Dix ans de fidélité avaient inspiré à M. de P*** une confiance entière; il laissait à Ellénore la plus grande liberté. Comme il avait eu à lutter contre l'opinion qui voulait exclure sa maîtresse du monde où il était appelé à vivre, il aimait à voir s'augmenter la société d'Ellénore; sa maison remplie constatait à ses yeux son propre triomphe sur l'opinion.

Lorsque j'arrivais, j'apercevais dans les regards d'Ellénore une ex-

[15] il y va: il s'agit de.
[16] de même: de la même façon.

pression de plaisir. Quand elle s'amusait dans la conversation, ses yeux se tournaient naturellement vers moi. L'on ne racontait rien d'inté- 365 ressant qu'elle ne m'appelât pour l'entendre. Mais elle n'était jamais seule: des soirées entières se passaient sans que je pusse lui dire autre chose en particulier[17] que quelques mots insignifiants ou interrompus. Je ne tardai pas à m'irriter de tant de contrainte. Je devins sombre, taciturne, inégal dans mon humeur, amer dans mes discours. Je me 370 contenais à peine lorsqu'un autre que moi s'entretenait à part avec Ellénore; j'interrompais brusquement ces entretiens. Il m'importait peu qu'on pût s'en offenser, et je n'étais pas toujours arrêté par la crainte de la compromettre. Elle se plaignit à moi de ce changement. "Que voulez-vous? lui dis-je avec impatience: vous croyez sans doute avoir 375 fait beaucoup pour moi; je suis forcé de vous dire que vous vous trompez. Je ne conçois rien à votre nouvelle manière d'être. Autrefois vous viviez retirée; vous fuyiez une société fatigante; vous évitiez ces éternelles conversations qui se prolongent précisément parce qu'elles ne devraient jamais commencer. Aujourd'hui votre porte est ouverte 380 à la terre entière. On dirait qu'en vous demandant de me recevoir, j'ai obtenu pour tout l'univers la même faveur que pour moi. Je vous l'avoue, en vous voyant jadis si prudente, je ne m'attendais pas à vous trouver si frivole."

Je démêlai dans les traits d'Ellénore une impression de mécontente- 385 ment et de tristesse. "Chère Ellénore, lui dis-je en me radoucissant tout à coup, ne méritai-je donc pas d'être distingué des mille importuns qui vous assiègent? L'amitié n'a-t-elle pas ses secrets? N'est-elle pas ombrageuse et timide au milieu du bruit et de la foule?"

Ellénore craignait, en se montrant inflexible, de voir se renouveler 390 des imprudences qui l'alarmaient pour elle et pour moi. L'idée de rompre n'approchait plus de son coeur, elle consentit à me recevoir quelquefois seule.

Alors se modifièrent rapidement les règles sévères qu'elle m'avait prescrites. Elle me permit de lui peindre mon amour; elle se familiarisa 395 par degrés avec ce langage: bientôt elle m'avoua qu'elle m'aimait.

Je passai quelques heures à ses pieds, me proclamant le plus heureux des hommes, lui prodiguant mille assurances de tendresse, de dévouement et de respect éternel. Elle me raconta ce qu'elle avait souffert en essayant de s'éloigner de moi; que[18] de fois elle avait espéré que je la 400

[17] en particulier: séparément, sans personne d'autre.
[18] que: combien.

découvrirais malgré ses efforts; comment le moindre bruit qui frappait
ses oreilles lui paraissait annoncer mon arrivée; quel trouble, quelle
joie, quelle crainte elle avait ressentis en me revoyant; par quelle défiance
d'elle-même, pour concilier le penchant de son coeur avec la prudence,
elle s'était livrée aux distractions du monde, et avait recherché la foule 405
qu'elle fuyait auparavant. Je lui faisais répéter les plus petits détails,
et cette histoire de quelques semaines nous semblait être celle d'une
vie entière. L'amour supplée aux longs souvenirs, par une sorte de
magie. Toutes les autres affections ont besoin du passé: l'amour crée,
comme par enchantement, un passé dont il nous entoure. Il nous 410
donne, pour ainsi dire, la conscience d'avoir vécu, durant des années,
avec un être qui naguère nous était presque étranger. L'amour n'est
qu'un point lumineux, et néanmoins il semble s'emparer du temps. Il y
a peu de jours qu'il n'existait pas, bientôt il n'existera plus; mais, tant
qu'il existe, il répand sa clarté sur l'époque qui l'a précédé, comme sur 415
celle qui doit le suivre.

Ce calme pourtant dura peu. Ellénore était d'autant plus en garde
contre sa faiblesse, qu'elle était poursuivie du souvenir de ses fautes:
et mon imagination, mes désirs, une théorie de fatuité dont je ne m'a-
percevais pas moi-même se révoltaient contre un tel amour. Toujours 420
timide, souvent irrité, je me plaignais, je m'emportais, j'accablais Ellé-
nore de reproches. Plus d'une fois elle forma le projet de briser un lien
qui ne répandait sur sa vie que de l'inquiétude et du trouble; plus d'une
fois je l'apaisai par mes supplications, mes désaveux et mes pleurs.

"Ellénore, lui écrivais-je un jour, vous ne savez pas tout ce que je 425
souffre. Près de vous, loin de vous, je suis également malheureux. Pen-
dant les heures qui nous séparent, j'erre au hasard, courbé sous le far-
deau d'une existence que je ne sais comment supporter. La société
m'importune, la solitude m'accable. Ces indifférents qui m'observent,
qui ne connaissent rien de ce qui m'occupe, qui me regardent avec une 430
curiosité sans intérêt, avec un étonnement sans pitié, ces hommes qui
osent me parler d'autre chose que de vous, portent dans mon sein une
douleur mortelle. Je les fuis; mais, seul, je cherche en vain un air qui
pénètre dans ma poitrine oppressée. Je me précipite sur cette terre qui
devrait s'entr'ouvrir pour m'engloutir à jamais; je pose ma tête sur la 435
pierre froide qui devrait calmer la fièvre ardente qui me dévore. Je me
traîne vers cette colline d'où l'on aperçoit votre maison; je reste là, les
yeux fixés sur cette retraite que je n'habiterai jamais avec vous. Et si je
vous avais rencontrée plus tôt vous auriez pu être à moi! J'aurais serré

dans mes bras la seule créature que la nature ait formée pour mon cœur, pour ce cœur qui a tant souffert parce qu'il vous cherchait, et qu'il ne vous a trouvée que trop tard! Lorsque enfin ces heures de délire sont passées, lorsque le moment arrive où je puis vous voir, je prends en tremblant la route de votre demeure. Je crains que tous ceux qui me rencontrent ne devinent les sentiments que je porte en moi; je m'arrête; je marche à pas lents: je retarde l'instant du bonheur, de ce bonheur que tout menace, que je me crois toujours sur le point de perdre; bonheur imparfait et troublé, contre lequel conspirent peut-être à chaque minute et les événements funestes et les regards jaloux, et les caprices tyranniques et votre propre volonté! Quand je touche au seuil de votre porte, quand je l'entr'ouvre, une nouvelle terreur me saisit: je m'avance comme un coupable, demandant grâce à tous les objets qui frappent ma vue, comme si tous étaient ennemis, comme si tous m'enviaient l'heure de félicité dont je vais encore jouir. Le moindre son m'effraie, le moindre mouvement autour de moi m'épouvante, le bruit même de mes pas me fait reculer. Tout près de vous, je crains encore quelque obstacle qui se place soudain entre vous et moi. Enfin, je vous vois, je vous vois et je respire, et je vous contemple et je m'arrête, comme le fugitif qui touche au sol protecteur qui doit le garantir de la mort. Mais alors même, lorsque tout mon être s'élance vers vous, lorsque j'aurais un tel besoin de me reposer de tant d'angoisses, de poser ma tête sur vos genoux, de donner un libre cours[19] à mes larmes, il faut que je me contraigne avec violence, que même auprès de vous je vive encore d'une vie d'effort: pas un instant d'épanchement, pas un instant d'abandon! Vos regards m'observent. Vous êtes embarrassée, presque offensée de mon trouble. Je ne sais quelle gêne a succédé à ces heures délicieuses où du moins vous m'avouiez votre amour. Le temps s'enfuit, de nouveaux intérêts vous appellent: vous ne les oubliez jamais; vous ne retardez jamais l'instant qui m'éloigne. Des étrangers viennent: il n'est plus permis de vous regarder; je sens qu'il faut fuir pour me dérober aux soupçons qui m'environnent. Je vous quitte plus agité, plus déchiré, plus insensé qu'auparavant; je vous quitte, et je retombe dans cet isolement effroyable, où je me débats, sans rencontrer un seul être sur lequel je puisse m'appuyer, me reposer un moment."

Ellénore n'avait jamais été aimée de la sorte. M. de P*** avait pour elle une affection très vraie, beaucoup de reconnaissance pour son dévouement, beaucoup de respect pour son caractère, mais il y avait tou-

[19] donner un libre cours: laisser aller, s'abandonner à.

jours dans sa manière une nuance de supériorité sur une femme qui s'était donnée publiquement à lui sans qu'il l'eût épousée. Il aurait pu contracter des liens plus honorables, suivant l'opinion commune: il ne le lui disait point, il ne se le disait peut-être pas à lui-même; mais ce qu'on ne dit pas n'en existe pas moins, et tout ce qui est se devine. Ellénore n'avait eu jusqu'alors aucune notion de ce sentiment passionné, de cette existence perdue dans la sienne, dont mes fureurs mêmes, mes injustices et mes reproches, n'étaient que des preuves plus irréfragables. Sa résistance avait exalté toutes mes sensations, toutes mes idées: je revenais à des emportements qui l'effrayaient, à une soumission, à une tendresse, à une vénération idolâtre. Je la considérais comme une créature céleste. Mon amour tenait du[20] culte, et il avait pour elle d'autant plus de charme, qu'elle craignait sans cesse de se voir humiliée dans un sens opposé. Elle se donna enfin tout entière.

Malheur à[21] l'homme qui, dans les premiers moments d'une liaison d'amour, ne croit pas que cette liaison doit être éternelle! Malheur à qui, dans les bras de la maîtresse qu'il vient d'obtenir, conserve une funeste prescience, et prévoit qu'il pourra s'en détacher! Une femme que son coeur entraîne a, dans cet instant, quelque chose de touchant et de sacré. Ce n'est pas le plaisir, ce n'est pas la nature, ce ne sont pas les sens qui sont corrupteurs; ce sont les calculs auxquels la société nous accoutume, et les réflexions que l'expérience fait naître. J'aimai, je respectai mille fois plus Ellénore après qu'elle se fut donnée. Je marchais avec orgueil au milieu des hommes; je promenais sur eux un regard dominateur. L'air que je respirais était à lui seul une jouissance. Je m'élançais au-devant de la nature, pour la remercier du bienfait inespéré, du bienfait immense qu'elle avait daigné m'accorder.

Chapitre IV

Charme de l'amour, qui pourrait vous peindre? Cette persuasion que nous avons trouvé l'être que la nature avait destiné pour nous, ce jour subit répandu sur la vie, et qui nous semble en expliquer le mystère, cette valeur inconnue attachée aux moindres circonstances, ces heures rapides, dont tous les détails échappent au souvenir par leur douceur même, et qui ne laissent dans notre âme qu'une longue trace de bonheur, cette gaieté folâtre qui se mêle quelquefois sans cause à un attendrissement habituel, tant de plaisir dans la présence, et dans l'ab-

[20] tenait du: ressemblait à, avait quelque chose de.
[21] malheur à . . .: qu'il arrive un malheur à . . .

sence tant d'espoir, ce détachement de tous les soins vulgaires, cette supériorité sur tout ce qui nous entoure, cette certitude que désormais le monde ne peut nous atteindre où nous vivons, cette intelligence mutuelle qui devine chaque pensée et qui répond à chaque émotion, charme de l'amour, qui vous éprouva ne saurait vous décrire! 51!

Questions

A. 1. Pourquoi l'ami d'Adolphe est-il soudain si joyeux?
 2. Quelle décision cet exemple inspire-t-il à Adolphe?
 3. Quelle est l'attitude du père d'Adolphe envers les femmes?
 4. Quelle est la situation sociale d'Ellénore? Imaginez la réaction du père en apprenant la liaison de son fils.
 5. Quels sont les sentiments respectifs d'Ellénore et d'Adolphe lorsqu'ils se rencontrent?
 6. Quel est le principal obstacle qui arrête Adolphe? Comment fait-il pour le surmonter?
 7. Quels sont les sentiments d'Adolphe lorsqu'il écrit sa première lettre à Ellénore? Comment celle-ci réagit-elle?
 8. Après le retour du comte de P***, comment Adolphe et Ellénore réagissent-ils en se revoyant? Que pouvez-vous en déduire?
 9. Comment se conduit Adolphe pendant le souper?
 10. Quels sont les sentiments d'Adolphe après la soirée?
 11. En quoi l'amour d'Adolphe est-il différent de celui du comte de P***?
 12. Quelle est la conséquence de la résistance d'Ellénore sur les sentiments du jeune homme?
 13. Quelle est la première réflexion qu'il se fait quand Ellénore est devenue sa maîtresse?
 14. Quel est le bienfait immense que la nature a accordé à Adolphe?

B. 1. Adolphe est poussé par la vanité mais *il n'y avait pas uniquement la vanité* (l. 17). Il est ensuite *tourmenté d'une émotion vague* (l. 45). Justifiez l'imprécision voulue de ses sentiments et essayez de les analyser.
 2. Pourquoi tous les préjugés d'Ellénore étaient-ils en sens inverse de ses intérêts (l. 80)?
 3. Comment expliquez-vous la violente souffrance d'Adolphe quand il croit avoir perdu Ellénore?
 4. Analysez, dans le chapitre III, l'évolution des sentiments des deux protagonistes.

5. Etudiez la lettre d'Adolphe à Ellénore (l. 425 à 474). Quels sont les arguments qu'il emploie? Relevez les traits romantiques. Sous la passion des mots, pouvez-vous voir les habiletés?

6. Des pages sont consacrées à l'analyse des sentiments; une demi-ligne suffit pour annoncer l'abandon d'Ellénore. D'où vient cette disproportion? Est-ce uniquement pour l'effet littéraire?

7. Le chapitre IV débute par un passage lyrique. Comment se justifie-t-il psychologiquement? Pourquoi le "je" est-il remplacé ici par "nous"?

8. Il est rare qu'un passage soit à la fois lyrique et analytique. Etudiez ces éléments juxtaposés. Comment le lyrisme est-il obtenu? Quels sont les différents sentiments analysés?

Sujets de Conversation

Dans ce roman, Ellénore dépend entièrement d'Adolphe parce que la société ne lui permet pas d'être autre chose que la compagne de l'homme. C'est un point sur lequel l'auteur insiste. Les choses ont bien changé depuis, et la morale est plus ou moins forcée de suivre cette évolution. L'égalité, à laquelle tant de femmes aspirent, vous semble-t-elle un bien ou un mal?

En faveur de l'égalité

Le contrôle des naissances ne devrait-il pas changer certaines idées reçues sur la conduite des jeunes filles? Comment expliquez-vous que celles-ci ne l'aient pas plus largement adopté?

Un couple est composé de deux êtres égaux qui accomplissent des tâches différentes. Subjectivement, quels sont les éléments qui vous paraissent nécessaires pour former un bon couple?

La mode actuelle ne reflète-t-elle pas l'égalité dans le couple: l'homme se féminise, alors que la femme se

En faveur de l'inégalité

L'homme et la femme sont différents de nature. N'est-il pas nécessaire que cette différence se retrouve dans leurs rapports? Est-ce que ce sont seulement les conventions sociales qui font que l'homme prend l'initiative, que la femme accepte ou refuse, etc.?

La femme n'a-t-elle pas plus d'avantages à être idolâtrée par l'homme, sublimée par lui, pour son plaisir, que d'être un simple compagnon, traité à égalité?

Dans un divorce, n'est-ce pas presque toujours la mère qui a la garde des enfants et le père qui

42
Benjamin Constant

débarrasse de tout le mystère qui faisait autrefois son charme?

Si vous vous mariez, est-ce que vous pensez travailler (ou est-ce que vous voudriez que votre femme travaille?), ou estimez-vous qu'il vaut mieux que l'un des deux reste à la maison?

Si le mari et la femme travaillent, quelle est la plus importante des deux carrières, celle du mari, ou celle de celui qui gagne le plus?

paie la pension alimentaire? N'est-ce pas reconnaître les privilèges de chaque sexe? N'existe-t-il pas d'autres privilèges également dans les bons couples?

Un mari qui gagne moins d'argent que sa femme n'est-il pas souvent considéré comme un pauvre type?

Pourquoi une jeune fille mentionne-t-elle l'intelligence parmi les qualités les plus importantes d'un homme? Et pourquoi tant d'hommes ont-ils de l'éloignement pour une fille s'ils savent qu'elle est brillante? Partagez-vous ce point de vue si fréquent?

François-René de Chateaubriand
(1768-1848)

Par sa personne, par son œuvre, Chateaubriand domine son époque et exerce une sorte de royauté littéraire sur la première moitié du dix-neuvième siècle. "Je veux être Chateaubriand ou rien", déclare le très jeune Victor Hugo. Car, avec Chateaubriand, l'orgueil est entré dans la littérature, l'orgueil du génie. Dans les *Mémoires d'Outre-Tombe*, Chateaubriand se place à côté de Napoléon, ce Napoléon qui fascinera Hugo, Balzac et tant de romantiques.

Chateaubriand, non seulement écrit pour la postérité, mais il adopte une attitude pour elle, il donne un style à sa propre vie, il en fait une oeuvre d'art: elle devient biographie. De là, vient cette impression assez irritante de pose que l'on a quelquefois en le lisant. Mais cette

pose coexiste avec la plus profonde sincérité. Comme Jean-Jacques Rousseau, il a fait de son existence la meilleure matière de son œuvre. Le "moi" n'est plus haïssable, comme le voulait Pascal, il devient source d'inspiration. Et pourtant — car les contradictions abondent chez lui, constituent sa personnalité — Chateaubriand ne s'aime pas. Pendant quatre-vingts ans il a regretté de vivre et il l'a dit en trop de formules saisissantes pour que ce ne soit pas là sa véritable pensée. Mais on peut ne pas aimer la vie et songer à sa survie, c'est-à-dire à sa gloire.

Chateaubriand est frappé du vide de l'existence. Comme son héros René, il est à la poursuite d'un idéal qu'il ne saurait atteindre puisqu'il ne sait en quoi il consiste exactement et qui représente plus un manque de quelque chose qu'un but. Et cependant quelle carrière prodigieuse a parcourue celui que ses contemporains surnommèrent l'Enchanteur!

Il a vingt ans quand éclate la Révolution française; c'est à peu près l'âge de Bonaparte et de madame de Staël, les trois personnes qui ont exercé la plus grande influence sur leur temps. C'est donc dire qu'ils ont été formés sur les idées de l'Ancien Régime. Chateaubriand est breton. Avant lui les auteurs bretons étaient des écrivains français nés en Bretagne, mais Chateaubriand en fait un trait caractéristique de sa personnalité. Né ailleurs, il eût été autre. A la Bretagne, il doit son goût de la mer, des voyages, sa mélancolie. D'autre part, Chateaubriand est noble, fier de sa noblesse, qui lui dicte la voie à suivre dans les différentes conjonctures politiques.

En 1786, il vient à Versailles, reçoit le grade de sous-lieutenant, fréquente la bonne société, s'enthousiasme pour Rousseau et perd à peu près sa foi religieuse. En 1791, il part pour l'Amérique qui va fournir la matière exotique de son œuvre, bien qu'il l'ait vue plus superficiellement qu'il n'a essayé de le faire croire. Il revient en France au moment du procès de Louis XVI, émigre, est blessé au siège de Thionville, manque mourir et finit par arriver à Londres en 1793, à Londres où il vit quelques années dans un état voisin de la misère. En 1797, il écrit son premier livre, l'*Essai sur les Révolutions*. En 1800, il rentre en France, où il se mêle aussitôt à la vie littéraire.

En 1798, Chateaubriand a perdu sa mère; cet événement lui a fait retrouver sa religion et il prépare une apologie du christianisme, destinée à combattre la propagande des philosophes du dix-huitième siècle. Le livre, *Le Génie du Christianisme* (1802) arrivait à son heure, il remporta un succès considérable. Très habilement il avait préparé le succès de cette oeuvre en la faisant précéder en 1801 par la

parution d'*Atala* et de *René* qui lui avaient valu une grande notoriété.

En 1809 paraissent *Les Martyrs*, en 1811, l'*Itinéraire de Paris à Jérusalem*, en 1826, *Le Dernier des Abencérages* et *Les Natchez*, tandis que les *Mémoires d'Outre-Tombe*, comme leur titre l'indique, sont publiés après sa mort.

Après la chute de Napoléon, Chateaubriand se lance dans la lutte politique et y joue un rôle de premier plan. Rares sont les hommes de lettres qui puissent prétendre à pareil succès. Mais il n'en demeure pas moins que sa réussite dans ce domaine ne saurait se comparer à celle qu'il a connue dans la littérature.

En politique, Chateaubriand est conservateur. Appartenant à la noblesse, il a mis son point d'honneur à servir fidèlement son roi, sans cependant s'illusionner sur la valeur de ceux qui l'entouraient. Cette fidélité explique assez bien son catholicisme, dont on a parfois mis en doute la sincérité. C'est là une erreur. Chateaubriand n'est pas un grand apologiste, mais il suit une tradition sans trop se poser de questions et sa foi se nourrit de poésie.

Chateaubriand est d'abord et avant tout un écrivain. Une partie importante de son oeuvre a vieilli, mais sa contribution aux lettres est

essentielle. Sans lui, le Romantisme français n'aurait pas été ce qu'il a été. Il a fait de l'histoire une matière poétique, il a introduit l'irrationnel dans la littérature. La religion, après Chateaubriand, devient un état d'âme, un besoin lyrique. Surtout il a apporté la magie de son style, un style oratoire, descriptif, auquel on peut reprocher peut-être son trop d'apprêt. Comme critique, Chateaubriand se tourne plus vers les sources antiques que vers les classiques français, vers Milton, les poètes italiens, et par là il prépare la voie au romantisme, lorsque celui-ci réagira contre le classicisme français.

René (1801) a bouleversé plusieurs générations, comme l'avaient fait les oeuvres de Jean-Jacques ou le *Werther* de Goethe. Les éléments autobiographiques sont extrêmement nombreux dans le récit, mais ce serait une erreur — trop répandue pourtant — d'assimiler l'auteur et son personnage. Après tout, René n'a pour lui que son orgueil, sa souffrance et l'admiration de sa soeur; il n'a rien accompli. Chateaubriand, lui, a écrit *René*, ce que probablement René n'aurait pas pu faire. Le livre est moral, il vise à condamner cette rêverie vague et malsaine, cette passion de la mélancolie, mais, comme il arrive souvent en art, le réquisitoire tourne à la plaidoirie. La poésie ici joue en faveur de René et non contre lui; on songe à le plaindre non à le condamner. Et, lorsque, après la chute de Napoléon, la paix sera revenue après plus de vingt ans de guerre, les jeunes gens désœuvrés se reconnaîtront dans ce héros qui ne sait quoi faire de sa vie. Le vague des passions deviendra le mal du siècle et le vieux Chateaubriand désavouera son héros de 1801.

René

En arrivant chez les Natchez[1], René avait été obligé de prendre une épouse, pour se conformer aux moeurs des Indiens; mais il ne vivait point avec elle. Un penchant mélancolique l'entraînait au fond des bois; il y passait seul des journées entières, et semblait sauvage parmi des sauvages. Hors Chactas[2], son

5

[1] les Natchez: tribu indienne du Mississipi, chez qui se déroule l'histoire d'*Atala*.

[2] Chactas: principal personnage d'*Atala*. Il est maintenant vieux et aveugle.

père adoptif, et le P. Souël[3], missionnaire au fort Rosalie[4], il avait renoncé au commerce des hommes. Ces deux vieillards avaient pris beaucoup d'empire[5] sur son coeur: le premier, par une indulgence aimable; l'autre, au contraire, par une extrême sévérité. Depuis la chasse du castor, où le Sachem[6] aveugle raconta ses aventures à René, 10
celui-ci n'avait jamais voulu parler des siennes. Cependant Chactas et le missionnaire désiraient vivement connaître par quel malheur un Européen bien né avait été conduit à l'étrange résolution de s'ensevelir dans les déserts de la Louisiane. René avait toujours donné pour motifs de ses refus, le peu d'intérêt de son histoire qui se bornait, disait- 15
il, à celle de ses pensées et de ses sentiments. "Quant à l'événement qui m'a déterminé à passer en Amérique, ajoutait-il, je le dois ensevelir dans un éternel oubli."

Quelques années s'écoulèrent de la sorte, sans que les deux vieillards lui pussent arracher son secret. Une lettre qu'il reçut d'Europe, par le 20
bureau des Missions étrangères, redoubla tellement sa tristesse, qu'il fuyait jusqu'à ses vieux amis. Ils n'en furent que plus ardents à le presser de leur ouvrir son cœur! ils y mirent tant de discrétion, de douceur et d'autorité, qu'il fut enfin obligé de les satisfaire. Il prit donc jour[7] avec eux, pour leur raconter, non les aventures de sa vie, puisqu'il 25
n'en avait point éprouvées, mais les sentiments secrets de son âme.

Le 21 de ce mois que les Sauvages appellent *la lune des fleurs*[8], René se rendit à la cabane de Chactas. Il donna le bras au Sachem, et le conduisit sous un sassafras, au bord du Meschacebé. Le P. Souël ne tarda pas à arriver au rendez-vous. L'aurore se levait: à quelque dis- 30
tance dans la plaine, on apercevait le village des Natchez, avec son bocage de mûriers[9], et ses cabanes qui ressemblent à des ruches d'abeilles[10]. La colonie française et le fort Rosalie se montraient sur la droite, au bord du fleuve. Des tentes, des maisons à moitié bâties, des forteresses commencées, des défrichements[11] couverts de Nègres, des 35
groupes de Blancs et d'Indiens, présentaient dans ce petit espace, le

[3] Souël: missionnaire jésuite qui a réellement existé.
[4] fort Rosalie: fort français sur le territoire des Natchez.
[5] pris beaucoup d'empire: eu une grande influence.
[6] le Sachem: le chef indien. Allusion à un passage d'*Atala*.
[7] il prit donc jour: il fixa donc un rendez-vous.
[8] lune des fleurs: mois de mai.
[9] bocage de mûriers: "grove of mulberry-trees".
[10] ruches d'abeilles: "beehives".
[11] défrichements: "clearings".

contraste des mœurs sociales et des mœurs sauvages. Vers l'Orient[12], au fond de la perspective, le soleil commençait à paraître entre les sommets brisés des Apalaches, qui se dessinaient comme des caractè-res[13] d'azur dans les hauteurs dorées du ciel; à l'occident, le Meschacebé roulait ses ondes dans un silence magnifique, et formait la bordure du tableau avec une inconcevable grandeur. 40

Le jeune homme et le missionnaire admirèrent quelque temps cette belle scène, en plaignant le Sachem qui ne pouvait plus en jouir; ensuite le P. Souël et Chactas s'assirent sur le gazon, au pied de l'arbre; 45 René prit sa place au milieu d'eux, et après un moment de silence, il parla de la sorte à ses vieux amis:

"Je ne puis, en commençant mon récit, me défendre d'un mouve-ment de honte. La paix de vox cœurs, respectables vieillards, et le calme de la nature autour de moi, me font rougir du trouble et de 50 l'agitation de mon âme.

"Combien vous aurez pitié de moi! Que mes éternelles inquiétudes vous paraîtront misérables! Vous qui avez épuisé tous les chagrins de la vie, que penserez-vous d'un jeune homme sans force et sans vertu, qui trouve en lui-même son tourment, et ne peut guère se plaindre 55 que des maux qu'il se fait à lui-même? Hélas, ne le condamnez pas; il a été trop puni!

"J'ai coûté la vie à ma mère en venant au monde; j'ai été tiré de son sein avec le fer[14]. J'avais un frère que mon père bénit, parce qu'il voyait en lui son fils aîné. Pour moi, livré de bonne heure à des mains 60 étrangères, je fus élevé loin du toit paternel.

"Mon humeur était impétueuse, mon caractère inégal. Tour à tour bruyant et joyeux, silencieux et triste, je rassemblais autour de moi mes jeunes compagnons; puis, les abandonnant tout à coup, j'allais m'asseoir à l'écart, pour contempler la nue fugitive, ou entendre la pluie 65 tomber sur le feuillage.

"Chaque automne, je revenais au château paternel, situé au milieu des forêts, près d'un lac, dans une province reculée[15].

"Timide et contraint devant mon père, je ne trouvais l'aise et le contentement qu'auprès de ma sœur Amélie. Une douce conformité 70 d'humeur et de goûts m'unissait étroitement à cette soeur; elle était

[12] l'Orient: l'est.
[13] caractères: lettres.
[14] de son sein avec le fer: c'est-à-dire par une opération césarienne.
[15] reculée: isolée et éloignée.

un peu plus âgée que moi. Nous aimions à gravir les coteaux ensemble, à voguer sur le lac, à parcourir les bois à la chute des feuilles: promenades dont le souvenir remplit encore mon âme de délices. O illusions de l'enfance et de la patrie, ne perdez-vous jamais vos douceurs? 75

"Tantôt nous marchions en silence, prêtant l'oreille au sourd mugissement de l'automne, ou au bruit des feuilles séchées, que nous traînions tristement sous nos pas; tantôt, dans nos jeux innocents, nous poursuivions l'hirondelle[16] dans la prairie, l'arc-en-ciel[17] sur les collines pluvieuses[18]; quelquefois aussi nous murmurions des vers que nous 80 inspirait le spectacle de la nature. Jeune, je cultivais les Muses; il n'y a rien de plus poétique, dans la fraîcheur de ses passions, qu'un cœur de seize années. Le matin de la vie est comme le matin du jour, plein de pureté, d'images et d'harmonies.

"Les dimanches et les jours de fête, j'ai souvent entendu, dans le 85 grand bois, à travers les arbres, les sons de la cloche lointaine qui appelait au temple l'homme des champs. Appuyé contre le tronc d'un ormeau[19], j'écoutais en silence le pieux murmure. Chaque frémissement de l'airain portait à mon âme naïve l'innocence des mœurs champêtres, le calme de la solitude, le charme de la religion, et la délectable 90 mélancolie des souvenirs de ma première enfance. Oh! quel cœur si mal fait n'a tressailli au bruit des cloches de son lieu natal, de ces cloches qui frémirent de joie sur son berceau, qui annoncèrent son avènement à la vie, qui marquèrent le premier battement de son cœur, qui publièrent dans tous les lieux d'alentour la sainte allégresse de son 95 père, les douleurs et les joies encore plus ineffables de sa mère! Tout se trouve dans les rêveries enchantées où nous plonge le bruit de la cloche natale: religion, famille, patrie, et le berceau et la tombe, et le passé et l'avenir.

"Il est vrai qu'Amélie et moi nous jouissions plus que personne de 100 ces idées graves et tendres, car nous avions tous les deux un peu de tristesse au fond du cœur: nous tenions cela de Dieu ou de notre mère.

"Cependant mon père fut atteint d'une maladie qui le conduisit en peu de jours au tombeau. Il expira dans mes bras. J'appris à connaître la mort sur les lèvres de celui qui m'avait donné la vie. Cette impres- 105 sion fut grande; elle dure encore. C'est la première fois que l'immor-

[16] hirondelle: "swallow".
[17] arc-en-ciel: "rainbow".
[18] pluvieuses: sur lesquelles la pluie tombe.
[19] ormeau: "elm".

talité de l'âme s'est présentée clairement à mes yeux. Je ne pus croire que ce corps inanimé était en moi l'auteur de la pensée: je sentis qu'elle me devait venir d'une autre source; et dans une sainte douleur qui approchait de la joie, j'espérai me rejoindre un jour à l'esprit de mon père. 110

"Un autre phénomène me confirma dans cette haute idée. Les traits paternels avaient pris au cercueil quelque chose de sublime. Pourquoi cet étonnant mystère ne serait-il pas l'indice de notre immortalité? Pourquoi la mort qui sait tout, n'aurait-elle pas gravé sur le front de 115 sa victime les secrets d'un autre univers? Pourquoi n'y aurait-il pas dans la tombe quelque grande vision de l'éternité?

"Amélie accablée de douleur, était retirée au fond d'une tour, d'où elle entendit retentir, sous les voûtes du château gothique, le chant des prêtres du convoi[20] et les sons de la cloche funèbre. 120

"J'accompagnai mon père à son dernier asile; la terre se referma sur sa dépouille; l'éternité et l'oubli le pressèrent de tout leur poids; le soir même l'indifférent passait sur sa tombe; hors pour sa fille et pour son fils, c'était déjà comme s'il n'avait jamais été.

"Il fallut quitter le toit paternel, devenu l'héritage de mon frère: 125 je me retirai avec Amélie chez de vieux parents.

"Arrêté à l'entrée des voies trompeuses de la vie, je les considérais l'une après l'autre, sans m'y oser engager. Amélie m'entretenait souvent du bonheur de la vie religieuse; elle me disait que j'étais le seul lien qui la retînt dans le monde[21], et ses yeux s'attachaient sur moi avec 130 tristesse.

"Le cœur ému par ces conversations pieuses, je portais souvent mes pas vers un monastère, voisin de mon nouveau séjour; un moment même j'eus la tentation d'y cacher ma vie. Heureux ceux qui ont fini leur voyage, sans avoir quitté le port, et qui n'ont point, comme moi, 135 traîné d'inutiles jours sur la terre!

"Les Européens incessamment agités sont obligés de se bâtir des solitudes. Plus notre coeur est tumultueux et bruyant, plus le calme et le silence nous attirent. Ces hospices[22] de mon pays, ouverts aux malheureux et aux faibles, sont souvent cachés dans des vallons qui 140 portent au coeur le vague sentiment de l'infortune et l'espérance d'un abri; quelquefois aussi on les découvre sur de hauts sites où l'âme re-

[20] convoi: cortège qui accompagne un mort.
[21] dans le monde: dans la société.
[22] hospices: maisons où des religieux donnent l'hospitalité aux pèlerins.

ligieuse, comme une plante des montagnes, semble s'élever vers le ciel pour lui offrir ses parfums.

"Je vois encore le mélange majestueux des eaux et des bois de cette [145] antique abbaye où je pensai dérober ma vie aux caprices du sort; j'erre encore au déclin du jour[23] dans ces cloîtres retentissants et solitaires. Lorsque la lune éclairait à demi les piliers des arcades, et dessinait leur ombre sur le mur opposé, je m'arrêtais à contempler la croix qui marquait le champ de la mort, et les longues herbes qui croissaient [150] entre les pierres des tombes. O hommes, qui ayant vécu loin du monde, avez passé du silence de la vie au silence de la mort, de quel dégoût de la terre vos tombeaux ne remplissaient-ils point mon cœur!

"Soit inconstance naturelle, soit préjugé contre la vie monastique, je changeai mes desseins; je me résolus à voyager. Je dis adieu à ma [155] sœur; elle me serra dans ses bras avec un mouvement qui ressemblait à de la joie, comme si elle eût été heureuse de me quitter; je ne pus me défendre d'une réflexion amère sur l'inconséquence des amitiés humaines.

"Cependant, plein d'ardeur, je m'élançai seul sur cet orageux océan [160] du monde, dont je ne connaissais ni les ports, ni les écueils[24]. Je visitai d'abord les peuples qui ne sont plus; je m'en allai m'asseyant sur les débris de Rome et de la Grèce: pays de forte et d'ingénieuse mémoire, où les palais sont ensevelis dans la poudre, et les mausolées des rois cachés sous les ronces[25]. Force de la nature, et faiblesse de l'homme: [165] un brin d'herbe[26] perce souvent le marbre le plus dur de ces tombeaux, que tous ces morts, si puissants, ne soulèveront jamais!

"Quelquefois une haute colonne se montrait seule debout dans un désert, comme une grande pensée s'élève, par intervalles, dans une âme que le temps et le malheur ont dévastée. [170]

"Je méditai sur ces monuments dans tous les accidents[27] et à toutes les heures de la journée. Tantôt ce même soleil qui avait vu jeter les fondements de ces cités, se couchait majestueusement, à mes yeux, sur leurs ruines; tantôt la lune se levant dans un ciel pur, entre deux urnes cinéraires[28] à moitié brisées, me montrait les pâles tombeaux. Souvent [175] aux rayons de cet astre qui alimente les rêveries, j'ai cru voir le Génie

[23] déclin du jour: moment où le jour commence à tomber.
[24] écueils: roches sur lesquels les navires viennent se briser.
[25] ronces: "brambles".
[26] un brin d'herbe: première pousse d'herbe, l'herbe la plus petite et la plus tendre.
[27] accidents: ici, événements.
[28] urnes cinéraires: urnes où l'on met les cendres des morts.

des souvenirs, assis tout pensif à mes côtés.

"Mais je me lassai de fouiller dans des cercueils, où je ne remuais trop souvent qu'une poussière criminelle[29].

"Je voulus voir si les races vivantes m'offriraient plus de vertus, ou moins de malheurs que les races évanouies. Comme je me promenais un jour dans une grande cité, en passant derrière un palais, dans une cour retirée et déserte, j'aperçus une statue qui indiquait du doigt un lieu fameux par un sacrifice[30]. Je fus frappé du silence de ces lieux; le vent seul gémissait autour du marbre tragique. Des manœuvres[31] étaient couchés avec indifférence au pied de la statue, ou taillaient des pierres en sifflant. Je leur demandai ce que signifiait ce monument: les uns purent à peine me le dire, les autres ignoraient la catastrophe qu'il retraçait. Rien ne m'a plus donné la juste mesure des événements de la vie, et du peu que nous sommes. Que sont devenus ces personnages qui firent tant de bruit? Le temps a fait un pas, et la face de la terre a été renouvelée.

"Je recherchai surtout dans mes voyages les artistes et ces hommes divins qui chantent les Dieux sur la lyre, et la félicité des peuples qui honorent les lois, la religion et les tombeaux.

"Ces chantres[32] sont de race divine, ils possèdent le seul talent incontestable dont le ciel ait fait présent à la terre. Leur vie est à la fois naïve et sublime; ils célèbrent les Dieux avec une bouche d'or, et sont les plus simples des hommes; ils causent comme des immortels ou comme de petits enfants; ils expliquent les lois de l'univers, et ne peuvent comprendre les affaires les plus innocentes de la vie; ils ont des idées merveilleuses de la mort, et meurent, sans s'en apercevoir, comme des nouveau-nés.

"Sur les monts de la Calédonie[33], le dernier Barde qu'on ait ouï[34] dans ces déserts me chanta les poèmes dont un héros consolait jadis sa vieillesse. Nous étions assis sur quatre pierres rongées de mousse; un torrent coulait à nos pieds; le chevreuil paissait[35] à quelque distance parmi les débris d'une tour, et le vent des mers sifflait sur la bruyère

180

185

190

195

200

205

[29] poussière criminelle: la poussière de gens qui ont commis des crimes.

[30] A Londres, derrière Whitehall, la statue de Charles II (note de Chateaubriand). Il s'agit en réalité de la statue de Jacques II.

[31] manœuvres: ouvriers.

[32] chantres: ceux qui chantent des sujets hautement poétiques, des poètes.

[33] Calédonie: ici, l'Ecosse, où se situe le pseudo poème gaélique d'*Ossian*.

[34] ouï: entendu.

[35] le chevreuil paissait: "the stag was grazing".

de Cona[36]. Maintenant la religion chrétienne, fille aussi des hautes montagnes, a placé des croix sur les monuments des héros de Morven[36], et touché la harpe de David, au bord du même torrent où Ossian fit gémir la sienne. Aussi pacifique que les divinités de Selma[36] étaient guerrières, elle garde des troupeaux où Fingal livrait des combats, et elle a répandu des anges de paix dans les nuages qu'habitaient des fantômes homicides.

"L'ancienne et riante Italie m'offrit la foule de ses chefs-d'oeuvre. Avec quelle sainte et poétique horreur[37] j'errais dans ces vastes édifices consacrés par les arts à la religion! Quel labyrinthe de colonnes! Quelle succession d'arches et de voûtes! Qu'ils sont beaux ces bruits qu'on entend autour des dômes, semblables aux rumeurs des flots dans l'O-céan, aux murmures des vents dans les forêts, ou à la voix de Dieu dans son temple! L'architecte bâtit, pour ainsi dire, les idées du poète et les fait toucher aux sens.

"Cependant qu'avais-je appris jusqu'alors avec tant de fatigue? Rien de certain parmi les anciens, rien de beau parmi les modernes. Le passé et le présent sont deux statues incomplètes: l'une a été retirée toute mutilée du débris des âges; l'autre n'a pas encore reçu sa perfection de l'avenir.

"Mais peut-être, mes vieux amis, vous surtout, habitants du désert, êtes-vous étonnés que dans ce récit de mes voyages, je ne vous aie pas une seule fois entretenus des monuments de la nature?

"Un jour, j'étais monté au sommet de l'Etna, volcan qui brûle au milieu d'une île. Je vis le soleil se lever dans l'immensité de l'horizon au-dessous de moi, la Sicile resserrée comme un point à mes pieds, et la mer déroulée au loin dans les espaces. Dans cette vue perpendiculaire du tableau, les fleuves ne me semblaient plus que des lignes géographiques tracées sur une carte; mais, tandis que d'un côté mon œil apercevait ces objets, de l'autre il plongeait dans le cratère de l'Etna, dont je découvrais les entrailles brûlantes, entre les bouffées d'une noire vapeur.

"Un jeune homme plein de passions, assis sur la bouche d'un volcan, et pleurant sur les mortels dont à peine il voyait à ses pieds les de-meures, n'est sans doute, ô vieillards, qu'un objet digne de votre pitié; mais, quoi que vous puissiez penser de René, ce tableau vous offre l'image de son caractère et de son existence: c'est ainsi que toute ma

[36] Cona; Morven; Selma: lieux d'Ecosse mentionnés dans *Ossian*.
[37] horreur: sentiment de peur mêlé d'admiration.

vie j'ai eu devant les yeux une création à la fois immense et imperceptible, et un abîme ouvert à mes côtés."

En prononçant ces derniers mots, René se tut, et tomba subitement dans la rêverie. Le P. Souël le regardait avec étonnement, et le vieux Sachem aveugle qui n'entendait plus parler le jeune homme, ne savait que penser de ce silence. 250

René avait les yeux attachés sur un groupe d'Indiens qui passaient gaiement dans la plaine. Tout à coup sa physionomie s'attendrit, des larmes coulent de ses yeux, il s'écrie:

"Heureux Sauvages! Oh! que ne puis-je jouir de la paix qui vous 255 accompagne toujours! Tandis qu'avec si peu de fruit je parcourais tant de contrées, vous, assis tranquillement sous vos chênes, vous laissiez couler les jours sans les compter. Votre raison n'était que vos besoins, et vous arriviez, mieux que moi, au résultat de la sagesse, comme l'enfant, entre les jeux et le sommeil. Si cette mélancolie qui s'engendre 260 de l'excès du bonheur atteignait quelquefois votre âme, bientôt vous sortiez de cette tristesse passagère, et votre regard levé vers le Ciel, cherchait avec attendrissement ce je ne sais quoi inconnu qui prend pitié du pauvre Sauvage."

Ici la voix de René expira de nouveau, et le jeune homme pencha 265 la tête sur sa poitrine. Chactas, étendant le bras dans l'ombre, et prenant le bras de son fils, lui cria d'un ton ému: "Mon fils! mon cher fils!" A ces accents, le frère d'Amélie revenant à lui, et rougissant de son trouble, pria son père de lui pardonner.

Alors le vieux Sauvage: "Mon jeune ami, les mouvements d'un 270 cœur comme le tien ne sauraient être égaux[38]; modère seulement ce caractère qui t'a déjà fait tant de mal. Si tu souffres plus qu'un autre des choses de la vie, il ne faut pas t'en étonner; une grande âme doit contenir plus de douleur qu'une petite. Continue ton récit. Tu nous as fait parcourir une partie de l'Europe, fais-nous connaître ta patrie. 275 Tu sais que j'ai vu la France, et quels liens m'y ont attaché; j'aimerai à entendre parler de ce grand Chef[39], qui n'est plus, et dont j'ai visité la superbe cabane. Mon enfant, je ne vis plus que par la mémoire. Un vieillard avec ses souvenirs ressemble au chêne décrépit de nos bois: ce chêne ne se décore plus de son propre feuillage, mais il couvre quel- 280 quefois sa nudité des plantes étrangères qui ont végété sur ses antiques rameaux."

[38] égaux: semblables, qui ne varient pas.
[39] le grand Chef: Louis XIV. La superbe cabane est le château de Versailles.

Le frère d'Amélie, calmé par ces paroles, reprit ainsi l'histoire de son cœur:

"Hélas! mon père, je ne pourrai t'entretenir de ce grand siècle dont 285
je n'ai vu que la fin dans mon enfance, et qui n'était plus lorsque je
rentrai dans ma patrie. Jamais un changement plus étonnant et plus
soudain ne s'est opéré chez un peuple. De la hauteur du génie, du
respect pour la religion, de la gravité des mœurs, tout était subitement
descendu à la souplesse de l'esprit, à l'impiété, à la corruption. 290

"C'était donc bien vainement que j'avais espéré retrouver dans
mon pays de quoi calmer cette inquiétude, cette ardeur de désir qui
me suit partout. L'étude du monde ne m'avait rien appris, et pourtant
je n'avais plus la douceur de l'ignorance.

"Ma sœur, par une conduite inexplicable, semblait se plaire à aug- 295
menter mon ennui; elle avait quitté Paris quelques jours avant mon
arrivée. Je lui écrivis que je comptais l'aller rejoindre; elle se hâta de
me répondre pour me détourner de ce projet, sous prétexte qu'elle
était incertaine du lieu où l'appelleraient ses affaires. Quelles tristes
réflexions ne fis-je point alors sur l'amitié, que la présence attiédit[40], 300
que l'absence efface, qui ne résiste point au malheur, et encore moins
à la prospérité!

"Je me trouvai bientôt plus isolé dans ma patrie, que je ne l'avais
été sur une terre étrangère. Je voulus me jeter pendant quelque temps
dans un monde qui ne me disait rien et qui ne m'entendait pas. Mon 305
âme, qu'aucune passion n'avait encore usée, cherchait un objet qui
pût l'attacher; mais je m'aperçus que je donnais plus que je ne recevais.
Ce n'était ni un langage élevé, ni un sentiment profond qu'on de-
mandait de moi. Je n'étais occupé qu'à rapetisser ma vie, pour la mettre
au niveau de la société. Traité partout d'esprit romanesque[41], honteux 310
du rôle que je jouais, dégoûté de plus en plus des choses et des hommes,
je pris le parti de me retirer dans un faubourg pour y vivre totalement
ignoré.

"Je trouvai d'abord assez de plaisir dans cette vie obscure et indé-
pendante. Inconnu, je me mêlais à la foule: vaste désert d'hommes! 315

"Souvent assis dans une église peu fréquentée, je passais des heures
entières en méditation. Je voyais de pauvres femmes venir se prosterner
devant le Très-Haut[42], ou des pécheurs s'agenouiller au tribunal de la

[40] attiédit: rend plus froide.
[41] romanesque: qui voit la vie comme un roman.
[42] le Très-Haut: Dieu.

pénitence. Nul ne sortait de ces lieux sans un visage plus serein, et les sourdes clameurs qu'on entendait au dehors semblaient être les flots des passions et les orages du monde qui venaient expirer au pied du temple du Seigneur. Grand Dieu, qui vis en secret couler mes larmes dans ces retraites sacrées, tu sais combien de fois je me jetai à tes pieds, pour te supplier de me décharger du poids de l'existence, ou de changer en moi le vieil homme[43]. Ah! qui n'a senti quelquefois le besoin de se régénérer, de se rajeunir aux eaux du torrent, de retremper son âme à la fontaine de vie? Qui ne se trouve quelquefois accablé du fardeau de sa propre corruption, et incapable de rien faire de grand, de noble, de juste?

"Quand le soir était venu, reprenant le chemin de ma retraite, je m'arrêtais sur les ponts, pour voir se coucher le soleil. L'astre, enflammant les vapeurs de la cité, semblait osciller lentement dans un fluide d'or, comme le pendule[44] de l'horloge des siècles. Je me retirais ensuite avec la nuit, à travers un labyrinthe de rues solitaires. En regardant les lumières qui brillaient dans les demeures des hommes, je me transportais par la pensée au milieu des scènes de douleur et de joie qu'elles éclairaient; et je songeais que sous tant de toits habités, je n'avais pas un ami. Au milieu de mes réflexions, l'heure venait frapper à coups mesurés dans la tour de la cathédrale gothique; elle allait se répétant sur tous les tons et à toutes les distances d'église en église. Hélas! chaque heure dans la société ouvre un tombeau, et fait couler des larmes.

"Cette vie, qui m'avait d'abord enchanté, ne tarda pas à me devenir insupportable. Je me fatiguai de la répétition des mêmes scènes et des mêmes idées. Je me mis à sonder mon cœur, à me demander ce que je désirais. Je ne le savais pas; mais je crus tout à coup que les bois me seraient délicieux. Me voilà soudain résolu d'achever, dans un exil champêtre, une carrière à peine commencée, et dans laquelle j'avais déjà dévoré des siècles.

"J'embrassai ce projet avec l'ardeur que je mets à tous mes desseins; je partis précipitamment pour m'ensevelir dans une chaumière, comme j'étais parti autrefois pour faire le tour du monde.

"On m'accuse d'avoir des goûts inconstants, de ne pouvoir jouir longtemps de la même chimère[45], d'être la proie d'une imagination qui

[43] le vieil homme: l'état de l'homme pécheur avant la pénitence et la grâce.
[44] pendule: "pendulum".
[45] chimère: vaine imagination.

se hâte d'arriver au fond de mes plaisirs, comme si elle était accablée 355
de leur durée; on m'accuse de passer toujours le but que je puis at-
teindre: hélas! je cherche seulement un bien inconnu, dont l'instinct
me poursuit. Est-ce ma faute, si je trouve partout des bornes, si ce qui
est fini[46] n'a pour moi aucune valeur? Cependant je sens que j'aime la
monotonie des sentiments de la vie, et si j'avais encore la folie de 360
croire au bonheur, je le chercherais dans l'habitude.

"La solitude absolue, le spectacle de la nature, me plongèrent
bientôt dans un état presque impossible à décrire. Sans parents, sans
amis, pour ainsi dire seul sur la terre, n'ayant point encore aimé,
j'étais accablé d'une surabondance de vie. Quelquefois je rougissais 365
subitement, et je sentais couler dans mon cœur comme des ruisseaux
d'une lave ardente; quelquefois je poussais des cris involontaires, et la
nuit était également troublée de mes songes et de mes veilles. Il me
manquait quelque chose pour remplir l'abîme de mon existence: je
descendais dans la vallée, je m'élevais sur la montagne, appelant de 370
toute la force de mes désirs l'idéal objet d'une flamme future; je l'em-
brassais dans les vents; je croyais l'entendre dans les gémissements du
fleuve; tout était ce fantôme imaginaire, et les astres dans les cieux,
et le principe même de vie dans l'univers.

"Toutefois cet état de calme et de trouble, d'indigence et de richesse, 375
n'était pas sans quelques charmes. Un jour je m'étais amusé à effeuiller
une branche de saule sur un ruisseau, et à attacher une idée à chaque
feuille que le courant entraînait. Un roi qui craint de perdre sa cou-
ronne par une révolution subite, ne ressent pas des angoisses plus
vives que les miennes, à chaque accident qui menaçait les débris de 380
mon rameau. O faiblesse des mortels! O enfance du cœur humain qui
ne vieillit jamais! Voilà donc à quel degré de puérilité notre superbe[47]
raison peut descendre! Et encore est-il vrai que bien des hommes at-
tachent leur destinée à des choses d'aussi peu de valeur que mes feuilles
de saule. 385

"Mais comment exprimer cette foule de sensations fugitives, que
j'éprouvais dans mes promenades? Les sons que rendent les passions
dans le vide d'un cœur solitaire, ressemblent au murmure que les
vents et les eaux font entendre dans le silence d'un désert: on en jouit,
mais on ne peut les peindre. 390

"L'automne me surprit au milieu de ces incertitudes: j'entrai avec

[46] ce qui est fini: ce qui a une limite, une fin.
[47] superbe: orgueilleuse.

ravissement dans les mois des tempêtes. Tantôt j'aurais voulu être un de ces guerriers errant au milieu des vents, des nuages et des fantômes; tantôt j'enviais jusqu'au sort du pâtre[48] que je voyais réchauffer ses mains à l'humble feu de broussailles qu'il avait allumé au coin d'un bois. J'écoutais ses chants mélancoliques, qui me rappelaient que dans tout pays, le chant naturel de l'homme est triste, lors même qu'il exprime le bonheur. Notre cœur est un instrument incomplet, une lyre où il manque des cordes, et où nous sommes forcés de rendre les accents de la joie sur le ton consacré aux soupirs. 400

"Le jour je m'égarais sur de grandes bruyères terminées par des forêts. Qu'il fallait peu de chose à ma rêverie: une feuille séchée que le vent chassait devant moi, une cabane dont la fumée s'élevait dans la cime dépouillée[49] des arbres, la mousse qui tremblait au souffle du nord[50] sur le tronc d'un chêne, une roche écartée, un étang désert où 405 le jonc flétri[51] murmurait! Le clocher du hameau, s'élevant au loin dans la vallée, a souvent attiré mes regards; souvent j'ai suivi des yeux les oiseaux de passage qui volaient au-dessus de ma tête. Je me figurais les bords ignorés, les climats lointains où ils se rendent; j'aurais voulu être sur leurs ailes. Un secret instinct me tourmentait; je sentais que 410 je n'étais moi-même qu'un voyageur; mais une voix du ciel semblait me dire: 'Homme, la saison de ta migration n'est pas encore venue; attends que le vent de la mort se lève, alors tu déploieras ton vol vers ces régions inconnues que ton cœur demande.'

"Levez-vous vite, orages désirés, qui devez emporter René dans 415 les espaces d'une autre vie! Ainsi disant, je marchais à grands pas, le visage enflammé, le vent sifflant dans ma chevelure, ne sentant ni pluie ni frimas[52], enchanté, tourmenté, et comme possédé par le démon de mon cœur.

"La nuit, lorsque l'aquilon[53] ébranlait ma chaumière, que les pluies 420 tombaient en torrent sur mon toit, qu'à travers ma fenêtre je voyais la lune sillonner les nuages amoncelés[54], comme un pâle vaisseau qui laboure les vagues, il me semblait que la vie redoublait au fond de mon cœur, que j'aurais eu la puissance de créer des mondes. Ah! si

[48] pâtre: berger.

[49] cime dépouillée des arbres: le haut sans feuilles des arbres.

[50] du nord: du vent du nord.

[51] jonc flétri: "withered rush".

[52] frimas: brouillard épais et froid.

[53] aquilon: vent du nord.

[54] amoncelés: accumulés.

j'avais pu faire partager à une autre les transports que j'éprouvais! O 425
Dieu! si tu m'avais donné une femme selon mes désirs; si comme à
notre premier père, tu m'eusses amené par la main une Eve tirée de
moi-même . . . Beauté céleste, je me serais prosterné devant toi; puis,
te prenant dans mes bras, j'aurais prié l'Eternel de te donner le reste
de ma vie. 430

"Hélas! j'étais seul, seul sur la terre! Une langueur secrète s'emparait
de mon corps. Ce dégoût de la vie que j'avais ressenti dès mon enfance,
revenait avec une force nouvelle. Bientôt mon cœur ne fournit plus
d'aliment à ma pensée, et je ne m'apercevais de mon existence que
par un profond sentiment d'ennui. 435

"Je luttai quelque temps contre mon mal, mais avec indifférence
et sans avoir la ferme résolution de le vaincre. Enfin, ne pouvant trou-
ver de remède à cette étrange blessure de mon cœur, qui n'était nulle
part et qui était partout, je résolus de quitter la vie.

"Prêtre du Très-Haut, qui m'entendez, pardonnez à un malheureux 440
que le ciel avait presque privé de la raison. J'étais plein de religion,
et je raisonnais en impie; mon cœur aimait Dieu, et mon esprit le
méconnaissait; ma conduite, mes discours, mes sentiments, mes pensées,
n'étaient que contradiction, ténèbres, mensonges. Mais l'homme sait-il
bien toujours ce qu'il veut, est-il toujours sûr de ce qu'il pense? 445

"Tout m'échappait à la fois, l'amitié, le monde, la retraite. J'avais
essayé de tout, et tout m'avait été fatal. Repoussé par la société, aban-
donné d'Amélie, quand la solitude vint à me manquer, que me restait-
il? C'était la dernière planche sur laquelle j'avais espéré me sauver, et
je la sentais encore s'enfoncer dans l'abîme! 450

"Décidé que j'étais à me débarrasser du poids de la vie, je résolus
de mettre toute ma raison dans cet acte insensé. Rien ne me pressait;
je ne fixai point le moment du départ, afin de savourer à longs traits
les derniers moments de l'existence, et de recueillir toutes mes forces,
à l'exemple d'un Ancien[55], pour sentir mon âme s'échapper. 455

"Cependant je crus nécessaire de prendre des arrangements con-
cernant ma fortune, et je fus obligé d'écrire à Amélie. Il m'échappa
quelques plaintes sur son oubli, et je laissai sans doute percer l'at-
tendrissement qui surmontait peu à peu mon cœur. Je m'imaginais
pourtant avoir bien dissimulé mon secret; mais ma sœur accoutumée 460
à lire dans les replis[56] de mon âme, le devina sans peine. Elle fut

[55] un Ancien: un personnage de l'Antiquité, probablement un Stoïcien.
[56] replis: ce qu'il y a de plus caché, de plus intime.

alarmée du ton de contrainte qui régnait dans ma lettre, et de mes questions sur des affaires dont je ne m'étais jamais occupé. Au lieu de me répondre, elle me vint tout à coup surprendre.

"Pour bien sentir quelle dut être dans la suite l'amertume de ma douleur, et quels furent mes premiers transports en revoyant Amélie, il faut vous figurer que c'était la seule personne au monde que j'eusse aimée, que tous mes sentiments se venaient confondre en elle, avec la douceur des souvenirs de mon enfance. Je reçus donc Amélie dans une sorte d'extase de cœur. Il y avait si longtemps que je n'avais trouvé quelqu'un qui m'entendît, et devant qui je pusse ouvrir mon âme!

"Amélie se jetant dans mes bras, me dit: 'Ingrat, tu veux mourir, et ta sœur existe! Tu soupçonnes son cœur! Ne t'explique point, ne t'excuse point, je sais tout; j'ai tout compris, comme si j'avais été avec toi. Est-ce moi que l'on trompe, moi, qui ai vu naître tes premiers sentiments? Voilà ton malheureux caractère, tes dégoûts, tes injustices. Jure, tandis que je te presse sur mon cœur, jure que c'est la dernière fois que tu te livreras à tes folies; fais le serment de ne jamais attenter à tes jours[57].'

"En prononçant ces mots, Amélie me regardait avec compassion et tendresse, et couvrait mon front de ses baisers; c'était presque une mère, c'était quelque chose de plus tendre. Hélas! mon cœur se rouvrit à toutes les joies; comme un enfant, je ne demandais qu'à être consolé; je cédai à l'empire d'Amélie; elle exigea un serment solennel; je le fis sans hésiter, ne soupçonnant même pas que désormais je pusse être malheureux.

"Nous fûmes plus d'un mois à nous accoutumer à l'enchantement d'être ensemble. Quand le matin, au lieu de me trouver seul, j'entendais la voix de ma sœur, j'éprouvais un tressaillement de joie et de bonheur. Amélie avait reçu de la nature quelque chose de divin; son âme avait les mêmes grâces innocentes que son corps; la douceur de ses sentiments était infinie; il n'y avait rien que de suave et d'un peu rêveur dans son esprit; on eût dit que son cœur, sa pensée et sa voix soupiraient comme de concert; elle tenait de la femme la timidité et l'amour, et de l'ange la pureté et la mélodie.

"Le moment était venu où j'allais expier toutes mes inconséquences[58]. Dans mon délire j'avais été jusqu'à désirer d'éprouver un malheur, pour avoir du moins un objet réel de souffrance: épouvantable

[57] attenter à tes jours: te tuer, te suicider.
[58] inconséquences: choses dites ou faites sans réflexion.

souhait que Dieu, dans sa colère, a trop exaucé[59]!

"Que vais-je vous révéler, ô mes amis! Voyez les pleurs qui coulent de mes yeux. Puis-je même . . . Il y a quelques jours, rien n'aurait pu m'arracher ce secret . . . A présent tout est fini!

"Toutefois, ô vieillards, que cette histoire soit à jamais ensevelie dans le silence: souvenez-vous qu'elle n'a été racontée que sous l'arbre du désert.

"L'hiver finissait, lorsque je m'aperçus qu'Amélie perdait le repos et la santé qu'elle commençait à me rendre[60]. Elle maigrissait; ses yeux se creusaient; sa démarche était languissante, et sa voix troublée. Un jour, je la surpris tout en larmes au pied d'un crucifix. Le monde, la solitude, mon absence, ma présence, la nuit, le jour, tout l'alarmait. D'involontaires soupirs venaient expirer sur ses lèvres; tantôt elle soutenait, sans se fatiguer, une longue course; tantôt elle se traînait à peine; elle prenait et laissait son ouvrage, ouvrait un livre sans pouvoir lire, commençait une phrase qu'elle n'achevait pas, fondait tout à coup en pleurs, et se retirait pour prier.

"En vain je cherchais à découvrir son secret. Quand je l'interrogeais, en la pressant dans mes bras, elle me répondait, avec un sourire, qu'elle était comme moi, qu'elle ne savait pas ce qu'elle avait.

"Trois mois se passèrent de la sorte, et son état devenait pire chaque jour. Une correspondance mystérieuse me semblait être la cause de ses larmes, car elle paraissait ou plus tranquille ou plus émue, selon les lettres qu'elle recevait. Enfin, un matin, l'heure à laquelle nous déjeunions ensemble étant passée, je monte à son appartement; je frappe, on ne me répond point; j'entrouvre la porte, il n'y avait personne dans la chambre. J'aperçois sur la cheminée un paquet à mon adresse. Je le saisis en tremblant, je l'ouvre, et je lis cette lettre, que je conserve pour m'ôter à l'avenir tout mouvement de joie.

A René

"Le Ciel m'est témoin, mon frère, que je donnerais mille fois ma vie pour vous épargner un moment de peine; mais, infortunée que je suis, je ne puis rien pour votre bonheur. Vous me pardonnerez donc de m'être dérobée de chez vous, comme une coupable: je n'aurais pu

[59] a trop exaucé: a trop bien recueilli, réalisé.

[60] qu'elle commençait à me rendre: René retrouve le repos et la santé mais c'est Amélie qui ne les a plus.

résister à vos prières, et cependant il fallait partir . . . Mon Dieu, ayez pitié de moi!

"Vous savez, René, que j'ai toujours eu du penchant pour la vie religieuse: il est temps que je mette à profit les avertissements du Ciel. Pourquoi ai-je attendu si tard? Dieu m'en punit. J'étais restée pour vous dans le monde . . . Pardonnez, je suis toute troublée par le chagrin que j'ai de vous quitter.

"C'est à présent, mon cher frère, que je sens bien la nécessité de ces asiles, contre lesquels je vous ai vu souvent vous élever. Il est des malheurs qui nous séparent pour toujours des hommes: que deviendraient alors de pauvres infortunées? . . . Je suis persuadée que vous-même, mon frère, vous trouveriez le repos dans ces retraites de la religion: la terre n'offre rien qui soit digne de vous.

"Je ne vous rappellerai point votre serment: je connais la fidélité de votre parole. Vous l'avez juré, vous vivrez pour moi. Y a-t-il rien de plus misérable, que de songer sans cesse à quitter la vie? Pour un homme de votre caractère, il est si aisé de mourir! Croyez-en votre sœur, il est plus difficile de vivre.

"Mais, mon frère, sortez au plus vite de la solitude, qui ne vous est pas bonne; cherchez quelque occupation. Je sais que vous riez amèrement de cette nécessité où l'on est en France de *prendre un état*[61]. Ne méprisez pas tant l'expérience et la sagesse de nos pères. Il vaut mieux, mon cher René, ressembler un peu plus au commun des hommes, et avoir un peu moins de malheur.

"Peut-être trouveriez-vous dans le mariage un soulagement à vos ennuis. Une femme, des enfants occuperaient vos jours. Et quelle est la femme qui ne chercherait pas à vous rendre heureux! L'ardeur de votre âme, la beauté de votre génie, votre air noble et passionné, ce regard fier et tendre, tout vous assurerait de son amour et de sa fidélité. Ah! avec quelles délices ne te presserait-elle pas dans ses bras et sur son cœur! Comme tous ses regards, toutes ses pensées seraient attachés sur toi pour prévenir tes moindres peines! Elle serait tout amour, toute innocence devant toi; tu croirais retrouver une sœur.

"Je pars pour le couvent de . . . Ce monastère, bâti au bord de la mer, convient à la situation de mon âme. La nuit, du fond de ma cellule, j'entendrai le murmure des flots qui baignent les murs du couvent; je songerai à ces promenades que je faisais avec vous, au milieu des bois, alors que nous croyions retrouver le bruit des mers dans la

[61] prendre un état: avoir un métier, une profession.

cime agitée des pins. Aimable compagnon de mon enfance, est-ce que 570
je ne vous verrai plus? A peine plus âgée que vous, je vous balançais
dans votre berceau; souvent nous avons dormi ensemble. Ah! si un
même tombeau nous réunissait un jour! Mais non: je dois dormir seule
sous les marbres glacés de ce sanctuaire où reposent pour jamais ces
filles qui n'ont point aimé. 575

"Je ne sais si vous pourrez lire ces lignes à demi effacées par mes
larmes. Après tout, mon ami, un peu plus tôt, un peu plus tard, n'aurait-
il pas fallu nous quitter? Qu'ai-je besoin de vous entretenir de l'incerti-
tude et du peu de valeur de la vie? Vous vous rappelez le jeune M***
qui fit naufrage à l'Ile-de-France[62]. Quand vous reçûtes sa dernière 580
lettre, quelques mois après sa mort, sa dépouille terrestre n'existait
même plus, et l'instant où vous commenciez son deuil en Europe était
celui où on le finissait aux Indes. Qu'est-ce donc que l'homme, dont la
mémoire périt si vite? Une partie de ses amis ne peut apprendre sa
mort, que l'autre n'en soit déjà consolée! Quoi, cher et trop cher René, 585
mon souvenir s'effacera-t-il si promptement de ton cœur? O mon frère,
si je m'arrache à vous dans le temps, c'est pour n'être pas séparée de
vous dans l'éternité."

Amélie.

P.S. "Je joins ici l'acte de donation de mes biens; j'espère que vous ne
refuserez pas cette marque de mon amitié." 590

"La foudre qui fût tombée à mes pieds ne m'eût pas causé plus
d'effroi que cette lettre. Quel secret Amélie me cachait-elle? Qui la
forçait si subitement à embrasser la vie religieuse? Ne m'avait-elle
rattaché à l'existence par le charme de l'amitié que pour me délaisser
tout à coup? Oh! pourquoi était-elle venue me détourner de mon des- 595
sein! Un mouvement de pitié l'avait rappelée auprès de moi, mais
bientôt fatiguée d'un pénible devoir, elle se hâte de quitter un mal-
heureux qui n'avait qu'elle sur la terre. On croit avoir tout fait quand
on a empêché un homme de mourir! Telles étaient mes plaintes. Puis
faisant un retour sur moi-même: 'Ingrate Amélie, disais-je, si tu avais 600
été à ma place, si, comme moi, tu avais été perdue dans le vide de tes
jours, ah! tu n'aurais pas été abandonnée de ton frère.'

"Cependant, quand je relisais la lettre, j'y trouvais je ne sais quoi
de si triste et de si tendre, que tout mon cœur se fondait. Tout à coup

[62] Ile-de-France: aujourd'hui l'île Maurice, dans l'Océan Indien, à l'est de Madagascar.

il me vint une idée qui me donna quelque espérance: je m'imaginai
qu'Amélie avait peut-être conçu une passion pour un homme qu'elle
n'osait avouer. Ce soupçon sembla m'expliquer sa mélancolie, sa cor-
respondance mystérieuse, et le ton passionné qui respirait dans sa lettre.
Je lui écrivis aussitôt pour la supplier de m'ouvrir son cœur.

"Elle ne tarda pas à me répondre, mais sans me découvrir son
secret: elle me mandait[63] seulement qu'elle avait obtenu les dispenses
du noviciat[64], et qu'elle allait prononcer ses vœux.

"Je fus révolté de l'obstination d'Amélie, du mystère de ses paroles,
et de son peu de confiance en mon amitié.

"Après avoir hésité un moment sur le parti que j'avais à prendre, je
résolus d'aller à B*** pour faire un dernier effort auprès de ma sœur.
La terre où j'avais été élevé se trouvait sur la route. Quand j'aperçus
les bois où j'avais passé les seuls moments heureux de ma vie, je ne
pus retenir mes larmes, et il me fut impossible de résister à la tentation
de leur dire un dernier adieu.

"Mon frère aîné avait vendu l'héritage paternel, et le nouveau pro-
priétaire ne l'habitait pas. J'arrivai au château par la longue avenue
de sapins; je traversai à pied les cours désertes; je m'arrêtai à regarder
les fenêtres fermées ou demi-brisées, le chardon[65] qui croissait au pied
des murs, les feuilles qui jonchaient le seuil des portes, et ce perron
solitaire où j'avais vu si souvent mon père et ses fidèles serviteurs. Les
marches étaient déjà couvertes de mousse; le violier[66] jaune croissait
entre leurs pierres disjointes et tremblantes. Un gardien inconnu m'ouvrit
brusquement les portes. J'hésitais à franchir le seuil; cet homme s'écria:
'Eh bien! allez-vous faire comme cette étrangère qui vint ici il y a
quelques jours? Quand ce fut pour entrer, elle s'évanouit, et je fus
obligé de la reporter à sa voiture.' Il me fut aisé de reconnaître
l'*étrangère* qui, comme moi, était venue chercher dans ces lieux des
pleurs et des souvenirs!

"Couvrant un moment mes yeux de mon mouchoir, j'entrai sous le
toit de mes ancêtres. Je parcourus les appartements sonores où l'on
n'entendait que le bruit de mes pas. Les chambres étaient à peine
éclairées par la faible lumière qui pénétrait entre les volets fermés: je

[63] me mandait: me disait.

[64] noviciat: période d'attente imposée à ceux qui veulent entrer au couvent pour véri-
fier la solidité de leur vocation. Cette attente n'aura pas lieu pour Amélie.

[65] chardon: "thistle".

[66] violier: giroflée, "gillyflower".

visitai celle où ma mère avait perdu la vie en me mettant au monde, celle où se retirait mon père, celle où j'avais dormi dans mon berceau, celle enfin où l'amitié avait reçu mes premiers vœux dans le sein d'une sœur. Partout les salles étaient détendues[67], et l'araignée filait sa toile dans les couches[68] abandonnées. Je sortis précipitamment de ces lieux, je m'en éloignai à grands pas, sans oser tourner la tête. Qu'ils sont doux, mais qu'ils sont rapides, les moments que les frères et les sœurs passent dans leurs jeunes années, réunis sous l'aile de leurs vieux parents! La famille de l'homme n'est que d'un jour; le souffle de Dieu la disperse comme une fumée. A peine le fils connaît-il le père, le père le fils, le frère la sœur, la sœur le frère! Le chêne voit germer ses glands[69] autour de lui: il n'en est pas ainsi des enfants des hommes!

"En arrivant à B***, je me fis conduire au couvent; je demandai à parler à ma sœur. On me dit qu'elle ne recevait personne. Je lui écrivis: elle me répondit que, sur le point de se consacrer à Dieu, il ne lui était pas permis de donner une pensée au monde; que si je l'aimais, j'éviterais de l'accabler de ma douleur. Elle ajoutait: 'Cependant si votre projet est de paraître à l'autel le jour de ma profession, daignez m'y servir de père[70]; ce rôle est le seul digne de votre courage, le seul qui convienne à notre amitié et à mon repos.'

"Cette froide fermeté qu'on opposait à l'ardeur de mon amitié, me jeta dans de violents transports. Tantôt j'étais près de retourner sur mes pas; tantôt je voulais rester, uniquement pour troubler le sacrifice. L'enfer me suscitait[71] jusqu'à la pensée de me poignarder dans l'église, et de mêler mes derniers soupirs aux vœux qui m'arrachaient ma sœur. La supérieure du couvent me fit prévenir qu'on avait préparé un banc dans le sanctuaire, et elle m'invitait à me rendre à la cérémonie qui devait avoir lieu dès le lendemain.

"Au lever de l'aube, j'entendis le premier son des cloches . . . Vers dix heures, dans une sorte d'agonie, je me traînai au monastère. Rien ne peut plus être tragique quand on a assisté à un pareil spectacle; rien ne peut plus être douloureux quand on y a survécu.

"Un peuple immense remplissait l'église. On me conduit au banc

[67] détendues: on avait enlevé tout ce qui pouvait être tendu: rideaux, tentures, tapisseries.
[68] couches: lits.
[69] glands: fruits du chêne, "acorns".
[70] père: l'entrée au couvent est un mariage mystique. Le père, ou celui qui le remplace, donne sa fille.
[71] me suscitait: faisait naître en moi.

du sanctuaire; je me précipite à genoux sans presque savoir où j'étais, ni à quoi j'étais résolu. Déjà le prêtre attendait à l'autel; tout à coup la grille mystérieuse s'ouvre, et Amélie s'avance, parée de toutes les pompes du monde. Elle était si belle, il y avait sur son visage quelque chose de si divin, qu'elle excita un mouvement de surprise et d'admiration. Vaincu par la glorieuse douleur de la sainte, abattu par les grandeurs de la religion, tous mes projets de violence s'évanouirent; ma force m'abandonna; je me sentis lié par une main toute-puissante, et, au lieu de blasphèmes et de menaces, je ne trouvai dans mon cœur que de profondes adorations et les gémissements de l'humilité.

"Amélie se place sous un dais[72]. Le sacrifice commence à la lueur des flambeaux, au milieu des fleurs et des parfums, qui devaient rendre l'holocauste agréable. A l'offertoire[73], le prêtre se dépouilla de ses ornements, ne conserva qu'une tunique de lin[74], monta en chaire[75], et, dans un discours simple et pathétique, peignit le bonheur de la vierge qui se consacre au Seigneur. Quand il prononça ces mots: 'Elle a paru comme l'encens qui se consume dans le feu', un grand calme et des odeurs célestes semblèrent se répandre dans l'auditoire; on se sentit comme à l'abri sous les ailes de la colombe mystique, et l'on eût cru voir les anges descendre sur l'autel et remonter vers les cieux avec des parfums et des couronnes.

"Le prêtre achève son discours, reprend ses vêtements, continue le sacrifice. Amélie, soutenue de deux jeunes religieuses, se met à genoux sur la dernière marche de l'autel. On vient alors me chercher, pour remplir les fonctions paternelles. Au bruit de mes pas chancelants dans le sanctuaire, Amélie est prête à défaillir. On me place à côté du prêtre, pour lui présenter les ciseaux. En ce moment je sens renaître mes transports; ma fureur va éclater, quand Amélie, rappelant son courage, me lance un regard où il y a tant de reproche et de douleur que j'en suis atterré. La religion triomphe. Ma sœur profite de mon trouble; elle avance hardiment la tête. Sa superbe chevelure tombe de toutes parts sous le fer sacré; une longue robe d'étamine[76] remplace pour elle les ornements du siècle[77], sans la rendre moins touchante; les

[72] dais: "canopy".
[73] offertoire: partie de la messe où le prêtre offre à Dieu le pain et le vin.
[74] lin: "linen".
[75] chaire: "pulpit".
[76] étamine: petite étoffe mince.
[77] du siècle: du monde, de la vie mondaine.

ennuis de son front se cachent sous un bandeau de lin; et le voile 705
mystérieux, double symbole de la virginité et de la religion, accom-
pagne sa tête dépouillée. Jamais elle n'avait paru si belle. L'œil de la
pénitente était attaché sur la poussière du monde, et son âme était
dans le ciel.

"Cependant Amélie n'avait point encore prononcé ses vœux; et 710
pour mourir au monde il fallait qu'elle passât à travers le tombeau.
Ma sœur se couche sur le marbre; on étend sur elle un drap mor-
tuaire[78]; quatre flambeaux en marquent les quatre coins. Le prêtre,
l'étole[79] au cou, le livre à la main, commence l'Office des morts; de
jeunes vierges le continuent. O joies de la religion, que vous êtes 715
grandes, mais que vous êtes terribles! On m'avait contraint de me
placer à genoux, près de ce lugubre appareil. Tout à coup un murmure
confus sort de dessous le voile sépulcral; je m'incline, et ces paroles
épouvantables (que je fus seul à entendre), viennent frapper mon
oreille: 'Dieu de miséricorde, fais que je ne me relève jamais de cette 720
couche funèbre, et comble de tes biens un frère qui n'a point partagé
ma criminelle passion!'

"A ces mots échappés du cercueil, l'affreuse vérité m'éclaire; ma
raison s'égare, je me laisse tomber sur le linceul[80] de la mort, je presse
ma sœur dans mes bras, je m'écrie: 'Chaste épouse de Jésus-Christ, 725
reçois mes derniers embrassements à travers les glaces du trépas[81] et
les profondeurs de l'éternité, qui te séparent déjà de ton frère!'

"Ce mouvement, ce cri, ces larmes, troublent la cérémonie, le
prêtre s'interrompt, les religieuses ferment la grille, la foule s'agite et
se presse vers l'autel; on m'emporte sans connaissance. Que je sus peu 730
de gré à ceux qui me rappelèrent au jour[82]! J'appris, en rouvrant les
yeux, que le sacrifice était consommé, et que ma sœur avait été saisie
d'une fièvre ardente. Elle me faisait prier de ne plus chercher à la
voir. O misère de ma vie: une sœur craindre de parler à un frère, et
un frère craindre de faire entendre sa voix à une sœur! Je sortis du 735
monastère comme de ce lieu d'expiation où des flammes nous préparent
pour la vie céleste, où l'on a tout perdu comme aux enfers, hors
l'espérance.

[78] drap mortuaire: drap du service funèbre.
[79] étole: "stole".
[80] linceul: toile, drap mortuaire.
[81] les glaces du trépas: le froid de la mort.
[82] que je sus peu de gré . . . jour: que j'eus peu de reconnaissance pour ceux qui me
redonnèrent la vie.

"On peut trouver des forces dans son âme contre un malheur personnel; mais devenir la cause involontaire du malheur d'un autre, cela est tout à fait insupportable. Eclairé sur les maux de ma sœur, je me figurais ce qu'elle avait dû souffrir. Alors s'expliquèrent pour moi plusieurs choses que je n'avais pu comprendre: ce mélange de joie et de tristesse, qu'Amélie avait fait paraître au moment de mon départ pour mes voyages, le soin qu'elle prit de m'éviter à mon retour, et cependant cette faiblesse qui l'empêcha si longtemps d'entrer dans un monastère; sans doute la fille malheureuse s'était flattée de guérir[83]! Ses projets de retraite, la dispense du noviciat, la disposition de ses biens en ma faveur, avaient apparemment produit cette correspondance secrète qui servit à me tromper.

"O mes amis, je sus donc ce que c'était que de verser des larmes, pour un mal qui n'était point imaginaire! Mes passions, si longtemps indéterminées, se précipitèrent sur cette première proie avec fureur. Je trouvai même une sorte de satisfaction inattendue dans la plénitude de mon chagrin, et je m'aperçus, avec un secret mouvement de joie, que la douleur n'est pas une affection qu'on épuise comme le plaisir.

"J'avais voulu quitter la terre avant l'ordre du Tout-Puissant; c'était un grand crime: Dieu m'avait envoyé Amélie à la fois pour me sauver et pour me punir. Ainsi, toute pensée coupable, toute action criminelle entraîne après elle des désordres et des malheurs. Amélie me priait de vivre, et je lui devais bien de ne pas aggraver ses maux. D'ailleurs (chose étrange!) je n'avais plus envie de mourir depuis que j'étais réellement malheureux. Mon chagrin était devenu une occupation qui remplissait tous mes moments: tant mon cœur est naturellement pétri[84] d'ennui et de misère!

"Je pris donc subitement une autre résolution; je me déterminai à quitter l'Europe, et à passer en Amérique.

"On équipait, dans ce moment même, au port de B***, une flotte pour la Louisiane; je m'arrangeai avec un des capitaines de vaisseau; je fis savoir mon projet à Amélie, et je m'occupai de mon départ.

"Ma sœur avait touché aux portes de la mort; mais Dieu, qui lui destinait la première palme[85] des vierges, ne voulut pas la rappeler si vite à lui; son épreuve ici-bas fut prolongée. Descendue une seconde fois dans la pénible carrière de la vie, l'héroïne, courbée sous la croix,

[83] s'était flattée de guérir: s'était crue capable de guérir.
[84] pétri: rempli, composé.
[85] palme: la palme du martyre, mort soufferte pour la foi.

s'avança courageusement à l'encontre des douleurs, ne voyant plus que 775
le triomphe dans le combat, et dans l'excès des souffrances, l'excès de
la gloire.

"La vente du peu de bien qui me restait, et que je cédai à mon
frère, les longs préparatifs d'un convoi, les vents contraires, me retinrent
longtemps dans le port. J'allais chaque matin m'informer des nouvelles 780
d'Amélie, et je revenais toujours avec de nouveaux motifs d'admiration
et de larmes.

"J'errais sans cesse autour du monastère bâti au bord de la mer.
J'apercevais souvent, à une petite fenêtre grillée qui donnait sur une
plage déserte, une religieuse assise dans une attitude pensive; elle rêvait 785
à l'aspect de l'océan où apparaissait quelque vaisseau, cinglant[86] aux
extrémités de la terre. Plusieurs fois, à la clarté de la lune, j'ai revu
la même religieuse aux barreaux de la même fenêtre: elle contemplait
la mer, éclairée par l'astre de la nuit, et semblait prêter l'oreille au
bruit des vagues qui se brisaient tristement sur des grèves solitaires[87]. 790

"Je crois encore entendre la cloche qui, pendant la nuit, appelait
les religieuses aux veilles et aux prières. Tandis qu'elle tintait avec
lenteur, et que les vierges s'avançaient en silence à l'autel du Tout-
Puissant, je courais au monastère: là, seul au pied des murs, j'écoutais
dans une sainte extase, les derniers sons des cantiques[88], qui se mêlaient 795
sous les voûtes du temple au faible bruissement[89] des flots.

"Je ne sais comment toutes ces choses, qui auraient dû nourrir mes
peines, en émoussaient au contraire l'aiguillon[90]. Mes larmes avaient
moins d'amertume lorsque je les répandais sur les rochers et parmi les
vents. Mon chagrin même, par sa nature extraordinaire, portait avec 800
lui quelque remède: on jouit de ce qui n'est pas commun, même quand
cette chose est un malheur. J'en conçus presque l'espérance que ma
sœur deviendrait à son tour moins misérable.

"Un lettre que je reçus d'elle avant mon départ sembla me con-
firmer dans ces idées. Amélie se plaignait tendrement de ma douleur, 805
et m'assurait que le temps diminuait la sienne. 'Je ne désespère pas de
mon bonheur, me disait-elle. L'excès même du sacrifice, à présent
que le sacrifice est consommé, sert à me rendre quelque paix. La

[86] cinglant: naviguant.
[87] grèves: plages.
[88] cantiques: chants d'église.
[89] bruissement: bruit faible et confus.
[90] en émoussaient . . . l'aiguillon: en rendaient la pointe moins aiguë, donc atténuait
 ma douleur.

simplicité de mes compagnes, la pureté de leurs vœux, la régularité
de leur vie, tout répand du baume sur mes jours. Quand j'entends 810
gronder les orages, et que l'oiseau de mer vient battre des ailes à ma
fenêtre, moi, pauvre colombe du ciel, je songe au bonheur que j'ai eu
de trouver un abri contre la tempête. C'est ici la sainte montagne,
le sommet élevé d'où l'on entend les derniers bruits de la terre, et les
premiers concerts du ciel; c'est ici que la religion trompe doucement 815
une âme sensible: aux plus violentes amours elle substitue une sorte de
chasteté brûlante où l'amante et la vierge sont unies; elle épure[91] les
soupirs; elle change en une flamme incorruptible une flamme périssable;
elle mêle divinement son calme et son innocence à ce reste de trouble
et de volupté d'un cœur qui cherche à se reposer, et d'une vie qui se 820
retire.'

"Je ne sais ce que le ciel me réserve, et s'il a voulu m'avertir que
les orages accompagneraient partout mes pas. L'ordre était donné pour
le départ de la flotte; déjà plusieurs vaisseaux avaient appareillé[92] au
baisser du soleil; je m'étais arrangé pour passer la dernière nuit à 825
terre, afin d'écrire ma lettre d'adieux à Amélie. Vers minuit, tandis
que je m'occupe de ce soin, et que je mouille mon papier de mes larmes,
le bruit des vents vient frapper mon oreille. J'écoute, et au milieu de
la tempête, je distingue les coups de canon d'alarme, mêlés au glas[93]
de la cloche monastique. Je vole sur le rivage où tout était désert, et 830
où l'on n'entendait que le rugissement des flots. Je m'assieds sur un
rocher. D'un côté s'étendent les vagues étincelantes, de l'autre les murs
sombres du monastère se perdent confusément dans les cieux. Une
petite lumière paraissait à la fenêtre grillée. Etait-ce toi, ô mon Amélie,
qui prosternée au pied du crucifix, priais le Dieu des orages d'épargner 835
ton malheureux frère? La tempête sur les flots, le calme dans ta re-
traite; des hommes brisés sur des écueils, au pied de l'asile que rien
ne peut troubler; l'infini de l'autre côté du mur d'une cellule; les
fanaux[94] agités des vaisseaux, le phare[95] immobile du couvent; l'in-
certitude des destinées du navigateur, la vestale[96] connaissant dans un 840
seul jour tous les jours futurs de sa vie; d'une autre part, une âme telle
que la tienne, ô Amélie, orageuse comme l'océan; un naufrage plus

[91] épure: rend purs.
[92] appareillé: parti (en parlant d'un navire), quitté le port.
[93] glas: bruit de cloche pour annoncer l'agonie ou la mort d'une personne.
[94] fanaux: lanternes.
[95] phare: ici, lumière.
[96] vestale: vierge consacrée au culte de Vesta, par extension, vierge du couvent.

....il tira un papier de son sein et le donna au père Souël.

Pag. 343.

Steph. Barth. Garnier del.　　*P.P. Choffard Sculp 1835.*

. . . *il tira un papier de son sein et le donna au père Souël.*

affreux que celui du marinier: tout ce tableau est encore profondément
gravé dans ma mémoire. Soleil de ce ciel nouveau maintenant témoin
de mes larmes, écho du rivage américain qui répétez les accents de 845
René, ce fut le lendemain de cette nuit terrible, qu'appuyé sur le
gaillard[97] de mon vaisseau, je vis s'éloigner pour jamais ma terre natale!
Je contemplai longtemps sur la côte les derniers balancements des
arbres de la patrie, et les faîtes[98] du monastère qui s'abaissaient à
l'horizon." 850

Comme René achevait de raconter son histoire, il tira un papier de
son sein, et le donna au P. Souël; puis, se jetant dans les bras de
Chactas, et étouffant ses sanglots, il laissa le temps au missionnaire de
parcourir la lettre qu'il venait de lui remettre.

Elle était de la Supérieure de . . . Elle contenait le récit des derniers 855
moments de la sœur Amélie de la Miséricorde, morte victime de son
zèle et de sa charité, en soignant ses compagnes attaquées d'une mala-
die contagieuse. Toute la communauté était inconsolable, et l'on y re-
gardait Amélie comme une sainte. La Supérieure ajoutait que, depuis
trente ans qu'elle était à la tête de la maison, elle n'avait jamais vu 860
de religieuse d'une humeur aussi douce et aussi égale, ni qui fût plus
contente d'avoir quitté les tribulations du monde.

Chactas pressait René dans ses bras; le vieillard pleurait. "Mon
enfant, dit-il à son fils, je voudrais que le P. Aubry[99] fût ici, il tirait du
fond de son cœur je ne sais quelle paix qui, en les calmant, ne semblait 865
cependant point étrangère aux tempêtes; c'était la lune dans une nuit
orageuse; les nuages errants ne peuvent l'emporter dans leur course;
pure et inaltérable, elle s'avance tranquille au-dessus d'eux. Hélas, pour
moi, tout me trouble et m'entraîne!"

Jusqu'alors le P. Souël, sans proférer une parole, avait écouté d'un 870
air austère l'histoire de René. Il portait en secret un cœur compatis-
sant[100], mais il montrait au dehors un caractère inflexible; la sensibilité
du Sachem le fit sortir du silence:

"Rien, dit-il au frère d'Amélie, rien ne mérite, dans cette histoire,
la pitié qu'on vous montre ici. Je vois un jeune homme entêté de chi- 875
mères[101], à qui tout déplaît et qui s'est soustrait aux charges de la

[97] gaillard: superstructures du pont d'un navire.
[98] faîtes: les parties les plus hautes d'un édifice, les toits.
[99] le père Aubry: personnage d'*Atala*.
[100] compatissant: qui prend part aux souffrances des autres.
[101] entêté de chimères: obstiné à vivre avec des chimères.

société pour se livrer à d'inutiles rêveries. On n'est point, monsieur, un homme supérieur parce qu'on aperçoit le monde sous un jour odieux. On ne hait les hommes et la vie, que faute de[102] voir assez loin. Etendez un peu plus votre regard, et vous serez bientôt convaincu que tous ces maux dont vous vous plaignez sont de purs néants. Mais quelle honte de ne pouvoir songer au seul malheur réel de votre vie, sans être forcé de rougir! Toute la pureté, toute la vertu, toute la religion, toutes les couronnes d'une sainte rendent à peine tolérable la seule idée de vos chagrins. Votre sœur a expié sa faute; mais, s'il faut dire ici ma pensée, je crains que, par une épouvantable justice, un aveu sorti du sein de la tombe, n'ait troublé votre âme à son tour. Que faites-vous seul au fond des forêts où vous consumez vos jours, négligeant tous vos devoirs? Des saints, me direz-vous, se sont ensevelis dans les déserts? Ils y étaient avec leurs larmes et employaient à éteindre leurs passions le temps que vous perdez peut-être à allumer les vôtres. Jeune présomptueux qui avez cru que l'homme se peut suffire à lui-même! La solitude est mauvaise à celui qui n'y vit pas avec Dieu; elle redouble les puissances de l'âme, en même temps qu'elle leur ôte tout sujet pour s'exercer[103]. Quiconque a reçu des forces, doit les consacrer au service de ses semblables; s'il les laisse inutiles, il en est d'abord puni par une secrète misère, et tôt ou tard le ciel lui envoie un châtiment effroyable."

Troublé par ces paroles, René releva du sein de Chactas sa tête humiliée. Le Sachem aveugle se prit à sourire; et ce sourire de la bouche, qui ne se mariait plus[104] à celui des yeux, avait quelque chose de mystérieux et de céleste. "Mon fils, dit le vieil amant d'Atala, il nous parle sévèrement; il corrige et le vieillard et le jeune homme, et il a raison. Oui, il faut que tu renonces à cette vie extraordinaire qui n'est pleine que de soucis: il n'y a de bonheur que dans les voies communes.

"Un jour le Meschacebé, encore assez près de sa source, se lassa de n'être qu'un limpide ruisseau. Il demande des neiges aux montagnes, des eaux aux torrents, des pluies aux tempêtes, il franchit ses rives, et désole ses bords charmants. L'orgueilleux ruisseau s'applaudit d'abord de sa puissance; mais voyant que tout devenait désert sur son passage; qu'il coulait, abandonné dans la solitude; que ses eaux étaient

[102] faute de: par incapacité de.
[103] s'exercer: s'entraîner.
[104] qui ne se mariait plus: qui ne s'accordait plus, qui ne correspondait plus.

toujours troublées, il regretta l'humble lit que lui avait creusé la nature, les oiseaux, les fleurs, les arbres et les ruisseaux, jadis modestes compagnons de son paisible cours." 915

Chactas cessa de parler, et l'on entendit la voix du flamant[105] qui, retiré dans les roseaux du Meschacebé, annonçait un orage pour le milieu du jour. Les trois amis reprirent la route de leurs cabanes: René marchait en silence entre le missionnaire qui priait Dieu, et le Sachem 920 aveugle qui cherchait sa route. On dit que, pressé par les deux vieillards, il retourna chez son épouse, mais sans y trouver le bonheur. Il périt peu de temps après avec Chactas et le P. Souël, dans le massacre des Français et des Natchez à la Louisiane. On montre encore un rocher où il allait s'asseoir au soleil couchant. 925

Questions

A. 1. Qu'est-ce que nous savons de René avant qu'il ne commence le récit de sa vie?
 2. Pourquoi accepte-t-il de raconter sa vie après avoir reçu une lettre par le bureau des Missions Etrangères?
 3. Quel souvenir René garde-t-il de son enfance? Quel rôle y joue Amélie?
 4. Quelle est sa réaction au bruit des cloches? Quelles réflexions lui inspirent-elles?
 5. Pourquoi René est-il persuadé de l'immortalité de l'âme après avoir vu son père mort?
 6. René commence ses voyages par Rome et la Grèce. Quel est le résultat de ses méditations?
 7. Que pense-t-il du poète? Quels sont pour lui ces poètes?
 8. Quelle est la réaction d'Amélie lorsque son frère lui annonce son retour?
 9. Que cherche véritablement René? Pourquoi *ce qui est fini* (l. 358) est-il sans valeur pour lui?
 10. Quelle est sa réaction à l'idée d'une femme qui partagerait ses transports?
 11. Qu'est-ce qu'il décide de faire en constatant sa solitude? Et comment veut-il exécuter son projet?
 12. Comment Amélie réagit-elle à sa lettre?
 13. Quelle décision finit-elle par prendre après quelques mois de vie avec son frère?

[105] flamant: "flamingo".

14. Quels conseils donne-t-elle dans sa lettre à René pour qu'il soit moins malheureux?
15. Comment René réagit-il en voyant la maison de son enfance? Qui l'a précédé dans cette visite?
16. Quel rôle Amélie demande-t-elle à René de tenir pendant la cérémonie de ses vœux? A votre avis, quelle est la raison de cette demande?
17. Comment René apprend-il la vraie raison de l'entrée de sa sœur au couvent?
18. Quelle est l'attitude du P. Souël après le récit de René? Notez les ressemblances et les différences de ses reproches avec les conseils d'Amélie dans sa lettre à son frère.

B. 1. Quelles sont les différentes étapes de la vie de René après avoir quitté la maison de sa famille? Pourquoi toutes ses décisions sont-elles brusques, amenées sans transitions et à peine justifiées?
2. La Sachem dit à René: *une grande âme doit contenir plus de douleur qu'une petite* (l. 273). Discutez cette affirmation. Cela vous semble-t-il une raison suffisante pour justifier l'orgueil de René, le sentiment de sa supériorité?
3. Expliquez ces mots: *j'étais accablé d'une surabondance de vie* (l. 365). Pourquoi cette opposition entre *accablé* et *surabondance de vie*?
4. *J'entrai avec ravissement dans les mois des tempêtes* (l. 391). Pourquoi ce ravissement? Le passage lyrique qui suit est justement célèbre. Relevez les métaphores et les thèmes de rêveries jusqu'à *possédé par le démon de mon cœur* (l. 419).
5. Quel est le rapport entre l'apologue du Meschacebé et l'histoire de René?
6. Comment la fin de René est-elle conforme à toute son existence?
7. Quels sont les sentiments de René envers sa douleur ou sa mélancolie?
8. Après la lecture de *René*, relevez dans ce texte les éléments qui vous semblent caractéristiques du *mal du siècle* et de la mélancolie romantique.

Sujets de Conversation

René est le premier en date des héros romantiques français. Poète, passionné, mélancolique, aimant sa tristesse, à la recherche d'un idéal mal défini, il possède la plupart des qualités — et des défauts — qui font qu'on dirait encore aujourd'hui qu'il est romantique. Quelle est votre réaction envers un personnage de la sorte?

Pour le romantisme

N'est-il pas essentiel d'avoir dans la vie un idéal, même vague? de pouvoir opposer quelque chose de pur et de désintéressé aux notions de rendement, d'efficacité, qui conditionnent de plus en plus la vie moderne?

Une civilisation comme la nôtre devrait permettre à l'homme de ne plus avoir à se préoccuper de sa survie. Ne faut-il pas dans notre société des gens qui cultivent leur sensibilité, leur goût de la nature et de la beauté? Le dilettantisme n'est-il pas essentiel dans un monde civilisé?

Est-il anachronique à notre époque d'attacher du prix aux rêves, à la délicatesse, de respecter des conventions, un peu démodées, mais qui donnent leur valeur à un premier baiser, à des serments, à cette lente préparation d'un bel amour?

Est-ce que le romantique, justement parce qu'il s'isole, n'est pas amené à se poser des questions, à approfondir ce qui lui semble essentiel?

La réaction des jeunes n'est-elle pas la forme la plus récente du romantisme, un refus d'accepter le monde d'aujourd'hui et ses anciens mots d'ordre?

Pour le réalisme

N'y a-t-il pas chez un romantique une attitude de supériorité pour cacher son incapacité de s'adapter à la vie moderne? Ne dédaigne-t-il pas la lutte parce qu'il a au fond conscience d'être un vaincu.

Dans un monde divisé, qui cherche ses raisons d'être, n'est-ce pas un grand égoïsme de s'isoler, de se consacrer à sa mélancolie, alors que toutes les bonnes volontés seraient nécessaires pour établir une plus grande justice?

Les conventions du flirt reposent sur une conception des rapports entre l'homme et la femme qui est en train de disparaître. Ne convient-il pas que ces relations s'établissent sur une base nouvelle, sans hypocrisie? (donnez quelques exemples de cette hypocrisie).

Un être torturé ne va-t-il pas torturer les autres? Ne devrait-on pas se méfier des gens tristes? Ne peut-on pas être en même temps gai et profond? Le sérieux est-il dans la pensée, les sentiments ou dans leur expression?

Le refus des jeunes est-il en quelque façon constructif? Leur révolte ne suppose-t-elle pas que d'autres prennent leur place? Cette attitude critique n'est-elle pas un moyen de rejeter sur le monde la responsabilité de leurs propres problèmes, auxquels ils ne veulent pas faire face?

Charles Nodier
(1780-1840)

Charles Nodier, plus âgé que les principaux Romantiques, a joué un rôle considérable sur leur formation. Sa vie est celle d'un érudit autant que d'un écrivain. Ses premiers ouvrages sont des traités d'entomologie. Quelques années plus tard (1808), il publie un curieux *Traité raisonné des onomatopées françaises*, occupant ainsi les loisirs d'une retraite forcée, causée par son opposition politique à Napoléon. Auparavant, il avait écrit plusieurs romans qu'on ne lit plus guère aujourd'hui.

Durant la Restauration, il reprend son activité de journaliste politique tout en composant quelques-uns des récits qui ont assuré sa réputation: *Jean Sbogar* (1818), *Smarra et les démons de la nuit* (1821), *Trilby ou le démon d'Argail* (1822). En 1823, Nodier est nommé bibliothécaire de l'Arsenal à Paris. C'est là une date importante dans l'histoire littéraire, car, le salon de l'Arsenal va réunir tout ce

que le Romantisme compte de jeunes ou de futurs auteurs. Sur les membres de ce cénacle, Nodier exerce une grande influence par son âge d'abord, par son prestige de savant et d'écrivain ensuite. Il a certainement beaucoup contribué à intéresser ses jeunes amis aux problèmes du fantastique et de l'irréel qui sont au centre de ses préoccupations. Après la Révolution de 1830, Nodier publie certains de ses meilleurs ouvrages: *La Fée aux miettes* (1832), *Trésor des Fèves et Fleur des pois* (1837), *Histoire du chien Brisquet* (1844).

Nodier est un homme de transition entre le classicisme et le romantisme. De là son intérêt; de là aussi ses limites, car il s'est arrêté en chemin, ne pouvant aller jusqu'au bout de la voie qu'il a ouverte. Il appartient bien à son époque à condition de ne pas se contenter d'idées toutes faites et de se rappeler la passion du dix-huitième siècle pour le mystère et le surnaturel. Le siècle des "lumières" est aussi celui de la crédulité. Aux miracles jansénistes répondent les miracles illuministes. La science a ses superstitions comme la religion, et les charlatans abondent à la veille de la Révolution française. En un sens, cela se comprend. Le sceptique, du fait même de son scepticisme, ne saurait rien nier. Tout est possible, rien n'est certain. Nodier est attiré par le mystère et l'inexplicable mais il a été trop nourri des philosophes rationalistes pour ne pas présenter avec un sourire ses propres convictions et laisser une place au doute jusque dans ses croyances.

Voilà pourquoi il traite avec ironie une histoire sérieuse et cherche moins à nous convaincre qu'à ébranler notre certitude. Dans un style très clair, qu'on pourrait croire réservé à la peinture de sentiments nets et précis, il introduit le rêve et la nuit dans la littérature française. Par là, il annonce Gérard de Nerval et les Surréalistes pourront se réclamer de lui.

Jean-François les Bas-Bleus est très représentatif de la manière de Nodier. Le ton du conte est classique; classique aussi la façon dont le narrateur contrôle ses émotions, affecte de tenir la balance égale entre son père rationaliste et sceptique et l'illuminé Jean-François. Mais l'auteur a beau se moquer du fantastique, le père a beau être admirablement intelligent, il n'en demeure pas moins que c'est Jean-François qui a raison; les faits parlent en sa faveur et rendent inutile l'impartialité apparente du narrateur.

L'auteur intervient souvent dans le récit afin de donner une solide

base réaliste à un récit fantastique. C'est un témoin qui raconte ce qu'il a vu et dont il n'est pas question de mettre en doute les affirmations. Par contre, la beauté de Jean-François, sa folie, son étrange double vie, ses amours malheureuses, l'incompréhension du monde à son égard, sont des traits nettement romantiques.

Jean-François les Bas-Bleus

Le fantastique est un peu passé de mode, et il n'y a pas de mal[1]. L'imagination abuse trop facilement des ressources faciles; et puis ne fait pas du bon fantastique qui veut. La première condition essentielle pour écrire une bonne histoire fantastique, ce serait d'y croire fermement, et personne ne croit à ce qu'il invente. Il arrive aussi bientôt qu'une combinaison d'effets trop arrangés, un jeu trop recherché de la pensée, un trait maladroitement

5

[1] passé de mode, et il n'y a pas de mal: qui n'est plus dans le goût d'aujourd'hui et cela n'est pas à regretter.

spirituel, viennent trahir le sceptique dans le récit du conteur, et l'illu-
sion s'évanouit. C'est le joueur de gobelets qui a laissé rouler ses mus-
cades[2], ou le machiniste[3] qui a laissé voir ses ficelles. Tout disparaît
à la fois, comme derrière le rideau prosaïque et désenchanteur des
ombres chinoises[4]. Vous avez vu ce que vous avez vu. Le nécromancien,
dépouillé de sa barbe et de son bonnet pointu, se recommande à vos
visites, si vous êtes content, et il ne vous y reprendra guère pour peu
que vous soyez de mon goût[5], car il n'y a rien de plus sot qu'une illu-
sion finie. Envoyez-lui vos connaissances[6]. Voilà tout ce que vous lui
devez.

Je n'écrirai de ma vie une histoire fantastique, on peut m'en croire,
si je n'ai en elle une foi aussi sincère que dans les notions les plus
communes de ma mémoire, que dans les faits les plus journaliers de
mon existence; et je ne crois pas pour ceci rien devoir en intelligence
et en raison aux esprits forts[7] qui nient absolument le fantastique. Je
diffère d'eux, à la vérité, par une certaine manière de voir, de sentir
et de juger, mais ils diffèrent ainsi de moi, et je ne me crois obligé
par aucun défaut public et reconnu d'organisation[8] à soumettre les
perceptions intimes de mes sens et de ma conscience au caprice d'une
autorité frondeuse[9], qui n'a peut-être de motif pour contester qu'une
présomptueuse ignorance. L'Amérique était un monde fantastique avant
Christophe Colomb.

Amenez-moi un homme sans instruction, mais sûr de lui comme
le sont tous les sots, qui a d'accident une paillette de fer dans l'oeil:
"Mon ami, lui dirais-je, on trouve au mont Sipyle, dans l'Asie Mineure
(c'est bien loin d'ici), une pierre extraordinaire qui guérirait sur-le-
champ[10] votre œil malade et enflammé, si vous pouviez la regarder de

[2] joueur de gobelets . . . muscades: jeu dans lequel le joueur manipule la muscade,
"nutmeg", pour faire croire qu'elle est dans un gobelet, "mug", alors qu'elle est dans
un autre. Si la muscade roule, le spectateur ne peut plus être trompé.

[3] machiniste: ici, le montreur de marionnettes, "puppets".

[4] ombres chinoises: silhouettes noires projetées sur un écran transparent.

[5] et il ne vous y reprendra . . . mon goût: vous ne vous laisserez plus prendre à ses
prédictions si vous pensez comme moi sur ce sujet.

[6] vos connaissances: les gens que vous connaissez.

[7] esprits forts: personnes qui refusent de croire en Dieu et plus généralement à tout
ce qu'on ne peut prouver.

[8] défaut . . . reconnu d'organisation: défaut admis, avoué dans la composition de mon
organisme.

[9] frondeuse: qui aime critiquer.

[10] sur-le-champ: aussitôt.

près. C'est quelque chose de fort mystérieux, et qui ne saurait s'expli- 35
quer, si ce n'est parce que Dieu l'a permis de la sorte; mais il n'y a que
cette pierre qui puisse vous soulager.

— Vous me la donnez belle[11], me répondrait-il en colère, avec votre
pierre du mont Sipyle! Contes de bonnes femmes[12] que cela! misérable
amusette[13] de charlatan! . . . 40

J'ai supposé que cet homme était sot. C'est déjà plus de la moitié
d'un philosophe.

— Le hasard, répondrais-je alors, permet qu'au temps de mes voy-
ages lointains, j'aie fait enchâsser[14] un fragment de cette pierre dans le
chaton[15] de la bague que voici, et nous sommes en mesure d'éprouver 45
sa vertu[16].

J'approcherais alors de l'endroit douloureux la pierre du mont Sipyle,
et le corps étranger volerait vers elle, car la pierre du mont Sipyle,
c'est l'aimant. L'aimant a des propriétés fantastiques pour ceux qui ne
les ont pas essayées. Il en est ainsi de mille autres puissances naturelles, 50
qu'un petit nombre d'hommes connaissent, et d'une multitude infinie
de merveilles plus occultes encore, que personne ne connaît.

Après cela, madame, je suis prêt, si cela vous convient le moins du
monde[17], à vous raconter une histoire fantastique où je vous promets
de ne rien mettre du mien. Vous en jugerez comme il vous plaira. 55

En 1793, il y avait à Besançon[18] un idiot, un monomane[19], un fou,
dont tous ceux de mes compatriotes qui ont eu le bonheur ou le mal-
heur de vivre autant que moi se souviennent comme moi. Il s'appelait
Jean-François Touvet, mais beaucoup plus communément, dans le
langage insolent de la canaille et des écoliers, Jean-François les Bas- 60
Bleus, parce qu'il n'en portait jamais d'une autre couleur. C'était un
jeune homme de vingt-quatre à vingt-cinq ans, si je ne me trompe,
d'une taille haute et bien prise[20], et de la plus noble physionomie qu'il
soit possible d'imaginer. Ses cheveux noirs et touffus sans poudre, qu'il
relevait sur son front, ses sourcils épais, épanouis et fort mobiles, ses 65

[11] vous me la donnez belle: vous me racontez des histoires.
[12] contes de bonnes femmes: histoires pour vieilles femmes crédules.
[13] amusette: petit amusement.
[14] enchâsser: fixer.
[15] chaton: "setting".
[16] nous sommes . . . vertu: nous avons ce qu'il faut pour vérifier son pouvoir.
[17] le moins du monde: dans la plus faible mesure.
[18] Besançon: capitale de la province de Franche-Comté. Nodier y est né.
[19] monomane: personne obsédée par une idée fixe.
[20] bien prise: bien proportionnée.

grands yeux, pleins d'une douceur et d'une tendresse d'expression que
tempérait seule une certaine habitude de gravité, la régularité de ses
beaux traits, la bienveillance presque céleste de son sourire, composaient
un ensemble propre à pénétrer d'affection et de respect jusqu'à cette
populace grossière qui poursuit de stupides risées la plus touchante 70
des infirmités de l'homme: "C'est Jean-François les Bas-Bleus, disait-on
en se poussant du coude[21], qui appartient à une honnête famille de
vieux Comtois[22], qui n'a jamais dit ni fait de mal à personne, et qui est,
dit-on, devenu fou à force[23] d'être savant. Il faut le laisser passer tran-
quille pour ne pas le rendre plus malade." 75

Et Jean-François les Bas-Bleus passait en effet sans avoir pris garde
à rien[24]; car cet œil qui je ne saurais peindre n'était jamais arrêté à
l'horizon, mais incessamment tourné vers le ciel, avec lequel l'homme
dont je vous parle (c'était un visionnaire) paraissait entretenir une
communication cachée[25], qui ne se faisait connaître qu'au mouvement 80
perpétuel de ses lèvres.

Le costume de ce pauvre diable était cependant de nature à égayer
les passants et surtout les étrangers. Jean-François était le fils d'un
digne tailleur de la rue d'Anvers, qui n'avait rien épargné pour son
éducation, à cause des grandes espérances qu'il donnait, et parce qu'on 85
s'était flatté d'en faire un prêtre, que l'éclat de ses prédications devait
mener un jour à l'épiscopat[26]. Il avait été en effet le lauréat de toutes
ses classes, et le savant abbé Barbélenet, le sage Quintilien[27] de nos
pères, s'informait souvent dans son émigration de ce qu'était devenu
son élève favori; mais on ne pouvait le contenter, parce qu'il n'ap- 90
paraissait plus rien de l'homme de génie dans l'état de déchéance et
de mépris où Jean-François les Bas-Bleus était tombé.

Le vieux tailleur, qui avait beaucoup d'autres enfants, s'était donc
nécessairement retranché[28] sur les dépenses de Jean-François, et bien
qu'il l'entretint toujours dans une exacte propreté, il ne l'habillait plus 95
que de quelques vêtements de rencontre[29] que son état lui donnait

[21] en se poussant du coude: manière d'attirer l'attention sur un ridicule.
[22] Comtois: habitant de la Franche-Comté.
[23] à force de: par ses efforts pour.
[24] sans avoir pris garde à rien: sans avoir rien remarqué.
[25] entretenir une communication cachée: avoir une conversation secrète.
[26] que l'éclat de ses prédications devait mener un jour à l'épiscopat: qui, par l'effet de
 ses sermons, pouvait espérer devenir un jour évêque.
[27] Quintilien: célèbre rhéteur latin du 1er siècle après Jésus-Christ.
[28] retranché: coupé.
[29] vêtements de rencontre: vêtements que l'on n'a pas choisis mais trouvés.

occasion d'acquérir à bon marché, ou des mise-bas[30] de ses frères cadets, réparées pour cet usage. Ce genre d'accoutrement, si mal approprié à sa grande taille, qui l'étriquait dans une sorte de fourreau prêt à éclater[31], et qui laissait sortir des manches étroites de son frac[32] vert plus de la moitié de l'avant-bras, avait quelque chose de tristement burlesque. Son haut-de-chausses[33], collé strictement[34] à la cuisse, et soigneusement, mais inutilement tendu, rejoignait à grand-peine aux genoux les bas bleus dont Jean-François tirait son surnom populaire. Quant à son chapeau à trois cornes, coiffure fort ridicule pour tout le monde, la forme qu'il avait reçue de l'artisan, et l'air dont Jean-François le portait, en faisaient sur cette tête si poétique et si majestueuse un absurde contresens[35]. Je vivrais mille ans que je n'oublierais ni la tournure grotesque ni la pose singulière du petit chapeau à trois cornes de Jean-François les Bas-Bleus.

Une des particularités les plus remarquables de la folie de ce bon jeune homme, c'est qu'elle n'était sensible que dans les conversations sans importance, où l'esprit s'exerce sur des choses familières. Si on l'abordait pour lui parler de la pluie, du beau temps, du spectacle, du journal, des causeries de la ville, des affaires du pays, il écoutait avec attention et répondait avec politesse; mais les paroles qui affluaient[36] sur ses lèvres se pressaient si tumultueusement qu'elles se confondaient, avant la fin de la première période, en je ne sais quel galimatias[37] inextricable, dont il ne pouvait débrouiller sa pensée. Il continuait cependant, de plus en plus inintelligible, et substituant de plus en plus à la phrase naturelle et logique de l'homme simple le babillage[38] de l'enfant qui ne sait pas la valeur des mots, ou le radotage du vieillard qui l'a oubliée.

Et alors on riait; et Jean-François se taisait sans colère, et peut-être sans attention, en relevant au ciel ses beaux et grands yeux noirs, comme pour chercher des inspirations plus dignes de lui dans la région où il avait fixé toutes ses idées et tous ses sentiments.

[30] mise-bas: ce que d'autres ont déjà usé.
[31] qui l'étriquait dans une sorte de fourreau prêt à éclater: qui le faisait paraître plus maigre dans une sorte de fourreau, "sheath", sur le point d'éclater, "to burst".
[32] frac: costume d'homme.
[33] haut-de-chausses: autrefois, culottes.
[34] collé strictement: adhérant rigoureusement, serré étroitement.
[35] contresens: qui n'a pas de sens.
[36] qui affluaient: qui venaient en abondance.
[37] galimatias: discours peu clair, confus.
[38] babillage: qui parle comme un petit enfant, beaucoup et sans grand sens.

Il n'en était pas de même[39] quand l'entretien se résumait avec précision en une question morale et scientifique de quelque intérêt. Alors les rayons si divergents, si éparpillés de cette intelligence malade se resserraient tout à coup en faisceau, comme ceux du soleil dans la lentille d'Archimède[40], et prêtaient tant d'éclat à ses discours, qu'il est permis de douter que Jean-François eût jamais été plus savant, plus clair et plus persuasif dans l'entière jouissance de sa raison. Les problèmes les plus difficiles des sciences exactes, dont il avait fait une étude particulière, n'étaient pour lui qu'un jeu, et la solution s'en élançait si vite de son esprit à sa bouche, qu'on l'aurait prise bien moins pour le résultat de la réflexion et du calcul, que pour celui d'une opération mécanique, assujettie à l'impulsion d'une touche[41] ou à l'action d'un ressort. Il semblait à ceux qui l'écoutaient alors, et qui étaient dignes de l'entendre, qu'une si haute faculté n'était pas payée trop cher au prix de l'avantage commun d'énoncer facilement des idées vulgaires en vulgaire langage; mais c'est le vulgaire qui juge, et l'homme en question n'était pour lui qu'un idiot en bas bleus, incapable de soutenir la conversation même du peuple. Cela était vrai.

Comme la rue d'Anvers aboutit presque au collège, il n'y avait pas de jour où je n'y passasse quatre fois pour aller et pour revenir; mais ce n'était qu'aux heures intermédiaires, et par les jours tièdes de l'année qu'éclairait un peu de soleil, que j'étais sûr d'y trouver Jean-François, assis sur un petit escabeau, devant la porte de son père, et déjà le plus souvent enfermé dans un cercle de sots écoliers, qui s'amusaient du dévergondage de ses phrases hétéroclites[42]. J'étais d'assez loin averti de cette scène par les éclats de rire de ses auditeurs, et quand j'arrivais, mes dictionnaires liés sous le bras, j'avais quelquefois peine à me faire jour[43] jusqu'à lui; mais j'y éprouvais toujours un plaisir nouveau, parce que je croyais avoir surpris, tout enfant que j'étais, le secret de sa double vie, et que je me promettais de me confirmer encore dans cette idée à chaque nouvelle expérience.

Un soir du commencement de l'automne qu'il faisait sombre, et que

[39] il n'en était pas de même: les choses étaient différentes.
[40] lentille: "lens". Archimède aurait, au moyen de lentilles, incendié la flotte romaine qui assiégeait sa ville de Syracuse.
[41] assujettie à l'impulsion d'une touche: soumise au mouvement donné à une touche, "key".
[42] du dévergondage de ses phrases hétéroclites: de l'incohérence de ses phrases sans rapport les unes avec les autres.
[43] peine à me faire jour: difficulté à me faire une place.

le temps se disposait[44] à l'orage, la rue d'Anvers, qui est d'ailleurs peu fréquentée, paraissait tout à fait déserte, à un seul homme près[45]. C'était Jean-François assis, sans mouvement et les yeux au ciel, comme d'habitude. On n'avait pas encore retiré son escabeau. Je m'approchai doucement pour ne pas le distraire; et, me penchant vers son oreille, quand il me sembla qu'il m'avait entendu:

— Comme te voilà seul! lui dis-je sans y penser; car je ne l'abordais ordinairement qu'au nom de l'aoriste ou du logarithme, de l'hypoténuse ou du trope[46] et de quelques autres difficultés pareilles de ma double étude. Et puis, je me mordis les lèvres en pensant que cette réflexion niaise, qui le faisait retomber de l'empyrée sur la terre[47], le rendait à son fatras accoutumé[48] que je n'entendais jamais sans un violent serrement de cœur[49].

— Seul! me répondit Jean-François en me saisissant par le bras. Il n'y a que l'insensé qui soit seul, et il n'y a que l'aveugle qui ne voie pas, et il n'y a que le paralytique dont les jambes défaillantes ne puissent pas s'appuyer et s'affermir sur le sol . . .

Nous y voilà, dis-je en moi-même, pendant qu'il continuait à parler en phrases obscures, que je voudrais bien me rappeler, parce qu'elles avaient peut-être plus de sens que je ne l'imaginais alors. Le pauvre Jean-François est parti, mais je l'arrêterai bien. Je connais la baguette[50] qui le tire de ses enchantements.

— Il est possible, en effet, m'écriai-je, que les planètes soient habitées, comme l'a pensé M. de Fontenelle[51], et que tu entretiennes un secret commerce avec leurs habitants, comme M. le comte de Gabalis[52]. Je m'interrompis avec fierté après avoir déployé une si magnifique érudition.

Jean-François sourit, me regarda de son doux regard, et me dit:
— Sais-tu ce que c'est qu'une planète?

[44] se disposait: se préparait, tournait à.
[45] à un seul homme près: à l'exception d'un seul homme.
[46] l'aoriste . . . trope: aoriste et trope suggèrent des études littéraires; logarithme et hypoténuse des études scientifiques.
[47] retomber de l'empyrée sur la terre: revenir du ciel sur la terre.
[48] fatras accoutumé: désordre habituel.
[49] serrement de cœur: émotion désagréable.
[50] baguette: bâton de fée, doué d'un pouvoir magique.
[51] Fontenelle (1657-1757): célèbre écrivain, auteur notamment des *Entretiens sur la pluralité des mondes*.
[52] le comte de Gabalis: livre de l'abbé de Villars qui parle de la communication entre les hommes et les esprits supérieurs.

— Je suppose que c'est un monde qui ressemble plus ou moins au nôtre. 190

— Et ce que c'est qu'un monde, le sais-tu?

— Un grand corps qui accomplit régulièrement certaines révolutions dans l'espace.

— Et l'espace, t'es-tu douté de ce que ce peut être?

— Attends, attends, repris-je, il faut que je me rappelle nos défini- 195
tions . . . L'espace? un milieu subtil et infini, où se meuvent les astres et les mondes.

— Je le veux bien. Et que sont les astres et les mondes relativement à l'espace?

— Probablement de misérables atomes, qui s'y perdent comme la 200
poussière dans les airs.

— Et la matière des astres et des mondes, que penses-tu qu'elle soit auprès de la matière subtile qui remplit l'espace?

— Que veux-tu que je te réponde? . . . Il n'y a point d'expression possible pour comparer des corps si grossiers à un élément si pur. 205

— A la bonne heure[53]! Et tu comprendrais, enfant, que le Dieu créateur de toutes choses, qui a donné à ces corps grossiers des habi-tants imparfaits sans doute, mais cependant animés, comme nous le sommes tous deux, du besoin d'une vie meilleure, eût laissé l'espace inhabité? . . . 210

— Je ne le comprendrais pas! répliquai-je avec élan. Et je pense même qu'ainsi que nous l'emportons de beaucoup en subtilité d'organi-sation sur la matière à laquelle nous sommes liés, ses habitants doivent l'emporter également sur la subtile matière qui les enveloppe. Mais comment pourrais-je les connaître? 215

— En apprenant à les voir, répondit Jean-François, qui me repous-sait de la main avec une extrême douceur.

Au même instant, sa tête retomba sur le dos de son escabelle[54] à trois marches; ses regards reprirent leur fixité, et ses lèvres leur mou-vement. 220

Je m'éloignai par discrétion. J'étais à peine à quelques pas quand j'entendis derrière moi son père et sa mère qui le pressaient de rentrer, parce que le ciel devenait mauvais. Il se soumettait comme d'habitude à leurs moindres instances; mais son retour au monde réel était tou-jours accompagné de ce débordement de paroles sans suite qui fournis- 225

[53] A la bonne heure!: voilà qui est bien!
[54] escabelle: forme archaïque pour escabeau.

sait aux manants[55] du quartier l'objet de leur divertissement accoutumé.

Je passai outre[56] en me demandant s'il ne serait pas possible que Jean-François eût deux âmes, l'une qui appartenait au monde grossier où nous vivons, et l'autre qui s'épurait[57] dans le subtil espace où il croyait pénétrer par la pensée. Je m'embarrassai un peu dans cette théorie, et je m'y embarrasserais encore.

J'arrivai ainsi auprès de mon père, plus préoccupé, et surtout autrement préoccupé que si la corde de mon cerf-volant s'était rompue dans mes mains, ou que ma paume lancée à outrance[58] fût tombée de la rue des Cordeliers dans le jardin de M. de Grobois. Mon père m'interrogea sur mon émotion, et je ne lui ai jamais menti.

— Je croyais, dit-il, que toutes ces rêveries (car je lui avais raconté sans oublier un mot ma conversation avec Jean-François les Bas-Bleus) étaient ensevelies pour jamais avec les livres de Swedenborg[59] et de Saint-Martin[60] dans la fosse de mon vieil ami Cazotte[61]; mais il paraît que ce jeune homme, qui a passé quelques jours à Paris, s'y est imbu des mêmes folies. Au reste, il y a une certaine finesse d'observation dans les idées que son double langage t'a suggérées, et l'explication que tu t'en es faite ne demande qu'à être réduite à sa véritable expression. Les facultés de l'intelligence ne sont pas tellement indivisibles qu'une infirmité du corps et de l'esprit ne puisse les atteindre séparément. Ainsi l'altération d'esprit que le pauvre Jean-François manifeste dans les opérations les plus communes de son jugement peut bien ne s'être pas étendue aux propriétés de sa mémoire, et c'est pourquoi il répond avec justesse quand on l'interroge sur les choses qu'il a lentement apprises et difficilement retenues, tandis qu'il déraisonne[62] sur toutes celles qui tombent inopinément sous ses sens, et à l'égard desquelles il n'a jamais eu besoin de se prémunir[63] d'une formule exacte. Je serais bien étonné si cela ne s'observait pas dans la plupart des fous;

[55] débordement de paroles sans suite qui fournissait aux manants . . .: profusion de mots sans ordre qui donnait aux garçons de la populace . . .
[56] je passai outre: je poursuivis, je continuai.
[57] s'épurait: devenait pure.
[58] ma paume lancée à outrance: ma balle jetée de toutes mes forces.
[59] Swedenborg, Emmanuel (1688-1772): auteur suédois visionnaire, qui a influencé un certain nombre d'écrivains français.
[60] Saint-Martin, Louis-Claude de (1743-1808): philosophe illuministe français.
[61] Cazotte, Jacques (1719-1792): écrivain français. Au cours d'un dîner avant la Révolution, il prédit leur sort à chacun des invités et ce sort se réalisa.
[62] déraisonne: parle d'une façon qui n'a pas de sens.
[63] se prémunir: avoir d'avance en cas de besoin.

mais je ne sais si tu m'as compris. 255

— Je crois vous avoir compris, mon père, et je rapporterais dans quarante ans vos propres paroles.

— C'est plus que je ne veux de toi, reprit-il en m'embrassant. Dans quelques années d'ici, tu seras assez prévenu par des études plus graves contre des illusions qui ne prennent d'empire[64] que sur de faibles âmes 260 ou des intelligences malades. Rappelle-toi seulement, puisque tu es si sûr de tes souvenirs, qu'il n'y a rien de plus simple que les notions qui se rapprochent du vrai[65], et rien de plus spécieux que celles qui s'en éloignent.

— Il est vrai, pensai-je en me retirant[66] de bonne heure, que les 265 Mille et une Nuits[67] sont incomparablement plus aimables que le premier volume de Bezout[68]; et qui a jamais pu croire aux Mille et une Nuits?

L'orage grondait toujours. Cela était si beau que je ne pus m'empêcher d'ouvrir ma jolie croisée[69] sur la rue Neuve, en face de cette 270 gracieuse fontaine dont mon grand-père l'architecte avait orné la ville, et qu'enrichit une sirène de bronze, qui a souvent, au gré de mon imagination charmée, confondu des chants poétiques avec le murmure de ses eaux. Je m'obstinai à suivre de l'oeil dans les nues tous ces météores de feu, qui se heurtaient les uns contre les autres, de manière 275 à ébranler tous les mondes. Et quelquefois le rideau enflammé se déchirant sous un coup de tonnerre, ma vue plus rapide que les éclairs plongeait dans le ciel infini qui s'ouvrait au-dessus, et qui me paraissait plus pur et plus tranquille qu'un beau ciel de printemps.

"Oh! me disais-je alors, si les vastes plaines de cet espace avaient 280 pourtant des habitants, qu'il serait agréable de s'y reposer avec eux de toutes les tempêtes de la terre! Quelle paix sans mélange à goûter[70] dans cette région limpide qui n'est jamais agitée, qui n'est jamais privée du jour du soleil, et qui rit, lumineuse et paisible, au-dessus de nos ouragans comme au-dessus de nos misères! Non, délicieuses vallées du 285 ciel, m'écriai-je en pleurant abondamment, Dieu ne vous a pas créées

[64] qui ne prennent d'empire: qui n'ont d'influence.

[65] qui se rapprochent du vrai: qui viennent plus près de la vérité.

[66] en me retirant: en allant me coucher.

[67] *Les Mille et une Nuits*: recueil de contes arabes, d'origine persane.

[68] Bezout, Etienne (1730-1783): mathématicien français.

[69] croisée: fenêtre.

[70] quelle paix sans mélange à goûter: quelle paix parfaite on pourrait sentir.

pour rester désertes, et je vous parcourrai un jour, les bras enlacés à ceux de mon père!"

La conversation de Jean-François m'avait laissé une impression dont je m'épouvantais de temps en temps; la nature s'animait pourtant sur mon passage, comme si ma sympathie pour elle avait fait jaillir des êtres les plus insensibles quelque étincelle de divinité. Si j'avais été plus savant, j'aurais compris le panthéisme. Je l'inventais.

Mais j'obéissais aux conseils de mon père; j'évitais même la conversation de Jean-François les Bas-Bleus, ou je ne m'approchais de lui que lorsqu'il s'alambiquait[71] dans une de ces phrases éternelles qui semblaient n'avoir pour objet que d'épouvanter la logique et d'épuiser le dictionnaire. Quant à Jean-François les Bas-Bleus, il ne me reconnaissait pas, ou ne me témoignait en aucune manière qu'il me distinguât des autres écoliers de mon âge, quoique j'eusse été le seul à le ramener, quand cela me convenait, aux conversations suivies et aux définitions sensées[72].

Il s'était à peine passé un mois[73] depuis que j'avais eu cet entretien avec le visionnaire, et, pour cette fois, je suis parfaitement sûr de la date. C'était le jour même où recommençait l'année scolaire, après six semaines de vacances qui couraient depuis le 1er septembre, et par conséquent le 16 octobre 1793. Il était près de midi, et je revenais du collège plus gaiement que je n'y étais rentré, avec deux de mes camarades qui suivaient la même route pour retourner chez leurs parents, et qui pratiquaient à peu près[74] les mêmes études que moi, mais qui m'ont laissé fort en arrière[75]. Ils sont vivants tous deux, et je les nommerais sans craindre d'en être désavoué, si leurs noms, que décore une juste illustration, pouvaient être hasardés sans inconvenance[76] dans un récit duquel on n'exige sans doute que la vraisemblance requise aux contes bleus[77], et qu'en dernière analyse je ne donne pas moi-même pour autre chose.

En arrivant à un certain carrefour où nous nous séparions pour

[71] s'alambiquait: devenait très compliqué.
[72] aux conversations suivies et aux définitions sensées: aux conversations logiques et aux définitions qui ont un sens.
[73] il s'était à peine passé un mois: un mois venait de passer.
[74] pratiquaient à peu près: faisaient presque.
[75] fort en arrière: loin derrière eux.
[76] que décore . . . sans inconvenance: qui sont justement célèbres, pouvaient être risqués ainsi sans manquer aux convenances.
[77] contes bleus: récits fabuleux, contes de fées.

prendre des directions différentes, nous fûmes frappés à la fois de
l'attitude contemplative de Jean-François les Bas-Bleus, qui était ar-
rêté comme un terme au plus juste milieu[78] de cette place, immobile, 320
les bras croisés, l'air tristement pensif, et les yeux imperturbablement
fixés sur un point élevé de l'horizon occidental. Quelques passants
s'étaient peu à peu groupés autour de lui et cherchaient vainement
l'objet extraordinaire qui semblait absorber son attention.

— Que regarde-t-il donc là-haut? se demandaient-ils entre eux. Le 325
passage d'une volée d'oiseaux rares, ou l'ascension d'un ballon?

— Je vais vous le dire, répondis-je, pendant que je me faisais un
chemin dans la foule, en l'écartant du coude à droite et à gauche.
Apprends-nous cela, Jean-François, continuai-je; qu'as-tu remarqué de
nouveau ce matin dans la matière subtile de l'espace où se meuvent 330
tous les mondes? . . .

— Ne le sais-tu pas comme moi? répondit-il en déployant le bras,
et en décrivant du bout du doigt une longue section de cercle depuis
l'horizon jusqu'au zénith. Suis des yeux ces traces de sang, et tu verras
Marie-Antoinette, reine de France, qui va au ciel. 335

Alors les curieux se dissipèrent[79] en haussant les épaules, parce
qu'ils avaient conclu de sa réponse qu'il était fou, et je m'éloignai de
mon côté, en m'étonnant seulement que Jean-François les Bas-Bleus
fût tombé si juste sur le nom de la dernière de nos reines, cette par-
ticularité positive rentrant dans la catégorie des faits vrais dont il avait 340
perdu la connaissance.

Mon père réunissait deux ou trois de ses amis à dîner, le premier
jour de chaque quinzaine[80]. Un de ses convives, qui était étranger à
la ville, se fit attendre assez longtemps.

— Excusez-moi, dit-il en prenant place; le bruit s'était répandu, 345
d'après quelques lettres particulières[81], que l'infortunée Marie-Antoi-
nette allait être envoyée en jugement[82], et je me suis mis un peu en
retard pour voir arriver le courrier du 13 octobre. Les gazettes n'en
disent rien.

— Marie-Antoinette, reine de France, dis-je avec assurance, est 350
morte ce matin sur l'échafaud peu de minutes avant midi, comme je
revenais du collège.

[78] comme un terme, au plus juste milieu: comme une borne, exactement au milieu.
[79] les curieux se dissipèrent: les assistants s'en allèrent.
[80] chaque quinzaine: toutes les deux semaines.
[81] le bruit . . . lettres particulières: on disait, selon certaines lettres privées.
[82] être envoyée en jugement: être jugée.

— Ah! mon Dieu! s'écria mon père, qui a pu te dire cela?

Je me troublai, je rougis, j'avais trop parlé pour me taire.

Je répondis en tremblant: "C'est Jean-François les Bas-Bleus."

Je ne m'avisai pas de relever mes regards vers mon père. Son extrême indulgence pour moi ne me rassurait pas sur le mécontentement que devait lui inspirer mon étourderie[83].

— Jean-François les Bas-Bleus? dit-il en riant. Nous pouvons heureusement nous tranquilliser sur les nouvelles qui nous viennent de ce côté. Cette cruelle et inutile lâcheté ne sera pas commise.

— Quel est donc, reprit l'ami de mon père, ce Jean-François les Bas-Bleus qui annonce les événements à cent lieues de distance, au moment où il suppose qu'ils doivent s'accomplir? un somnambule, un convulsionnaire, un élève de Mesmer[84] ou de Cagliostro[85]?

— Quelque chose de pareil[86], répliqua mon père, mais de plus digne d'intérêt; un visionnaire de bonne foi, un maniaque inoffensif, un pauvre fou qui est plaint autant qu'il méritait d'être aimé. Sorti d'une famille honorable, mais peu aisée, de braves artisans[87], il en était l'espérance et il promettait beaucoup[88]. La première année d'une petite magistrature[89] que j'ai exercée ici était la dernière de ses études; il fatigua mon bras à le couronner, et la variété de ses succès ajoutait à leur valeur, car on aurait dit qu'il lui en coûtait peu de s'ouvrir toutes les portes de l'intelligence humaine. La salle faillit crouler sous le bruit des applaudissements[90], quand il vint recevoir enfin un prix sans lequel tous les autres ne sont rien, celui de la bonne conduite et des vertus d'une jeunesse exemplaire. Il n'y avait pas un père qui n'eût été fier de le compter parmi ses enfants, pas un riche, à ce qu'il semblait[91], qui ne se fût réjoui de le nommer son gendre. Je ne parle pas des jeunes filles, que devaient occuper tout naturellement sa beauté d'ange et son heureux âge de dix-huit à vingt ans.

[83] que devait lui inspirer mon étourderie: que provoquaient probablement en lui ces paroles dites sans réfléchir.

[84] Mesmer, Franz Anton (1733-1815): médecin allemand qui mit le magnétisme à la mode.

[85] Balsamo, Joseph, dit le comte de Cagliostro (1743-1795): aventurier, médecin et charlatan italien.

[86] quelque chose de pareil: "something of that kind".

[87] une famille . . . braves artisans: une famille peu fortunée, d'honnêtes travailleurs.

[88] il promettait beaucoup: il donnait de grandes espérances.

[89] magistrature: fonction publique.

[90] crouler . . . des applaudissements: ébranler par le bruit des applaudissements, c'est-à-dire remporter un succès considérable.

[91] à ce qu'il semblait: c'était du moins l'opinion qu'on avait.

Ce fut là ce qui le perdit; non que sa modestie se laissât tromper aux séductions d'un triomphe, mais par les justes résultats de l'impression qu'il avait produite. Vous avez entendu parler de la belle madame de Sainte-A***. Elle était alors en Franche-Comté, où sa famille a laissé tant de souvenirs et où ses sœurs se sont fixées. Elle y cherchait un précepteur pour son fils, tout au plus âgé de douze ans, et la gloire qui venait de s'attacher à l'humble nom de Jean-François détermina son choix en sa faveur. C'était, il y a quatre ou cinq ans, le commencement d'une carrière honorable pour un jeune homme qui avait profité de ses études, et que n'égaraient pas de folles ambitions.

Par malheur (mais à partir de là je ne vous dirai plus rien que sur la foi de quelques renseignements imparfaits), la belle dame qui avait ainsi récompensé le jeune talent de Jean-François était mère aussi d'une fille, et cette fille était charmante, Jean-François ne put la voir sans l'aimer; cependant, pénétré de l'impossibilité de s'élever jusqu'à elle, il paraît avoir cherché à se distraire d'une passion invincible qui ne s'est trahie que dans les premiers moments de sa maladie, en se livrant à des études périlleuses pour la raison, aux rêves des sciences occultes et aux visions d'un spiritualisme exalté; il devint complètement fou, et renvoyé de Corbeil, séjour de ses protecteurs, avec tous les soins que demandait son état, aucune lueur n'a éclairci les ténèbres de son esprit depuis son retour dans sa famille. Vous voyez qu'il y a peu de fond à faire[92] sur ses rapports, et que nous n'avons aucun motif de nous en alarmer."

Cependant on apprit le lendemain que la reine était en jugement, et deux jours après, qu'elle ne vivait plus.

Mon père craignit l'impression que devait me causer le rapprochement extraordinaire de cette catastrophe et de cette prédiction. Il n'épargna rien pour me convaincre que le hasard était fertile en pareilles rencontres, et il m'en cita vingt exemples, qui ne servent d'arguments qu'à la crédulité ignorante, la philosophie et la religion s'abstenant également d'en faire usage.

Je partis peu de semaines après pour Strasbourg, où j'allais commencer de nouvelles études. L'époque était peu favorable aux doctrines des spiritualistes, et j'oubliai aisément Jean-François au milieu des émotions de tous les jours qui tourmentaient la société.

Les circonstances m'avaient ramené au printemps. Un matin (c'é-

385

390

395

400

405

410

415

[92] il y a peu de fond à faire: il y a peu de crédit à donner.

tait, je crois, le 3 messidor[93]), j'étais entré dans la chambre de mon père pour l'embrasser, selon mon usage, avant de commencer mon excursion journalière à la recherche des plantes et des papillons.

— Ne plaignons plus le pauvre Jean-François d'avoir perdu la raison, dit-il en me montrant le journal. Il vaut mieux pour lui d'être fou que d'apprendre la mort tragique de sa bienfaitrice, de son élève, et de la jeune demoiselle qui passe pour avoir été la première cause du dérangement de son esprit. Ces innocentes créatures sont aussi tombées sous la main du bourreau.

— Serait-il possible! m'écriai-je . . . Hélas! je ne vous avais rien dit de Jean-François, parce que je sais que vous craignez pour moi l'influence de certaines idées mystérieuses dont il m'a entretenu . . . Mais il est mort!

— Il est mort! reprit vivement mon père; et depuis quand?

— Depuis trois jours, le 29 prairial[93]. Il avait été immobile, dès le matin, au milieu de la place, à l'endroit même où je le rencontrai, au moment de la mort de la reine. Beaucoup de monde l'entourait à l'ordinaire, quoiqu'il gardât le plus profond silence, car sa préoccupation était trop grande pour qu'il pût en être distrait par aucune question. A quatre heures enfin, son attention parut redoubler. Quelques minutes après, il éleva les bras vers le ciel avec une étrange expression d'enthousiasme ou de douleur, fit quelques pas en prononçant les noms des personnes dont vous venez de parler, poussa un cri et tomba. On s'empressa autour de lui, on se hâta de le relever, mais ce fut inutilement. Il était mort.

— Le 29 prairial, à quatre heures et quelques minutes? dit mon père en consultant son journal. C'est bien l'heure et le jour! . . . Ecoute, continua-t-il après un moment de réflexion, et les yeux fixement arrêtés sur les miens, ne me refuse pas ce que je vais te demander! Si jamais tu racontes cette histoire, quand tu seras homme, ne la donne pas pour vraie[94], parce qu'elle t'exposerait au ridicule.

— Y a-t-il des raisons qui puissent dispenser un homme de publier hautement ce qu'il reconnaît pour la vérité? repartis-je avec respect.

— Il y en a une qui les vaut toutes, dit mon père en secouant la tête. La vérité est inutile.

[93] messidor et prairial: deux des mois du calendrier révolutionnaire.

[94] ne la donne pas pour vraie: ne la raconte pas comme une histoire véritable.

Questions

A. 1. Quelles raisons Nodier donne-t-il pour expliquer que le fantastique n'est plus autant à la mode?
 2. Pourquoi le narrateur dit-il que l'Amérique était un monde fantastique avant Christophe Colomb?
 3. Qu'est-ce que l'exemple de la pierre du mont Sipyle cherche à prouver?
 4. Pourquoi Jean-François, fils d'un tailleur, est-il habillé de façon si ridicule?
 5. Dans quelle sorte de conversation la folie de Jean-François apparaît-elle aussitôt?
 6. Qui estime Jean-François idiot et pourquoi?
 7. Quel est le but de l'interrogatoire auquel Jean-François soumet l'écolier?
 8. Quelles sont les réactions du père du narrateur lorsque celui-ci lui raconte sa conversation avec Jean-François?
 9. Le père est rationaliste. Selon lui, à quoi reconnaît-on la vérité et quelle différence offre-t-elle avec l'erreur?
 10. Quelle nouvelle l'écolier annonce-t-il à son père devant les amis de celui-ci?
 11. Comment l'auteur juge-t-il la mort de Marie-Antoinette?
 12. Qu'est-ce qui a brisé la vie de Jean-François?
 13. Pourquoi s'est-il mis à étudier les sciences occultes?
 14. Comment le père du narrateur explique-t-il la prédiction de Jean-François?
 15. De quoi Jean-François est-il mort?

B. 1. Quelle est l'utilité de l'introduction de ce conte? Quelles sont, d'après ce passage, les véritables convictions de l'auteur?
 2. Montrez par quelques exemples le caractère romantique de Jean-François.
 3. Quels détails permettent au narrateur d'affirmer qu'il a bien rencontré Jean-François le 16 octobre 1793? Pourquoi insiste-t-il sur ce point?
 4. Pourquoi l'histoire des malheurs de Jean-François vient-elle si tard dans le récit? Si l'auteur ne s'intéresse pas tellement à son personnage, pourquoi raconte-t-il son histoire?
 5. Est-ce que le récit réussit à convaincre le père? En le présentant comme vrai, pourquoi le narrateur s'exposerait-il au ridicule, alors qu'il n'est pas ridicule aux yeux de son père?
 6. Comment le narrateur obéit-il finalement à son père? A la lumière de la conclusion, justifiez la longue introduction du conte.

Sujets de Conversation

Nodier dans cette histoire se veut sceptique: il ne sait pas. Dès lors, il doit tout admettre comme possible. C'est là, bien entendu, une attitude théorique; dans la vie on est bien forcé de faire des choix.

En faveur du fantastique

On peut croire à certaines formes d'irrationalité sans les admettre toutes. Y en a-t-il auxquelles vous attachez un certain crédit alors que d'autres vous paraissent sans valeur: astrologie, sciences occultes, transmission de pensée, spiritisme, connaissance de l'avenir, etc.?

Etes-vous superstitieux? Y a-t-il des choses que vous faites ou que vous ne faites pas par superstition? Donnez un exemple de superstition et essayez d'expliquer les raisons de ce comportement (habitude, croyance, cas qui s'est produit, etc.).

Croyez-vous que certaines personnes aient un pouvoir particulier? Iriez-vous chez un guérisseur si les médecins ne pouvaient pas vous guérir?

Le merveilleux constitue-t-il un besoin pour l'homme? S'il croit depuis des siècles, est-ce parce qu'il a besoin d'illusions ou parce qu'il devine une vérité obscure autour de lui?

En faveur du rationalisme

Estimez-vous que tout a une explication rationnelle? Lorsque quelque chose est inexplicable, cela vient-il seulement du fait que la science dans ce domaine n'a pas assez progressé?

Etes-vous absolument sans superstition? Si l'on vous prédit une bonne nouvelle, n'éprouvez-vous pas un sentiment de joie? Si l'on vous annonce une catastrophe, n'êtes-vous pas impressionné? Si vous n'êtes pas superstitieux, avez-vous tendance à considérere la superstition comme une faiblesse? Respectez-vous des croyances de cette nature que vous ne partagez pas?

On vous raconte une prédiction qui a été faite et qui s'est révélée absolument exacte. La bonne foi du témoin est certaine. Quelle est votre attitude devant ce récit? Niez-vous les faits? Essayez-vous d'en donner une explication plausible? Pouvez-vous citer un cas de cette nature et le discuter?

Comment la notion de divinité est-elle compatible avec l'astrologie? celle de liberté avec la prédiction de l'avenir?

Il y a des athées superstitieux. Comment expliquez-vous cette contradiction?

Y a-t-il des rapports entre la religion et la superstition? Dans quelle mesure la superstition peut-elle aider la religion? Dans quelle mesure peut-elle lui nuire?

Henri Beyle, dit
Stendhal
(1783-1842)

Stendhal, un des auteurs le plus uni-
versellement admirés aujourd'hui, ne jouissait pas d'un grand prestige
aux yeux de ses contemporains. Il avait une certaine réputation, mais
limitée, celle d'un homme d'esprit, plein d'idées et de paradoxes, ce
qui, dans un sens, est peut-être pire que d'être totalement méconnu.
Ils seraient stupéfaits de la place qu'il occupe maintenant dans la
littérature. Stendhal, devant cette indifférence, s'est donc résigné à
n'écrire que pour les "happy few", affirmant qu'il serait compris vers
1880. C'est effectivement vers cette date qu'il a commencé à devenir
célèbre, soit cinquante ans après son premier chef-d'œuvre, *Le Rouge
et le Noir* (1831), et quarante ans après son second grand livre, *La
Chartreuse de Parme* (1839).

Stendhal n'a pas eu grand succès durant sa vie parce qu'il ne re-

présente pas exactement son époque. Son génie est composite et c'est ce qui l'a empêché de tomber dans certains défauts de son temps. De tous les écrivains du passé, il est certainement le plus actuel. Les partisans du classicisme trouvaient insupportables cette violence de sentiments, ces personnages exaltés, aussi exigeants que les héros les plus romantiques. Et, par là, Stendhal est bien un homme du dix-neuvième siècle. Mais, de leur côté, les Romantiques ne sentaient pas cette évidente passion parce qu'elle ne s'exprimait pas sous sa forme lyrique. Le style de Stendhal est délibérément froid et dépouillé, les effets littéraires sont réduits au minimum. C'est un instrument d'analyse.

Car Stendhal est d'abord un merveilleux psychologue, épris de vérité, ennemi de tout conventionnel. Ses personnages vivent de grands sentiments, mais l'ironie n'est jamais loin et ils sont prêts à l'exercer sur eux-mêmes autant que sur les autres. Leurs grands gestes ne s'accompagnent jamais d'une attitude théâtrale. Ils sont grands par nature; ils appartiennent à une élite, le savent et sont décidés à payer le prix de leur distinction.

Le sentiment qui leur fait peut-être le plus horreur est la vulgarité. Ils peuvent être machiavéliques, ils ne sont jamais bas. Un orgueil immense les anime. Ils sont d'abord courageux et énergiques, sans doute parce que le courage et l'énergie à un certain degré sont si peu répandus dans le monde. Stendhal n'a que mépris pour les aristocrates qui, pendant la Révolution française, se sont laissé massacrer sans se défendre et n'ont mis leur point d'honneur qu'à demeurer impassibles. Il admire Napoléon pour sa façon de forcer son destin, de s'accomplir jusqu'au bout. Il aime l'Italie parce que les gens lui semblent plus volontaires, plus passionnés, plus individualistes que les Français, les Italiennes surtout. Car l'amour est évidemment le domaine qui permet le mieux cette libération d'énergie, ce don absolu de la personne, cette exigence de réciprocité chez l'autre, également orgueilleux et intransigeant.

L'amour, chez Stendhal, commence toujours par une lente "cristallisation", qui se produit à l'insu du héros. Dès qu'il en a pris conscience, il n'est plus question que de tout mettre en œuvre pour arriver à la satisfaction de sa passion. Aucune considération de classe, de politesse ne l'arrête. Son choix le justifie et si les conventions s'opposent à cet amour, ce sont les conventions qui ont tort. Quelle que soit sa condition sociale, le héros stendhalien est un aristocrate.

Il est toujours intelligent. La bêtise pour un personnage est un signe que l'auteur va s'acharner après lui. Mais l'intelligence n'est que le moyen pour un être supérieur de parvenir à ses fins. Elle n'est pas sa propriété exclusive. Son adversaire, l'anti-héros, celui qui accepte les compromis et retient les leçons de l'expérience, est aussi intelligent et subtil que lui.

Alors que les grands personnages de Balzac sont des monomanes entraînés par une passion irrésistible qui leur fait affronter le monde — le roman est l'histoire de cette passion dans un milieu donné — le héros stendhalien, lui, est toujours partagé entre deux sentiments contraires, d'une égale force, dont on ne sait lequel va l'emporter dans l'instant présent.

<center>*
* *</center>

Vanina Vanini appartient aux *Chroniques italiennes* (1829-1834). On y trouve, concentrées en quelques pages, toutes les caractéristiques du roman de Stendhal: rapidité du récit, froideur du style, indifférence à tout ce qui n'est pas le sujet même de l'action, analyse exemplaire de tous les états d'âme des héros, des changements qui s'opèrent entre

eux selon que l'un ou l'autre de leurs sentiments dominants l'emporte. Pour qui a lu *La Chartreuse de Parme*, il serait intéressant de comparer les personnages de ce récit avec ceux du roman, non seulement les héros, mais même certaines figures secondaires comme le père (avec le père de Fabrice), ou le ministre de la police (avec le comte Mosca). Que les personnages aillent jusqu'au bout de leurs déterminations est attesté par le vœu prononcé par Vanina, qu'elle prononce si vite, mais qu'elle accomplit dans son intégralité, ce qui n'est pas sans rappeler le vœu fait par Clélia dans la *Chartreuse de Parme*.

Vanina Vanini
ou
Particularités sur la dernière Vente[1] de Carbonari[2] découverte dans les Etats du Pape

C'était un soir du printemps de 182*. Tout Rome était en mouvement: M. le duc de B***, ce fameux banquier, donnait un bal dans son nouveau palais de la place de Venise. Tout ce que les arts de l'Italie, tout ce que le luxe de Paris et de Londres peuvent produire de plus magnifique avait été réuni pour l'embellissement de ce palais. Le concours était immense. Les beautés blondes et réservées de la noble Angleterre avaient brigué[3] l'honneur d'assister à ce bal; elles arrivaient en foule. Les plus belles femmes de Rome leur disputaient le prix de la beauté. Une jeune fille que l'éclat de ses yeux et ses cheveux d'ébène proclamaient Romaine entra conduite par son père; tous les regards la suivirent. Un orgueil singulier éclatait dans chacun de ses mouvements.

On voyait les étrangers qui entraient frappés de la magnificence

[1] *vente*: ici, association de carbonari.
[2] carbonaro: membre d'une société secrète d'Italie qui a joué un grand rôle politique au dix-neuvième siècle.
[3] brigué: recherché avec ardeur.

de ce bal. "Les fêtes d'aucun des rois de l'Europe, disaient-ils, n'approchent point de ceci."

Les rois n'ont pas un palais d'architecture romaine: ils sont obligés d'inviter les grandes dames de leur cour; M. le duc de B*** ne prie[4] que de jolies femmes. Ce soir-là il avait été heureux dans ses invitations; les hommes semblaient éblouis. Parmi tant de femmes remarquables il fut question de décider quelle était la plus belle: le choix resta quelque temps indécis; mais enfin la princesse Vanina Vanini, cette jeune fille aux cheveux noirs et à l'œil de feu, fut proclamée la reine du bal. Aussitôt les étrangers et les jeunes Romains, abandonnant tous les autres salons, firent foule[5] dans celui où elle était.

Son père, le prince don Asdrubale Vanini, avait voulu qu'elle dansât d'abord avec deux ou trois souverains d'Allemagne. Elle accepta ensuite les invitations de quelques Anglais fort beaux et fort nobles; leur air empesé[6] l'ennuya. Elle parut prendre plus de plaisir à tourmenter le jeune Livio Savelli qui semblait fort amoureux. C'était le jeune homme le plus brillant de Rome, et de plus lui aussi était prince; mais, si on lui eût donné à lire un roman, il eût jeté le volume au bout de vingt pages, disant qu'il lui donnait mal à la tête. C'était un désavantage aux yeux de Vanina.

Vers le minuit une nouvelle se répandit dans le bal, et fit assez d'effet. Un jeune carbonaro, détenu au fort Saint-Ange[7], venait de se sauver le soir même, à l'aide d'un déguisement, et, par un excès d'audace romanesque, arrivé au dernier corps de garde de la prison, il avait attaqué les soldats avec un poignard; mais il avait été blessé lui-même, les sbires[8] le suivaient dans les rues à la trace de son sang, et on espérait le ravoir.

Comme on racontait cette anecdote, don Livio Savelli, ébloui des grâces et des succès de Vanina, avec laquelle il venait de danser, lui disait en la reconduisant à sa place, et presque fou d'amour:

— Mais, de grâce, qui donc pourrait vous plaire?

— Ce jeune carbonaro qui vient de s'échapper, lui répondit Vanina; au moins celui-là a fait quelque chose de plus que de se donner la peine de naître.

[4] prie: invite.

[5] firent foule: se rassemblèrent en grand nombre.

[6] empesé: raide, sans naturel.

[7] fort Saint-Ange: célèbre château utilisé comme prison.

[8] sbires: hommes de la police.

Le prince don Asdrubale s'approcha de sa fille. C'est un homme riche qui depuis vingt ans n'a pas compté avec son intendant[9], lequel lui prête ses propres revenus à un intérêt fort élevé. Si vous le rencontrez dans la rue, vous le prendrez pour un vieux comédien; vous ne remarquerez pas que ses mains sont chargées de cinq ou six bagues énormes garnies de diamants fort gros. Ses deux fils se sont faits jésuites, et ensuite sont morts fous. Il les a oubliés; mais il est fâché que sa fille unique, Vanina, ne veuille pas se marier. Elle a déjà dix-neuf ans, et a refusé les partis[10] les plus brillants. Quelle est sa raison? la même que celle de Sylla[11] pour abdiquer, *son mépris pour les Romains.*

Le lendemain du bal, Vanina remarqua que son père, le plus négligent des hommes, et qui de la vie[12] ne s'était donné la peine de prendre une clef, fermait avec beaucoup d'attention la porte d'un petit escalier qui conduisait à un appartement situé au troisième étage du palais. Cet appartement avait des fenêtres sur une terrasse garnie d'orangers. Vanina alla faire quelques visites dans Rome; au retour, la grande porte du palais étant embarrassée par les préparatifs d'une illumination, la voiture rentra par les cours de derrière. Vanina leva les yeux, et vit avec étonnement qu'une des fenêtres de l'appartement que son père avait fermé avec tant de soin était ouverte. Elle se débarrassa de sa dame de compagnie[13], monta dans les combles du palais, et à force de chercher parvint à trouver une petite fenêtre grillée qui donnait sur la terrasse garnie d'orangers. La fenêtre ouverte qu'elle avait remarquée était à deux pas d'elle. Sans doute cette chambre était habitée; mais par qui? Le lendemain Vanina parvint à se procurer la clef d'une petite porte qui ouvrait sur la terrasse garnie d'orangers.

Elle s'approcha à pas de loup[14] de la fenêtre qui était encore ouverte. Une persienne servit à la cacher. Au fond de la chambre il y avait un lit et quelqu'un dans ce lit. Son premier mouvement fut de se retirer; mais elle aperçut une robe de femme jetée sur une chaise. En regardant mieux la personne qui était au lit, elle vit qu'elle était blonde, et apparemment fort jeune. Elle ne douta plus que ce ne fût une femme. La robe jetée sur une chaise était ensanglantée; il y avait aussi

[9] n'a pas compté avec son intendant: n'a pas vérifié les chiffres de l'homme qui s'occupe de ses affaires.
[10] partis: personnes à marier.
[11] Sylla (136-78 av. J.C.): célèbre dictateur romain.
[12] de la vie: durant toute sa vie.
[13] dame de compagnie: femme payée pour rester avec une personne noble.
[14] à pas de loup: doucement, sans faire de bruit.

du sang sur des souliers de femme placés sur une table. L'inconnue fit un mouvement; Vanina s'aperçut qu'elle était blessée. Un grand linge taché de sang couvrait sa poitrine; ce linge n'était fixé que par des rubans; ce n'était pas la main d'un chirurgien qui l'avait placé ainsi. Vanina remarqua que chaque jour, vers les quatre heures, son père s'enfermait dans son appartement, et ensuite allait voir l'inconnue; il redescendait bientôt, et montait en voiture pour aller chez la comtesse Vitteleschi. Dès qu'il était sorti, Vanina montait à la petite terrasse, d'où elle pouvait apercevoir l'inconnue. Sa sensibilité était vivement excitée en faveur de cette jeune femme si malheureuse; elle cherchait à deviner son aventure. La robe ensanglantée jetée sur une chaise paraissait avoir été percée de coups de poignard. Vanina pouvait compter les déchirures. Un jour elle vit l'inconnue plus distinctement: ses yeux bleus étaient fixés dans le ciel; elle semblait prier. Bientôt des larmes remplirent ses beaux yeux; la jeune princesse eut bien de la peine à ne pas lui parler. Le lendemain Vanina osa se cacher sur la petite terrasse avant l'arrivée de son père. Elle vit don Asdrubale entrer chez l'inconnue; il portait un petit panier où étaient des provisions. Le prince avait l'air inquiet, et ne dit pas grand-chose. Il parlait si bas que, quoique la porte-fenêtre fût ouverte, Vanina ne put entendre ses paroles. Il partit aussitôt.

— Il faut que cette pauvre femme ait des ennemis bien terribles, se dit Vanina, pour que mon père, d'un caractère si insouciant, n'ose se confier à personne et se donne la peine de monter cent vingt marches chaque jour.

Un soir, comme Vanina avançait doucement la tête vers la croisée de l'inconnue, elle rencontra ses yeux, et tout fut découvert. Vanina se jeta à genoux, et s'écria:

— Je vous aime, je vous suis dévouée.

L'inconnue lui fit signe d'entrer.

— Que je vous dois d'excuses, s'écria Vanina, et que ma sotte curiosité doit vous sembler offensante! Je vous jure le secret, et, si vous l'exigez, jamais je ne reviendrai.

— Qui pourrait ne pas trouver du bonheur à vous voir? dit l'inconnue. Habitez-vous ce palais?

— Sans doute, répondit Vanina. Mais je vois que vous ne me connaissez pas: je suis Vanina, fille de don Asdrubale.

L'inconnue la regarda d'un air étonné, rougit beaucoup, puis ajouta:

— Daignez me faire espérer que vous viendrez me voir tous les

jours; mais je désirerais que le prince ne sût pas vos visites. 120

Le cœur de Vanina battait avec force; les manières de l'inconnue lui semblaient remplies de distinction. Cette pauvre jeune femme avait sans doute offensé quelque homme puissant; peut-être dans un moment de jalousie avait-elle tué son amant? Vanina ne pouvait voir une cause vulgaire à son malheur. L'inconnue lui dit qu'elle avait reçu une 125 blessure dans l'épaule, qui avait pénétré jusqu'à la poitrine et la faisait beaucoup souffrir. Souvent elle se trouvait la bouche pleine de sang.

— Et vous n'avez pas de chirurgien! s'écria Vanina.

— Vous savez qu'à Rome, dit l'inconnue, les chirurgiens doivent à la police un rapport exact de toutes les blessures qu'ils soignent. Le 130 prince daigne lui-même serrer mes blessures avec le linge que vous voyez.

L'inconnue évitait avec une grâce parfaite de s'apitoyer sur son accident; Vanina l'aimait à la folie. Une chose pourtant étonna beaucoup la jeune princesse, c'est qu'au milieu d'une conversation assuré- 135 ment fort sérieuse l'inconnue eut beaucoup de peine à supprimer une envie subite de rire.

— Je serais heureuse, lui dit Vanina, de savoir votre nom.

— On m'appelle Clémentine.

— Eh bien! chère Clémentine, demain à cinq heures je viendrai vous 140 voir.

Le lendemain Vanina trouva sa nouvelle amie fort mal.

— Je veux vous amener un chirurgien, dit Vanina en l'embrassant.

— J'aimerais mieux mourir, dit l'inconnue. Voudrais-je compromettre mes bienfaiteurs? 145

— Le chirurgien de Mgr. Savelli-Catanzara, le gouverneur de Rome, est fils d'un de nos domestiques, reprit vivement Vanina; il nous est dévoué, et par sa position ne craint personne. Mon père ne rend pas justice[15] à sa fidélité; je vais le faire demander[16].

— Je ne veux pas de chirurgien, s'écria l'inconnue avec une vivacité 150 qui surprit Vanina. Venez me voir, et si Dieu doit m'appeler à lui, je mourrai heureuse dans vos bras.

Le lendemain l'inconnue était plus mal.

— Si vous m'aimez, dit Vanina en la quittant, vous verrez un chirurgien. 15

— S'il vient, mon bonheur s'évanouit.

[15] ne rend pas justice: ne reconnaît pas le mérite.
[16] demander: prier de venir.

— Je vais l'envoyer chercher, reprit Vanina.

Sans rien dire, l'inconnue la retint, et prit sa main qu'elle couvrit de baisers. Il y eut un long silence, l'inconnue avait les larmes aux yeux. Enfin, elle quitta la main de Vanina, et de l'air dont elle serait allée à la mort, lui dit:

— J'ai un aveu à vous faire. Avant-hier, j'ai menti en disant que je m'appelais Clémentine; je suis un malheureux carbonaro . . .

Vanina étonnée recula sa chaise et bientôt se leva.

— Je sens, continua le carbonaro, que cet aveu va me faire perdre le seul bien qui m'attache à la vie; mais il est indigne de moi de vous tromper. Je m'appelle Pietro Missirilli; j'ai dix-neuf ans; mon père est un pauvre chirurgien de Saint-Angelo-in-Vado, moi je suis carbonaro. On a surpris notre *vente*; j'ai été amené, enchaîné, de la Romagne[17] à Rome. Plongé dans un cachot éclairé jour et nuit par une lampe, j'y ai passé treize mois. Une âme charitable a eu l'idée de me faire sauver. On m'a habillé en femme. Comme je sortais de prison et passais devant les gardes de la dernière porte, l'un d'eux a maudit les carbonari; je lui ai donné un soufflet. Je vous assure que ce ne fut pas une vaine bravade[18] mais tout simplement une distraction[19]. Poursuivi la nuit dans les rues de Rome après cette imprudence, blessé de coups de baïonnette, perdant déjà mes forces, je monte dans une maison dont la porte était ouverte; j'entends les soldats qui montent après moi, je saute dans un jardin; je tombe à quelques pas d'une femme qui se promenait.

— La comtesse Vittleschi! l'amie de mon père, dit Vanina.

— Quoi! vous l'a-t-elle dit? s'écria Missirilli. Quoi qu'il en soit[20], cette dame, dont le nom ne doit jamais être prononcé, me sauva la vie. Comme les soldats entraient chez elle pour me saisir, votre père m'en faisait sortir dans sa voiture. Je me sens fort mal: depuis quelques jours ce coup de baïonnette dans l'épaule m'empêche de respirer. Je vais mourir, et désespéré, puisque je ne vous verrai plus.

Vanina avait écouté avec impatience; elle sortit rapidement: Missirilli ne trouva nulle pitié dans ces yeux si beaux, mais seulement l'expression d'un caractère altier que l'on vient de blesser.

A la nuit, un chirurgien parut; il était seul. Missirilli fut au déses-

[17] Romagne: province d'Italie.
[18] bravade: défi, provocation.
[19] distraction: un instant d'inattention.
[20] Quoi qu'il en soit: de toute façon, en tout état de cause.

poir; il craignait de ne revoir jamais Vanina. Il fit des questions au chirurgien, qui le saigna et ne lui répondit pas. Même silence les jours suivants. Les yeux de Pietro ne quittaient pas la fenêtre de la terrasse par laquelle Vanina avait coutume d'entrer; il était fort malheureux. 195 Une fois, vers minuit, il crut apercevoir quelqu'un dans l'ombre sur la terrasse: était-ce Vanina?

Vanina venait toutes les nuits coller sa joue contre les vitres de la fenêtre du jeune carbonaro.

"Si je lui parle, se disait-elle, je suis perdue! Non, jamais je ne dois 200 le revoir!"

Cette résolution arrêtée, elle se rappelait, malgré elle, l'amitié qu'elle avait prise pour ce jeune homme, quand si sottement elle le croyait une femme. Après une intimité si douce, il fallait donc l'oublier! Dans ses moments les plus raisonnables, Vanina était effrayée du changement 205 qui avait lieu dans ses idées. Depuis que Missirilli s'était nommé, toutes les choses auxquelles elle avait l'habitude de penser s'étaient comme recouvertes d'un voile, et ne paraissaient plus que dans l'éloignement.

Une semaine ne s'était pas écoulée, que Vanina, pâle et tremblante, entra dans la chambre du jeune carbonaro avec le chirurgien. Elle 210 venait lui dire qu'il fallait engager le prince à se faire remplacer par un domestique. Elle ne resta pas dix secondes; mais quelques jours après elle revint encore avec le chirurgien, par humanité. Un soir, quoique Missirilli fût bien mieux, et que Vanina n'eût plus le prétexte de craindre pour sa vie, elle osa venir seule. En la voyant, Missirilli fut 215 au comble du bonheur, mais il songea à cacher son amour; avant tout, il ne voulait pas s'écarter de la dignité convenable à un homme. Vanina, qui était entrée chez lui le front couvert de rougeur, et craignant des propos d'amour, fut déconcertée de l'amitié noble et dévouée[21], mais fort peu tendre, avec laquelle il la reçut. Elle partit sans qu'il essayât 220 de la retenir.

Quelques jours après, lorsqu'elle revint, même conduite, mêmes assurances de dévouement respectueux et de reconnaissance éternelle. Bien loin d'être occupée à mettre un frein[22] aux transports du jeune carbonaro, Vanina se demanda si elle aimait seule. Cette jeune fille, 225 jusque-là si fière, sentit amèrement toute l'étendue de sa folie. Elle affecta de la gaieté et même de la froideur, vint moins souvent, mais

[21] dévouée: qui est prête à aider, à servir.
[22] frein: obstacle, empêchement.

ne put prendre sur elle[23] de cesser de voir le jeune malade.

Missirilli, brûlant d'amour, mais songeant à sa naissance obscure et à ce qu'il se devait, s'était promis de ne descendre à parler d'amour que si Vanina restait huit jours sans le voir. L'orgueil de la jeune princesse combattit pied à pied[24]. — Eh bien! se dit-elle enfin, si je le vois, c'est pour moi, c'est pour me faire plaisir, et jamais je ne lui avouerai l'intérêt qu'il m'inspire. Elle faisait de longues visites à Missirilli, qui lui parlait comme il eût pu faire si vingt personnes eussent été présentes. Un soir, après avoir passé la journée à le détester et à se bien promettre d'être avec lui encore plus froide et plus sévère qu'à l'ordinaire, elle lui dit qu'elle l'aimait. Bientôt elle n'eut plus rien à lui refuser.

Si sa folie fut grande, il faut avouer que Vanina fut parfaitement heureuse. Missirilli ne songea plus à ce qu'il croyait devoir à sa dignité d'homme; il aima comme on aime pour la première fois à dix-neuf ans et en Italie. Il eut tous les scrupules de l'amour-passion, jusqu'au point d'avouer à cette jeune princesse si fière, la politique dont il avait fait usage pour s'en faire aimer. Il était étonné de l'excès de son bonheur. Quatre mois passèrent bien vite. Un jour, le chirurgien rendit la liberté à son malade. Que vais-je faire? pensa Missirilli; rester caché chez une des plus belles personnes de Rome? Et les vils tyrans qui m'ont tenu treize mois en prison sans me laisser voir la lumière du jour croiront m'avoir découragé! Italie, tu es vraiment malheureuse, si tes enfants t'abandonnent pour si peu!

Vanina ne doutait pas que le plus grand bonheur de Pietro ne fût de lui rester à jamais attaché; il semblait trop heureux; mais un mot du général Bonaparte retentissait amèrement dans l'âme de ce jeune homme, et influençait toute sa conduite à l'égard des femmes. En 1796, comme le général Bonaparte quittait Brescia[25], les municipaux[26] qui l'accompagnaient à la porte de la ville lui disaient que les Bressans aimaient la liberté par-dessus tous les autres Italiens. — Oui, répondit-il, ils aiment à en parler à leurs maîtresses.

Missirilli dit à Vanina d'un air assez contraint:
— Dès que la nuit sera venue, il faut que je sorte.

[23] prendre sur elle: se retenir, se contraindre.
[24] pied à pied: graduellement, en opposant une forte résistance.
[25] Brescia: ville de l'Italie du nord dont les habitants s'appellent des Bressans.
[26] municipaux: représentants de la ville.

— Aie bien soin de rentrer au palais avant le point du jour[27], je t'attendrai.

— Au point du jour je serai à plusieurs milles de Rome.

— Fort bien, dit Vanina froidement, et où irez-vous? 265

— En Romagne, me venger.

— Comme je suis riche, reprit Vanina de l'air le plus tranquille, j'espère que vous accepterez de moi des armes et de l'argent.

Missirilli la regarda quelques instants sans sourciller; puis, se jetant dans ses bras: 270

— Ame de ma vie, tu me fais tout oublier, lui dit-il, et même mon devoir. Mais plus ton coeur est noble, plus tu dois me comprendre.

Vanina pleura beaucoup, et il fut convenu qu'il ne quitterait Rome que le surlendemain.

— Pietro, lui dit-elle le lendemain, souvent vous m'avez dit qu'un 275 homme connu, qu'un prince romain, par exemple, qui pourrait disposer de beaucoup d'argent, serait en état de rendre les plus grands services à la cause de la liberté, si jamais l'Autriche est engagée loin de nous, dans quelque grande guerre.

— Sans doute, dit Pietro étonné. 280

— Eh bien! vous avez du cœur; il ne vous manque qu'une haute position: je viens vous offrir ma main et deux cent mille livres de rentes. Je me charge d'obtenir le consentement de mon père.

Pietro se jeta à ses pieds; Vanina était rayonnante de joie.

— Je vous aime avec passion, lui dit-il; mais je suis un pauvre servi- 285 teur de la patrie; mais plus l'Italie est malheureuse, plus je dois lui rester fidèle. Pour obtenir le consentement de don Asdrubale, il faudra jouer un triste rôle pendant plusieurs années. Vanina, je te refuse.

Missirilli se hâta de s'engager par ce mot. Le courage allait lui manquer. 290

— Mon malheur, s'écria-t-il, c'est que je t'aime plus que la vie, c'est que quitter Rome est pour moi le pire des supplices. Ah! que l'Italie n'est-elle délivrée des barbares! Avec quel plaisir je m'embarquerais avec toi pour aller vivre en Amérique.

Vanina restait glacée. Ce refus de sa main avait étonné son orgueil; 295 mais bientôt elle se jeta dans les bras de Missirilli.

— Jamais tu ne m'as semblé aussi aimable, s'écria-t-elle; oui, mon petit chirurgien de campagne, je suis à toi pour toujours. Tu es un grand homme comme nos anciens Romains.

[27] point du jour: quand le jour se lève.

Toutes les idées d'avenir, toutes les tristes suggestions du bon sens[28] 300
disparurent; ce fut un instant d'amour parfait. Lorsque l'on put parler
raison[29]:

— Je serai en Romagne presque aussitôt que toi, dit Vanina. Je vais
me faire ordonner les bains de la *Poretta*[30]. Je m'arrêterai au château
que nous avons à San Nicolò, près de Forli . . . 305

— Là, je passerai ma vie avec toi! s'écria Missirilli.

— Mon lot désormais est de tout oser, reprit Vanina avec un soupir.
Je me perdrai pour toi, mais n'importe . . . Pourras-tu aimer une fille
déshonorée?

— N'es-tu pas ma femme, dit Missirilli, et une femme à jamais 310
adorée? Je saurai t'aimer et te protéger.

Il fallait que Vanina allât dans le monde. A peine eut-elle quitté
Missirilli, qu'il commença à trouver sa conduite barbare.

— Qu'est-ce que la *patrie*? se dit-il. Ce n'est pas un être à qui nous
devions de la reconnaissance pour un bienfait, et qui soit malheureux 315
et puisse nous maudire si nous y manquons. La *patrie* et la *liberté*, c'est
comme mon manteau, c'est une chose qui m'est utile, que je dois
acheter, il est vrai, quand je ne l'ai pas reçue en héritage de mon père;
mais enfin j'aime la patrie et la liberté, parce que ces deux choses me
sont utiles. Si je n'en ai que faire[31], si elles sont pour moi comme un 320
manteau au mois d'août, à quoi bon[32] les acheter, et à un prix énorme?
Vanina est si belle! elle a un génie si singulier! On cherchera à lui
plaire; elle m'oubliera. Quelle est la femme qui n'a jamais eu qu'un
amant? Ces princes romains, que je méprise comme citoyens, ont tant
d'avantages sur moi! Ils doivent être bien aimables! Ah! si je pars, elle 325
m'oublie, et je la perds pour jamais.

Au milieu de la nuit, Vanina vint le voir; il lui dit l'incertitude où
il venait d'être plongé, et la discussion à laquelle, parce qu'il l'aimait,
il avait livré ce grand mot de *patrie*. Vanina était bien heureuse.

— S'il devait choisir absolument entre la patrie et moi, se disait-elle, 330
j'aurais la préférence.

L'horloge de l'église voisine sonna trois heures; le moment des
derniers adieux arrivait. Pietro s'arracha des bras de son amie. Il des-

[28] bon sens: "common sense".
[29] parler raison: parler de manière raisonnable.
[30] bains de la *Poretta*: station thermale italienne fermée aujourd'hui.
[31] si je n'en ai que faire: si cela n'a pas de valeur pour moi.
[32] à quoi bon?: pour quelle raison?, à quoi cela sert-il?

cendait déjà le petit escalier, lorsque Vanina, retenant ses larmes, lui
dit en souriant: 335

— Si tu avais été soigné par une pauvre femme de la campagne, ne
ferais-tu rien pour la reconnaissance? Ne chercherais-tu pas à la payer?
L'avenir est incertain, tu vas voyager au milieu de tes ennemis: donne-
moi trois jours par reconnaissance, comme si j'étais une pauvre femme,
et pour me payer de mes soins. 340

Missirilli resta. Enfin il quitta Rome. Grâce à un passeport acheté
d'une ambassade étrangère, il arriva dans sa famille. Ce fut une grande
joie; on le croyait mort. Ses amis voulurent célébrer sa bienvenue en
tuant un carabinier ou deux (c'est le nom que portent les gendarmes
dans les Etats du pape). 345

— Ne tuons pas sans nécessité un Italien qui sait le maniement des
armes, dit Missirilli; notre patrie n'est pas une île comme l'heureuse
Angleterre: c'est de soldats que nous manquons pour résister à l'in-
tervention des rois de l'Europe.

Quelque temps après, Missirilli, serré de près[33] par les carabiniers, 350
en tua deux avec les pistolets que Vanina lui avait donnés. On mit sa
tête à prix[34].

Vanina ne paraissait pas en Romagne: Missirilli se crut oublié. Sa
vanité fut choquée; il commençait à songer beaucoup à la différence
de rang qui le séparait de sa maîtresse. Dans un moment d'attendrisse- 355
ment et de regret du bonheur passé, il eut l'idée de retourner à Rome
voir ce que faisait Vanina. Cette folle pensée allait l'emporter sur ce
qu'il croyait être son devoir, lorsqu'un soir la cloche d'une église de la
montagne sonna l'*Angelus*[35] d'une façon singulière, et comme si le
sonneur avait une distraction[36]. C'était un signal de réunion pour la 360
vente de carbonari à laquelle Missirilli s'était affilié en arrivant en
Romagne. La même nuit, tous se trouvèrent à un certain ermitage
dans les bois. Les deux ermites, assoupis par l'opium, ne s'aperçurent
nullement de l'usage auquel servait leur petite maison. Missirilli, qui
arrivait fort triste, apprit là que le chef de la *vente* avait été arrêté, et 365
que lui, jeune homme à peine âgé de vingt ans, allait être élu chef
d'une *vente* qui comptait des hommes de plus de cinquante ans, et qui

[33] serré de près: sur le point d'être pris, atteint.
[34] mettre sa tête à prix: donner une récompense à celui qui le livrera.
[35] l'*Angelus*: prière qui commence par le mot angelus.
[36] avait une distraction: pensait à autre chose, ne faisait pas attention à son travail.

étaient dans les conspirations depuis l'expédition de Murat[37] en 1815. En recevant cet honneur inespéré, Pietro sentit battre son coeur. Dès qu'il fut seul, il résolut de ne plus songer à la jeune Romaine qui l'avait oublié, et de consacrer toutes ses pensées au devoir de *délivrer l'Italie des barbares**.

*Liberar l'Italia de' barbari, c'est le mot de Pétrarque en 1350, répété depuis par Jules II, par Machiavel, par le comte Alfieri.

Deux jours après, Missirilli vit dans le rapport des arrivées et des départs qu'on lui adressait, comme chef de *vente*, que la princesse Vanina venait d'arriver à son château de San Nicolò. La lecture de ce nom jeta plus de trouble que de plaisir dans son âme. Ce fut en vain qu'il crut assurer sa fidélité à la patrie en prenant sur lui de ne pas voler le soir même au château de San Nicolô; l'idée de Vanina, qu'il négligeait, l'empêcha de remplir ses devoirs d'une façon raisonnable. Il la vit le lendemain; elle l'aimait comme à Rome. Son père, qui voulait la marier, avait retardé son départ. Elle apportait 2,000 sequins[38]. Ce secours imprévu servit merveilleusement à accréditer[39] Missirilli dans sa nouvelle dignité. On fit fabriquer des poignards à Corfou; on gagna le secrétaire intime du légat, chargé de poursuivre les carbonari. On obtint ainsi la liste des curés qui servaient d'espions au gouvernement.

C'est à cette époque que finit de s'organiser l'une des moins folles conspirations qui aient été tentées dans la malheureuse Italie. Je n'entrerai point ici dans des détails déplacés. Je me contenterai de dire que si le succès eût couronné l'entreprise, Missirilli eût pu réclamer une bonne part de la gloire. Par lui, plusieurs milliers d'insurgés se seraient levés à un signal donné, et auraient attendu en armes l'arrivée des chefs supérieurs. Le moment décisif approchait, lorsque, comme cela arrive toujours, la conspiration fut paralysée par l'arrestation des chefs.

A peine arrivée en Romagne, Vanina crut voir que l'amour de la patrie ferait oublier à son amant tout autre amour. La fierté de la jeune Romaine s'irrita. Elle essaya en vain de se raisonner; un noir chagrin s'empara d'elle: elle se surprit à maudire la liberté. Un jour qu'elle était venue à Forli pour voir Missirilli, elle ne fut pas maîtresse de sa douleur, que toujours jusque-là son orgueil avait su maîtriser.

[37] Murat (1767-1815): maréchal de France, beau-frère de Napoléon. Fusillé en 1815 en voulant reconquérir son royaume de Naples.
[38] sequin: monnaie d'or.
[39] accréditer: donner du crédit.

— En vérité, lui dit-elle, vous m'aimez comme un mari; ce n'est pas mon compte[40].

Bientôt ses larmes coulèrent; mais c'était de honte de s'être abaissée jusqu'aux reproches. Missirilli répondit à ces larmes en homme préoccupé. Tout à coup Vanina eut l'idée de le quitter et de retourner à Rome. Elle trouva une joie cruelle à se punir de la faiblesse qui venait de la faire parler. Au bout de peu d'instants de silence, son parti[41] fut pris; elle se fût trouvée indigne de Missirilli si elle ne l'eût pas quitté. Elle jouissait de sa surprise douloureuse quand il la chercherait en vain auprès de lui. Bientôt l'idée de n'avoir pu obtenir l'amour de l'homme pour qui elle avait fait tant de folies l'attendrit profondément. Alors elle rompit le silence, et fit tout au monde pour lui arracher une parole d'amour. Il lui dit d'un air distrait des choses fort tendres; mais ce fut avec un accent bien autrement profond qu'en parlant de ses entreprises politiques, il s'écria avec douleur:

— *Ah! si cette affaire-ci ne réussit pas, si le gouvernement la découvre encore, je quitte la partie.*

Vanina resta immobile. Depuis une heure, elle sentait qu'elle voyait son amant pour la dernière fois. Le mot qu'il prononçait jeta une lumière fatale dans son esprit. Elle se dit:

"Les carbonari ont reçu de moi plusieurs milliers de sequins. On ne peut douter de mon dévouement à la conspiration."

Vanina ne sortit de sa rêverie que pour dire à Pietro:

— Voulez-vous venir passer vingt-quatre heures avec moi au château de San Nicolô? Votre assemblée de ce soir n'a pas besoin de ta présence. Demain matin, à San Nicolô, nous pourrons nous promener; cela calmera ton agitation et te rendra tout le sang-froid dont tu as besoin dans ces grandes circonstances.

Pietro y consentit.

Vanina le quitta pour les préparatifs du voyage, en fermant à clef, comme de coutume la petite chambre où elle l'avait caché.

Elle courut chez une de ses femmes de chambre qui l'avait quittée pour se marier et prendre un petit commerce à Forli. Arrivée chez cette femme, elle écrivit à la hâte à la marge d'un livre d'Heures[42] qu'elle trouva dans sa chambre, l'indication exacte du lieu où la *vente* des carbonari devait se réunir cette nuit-là même. Elle termina sa dénoncia-

[40] ce n'est pas mon compte: ce n'est pas mon avantage, ce n'est pas ce que j'attendais.
[41] son parti: sa décision.
[42] livre d'Heures: livre de prières.

tion par ces mots: "Cette *vente* est composée de dix-neuf membres;
voici leurs noms et leurs adresses." Après avoir écrit cette liste, très
exacte à cela près[43] que le nom de Missirilli était omis, elle dit à la 440
femme, dont elle était sûre:

— Porte ce livre au cardinal-légat; qu'il lise ce qui est écrit, et qu'il
te rende le livre. Voici dix sequins; si jamais le légat prononce ton nom,
ta mort est certaine; mais tu me sauves la vie si tu fais lire au légat la
page que je viens d'écrire. 445

Tout se passa à merveille[44]. La peur du légat fit qu'il ne se conduisit
point en grand seigneur. Il permit à la femme du peuple qui demandait
à lui parler de ne paraître devant lui que masquée, mais à condition
qu'elle aurait les mains liées. En cet état, la marchande fut introduite
devant le grand personnage, qu'elle trouva retranché derrière une 450
immense table, couverte d'un tapis vert.

Le légat lut la page du livre d'Heures, en le tenant fort loin de lui,
de peur d'un poison subtil. Il le rendit à la marchande, et ne la fit point
suivre. Moins de quarante minutes après avoir quitté son amant, Va-
nina, qui avait vu revenir son ancienne femme de chambre, reparut 455
devant Missirilli, croyant que désormais il était tout à elle. Elle lui
dit qu'il y avait un mouvement extraordinaire dans la ville; on remar-
quait des patrouilles de carabiniers dans des rues où ils ne venaient
jamais.

— Si tu veux m'en croire, ajouta-t-elle, nous partirons à l'instant 460
même pour San Nicolô.

Missirilli y consentit. Ils gagnèrent à pied la voiture de la jeune
princesse, qui, avec sa dame de compagnie, confidente discrète et bien
payée, l'attendait à une demi-lieue de la ville.

Arrivée au château de San Nicolô, Vanina, troublée par son étrange 465
démarche, redoubla de tendresse pour son amant. Mais en lui parlant
d'amour, il lui semblait qu'elle jouait la comédie. La veille, en tra-
hissant, elle avait oublié le remords. En serrant son amant dans ses
bras, elle se disait:

"Il y a un certain mot qu'on peut lui dire, et ce mot prononcé, à 470
l'instant et pour toujours, il me prend en horreur."

Au milieu de la nuit, un des domestiques de Vanina entra brusque-
ment dans sa chambre. Cet homme était carbonaro sans qu'elle s'en
doutât. Missirilli avait donc des secrets pour elle, même pour ces détails.

[43] à cela près: avec cette seule exception.
[44] à merveille: très bien.

Elle frémit. Cet homme venait avertir Missirilli que dans la nuit, à Forli, les maisons de dix-neuf carbonari avaient été cernées, et eux arrêtés au moment où ils revenaient de la *vente*. Quoique pris à l'improviste[45], neuf s'étaient échappés. Les carabiniers avaient pu en conduire dix dans la prison de la citadelle. En y entrant, l'un d'eux s'était jeté dans le puits, si profond, et s'était tué. Vanina perdit contenance; heureusement Pietro ne le remarqua pas: il eût pu lire son crime dans ses yeux.

Dans ce moment, ajouta le domestique, la garnison de Forli forme une file dans toutes les rues. Chaque soldat est assez rapproché de son voisin pour lui parler. Les habitants ne peuvent traverser d'un côté de la rue à l'autre, que là où un officier est placé.

Après la sortie de cet homme, Pietro ne fut pensif qu'un instant:

— Il n'y a rien à faire pour le moment, dit-il enfin.

Vanina était mourante; elle tremblait sous les regards de son amant.

— Qu'avez-vous donc d'extraordinaire? lui dit-il.

Puis il pensa à autre chose, et cessa de la regarder. Vers le milieu de la journée, elle se hasarda à lui dire:

— Voilà encore une *vente* de découverte; je pense que vous allez être tranquille pour quelque temps.

— *Très tranquille*, répondit Missirilli avec un sourire qui la fit frémir.

Elle alla faire une visite indispensable au curé du village de San Nicolô, peut-être espion des jésuites. En rentrant pour dîner à sept heures, elle trouva déserte la petite chambre où son amant était caché. Hors d'elle-même, elle court le chercher dans toute la maison; il n'y était point. Désespérée, elle revient dans cette petite chambre, ce fut alors seulement qu'elle vit un billet; elle lut:

"Je vais me rendre prisonnier au légat; je désespère de notre cause; le ciel est contre nous. Qui nous a trahis? apparemment le misérable qui s'est jeté dans le puits. Puisque ma vie est inutile à la pauvre Italie, je ne veux pas que mes camarades, en voyant que, seul, je ne suis pas arrêté, puissent se figurer que je les ai vendus. Adieu; si vous m'aimez, songez à me venger. Perdez, anéantissez l'infâme qui nous a trahis, fût-ce mon père."

Vanina tomba sur une chaise, à demi évanouie et plongée dans le malheur le plus atroce. Elle ne pouvait proférer aucune parole; ses yeux étaient secs et brûlants.

[45] à l'improviste: d'une façon inattendue.

Enfin elle se précipita à genoux:

— Grand Dieu! s'écria-t-elle, recevez mon vœu; oui, je punirai l'infâme qui a trahi; mais auparavant il faut rendre la liberté à Pietro. 515

Une heure après, elle était en route pour Rome. Depuis longtemps son père la pressait de revenir. Pendant son absence, il avait arrangé son mariage avec le prince Livio Savelli. A peine Vanina fut-elle arrivée, qu'il lui en parla en tremblant. A son grand étonnement, elle consentit dès le premier mot. Le soir même, chez la comtesse Vitteleschi, son 520 père lui présenta presque officiellement don Livio; elle lui parla beaucoup. C'était le jeune homme le plus élégant et qui avait les plus beaux chevaux; mais, quoiqu'on lui reconnût beaucoup d'esprit, son caractère passait pour tellement léger[46], qu'il n'était nullement suspect au gouvernement. Vanina pensa qu'en lui faisant d'abord tourner la tête, elle 525 en ferait un agent commode. Comme il était neveu de monsignor Savelli-Catanzara, gouverneur de Rome et ministre de la police, elle supposait que les espions n'oseraient le suivre.

Après avoir fort bien traité, pendant quelques jours, l'aimable don Livio, Vanina lui annonça que jamais il ne serait son époux; il avait, 530 suivant elle, la tête trop légère.

— Si vous n'étiez pas un enfant, lui dit-elle, les commis de votre oncle n'auraient pas de secrets pour vous. Par exemple, quel parti prend-on à l'égard des carbonari découverts dernièrement à Forli?

Don Livio vint lui dire, deux jours après, que tous les carbonari pris 535 à Forli s'étaient évadés. Elle arrêta sur lui ses grands yeux noirs avec le sourire amer du plus profond mépris, et ne daigna pas lui parler de toute la soirée. Le surlendemain, don Livio vint lui avouer, en rougissant, que d'abord on l'avait trompé.

— Mais, lui dit-il, je me suis procuré une clef du cabinet de mon 540 oncle; j'ai vu par les papiers que j'y ai trouvés qu'une *congrégation* (ou commission), composée des cardinaux et des prélats les plus en crédit, s'assemble dans le plus grand secret, et délibère sur la question de savoir s'il convient de juger ces carbonari à Ravenne ou à Rome. Les neuf carbonari pris à Forli, et leur chef, un nommé Missirilli, qui 545 a eu la sottise de se rendre, sont en ce moment détenus au château de San Leo*.

*Près de Rimini en Romagne. C'est dans ce château que périt le fameux Cagliostro; on dit dans le pays qu'il y fut étouffé.

[46] passait pour (être) tellement léger: avait la réputation d'être si superficiel.

A ce mot de *sottise*, Vanina pinça le prince de toute sa force.

— Je veux moi-même, lui dit-elle, voir les papiers officiels et entrer avec vous dans le cabinet de votre oncle; vous aurez mal lu.

A ces mots, don Livio frémit; Vanina lui demandait une chose presque impossible; mais le génie bizarre de cette jeune fille redoublait son amour. Peu de jours après, Vanina, déguisée en homme et portant un joli petit habit à la livrée[47] de la casa Savelli, put passer une demi-heure au milieu des papiers les plus secrets du ministre de la police. Elle eut un mouvement de vif bonheur, lorsqu'elle découvrit le rapport journalier du *prévenu*[48] *Pietro Missirilli*. Ses mains tremblaient en tenant ce papier. En relisant ce nom, elle fut sur le point de se trouver mal[49]. Au sortir du palais du gouverneur de Rome, Vanina permit à don Livio de l'embrasser.

— Vous vous tirez bien, lui dit-elle des épreuves auxquelles je veux vous soumettre.

Après un tel mot, le jeune prince eût mis le feu au Vatican pour plaire à Vanina. Ce soir-là, il y avait bal chez l'ambassadeur de France; elle dansa beaucoup et presque toujours avec lui. Don Livio était ivre de bonheur, il fallait l'empêcher de réfléchir.

— Mon père est quelquefois bizarre, lui dit un jour Vanina, il a chassé ce matin deux de ses gens qui sont venus pleurer chez moi. L'un m'a demandé d'être placé chez votre oncle le gouverneur de Rome; l'autre qui a été soldat d'artillerie sous les Français, voudrait être employé au château Saint-Ange.

— Je les prends tous les deux à mon service, dit vivement le jeune prince.

— Est-ce là ce que je vous demande? répliqua fièrement Vanina. Je vous répète textuellement la prière de ces pauvres gens; ils doivent obtenir ce qu'ils ont demandé, et pas autre chose.

Rien de plus difficile. Monsignor Catanzara n'était rien moins[50] qu'un homme léger, et n'admettait dans sa maison que des gens de lui bien connus. Au milieu d'une vie remplie, en apparence, par tous les plaisirs, Vanina, bourrelée de remords, était fort malheureuse. La lenteur des événements la tuait. L'homme d'affaires de son père lui avait procuré de l'argent. Devait-elle fuir la maison paternelle et aller

[47] livrée: uniforme des domestiques d'une grande maison.
[48] prévenu: accusé.
[49] fut sur le point de se trouver mal: elle s'évanouit presque.
[50] rien moins que: nullement, absolument pas.

en Romagne essayer de faire évader son amant? Quelque déraisonnable que[51] fût cette idée, elle était sur le point de la mettre à exécution, lorsque le hasard eut pitié d'elle. 585

Don Livio lui dit:

— Les dix carbonari de la *vente* Missirilli vont être transférés à Rome, sauf à être[52] exécutés en Romagne, après leur condamnation. Voilà ce que mon oncle vient d'obtenir du pape ce soir. Vous et moi sommes les seuls dans Rome qui sachions ce secret. Etes-vous contente? 590

— Vous devenez un homme, répondit Vanina; faites-moi cadeau de votre portrait.

La veille du jour où Missirilli devait arriver à Rome, Vanina prit un prétexte pour aller à Citta-Castellana. C'est dans la prison de cette ville que l'on fait coucher les carbonari que l'on transfère de la Romagne à Rome. Elle vit Missirilli le matin, comme il sortait de la prison: il était enchaîné seul sur une charrette; il lui parut fort pâle, mais nullement découragé. Une vieille femme lui jeta un bouquet de violettes; Missirilli sourit en la remerciant. 595

Vanina avait vu son amant, toutes ses pensées semblèrent renouvelées; elle eut un nouveau courage. Dès longtemps elle avait fait obtenir un bel avancement à M. l'abbé Cari, aumônier du château Saint-Ange, où son amant allait être enfermé; elle avait pris ce bon prêtre pour confesseur. Ce n'est pas peu de chose à Rome que d'être confesseur d'une princesse, nièce du gouverneur. 600

605

Le procès des carbonari de Forli ne fut pas long. Pour se venger de leur arrivée à Rome, qu'il n'avait pu empêcher, le parti ultra[53] fit composer la commission qui devait les juger des prélats les plus ambitieux. Cette commission fut présidée par le ministre de la police.

La loi contre les carbonari est claire: ceux de Forli ne pouvaient conserver aucun espoir; ils n'en défendirent pas moins leur vie par tous les subterfuges possibles. Non seulement leurs juges les condamnèrent à mort, mais plusieurs opinèrent pour[54] des supplices atroces, le poing coupé, etc. Le ministre de la police dont la fortune était faite (car on ne quitte cette place que pour prendre le chapeau[55]), n'avait nul besoin de poing coupé: en portant la sentence au pape, il fit commuer 610

615

[51] quelque déraisonnable que: "however unreasonable".
[52] sauf à être: avec la réserve, quitte à.
[53] le parti ultra: le parti extrémiste royaliste.
[54] opinèrent pour: furent en faveur de.
[55] prendre le chapeau: devenir cardinal.

en quelques années de prison la peine de tous les condamnés. Le seul Pietro Missirilli fut excepté. Le ministre voyait dans ce jeune homme un fanatique dangereux, et d'ailleurs il avait aussi été condamné à mort comme coupable de meurtre sur les deux carabiniers dont nous avons parlé. Vanina sut la sentence et la commutation peu d'instants après que le ministre fut revenu de chez le pape.

Le lendemain, monsignor Catanzara rentra dans son palais vers le minuit, il ne trouva point son valet de chambre; le ministre, étonné, sonna plusieurs fois; enfin parut un vieux domestique imbécile: le ministre, impatienté, prit le parti de se déshabiller lui-même. Il ferma sa porte à clef; il faisait fort chaud: il prit son habit et le lança en paquet sur une chaise. Cet habit, jeté avec trop de force, passa pardessus la chaise, alla frapper le rideau de mousseline de la fenêtre, et dessina la forme d'un homme. Le ministre se jeta rapidement vers son lit et saisit un pistolet. Comme il revenait près de la fenêtre, un fort jeune homme, couvert de sa livrée, s'approcha de lui le pistolet à la main. A cette vue, le ministre approcha le pistolet de son oeil; il allait tirer. Le jeune homme lui dit en riant:

— Eh quoi! monseigneur, ne reconnaissez-vous pas Vanina Vanini?

— Que signifie cette mauvaise plaisanterie? répliqua le ministre en colère.

— Raisonnons froidement, dit la jeune fille. D'abord votre pistolet n'est pas chargé.

Le ministre, étonné, s'assura du fait; après quoi il tira un poignard de la poche de son gilet*.

*Un prélat romain serait hors d'état[56] sans doute de commander un corps d'armée avec bravoure, comme il est arrivé plusieurs fois à un général de division qui était ministre de la police à Paris, lors de l'entreprise de Mallet[57]; mais jamais il ne se laisserait arrêter chez lui aussi simplement. Il aurait trop de peur des plaisanteries de ses collègues. Un Romain qui se sait haï ne marche que bien armé. On n'a pas cru nécessaire de justifier plusieurs autres petites différences entre les façons d'agir et de parler de Paris et celles de Rome. Loin d'amoindrir ces différences, on a cru devoir les écrire hardiment. Les Romains que l'on peint n'ont pas l'honneur d'être Français.

Vanina lui dit avec un petit air d'autorité charmant:
— Asseyons-nous, monseigneur.
Et elle prit place tranquillement sur un canapé.
— Etes-vous seule au moins? dit le ministre.

[56] hors d'état: incapable.
[57] Mallet: général qui conspira contre Napoléon pendant la campagne de Russie, et fit arrêter plusieurs hauts fonctionnaires sans rencontrer de résistance.

— Absolument seule, je vous le jure! s'écria Vanina. C'est ce que le ministre eut soin de vérifier: il fit le tour de la chambre et regarda partout; après quoi il s'assit sur une chaise à trois pas de Vanina.

— Quel intérêt aurais-je, dit Vanina d'un air doux et tranquille, d'attenter aux jours[58] d'un homme modéré, qui probablement serait remplacé par quelque homme faible à tête chaude[59], capable de se perdre soi et les autres? 650

— Que voulez-vous donc, mademoiselle? dit le ministre avec humeur[60]. Cette scène ne me convient point et ne doit pas durer.

— Ce que je vais ajouter, reprit Vanina avec hauteur, et oubliant 655 tout à coup son air gracieux, importe à vous plus qu'à moi. On veut que le carbonaro Missirilli ait la vie sauve: s'il est exécuté, vous ne lui survivrez pas d'une semaine. Je n'ai aucun intérêt à tout ceci; la folie dont vous vous plaignez, je l'ai faite pour m'amuser d'abord, et ensuite pour servir une de mes amies. J'ai voulu, coi. inua Vanina, en repre- 660 nant son air de bonne compagnie[61], j'ai voulu rendre service à un homme d'esprit, qui bientôt sera mon oncle, et doit porter loin, suivant toute apparence, la fortune de sa maison.

Le ministre quitta l'air fâché: la beauté de Vanina contribua sans doute à ce changement rapide. On connaissait dans Rome le goût de 665 monseigneur Catanzara pour les jolies femmes, et, dans son déguisement en valet de pied de la casa Savelli, avec des bas de soie bien tirés, une veste rouge, son petit habit bleu de ciel galonné[62] d'argent, et le pistolet à la main, Vanina était ravissante.

— Ma future nièce, dit le ministre presque en riant, vous faites là 670 une haute folie, et ce ne sera pas la dernière.

— J'espère qu'un personnage aussi sage, répondit Vanina, me gardera le secret, et surtout envers don Livio, et pour vous y engager, mon cher oncle, si vous m'accordez la vie du protégé de mon amie, je vous donnerai un baiser. 675

Ce fut en continuant la conversation sur ce ton de demi-plaisanterie, avec lequel les dames romaines savent traiter les plus grandes affaires, que Vanina parvint à donner à cette entrevue, commencée le pistolet à la main, la couleur d'une visite faite par la jeune princesse Savelli à son oncle le gouverneur de Rome. 680

[58] attenter aux jours: tenter de tuer.
[59] tête chaude: personne ardente et emportée.
[60] humeur: ici, mauvaise humeur.
[61] air de bonne compagnie: le ton, l'aisance du monde élégant.
[62] galonné: "braided".

Bientôt monseigneur Catanzara, tout en rejetant avec hauteur l'idée de s'en laisser imposer par la crainte, en fut à[63] raconter à sa nièce toutes les difficultés qu'il rencontrerait pour sauver la vie de Missirilli. En discutant, le ministre se promenait dans la chambre avec Vanina; il prit une carafe de limonade qui était sur sa cheminée, et en remplit un verre de cristal. Au moment où il allait le porter à ses lèvres, Vanina s'en empara, et, après l'avoir tenu quelque temps, le laissa tomber dans le jardin comme par distraction. Un instant après, le ministre prit une pastille[64] de chocolat dans une bonbonnière, Vanina la lui enleva, et lui dit en riant.

— Prenez donc garde, tout chez vous est empoisonné; car on voulait votre mort. C'est moi qui ai obtenu la grâce de mon oncle futur, afin de ne pas entrer dans la famille Savelli absolument les mains vides.

Monseigneur Catanzara, fort étonné, remercia sa nièce, et donna de grandes espérances pour la vie de Missirilli.

— Notre marché est fait! s'écria Vanina, et la preuve, c'est qu'en voici la récompense, dit-elle en l'embrassant.

Le ministre prit la récompense.

— Il faut que vous sachiez, ma chère Vanina, ajouta-t-il, que je n'aime pas le sang, moi. D'ailleurs, je suis jeune encore, quoique peut-être je vous paraisse bien vieux, et je puis vivre à une époque où le sang versé aujourd'hui fera tache.

Deux heures sonnaient quand monseigneur Catanzara accompagna Vanina jusqu'à la petite porte de son jardin.

Le surlendemain, lorsque le ministre parut devant le pape, assez embarrassé de la démarche qu'il avait à faire, Sa Sainteté lui dit:

— Avant tout, j'ai une grâce à vous demander. Il y a un de ces carbonari de Forli qui est resté condamné à mort; cette idée m'empêche de dormir: il faut sauver cet homme.

Le ministre, voyant que le pape avait pris son parti, fit beaucoup d'objections, et finit par écrire un décret ou *motu proprio*[65], que le pape signa, contre l'usage.

Vanina avait pensé que peut-être elle obtiendrait la grâce de son amant, mais qu'on tenterait de l'empoisonner. Dès la veille, Missirilli avait reçu de l'abbé Cari, son confesseur, quelques petits paquets de

[63] en fut à: en arriva à.

[64] pastille: bonbon.

[65] *motu proprio*: de son propre mouvement. L'expression est utilisée pour certaines bulles du pape.

biscuit de mer, avec l'avis de ne pas toucher aux aliments fournis par l'Etat.

Vanina ayant su après que les carbonari de Forli allaient être transférés au château de San Leo, voulut essayer de voir Missirilli à son passage à Citta-Castellana; elle arriva dans cette ville vingt-quatre heures avant les prisonniers; elle y trouva l'abbé Cari, qui l'avait précédée de plusieurs jours. Il avait obtenu du geôlier que Missirilli pourrait entendre la messe, à minuit, dans la chapelle de la prison. On alla plus loin: si Missirilli voulait consentir à se laisser lier les bras et les jambes par une chaîne, le geôlier se retirerait vers la porte de la chapelle, de manière à voir toujours le prisonnier, dont il était responsable, mais à ne pouvoir entendre ce qu'il dirait.

Le jour qui devait décider du sort de Vanina parut enfin. Dès le matin, elle s'enferma dans la chapelle de la prison. Qui pourrait dire les pensées qui l'agitèrent durant cette longue journée? Missirilli l'aimait-il assez pour lui pardonner? Elle avait dénoncé sa *vente*, mais elle lui avait sauvé la vie. Quand la raison prenait le dessus[66] dans cette âme bourrelée, Vanina espérait qu'il voudrait consentir à quitter l'Italie avec elle: si elle avait péché, c'était par excès d'amour. Comme quatre heures sonnaient, elle entendit de loin, sur le pavé le pas des chevaux des carabiniers. Le bruit de chacun de ces pas semblait retentir dans son cœur. Bientôt elle distingua le roulement des charrettes qui transportaient les prisonniers. Elles s'arrêtèrent sur la petite place devant la prison; elle vit deux carabiniers soulever Missirilli, qui était seul sur une charrette, et tellement chargé de fers qu'il ne pouvait se mouvoir. Du moins il vit, se dit-elle les larmes aux yeux, ils ne l'ont pas encore empoisonné! La soirée fut cruelle; la lampe de l'autel, placée à une grande hauteur, et pour laquelle le geôlier épargnait l'huile, éclairait seule cette chapelle sombre. Les yeux de Vanina erraient sur les tombeaux de quelques grands seigneurs du moyen âge morts dans la prison voisine. Leurs statues avaient l'air féroce.

Tous les bruits avaient cessé depuis longtemps; Vanina était absorbée dans ses noires pensées. Un peu après que minuit eut sonné, elle crut entendre un bruit léger comme le vol d'une chauve-souris. Elle voulut marcher, et tomba à demi évanouie sur la balustrade de l'autel. Au même instant, deux fantômes se trouvèrent tout près d'elle, sans qu'elle les eût entendus venir. C'était le geôlier et Missirilli chargé

[66] prenait le dessus: avait l'avantage, était la plus forte.

de chaînes, au point qu'il en était comme emmailloté[67]. Le geôlier
ouvrit une lanterne, qu'il posa sur la balustrade de l'autel, à côté de
Vanina, de façon à ce qu'il pût bien voir son prisonnier. Ensuite il se
retira dans le fond, près de la porte. A peine le geôlier se fût-il éloigné
que Vanina se précipita au cou de Missirilli. En le serrant dans ses bras,
elle ne sentit que ses chaînes froides et pointues. Qui les lui a données
ces chaînes? pensa-t-elle. Elle n'eut aucun plaisir à embrasser son
amant. A cette douleur en succéda une autre plus poignante; elle crut
un instant que Missirilli savait son crime, tant son accueil fut glacé.

— Chère amie, lui dit-il enfin, je regrette l'amour que vous avez pris
pour moi; c'est en vain que je cherche le mérite qui a pu vous l'inspirer.
Revenons, croyez-m'en, à des sentiments plus chrétiens, oublions les
illusions qui jadis nous ont égarés; je ne puis vous appartenir. Le mal-
heur constant qui a suivi mes entreprises vient peut-être de l'état de
péché mortel où je me suis constamment trouvé. Même à n'écouter
que les conseils de la prudence humaine, pourquoi n'ai-je pas été
arrêté avec mes amis, lors de la fatale nuit de Forli? Pourquoi, à l'ins-
tant du danger, ne me trouvais-je pas à mon poste? Pourquoi mon
absence a-t-elle pu autoriser les soupçons les plus cruels? J'avais une
autre passion que celle de la liberté de l'Italie.

Vanina ne revenait pas de la surprise que lui causait le changement
de Missirilli. Sans être sensiblement maigri, il avait l'air d'avoir trente
ans. Vanina attribua ce changement aux mauvais traitements qu'il avait
soufferts en prison, elle fondit en larmes.

— Ah! lui dit-elle, les geôliers avaient tant promis qu'ils te traite-
raient avec bonté.

Le fait est qu'à l'approche de la mort, tous les principes religieux
qui pouvaient s'accorder avec la passion pour la liberté de l'Italie
avaient reparu dans le cœur du jeune carbonaro. Peu à peu Vanina s'a-
perçut que le changement étonnant qu'elle remarquait chez son amant
était tout moral, et nullement l'effet de mauvais traitements physiques.
Sa douleur, qu'elle croyait au comble, en fut encore augmentée.

Missirilli se taisait; Vanina semblait sur le point d'être étouffée par
ses sanglots. Il ajouta d'un air un peu ému lui-même:

— Si j'aimais quelque chose sur la terre, ce serait vous, Vanina;
mais grâce à Dieu, je n'ai plus qu'un seul but dans ma vie: je mourrai
en prison, ou en cherchant à donner la liberté à l'Italie.

[67] emmailloté: "swaddled".

Il y eut encore un silence; évidemment Vanina ne pouvait parler: elle l'essayait en vain. Missirilli ajouta.

— Le devoir est cruel, mon amie; mais s'il n'y avait pas un peu de peine à l'accomplir, où serait l'héroïsme? Donnez-moi votre parole que vous ne chercherez plus à me voir. 795

Autant que sa chaîne assez serrée le lui permettait, il fit un petit mouvement du poignet, et tendit les doigts à Vanina.

— Si vous permettez un conseil à un homme qui vous fut cher, mariez-vous sagement à l'homme de mérite que votre père vous destine. Ne lui faites aucune confidence fâcheuse; mais, d'un autre côté, ne 800 cherchez jamais à me revoir; soyons désormais étrangers l'un à l'autre. Vous avez avancé une somme considérable pour le service de la patrie; si jamais elle est délivrée de ses tyrans, cette somme vous sera fidèlement payée en biens nationaux.

Vanina était atterrée. En lui parlant, l'œil de Pietro n'avait brillé 805 qu'au moment où il avait nommé la *patrie*.

Enfin l'orgueil vint au secours de la jeune princesse; elle s'était munie de diamants et de petites limes[68]. Sans répondre à Missirilli, elle les lui offrit.

— J'accepte par devoir, lui dit-il, car je dois chercher à m'échapper; 810 mais je ne vous verrai jamais, je le jure en présence de vos nouveaux bienfaits. Adieu, Vanina; promettez-moi de ne jamais m'écrire, de ne jamais chercher à me voir; laissez-moi tout à la patrie, je suis mort pour vous: adieu.

— Non, reprit Vanina furieuse, je veux que tu saches ce que j'ai fait, 815 guidée par l'amour que j'avais pour toi.

Alors elle lui raconta toutes ses démarches depuis le moment où Missirilli avait quitté le château de San Nicolô, pour aller se rendre au légat. Quand ce récit fut terminé:

— Tout cela n'est rien, dit Vanina: j'ai fait plus, par amour pour toi. 820
Alors elle lui dit sa trahison.

— Ah! monstre, s'écrie Pietro furieux, en se jetant sur elle, et il cherchait à l'assommer avec ses chaînes.

Il y serait parvenu sans le geôlier qui accourut aux premiers cris. Il saisit Missirilli. 825

— Tiens, monstre, je ne veux rien te devoir, dit Missirilli à Vanina, en lui jetant, autant que ses chaînes le lui permettaient, les limes et

[68] lime: "file".

les diamants, et il s'éloigna rapidement.

Vanina resta anéantie. Elle revint à Rome; et le journal annonce qu'elle vient d'épouser le prince don Livio Savelli.

83●

Questions

A. 1. Quel est, à votre avis, le trait de caractère le plus frappant chez Vanina?

2. Comment Stendhal décrit-il le prince Savelli? Quel est le seul reproche qu'il lui fasse?

3. Quelle nouvelle apprend-on pendant le bal?

4. Pourquoi le jeune carbonaro pourrait-il plaire à Vanina?

5. Pourquoi l'inconnue veut-elle que le prince ignore les visites de sa fille?

6. Quand Vanina croit que la personne blessée est une femme, quels motifs imagine-t-elle pour expliquer ses blessures? En quoi ces raisons sont-elles en rapport avec son caractère?

7. Pourquoi l'inconnue a-t-elle soudain envie de rire?

8. Pourquoi l'aveu du jeune homme, qui est une marque de confiance, blesse-t-il Vanina?

9. Quelle raison empêche le jeune homme de déclarer son amour?

10. En quoi le mot de Bonaparte dérange-t-il Missirilli?

11. Pourquoi Vanina propose-t-elle au jeune homme de l'épouser? Pourquoi celui-ci refuse-t-il?

12. Si Missirilli avait à choisir entre sa patrie et son amour, que choisirait-il, selon Vanina? En quoi cette préférence est-elle importante pour le développement de l'histoire?

13. Qu'est-ce qui empêche le jeune homme de retourner auprès de Vanina?

14. Pourquoi Vanina dénonce-t-elle les carbonari? Qu'est-ce qui lui fait croire qu'on ne la soupçonnera pas?

15. Pourquoi le jeune homme va-t-il se dénoncer au légat? Qu'est-ce qui, pour Vanina, aurait dû le retenir?

16. Quel est le voeu que fait Vanina après avoir lu le billet de son amant?

17. Quel marché Vanina fait-elle avec Mgr Catanzara?

18. Quels sont les sentiments de Missirilli pour Vanina avant qu'elle ne lui avoue ce qu'elle a fait?

19. Pourquoi Vanina avoue-t-elle la vérité à son amant?

B. 1. Les personnages de Stendhal n'ont jamais une conduite ordinaire. Donnez quelques exemples du comportement de Vanina, qui n'au-

raient certainement pas été celui d'une belle princesse romaine de son époque.

2. Vanina s'intéresse-t-elle jamais au mouvement révolutionnaire qu'elle aide? Pourquoi y participe-t-elle?

3. Les héros de Stendhal se trouvent quelquefois dans des situations embarrassantes et plus comiques que tragiques. Pouvez-vous en donner un exemple dans la première partie de l'histoire? Quelle est son utilité?

4. Une trahison est généralement considérée comme un des actes les plus méprisables. Comment se fait-il qu'une héroïne aussi généreuse que Vanina n'ait ni regret ni remords?

5. Quelles sont les qualités du héros stendhalien d'après les portraits de Vanina et de Missirilli? Lequel des deux vous semble le plus réussi et pourquoi?

6. Pourquoi Stendhal spécifie-t-il l'heure d'arrivée de Mgr Catanzara chez lui et l'heure du départ de Vanina? Que peut-on en déduire?

7. Vanina fait vœu de punir l'infâme traître. Comment y parvient-elle? Quel est le rapport entre ce vœu et la dernière phrase de l'histoire?

8. Vanina Vanini fait partie des *Chroniques italiennes*. D'après les notes mises par Stendhal, pouvez-vous expliquer les raisons de sa préférence pour l'Italie?

Sujets de Conversation

Jeunes, intelligents, passionnés au point de mépriser les usages et les lois, les héros de Stendhal sont des êtres d'exception. Même dans le roman ils n'atteignent pas le bonheur, qui n'est pas leur but. La flamme qui se dégage de ces passions vous semble-t-elle merveilleuse ou dangereuse? Souhaitez-vous inspirer, partager de tels sentiments, ou vous semblent-ils excessifs, déraisonnables?

Pour des sentiments exceptionnels

Un grand amour n'est-ce pas ce qui donne tout son prix à l'existence? Peut-on lui comparer les petits avantages d'une réussite sociale?

Un être exceptionnel n'est certes pas facile à vivre. Avec lui le demi-succès n'existe pas. Ne vaut-il pas

Pour une plus grande modération de sentiments

Les grandes passions n'ont-elles pas toujours une fin tragique? Peut-on imaginer un vieux Roméo et une vieille Juliette?

Ces héros passionnés sont admirables dans un roman ou au théâtre. Mais la vie n'est pas un livre. Ne

mieux connaître des moments exaltants et de vives souffrances que la médiocrité, l'ennui de la vie quotidienne?

Un personnage extraordinaire ne va-t-il pas nous rendre exceptionnel, nous forcer à donner le meilleur de nous-même pour le suivre?

N'est-ce pas le propre d'une passion vraie que d'aller jusqu'au bout des choses sans s'occuper des conséquences possibles? N'y a-t-il rien de plus détestable que le compromis?

L'amour n'est pas acquis une fois pour toutes. Il augmente ou s'affaiblit selon les circonstances. Sans obstacles, sans oppositions, peut-il acquérir toute sa force? L'amour et le bonheur ne sont-ils pas dans une certaine mesure inconciliables? Discutez ce point.

vaut-il pas mieux rencontrer quelqu'un de plus stable, de plus solide? envisager un amour constructif et non destructeur?

N'est-ce pas chercher à se détruire que de viser trop haut? Le prince Savelli pouvait-il faire un pire choix que Vanina? (on pense toujours à elle et jamais à lui). N'est-il pas beau, riche, amoureux et plein de bonne volonté?

Nous vivons en société. Un amour qui brave les conventions, qui ne vit que de lui-même, n'est-il pas d'avance condamné? Que reste-t-il ensuite quand il est terminé?

Qu'est-ce qui caractérise un grand amour, sa force ou sa durée? Si vous aviez à choisir, laquelle des deux, force ou durée, vous semble la plus importante, et pourquoi?

Alfred de Vigny
(1797-1863)

Vigny est un homme que la vie a profondément blessé et qui s'est défendu par un silence hautain et une retraite loin de ses contemporains. A la fortune qu'il estimait injuste, il a opposé les vertus militaires qu'il plaçait si haut: abnégation, acceptation de son destin, résignation.

Romantique et pessimiste, très occupé de son moi, comme tous les romantiques, mais ayant trop la pudeur de ses sentiments pour les livrer au public, il est le meilleur penseur des poètes de son temps, celui qui a su le mieux formuler dans ses vers la fonction de l'artiste et sa place dans la société.

Vigny a commencé par croire à l'action. Il a été soulevé par les exploits militaires de Napoléon, mais son âge ne lui a pas permis de combattre avant la défaite de l'Empereur et sa loyauté l'a forcé à servir sous Louis XVIII et à fuir avec lui à Gand. Après Waterloo, il ne reste à l'idéaliste sous-lieutenant qu'à vivre pendant treize ans l'insupportable

vie de garnison. En 1827, le capitaine Alfred de Vigny quitte l'armée. Ses *Poèmes antiques et modernes* (1826) et un roman historique *Cinq-Mars* (1826) l'ont déjà fait connaître. Il est le premier des romantiques à tenter de vaincre les classiques sur leur terrain préféré, qui est le théâtre, mais la grande bataille se déroule autour d'*Hernani* (1830), un drame de Victor Hugo, qui devient le chef de l'école romantique, et non autour d'une de ses pièces. Son grand succès au théâtre, *Chatterton*, n'a lieu que cinq ans plus tard en 1835. Mais l'effet en est atténué par la trahison de sa principale interprète, Marie Dorval, qu'il aimait. Bientôt il se retire avec sa femme malade dans ses terres et ne publie plus rien. Ses deux principaux ouvrages, les *Destinées* (1864) et le *Journal d'un poète* (1867) ne paraîtront qu'après sa mort.

On le voit, Vigny ne s'est guère battu pour défendre ou répandre ses idées. Il s'est très vite résigné à une demi-défaite et naturellement la fortune a souri davantage à ceux qui voulaient la conquérir. Il s'est résigné par manque de combativité certainement, mais aussi par une sorte de plaisir méprisant à constater que ses contemporains étaient aussi médiocres qu'il voulait le croire. Son échec personnel confirmait l'exactitude de ses vues philosophiques.

Le poète est isolé. Comme *Moïse*, qui constitue l'un des plus beaux poèmes de Vigny, il est seul. Entre Dieu et les hommes. Il n'a pas de choix et doit orgueilleusement accepter sa difficile position. Ses contemporains ne le comprennent pas ou mal. La nature est belle mais impassible. Et puisque le génie a été placé dans cette impossible situation, il doit l'accepter par honneur, comme un soldat qui ne discute pas les ordres donnés et reste à son poste pour accomplir son devoir.

Pourtant une note d'optimisme perce sous ce pessimisme. S'il ne croyait à rien, Vigny se serait réfugié dans un silence total. Après tout, crier son désespoir est déjà une forme d'optimisme. Il implique que quelqu'un entendra et comprendra. Pour Vigny, le poète est en avant de son siècle. Son message est contenu dans une œuvre d'art qui lui conserve sa vie. C'est en quelque sorte une *Bouteille à la mer* que les générations futures sauront probablement recueillir. Le poète n'a donc rien à espérer de ses contemporains, mais, s'il est homme de génie, l'avenir saura lui rendre justice.

*
**

Laurette ou le cachet rouge est la plus célèbre des nouvelles de

Servitude et Grandeur militaires (1835), qui sont toutes d'authentiques chefs-d'œuvre. On a vu combien cette discipline, cette abnégation est au centre de la pensée philosophique de Vigny. Le soldat est pour lui le symbole des plus hautes vertus, non par ce qu'il fait mais par ce qu'il subit. Chez Vigny, le penseur anime l'écrivain. On s'en aperçoit dans *Laurette*. Tout le récit, même la partie autobiographique du début, est là pour illustrer une idée, prouver par un exemple le thème théorique de la grandeur de cette servitude. L'art de l'écrivain consiste alors à rendre son point de vue convaincant, à nous persuader de la vérité de cette histoire qui sert à démontrer l'idée, exposée à plusieurs reprises au cours de la narration, qu'il existe un devoir qu'on a accepté d'avance et auquel on doit se soumettre quelles que soient les consé-quences. Le personnage ne tire aucun orgueil, aucune vanité de son attitude. Il ne pense même pas qu'il était possible d'agir autrement. Le sacrifice est total et n'est payé que par l'indifférence ou le mépris. C'est dans cet esprit qu'il faut lire *Laurette ou le cachet rouge*: l'abné-gation est la vertu de la véritable noblesse, celle du cœur.

 Pour comprendre la nouvelle, il faut avoir une connaissance du cadre historique. Napoléon a quitté l'île d'Elbe en 1814 et a forcé le

roi Louis XVIII à s'enfuir. Vigny, jeune noble de dix-sept ans, a rejoint les forces royalistes en fuite et ne reviendra en France qu'après la défaite de Napoléon à Waterloo.

Laurette
ou
le cachet rouge

De la rencontre que je fis un jour sur la grande route

La grande route d'Artois et de Flandre[1] est longue et triste. Elle s'étend en ligne droite, sans arbres, sans fossés, dans des campagnes unies et pleines d'une boue jaune en tout temps. Au mois de mars 1815, je passai sur cette route, et je fis une rencontre que je n'ai point oubliée depuis. 5

J'étais seul, j'étais à cheval, j'avais un bon manteau blanc, un habit rouge, un casque noir, des pistolets et un grand sabre; il pleuvait à verse[2] depuis quatre jours et quatre nuits de marche, et je me souviens que je chantais *Joconde*[3] à pleine voix. J'étais si jeune! La maison du Roi[4], en 1814, avait été remplie d'enfants et de vieillards; l'Empire[5] 10
semblait avoir pris et tué les hommes.

Mes camarades étaient en avant, sur la route, à la suite du roi Louis XVIII[6]; je voyais leurs manteaux blancs et leurs habits rouges, tout à l'horizon au nord; les lanciers de Bonaparte, qui surveillaient et suivaient notre retraite pas à pas, montraient de temps en temps la 15
flamme tricolore de leurs lances à l'autre horizon. Un fer[7] perdu avait re-tardé mon cheval: il était jeune et fort, je le pressai pour rejoindre mon

[1] Artois, Flandre: provinces du nord de la France.
[2] il pleuvait à verse: il pleuvait beaucoup.
[3] Joconde: titre d'un opéra à la mode en 1814 et en 1815.
[4] maison du Roi: troupe destinée à la garde du roi.
[5] Empire: le gouvernement de Napoléon Ier.
[6] Louis XVIII: frère de Louis XVI, proclamé roi en 1814 après les défaites de Napo-léon et qui a dû s'enfuir au retour de celui-ci.
[7] fer (à cheval): "horseshoe"

escadron; il partit au grand trot. Je mis la main à ma ceinture, elle
était assez garnie d'or; j'entendis résonner le fourreau de fer de mon
sabre sur l'étrier, et je me sentis très fier et parfaitement heureux. 20

Il pleuvait toujours, et je chantais toujours. Cependant je me tus
bientôt, ennuyé de n'entendre que moi, et je n'entendis plus que la
pluie et les pieds de mon cheval, qui pataugeait[8] dans les ornières[9].
Le pavé de la route manqua; j'enfonçais, il fallut prendre le pas[10].
Mes grandes bottes étaient enduites, en dehors, d'une croûte épaisse 25
de boue jaune comme de l'ocre; en dedans elles s'emplissaient de pluie.
Je regardai mes épaulettes[11] d'or toutes neuves, ma félicité et ma con-
solation; elles étaient hérissées[12] par l'eau, cela m'affligea.

Mon cheval baissait la tête; je fis comme lui: je me mis à penser,
et je me demandai, pour la première fois, où j'allais. Je n'en savais 30
absolument rien; mais cela ne m'occupa pas longtemps: j'étais certain
que mon escadron étant là, là aussi était mon devoir. Comme je sentais
en mon cœur un calme profond et inaltérable, j'en rendis grâce[13] à ce
sentiment ineffable du Devoir, et je cherchai à me l'expliquer. Voyant
de près comment des fatigues inaccoutumées étaient gaiement portées 35
par des têtes si blondes ou si blanches, comment un avenir assuré était
si cavalièrement risqué par tant d'hommes de vie heureuse et mon-
daine, et prenant ma part de cette satisfaction miraculeuse que donne
à tout homme la conviction qu'il ne se peut soustraire à nulle des dettes
de l'Honneur, je compris que c'était une chose plus facile et plus 40
commune qu'on ne pense, que *l'Abnégation*.

Je me demandais si l'abnégation de soi-même n'était pas un senti-
ment né avec nous; ce que c'était que ce besoin d'obéir et de remettre
sa volonté en d'autres mains, comme une chose lourde et importune;
d'où venait le bonheur secret d'être débarrassé de ce fardeau, et com- 45
ment l'orgueil humain n'en était jamais révolté. Je voyais bien ce mysté-
rieux instinct lier, de toutes parts, les peuples en de puissants faisceaux[14],
mais je ne voyais nulle part aussi complète et aussi redoutable que dans
les Armées la renonciation à ses actions, à ses paroles, à ses désirs et
presque à ses pensées. Je voyais partout la résistance possible et usitée, 50

[8] pataugeait: marchait dans l'eau sale et boueuse.
[9] ornières: traces laissées dans le sol par les roues de voitures.
[10] pas: la marche la plus lente d'un cheval.
[11] épaulettes: partie de l'uniforme qui servait à désigner le grade.
[12] hérissées: dressées.
[13] rendis grâce: remerciai d'un bienfait.
[14] faisceau: réunion de plusieurs choses en un groupe.

le citoyen ayant, en tous lieux, une obéissance clairvoyante et intelligente, qui examine et peut s'arrêter. Je voyais même la tendre soumission de la femme finir où le mal commence à lui être ordonné, et la loi prendre sa défense; mais l'obéissance militaire passive et active en même temps, recevant l'ordre et l'exécutant, frappant, les yeux fermés, comme le Destin antique! Je suivais dans ses conséquences possibles cette Abnégation du soldat, sans retour, sans conditions, et conduisant quelquefois à des fonctions sinistres.

Je pensais ainsi en marchant au gré[15] de mon cheval, regardant l'heure à ma montre, et voyant le chemin s'allonger toujours en ligne droite, sans un arbre et sans une maison, et couper la plaine jusqu'à l'horizon, comme une grande raie jaune sur une toile grise. Quelquefois la raie liquide se délayait[16] dans la terre liquide qui l'entourait et, quand un jour un peu moins pâle faisait briller cette triste étendue de pays, je me voyais au milieu d'une mer bourbeuse, suivant un courant de vase et de plâtre[17].

En examinant avec attention cette raie jaune de la route, j'y remarquai, à un quart de lieue environ, un petit point noir qui marchait. Cela me fit plaisir, c'était quelqu'un. Je n'en détournai plus les yeux. Je vis que ce point noir allait comme moi dans la direction de Lille, et qu'il allait en zigzag, ce qui annonçait une marche pénible. Je hâtai le pas et je gagnai du terrain sur cet objet, qui s'allongea un peu et grossit à ma vue. Je repris le trot sur un sol plus ferme et je crus reconnaître une sorte de petite voiture noire. J'avais faim, j'espérai que c'était la voiture d'une cantinière[18] et, considérant mon pauvre cheval comme une chaloupe, je lui fis faire force de rames[19] pour arriver à cette île fortunée, dans cette mer où il s'enfonçait jusqu'au ventre quelquefois.

A une centaine de pas, je vins à distinguer clairement une petite charrette de bois blanc, couverte de trois cercles et d'une toile cirée noire. Cela ressemblait à un petit berceau posé sur deux roues. Les roues s'embourbaient jusqu'à l'essieu[20]; un petit mulet qui les tirait était péniblement conduit par un homme à pied qui tenait la bride. Je m'approchai de lui et le considérai attentivement.

[15] au gré de: selon la fantaisie, la volonté de.
[16] se délayer: se mélanger.
[17] suivant un courant de vase et de plâtre: "following a stream of mud and clay".
[18] cantinière: femme qui vend à manger et à boire aux soldats.
[19] faire force de rames: ramer de toutes ses forces.
[20] s'embourbaient jusqu'à l'essieu: enfonçaient jusqu'au milieu de la roue.

C'était un homme d'environ cinquante ans, à moustaches blanches, 85
fort et grand, le dos voûté à la manière des vieux officiers d'infanterie
qui ont porté le sac. Il en avait l'uniforme, et l'on entrevoyait une
épaulette de chef de bataillon sous un petit manteau bleu court et usé.
Il avait un visage endurci mais bon, comme à l'armée il y en a tant.
Il me regarda de côté sous ses gros sourcils noirs, et tira lestement 90
de sa charrette un fusil qu'il arma, en passant de l'autre côté de son
mulet, dont il se faisait un rempart. Ayant vu sa cocarde blanche[21], je
me contentai de montrer la manche de mon habit rouge, et il remit son
fusil dans la charrette en disant:

— Ah! c'est différent, je vous prenais pour un de ces lapins[22] qui 95
courent après nous. Voulez-vous boire la goutte[23]?

— Volontiers, dis-je en m'approchant, il y a vingt-quatre heures que
je n'ai bu.

Il avait à son cou une noix de coco, très bien sculptée, arrangée en
flacon, avec un goulot d'argent, et dont il semblait tirer assez de vanité. 100
Il me la passa, et j'y bus un peu de mauvais vin blanc avec beaucoup
de plaisir; je lui rendis le coco.

— A la santé du Roi! dit-il en buvant; il m'a fait officier de la Légion
d'honneur, il est juste que je le suive jusqu'à la frontière. Par exemple,
comme je n'ai que mon épaulette pour vivre[24], je reprendrai mon ba- 105
taillon après, c'est mon devoir.

En parlant ainsi comme à lui-même, il remit en marche son petit
mulet, en disant que nous n'avions pas de temps à perdre; et comme
j'étais de son avis, je me remis en chemin[25] à deux pas de lui. Je le
regardais toujours sans questionner, n'ayant jamais aimé la bavarde 110
indiscrétion assez fréquente parmi nous.

Nous allâmes sans rien dire durant un quart de lieue environ.
Comme il s'arrêtait alors pour faire reposer son pauvre petit mulet, qui
me faisait peine à voir[26], je m'arrêtai aussi et je tâchai d'exprimer[27]

[21] cocarde blanche: emblème des royalistes par opposition à la cocarde tricolore des
républicains et des partisans de Napoléon.

[22] lapins: *fam.*, individus, personnes.

[23] goutte: ici, alcool.

[24] je n'ai que mon épaulette pour vivre: je vis seulement de ce que je gagne comme
officier.

[25] se remettre en chemin: partir à nouveau après un arrêt.

[26] faisait peine à voir: inspirait de la pitié.

[27] exprimer: ici, faire partir.

l'eau qui remplissait mes bottes à l'écuyère[28], comme deux réservoirs 115
où j'aurais eu les jambes trempées.

— Vos bottes commencent à vous tenir aux pieds, dit-il.

— Il y a quatre nuits que je ne les ai quittées, lui dis-je.

— Bah! dans huit jours vous n'y penserez plus, reprit-il avec sa voix
enrouée; c'est quelque chose que d'être seul, allez, dans des temps 120
comme ceux où nous vivons. Savez-vous ce que j'ai là dedans?

— Non, lui dis-je.

— C'est une femme.

Je dis: — Ah! sans trop d'étonnement, et je me remis en marche
tranquillement, au pas. Il me suivit. 125

— Cette mauvaise brouette-là[29] ne m'a pas coûté bien cher, reprit-il,
ni le mulet non plus; mais c'est tout ce qu'il me faut, quoique ce
chemin-là soit un ruban de queue[30] un peu long.

Je lui offris de monter mon cheval quand il serait fatigué; et comme
je ne lui parlais que gravement et avec simplicité de son équipage, 130
dont il craignait le ridicule, il se mit à son aise tout à coup et, s'ap-
prochant de mon étrier, me frappa sur le genou en me disant:

— Eh bien! vous êtes un bon enfant, quoique dans les Rouges.

Je sentis dans son accent amer, en désignant ainsi les quatre Com-
pagnies-Rouges, combien de préventions haineuses avaient données à 135
l'Armée le luxe et les grades de ce corps d'officiers.

— Cependant, ajouta-t-il, je n'accepterai pas votre offre, vu que je
ne sais pas monter à cheval et que ce n'est pas mon affaire, à moi.

— Mais, Commandant, les officiers supérieurs comme vous y sont
obligés. 140

— Bah! une fois par an, à l'inspection, et encore sur un cheval de
louage[31]. Moi, j'ai toujours été marin, et depuis fantassin; je ne connais
pas l'équitation.

Il fit vingt pas en me regardant de côté de temps à autre, comme
s'attendant à une question; et comme il ne venait pas un mot, il pour- 145
suivit:

— Vous n'êtes pas curieux, par exemple! Cela devrait vous étonner,
ce que je dis là.

[28] bottes à l'écuyère: grandes bottes de cheval.
[29] brouette: nom donné à une voiture qui n'avance pas vite.
[30] ruban de queue: le chemin est comparé à un ruban, "ribbon", comme on en portait
à l'époque.
[31] cheval de louage: cheval qui ne vous appartient pas et qu'on paie pour la durée
d'une occasion particulière.

— Je m'étonne bien peu, dis-je.

— Oh! cependant si je vous contais comment j'ai quitté la mer, nous 150
verrions.

— Eh bien! repris-je, pourquoi n'essayez-vous pas? Cela vous ré-
chauffera, et cela me fera oublier que la pluie m'entre dans le dos et
ne s'arrête qu'à mes talons.

Le bon chef de bataillon s'apprêta solennellement à parler, avec un 155
plaisir d'enfant. Il rajusta sur sa tête le schako[32] couvert de toile cirée,
et il donna ce coup d'épaule que personne ne peut se représenter s'il
n'a servi dans l'infanterie, ce coup d'épaule que donne le fantassin à
son sac pour le hausser et alléger un moment son poids; c'est une
habitude du soldat qui, lorsqu'il devient officier, devient un tic. Après 160
ce geste convulsif, il but encore un peu de vin de son coco, donna un
coup de pied d'encouragement dans le ventre du petit mulet, et
commença.

Histoire du Cachet Rouge

— Vous saurez d'abord, mon enfant, que je suis né à Brest[33]; j'ai
commencé par être enfant de troupe[34], gagnant ma demi-ration et mon 165
demi-prêt[35] dès l'âge de neuf ans, mon père étant soldat aux Gardes[36].
Mais comme j'aimais la mer, une belle nuit, pendant que j'étais en
congé à Brest, je me cachai à fond de cale d'un bâtiment marchand
qui partait pour les Indes; on ne m'aperçut qu'en pleine mer; et le
capitaine aima mieux me faire mousse que de me jeter à l'eau. Quand 170
vint la Révolution, j'avais fait du chemin[37], et j'étais à mon tour devenu
capitaine d'un petit bâtiment marchand assez propre, ayant écumé[38]
la mer quinze ans. Comme l'ex-marine royale, vieille bonne marine,
ma foi! se trouva tout à coup dépeuplée d'officiers, on prit des capitaines
dans la marine marchande. J'avais eu quelques affaires de flibustiers 175
que je pourrai vous dire plus tard: on me donna le commandement
d'un brick[39] de guerre nommé *Le Marat.*

[32] schako (ou shako): coiffure militaire.
[33] Brest: port de Bretagne.
[34] enfant de troupe: enfant de soldat, élevé dans une école militaire.
[35] prêt: salaire du soldat.
[36] Gardes: troupe d'élite avant la Révolution française.
[37] fait du chemin: avancé dans ma carrière.
[38] écumé la mer: voyagé beaucoup sur mer.
[39] brick: "brig".

Le 28 fructidor[40] 1797, je reçus l'ordre d'appareiller[41] pour Cayenne[42]. Je devais y conduire soixante soldats et un déporté qui restait des cent quatre-vingt-treize que la frégate *La Décade* avait pris à bord quelques jours auparavant. J'avais ordre de traiter cet individu avec ménagement, et la première lettre du Directoire[43] en renfermait une seconde, scellée de trois cachets rouges, au milieu desquels il y en avait un démesuré. J'avais défense[44] d'ouvrir cette lettre avant le premier degré de latitude nord, du 27° au 28° de longitude, c'est-à-dire près de passer la ligne[45].

Cette grande lettre avait une figure toute particulière. Elle était longue, et fermée de si près que je ne pus rien lire entre les angles ni à travers l'enveloppe. Je ne suis pas superstitieux, mais elle me fit peur, cette lettre. Je la mis dans ma chambre, sous le verre d'une mauvaise petite pendule anglaise clouée au-dessus de mon lit. Ce lit-là était un vrai lit de marin, comme vous savez qu'ils sont. Mais je ne sais, moi, ce que je dis: vous avez tout au plus[46] seize ans, vous ne pouvez pas avoir vu ça.

La chambre d'une reine ne peut pas être aussi proprement rangée que celle d'un marin, soit-dit sans vouloir nous vanter. Chaque chose a sa petite place et son petit clou. Rien ne remue. Le bâtiment peut rouler tant qu'il veut sans rien déranger. Les meubles sont faits selon la forme du vaisseau et de la petite chambre qu'on a. Mon lit était un coffre. Quand on l'ouvrait, j'y couchais; quand on le fermait, c'était mon sofa et j'y fumais ma pipe. Quelquefois c'était ma table, alors on s'asseyait sur deux petits tonneaux qui étaient dans la chambre. Mon parquet était ciré et frotté comme de l'acajou, et brillant comme un bijou: un vrai miroir! Oh! c'était une jolie petite chambre! Et mon brick avait bien son prix[47] aussi . On s'y amusait souvent d'une fière façon, et le voyage commença cette fois assez agréablement, si ce n'était . . . Mais n'anticipons pas.

Nous avions un joli vent nord-nord-ouest, et j'étais occupé à mettre cette lettre sous le verre de ma pendule, quand mon déporté entra

[40] fructidor: l'un des douze mois du calendrier révolutionnaire.
[41] appareiller: partir (pour un bateau).
[42] Cayenne: capitale de la Guyane française.
[43] Directoire: gouvernement de cinq membres qui gouverna la France de 1795 à 1799.
[44] j'avais défense: on m'avait défendu.
[45] la ligne: il s'agit ici de la ligne de l'Equateur.
[46] tout au plus: au maximum.
[47] avait son prix: ne manquait pas de valeur.

dans ma chambre; il tenait par la main une belle petite de dix-sept ans 210
environ. Lui me dit qu'il en avait dix-neuf; beau garçon, quoique un
peu pâle, et trop blanc pour un homme. C'était un homme cependant,
et un homme qui se comporta dans l'occasion mieux que bien des
anciens n'auraient fait: vous allez voir. Il tenait sa petite femme sous
le bras; elle était fraîche et gaie comme une enfant. Ils avaient l'air de 215
deux tourtereaux[48]. Ça me faisait plaisir à voir, moi. Je leur dis:

— Eh bien, mes enfants! vous venez faire visite au vieux capitaine;
c'est gentil à vous. Je vous emmène un peu loin; mais tant mieux, nous
aurons le temps de nous connaître. Je suis fâché de recevoir madame
sans mon habit; mais c'est que je cloue là-haut cette grande coquine 220
de lettre. Si vous voulez m'aider un peu?

Ça faisait vraiment de bons petits enfants. Le petit mari prit le
marteau et la petite femme les clous, et ils me les passaient à mesure
que je les demandais; et elle me disait: A droite! à gauche! capitaine!
tout en riant, parce que le tangage faisait ballotter[49] ma pendule. Je 225
l'entends encore d'ici avec sa petite voix: A gauche! à droite! capitaine!
Elle se moquait de moi.

— Ah! je dis, petite méchante! Je vous ferai gronder par votre mari,
allez.

Alors elle lui sauta au cou et l'embrassa. Ils étaient vraiment gen- 230
tils, et la connaissance se fit comme ça. Nous fûmes tout de suite bons
amis.

Ce fut aussi une jolie traversée. J'eus toujours un temps fait exprès.
Comme je n'avais jamais eu que des visages noirs à mon bord, je faisais
venir à ma table, tous les jours, mes deux petits amoureux. Cela m'égay- 235
ait. Quand nous avions mangé le biscuit et le poisson, la petite femme
et son mari restaient à se regarder comme s'ils ne s'étaient jamais vus.
Alors je me mettais à rire de tout mon cœur et me moquais d'eux. Ils
riaient aussi avec moi. Vous auriez ri de nous voir comme trois im-
béciles, ne sachant pas ce que nous avions. C'est que c'était vraiment 240
plaisant de les voir s'aimer comme ça. Ils se trouvaient bien partout;
ils trouvaient bon tout ce qu'on leur donnait. Cependant ils étaient à
la ration comme nous tous; j'y ajoutais seulement un peu d'eau-de-vie
suédoise quand ils dînaient avec moi, mais un petit verre, pour tenir
mon rang. Ils couchaient dans un hamac, où le vaisseau les roulait 245
comme ces deux poires que j'ai là dans mon mouchoir mouillé. Ils

[48] tourtereaux: amoureux.
[49] ballotter: remuer.

étaient alertes et contents. Je faisais comme vous, je ne questionnais pas. Qu'avais-je besoin de savoir leur nom et leurs affaires, moi, passeur d'eau? Je les portais de l'autre côté de la mer, comme j'aurais porté deux oiseaux de paradis.

J'avais fini, après un mois, par les regarder comme mes enfants. Tout le jour, quand je les appelais, ils venaient s'asseoir auprès de moi. Le jeune homme écrivait sur ma table, c'est-à-dire sur mon lit; et, quand je voulais, il m'aidait à faire mon point[50]: il le sut bientôt faire aussi bien que moi; j'en étais quelquefois tout interdit. La jeune femme s'asseyait sur un petit baril et se mettait à coudre.

Un jour qu'ils étaient posés comme cela, je leur dis:

— Savez-vous, mes petits amis, que nous faisons un tableau de famille, comme nous voilà? Je ne veux pas vous interroger, mais probablement vous n'avez pas plus d'argent qu'il ne vous en faut, et vous êtes joliment délicats tous deux pour bêcher et piocher[51] comme font les déportés à Cayenne. C'est un vilain pays, de tout mon cœur je vous le dis; mais moi, qui suis une vieille peau de loup[52] desséchée au soleil, j'y vivrais comme un seigneur. Si vous aviez, comme il me semble (sans vouloir vous interroger), tant soit peu d'amitié pour moi, je quitterais assez volontiers mon vieux brick, qui n'est qu'un sabot[53] à présent, et je m'établirais là avec vous, si cela vous convient. Moi, je n'ai pas plus de famille qu'un chien, cela m'ennuie; vous me feriez une petite société. Je vous aiderais à bien des choses; et j'ai amassé une bonne pacotille[54] de contrebande assez honnête, dont nous vivrions, et que je vous laisserais lorsque je viendrais à tourner de l'œil[55], comme on dit poliment.

Ils restèrent tout ébahis à se regarder, ayant l'air de croire que je ne disais pas vrai; et la petite courut, comme elle faisait toujours, se jeter au cou de l'autre, et s'asseoir sur ses genoux, toute rouge et en pleurant. Il la serra bien fort dans ses bras, et je vis aussi des larmes dans ses yeux; il me tendit la main et devint plus pâle qu'à l'ordinaire. Elle lui parlait bas, et ses grands cheveux blonds s'en allèrent sur son épaule; son chignon s'était défait comme un câble qui se déroule tout à coup, parce qu'elle était vive comme un poisson: ces cheveux-là, si

[50] faire mon point: "to take my bearings".
[51] bêcher et piocher: creuser la terre.
[52] peau de loup: peau dure, comme celle d'un loup.
[53] sabot: se dit de quelque chose qui ne vaut rien.
[54] pacotille: marchandise que vendent les marins.
[55] tourner de l'œil: mourir.

vous les aviez vus! c'était comme de l'or. Comme ils continuaient à se parler bas, le jeune homme lui baisant le front de temps en temps, et elle pleurant, cela m'impatienta.

— Eh bien! ça vous va-t-il? leur dis-je à la fin.

— Mais . . . mais, capitaine, vous êtes bien bon, dit le mari; mais 285
c'est que vous ne pouvez pas vivre avec des déportés, et . . . Il baissa les yeux.

— Moi, dis-je, je ne sais ce que vous avez fait pour être déportés, mais vous me direz ça un jour, ou pas du tout, si vous voulez. Vous ne m'avez pas l'air d'avoir la conscience bien lourde, et je suis bien sûr 290
que j'en ai fait bien d'autres[56] que vous dans ma vie, allez, pauvres innocents. Par exemple, tant que vous serez sous ma garde, je ne vous lâcherai pas, il ne faut pas vous y attendre; je vous couperais plutôt le cou comme à deux pigeons. Mais une fois l'épaulette de côté[57], je ne connais plus ni amiral ni rien du tout. 295

— C'est que, reprit-il en secouant tristement sa tête brune, quoique un peu poudrée, comme cela se faisait encore à l'époque, c'est que je crois qu'il serait dangereux pour vous, capitaine, d'avoir l'air de nous connaître. Nous rions parce que nous sommes jeunes, nous avons l'air heureux parce que nous nous aimons; mais j'ai de vilains moments 300
quand je pense à l'avenir, et je ne sais pas ce que deviendra ma pauvre Laure.

Il serra de nouveau la tête de la jeune femme sur sa poitrine:

— C'était bien là ce que je devais dire au capitaine; n'est-ce pas, mon enfant, que vous auriez dit la même chose? 305

Je pris ma pipe et je me levai, parce que je commençais à me sentir les yeux un peu mouillés, et que ça ne me va pas, à moi.

— Allons! allons! dis-je, ça s'éclaircira par la suite. Si le tabac incommode madame, son absence est nécessaire.

Elle se leva, le visage tout en feu et tout humide de larmes, comme 310
un enfant qu'on a grondé.

— D'ailleurs, me dit-elle en regardant ma pendule, vous n'y pensez pas vous autres; et la lettre!

Je sentis quelque chose qui me fit de l'effet. J'eus comme une douleur aux cheveux quand elle me dit cela. 315

— Pardieu! je n'y pensais plus, moi, dis-je. Ah! par exemple, voilà une belle affaire! Si nous avions passé le premier degré de latitude

[56] en faire bien d'autres: faire des sottises bien plus graves.
[57] une fois l'épaulette de côté: quand je ne serai plus officier.

nord, il ne me resterait plus qu'à me jeter à l'eau. — Faut-il que j'aie
du bonheur, pour que cette enfant-là m'ait rappelé la grande coquine
de lettre!

Je regardai vite ma carte marine, et quand je vis que nous en avions
encore pour une semaine au moins, j'eus la tête soulagée, mais pas le
cœur, sans savoir pourquoi.

— C'est que le Directoire ne badine[58] pas pour l'article obéissance!
dis-je. Allons, je suis au courant cette fois-ci encore. Le temps a filé si
vite que j'ai tout à fait oublié cela.

Eh bien, monsieur, nous restâmes tous trois le nez en l'air à regarder
cette lettre, comme si elle allait nous parler. Ce qui me frappa beau-
coup, c'est que le soleil, qui glissait par la claire-voie[59], éclairait le
verre de la pendule et faisait paraître le grand cachet rouge, et les
autres petits, comme les traits d'un visage au milieu du feu.

— Ne dirait-on pas que les yeux lui sortent de la tête? leur dis-je
pour les amuser.

— Oh! mon ami, dit la jeune femme, cela ressemble à des taches de
sang.

— Bah! bah! dit son mari en la prenant sous le bras, vous vous
trompez, Laure, cela ressemble au billet de faire-part d'un mariage[60].
Venez vous reposer, venez; pourquoi cette lettre vous occupe-t-elle?

Ils se sauvèrent comme si un revenant les avait suivis, et montèrent
sur le pont. Je restai seul avec cette grande lettre, et je me souviens
qu'en fumant ma pipe je la regardais toujours, comme si ses yeux
rouges avaient attaché les miens en les humant[61] comme font des yeux
de serpent. Sa grande figure pâle, son troisième cachet, plus grand
que les yeux, tout ouvert, tout béant comme une gueule de loup ... cela
me mit de mauvaise humeur; je pris mon habit et je l'accrochai à la
pendule, pour ne plus voir ni l'heure ni la chienne de[62] lettre.

J'allai achever ma pipe sur le pont. J'y restai jusqu'à la nuit.

Nous étions alors à la hauteur des îles du Cap Vert[63]. *Le Marat*
filait, vent en poupe[64], ses dix nœuds sans se gêner. La nuit était la
plus belle que j'aie vue de ma vie près du tropique. La lune se levait

[58] badine: plaisante.
[59] claire-voie: petite fenêtre.
[60] billet de faire-part de mariage: lettre pour annoncer un mariage.
[61] humant: ici, attirant, fascinant.
[62] chienne de: ici, désagréable, détestable.
[63] îles du Cap vert: archipel d'îles dans l'Atlantique.
[64] vent en poupe: vent arrière qui pousse le navire.

à l'horizon, large comme un soleil; la mer la coupait en deux et devenait toute blanche comme une nappe de neige couverte de petits diamants. Je regardais cela en fumant, assis sur mon banc. L'officier de quart[65] et les matelots ne disaient rien et regardaient comme moi l'ombre du brick sur l'eau. J'étais content de ne rien entendre. J'aime 355
le silence et l'ordre, moi. J'avais défendu tous les bruits et tous les feux. J'entrevis cependant une petite ligne rouge presque sous mes pieds. Je me serais bien mis en colère tout de suite; mais comme c'était chez mes petits déportés, je voulus m'assurer de ce qu'on faisait avant de me fâcher. Je n'eus que la peine de me baisser, je pus voir, par le grand 360
panneau, dans la petite chambre, et je regardai.

La jeune femme était à genoux et faisait ses prières. Il y avait une petite lampe qui l'éclairait. Elle était en chemise; je voyais d'en haut ses épaules nues, ses petits pieds nus, et ses grands cheveux blonds tout épars. Je pensai à me retirer, mais je me dis: — Bah! un vieux 365
soldat, qu'est-ce que ça fait? Et je restai à voir.

Son mari était assis sur une petite malle, la tête sur ses mains, et la regardait prier. Elle leva la tête en haut comme au ciel, et je vis ses grands yeux bleus mouillés comme ceux d'une Madeleine. Pendant qu'elle priait, il prenait le bout de ses longs cheveux et les baisait sans 370
faire de bruit. Quand elle eut fini, elle fit un signe de croix en souriant avec l'air d'aller au paradis. Je vis qu'il faisait comme elle un signe de croix, mais comme s'il en avait honte. Au fait, pour un homme c'est singulier.

Elle se leva debout, l'embrassa, et s'étendit la première dans son 375
hamac où il la jeta sans rien dire, comme on couche un enfant dans une balançoire. Il faisait une chaleur étouffante: elle se sentait bercée avec plaisir par le mouvement du navire et paraissait déjà commencer à s'endormir. Ses petits pieds blancs étaient croisés et élevés au niveau de sa tête, et tout son corps enveloppé de sa longue chemise blanche. 380
C'était un amour, quoi!

— Mon ami, dit-elle en dormant à moitié, n'avez-vous pas sommeil? . . . Il est bien tard, sais-tu?

Il restait toujours le front sur ses mains sans répondre. Cela l'inquiéta un peu, la bonne petite, et elle passa sa jolie tête hors du hamac, 385
comme un oiseau hors de son nid, et le regarda la bouche entrouverte, n'osant plus parler.

Enfin il lui dit:

[65] officier de quart: sur un navire, officier de garde.

— Eh! ma chère Laure, à mesure que nous avançons vers l'Amérique, je ne puis m'empêcher de devenir plus triste. Je ne sais pourquoi, il me paraît que le temps le plus heureux de notre vie aura été celui de la traversée. 390

— Cela me semble aussi, dit-elle, je voudrais n'arriver jamais.

Il la regarda en joignant les mains avec un transport que vous ne pouvez vous figurer.

— Et cependant, mon ange, vous pleurez toujours en priant Dieu; 395
cela m'afflige beaucoup, parce que je sais bien ceux à qui vous pensez, et je crois que vous avez du regret de ce que vous avez fait.

— Moi, du regret! dit-elle avec un air bien peiné; moi, du regret de t'avoir suivi, mon ami! Crois-tu que, pour t'avoir appartenu si peu, je 400
t'aie moins aimé? N'est-on pas une femme, ne sait-on pas ses devoirs à dix-sept ans? Ma mère et mes sœurs n'ont-elles pas dit que c'était mon devoir de vous suivre à la Guyane? N'ont-elles pas dit que je ne faisais là rien de surprenant? Je m'étonne seulement que vous en ayez été touché, mon ami; tout cela est naturel. Et à présent je ne sais comment 405
vous pouvez croire que je regrette rien, quand je suis avec vous pour vous aider à vivre, et pour mourir avec vous, si vous mourez.

Elle disait tout ça d'une voix si douce qu'on aurait cru que c'était une musique. J'en étais tout ému et je dis:

— Bonne petite femme, va! 410

Le jeune homme se mit à soupirer en frappant du pied et en baisant une jolie main et un bras nu qu'elle lui tendait.

— Oh! Laurette, ma Laurette! disait-il, quand je pense que si nous avions retardé de quatre jours notre mariage, on m'arrêtait seul et je partais tout seul, je ne puis me pardonner. 415

Alors la belle petite pencha hors du hamac ses deux beaux bras blancs, nus jusqu'aux épaules, et lui caressa le front, les cheveux et les yeux, en lui prenant la tête comme pour l'emporter et la cacher dans sa poitrine. Elle sourit comme un enfant, et lui dit une quantité de petites choses de femme, comme moi je n'avais jamais rien entendu de pareil. 420
Elle lui fermait la bouche avec ses doigts pour parler toute seule. Elle disait, en jouant et en prenant ses longs cheveux comme un mouchoir pour lui essuyer les yeux:

— Est-ce que ce n'est pas bien mieux d'avoir avec toi une femme qui t'aime, dis, mon ami? Je suis bien contente, moi, d'aller à Cayenne; 425
je verrai des sauvages, des cocotiers comme ceux de *Paul et Virginie*[66],

[66] *Paul et Virginie*: célèbre roman de Bernardin de Saint-Pierre.

n'est-ce pas? Nous planterons chacun le nôtre. Nous verrons qui sera le meilleur jardinier. Nous nous ferons une petite case pour nous deux. Je travaillerai toute la journée et toute la nuit, si tu veux. Je suis forte; tiens, regarde mes bras; — tiens, je pourrais presque te soulever. Ne te moque pas de moi; je sais très bien broder, d'ailleurs; et n'y a-t-il pas une ville quelque part par là où il faille des brodeuses? Je donnerai des leçons de dessin et de musique si l'on veut aussi; et si l'on sait y écrire, tu écriras, toi. 430

Je me souviens que le pauvre garçon fut si désespéré qu'il jeta un grand cri lorsqu'elle dit cela. 435

— Ecrire! — criait-il, — écrire!

Et il se prit la main droite avec la gauche en la serrant au poignet.

— Ah! écrire! pourquoi ai-je jamais su écrire! Ecrire mais c'est le métier d'un fou! . . . — J'ai cru à leur liberté de la presse! — Où avais-je 440
l'esprit? Eh! pourquoi faire? pour imprimer cinq ou six pauvres idées assez médiocres, lues seulement par ceux qui les aiment, jetées au feu par ceux qui les haïssent, ne servant à rien qu'à nous faire persécuter! Moi encore, passe[67], mais, toi, bel ange, devenue femme depuis quatre jours à peine! Qu'avais-tu fait? Explique-moi, je te prie, comment je 445
t'ai permis d'être bonne à ce point de me suivre ici? Sais-tu seulement où tu es, pauvre petite? Et où tu vas, le sais-tu? Bientôt, mon enfant, vous serez à seize cents lieues de votre mère et de vos sœurs . . . et pour moi! tout cela pour moi!

Elle cacha sa tête un moment dans le hamac; et moi d'en haut je 450
vis qu'elle pleurait; mais lui d'en bas ne voyait pas son visage; et quand elle le sortit de la toile, c'était en souriant pour lui donner de la gaieté.

— Au fait, nous ne sommes pas riches à présent, dit-elle en riant aux éclats; tiens, regarde ma bourse, je n'ai plus qu'un louis[68] tout seul. Et toi? 455

Il se mit à rire aussi comme un enfant:

— Ma foi, moi, j'avais encore un écu[69], mais je l'ai donné au petit garçon qui a porté ta malle.

— Ah, bah! qu'est-ce que ça fait? dit-elle en faisant claquer ses petits doigts blancs comme des castagnettes; on n'est jamais plus gai que 460
lorsqu'on n'a rien; et n'ai-je pas en réserve les deux bagues de diamants que ma mère m'a données? Cela est bon partout et pour tout, n'est-ce

[67] moi encore, passe: pour moi, cela est concevable.
[68] louis: monnaie d'or qui valait vingt livres (ou francs) d'alors.
[69] écu: monnaie qui valait trois francs d'alors.

pas? Quand tu voudras nous les vendrons. D'ailleurs, je crois que le bonhomme de capitaine ne dit pas toutes ses bonnes intentions pour nous, et qu'il sait bien ce qu'il y a dans la lettre. C'est sûrement une recommandation pour nous au gouverneur de Cayenne.

— Peut-être, dit-il; qui sait?

— N'est-ce pas? reprit sa petite femme; tu es si bon que je suis sûre que le gouvernement t'a exilé pour un peu de temps, mais ne t'en veut pas.

Elle avait dit ça si bien! m'appelant le bonhomme de capitaine, que j'en fus tout remué et tout attendri; et je me réjouis même, dans le cœur, de ce qu'elle avait peut-être deviné juste sur la lettre cachetée. Ils commençaient encore à s'embrasser; je frappai du pied vivement sur le pont pour les faire finir.

Je leur criai:

— Eh! dites donc, mes petits amis! On a l'ordre d'éteindre tous les feux du bâtiment. Soufflez-moi votre lampe, s'il vous plaît.

Ils soufflèrent la lampe, et je les entendis rire en jasant tout bas dans l'ombre comme des écoliers. Je me remis à me promener seul sur mon tillac en fumant ma pipe. Toutes les étoiles du tropique étaient à leur poste, larges comme de petites lunes. Je les regardai en respirant un air qui sentait frais et bon.

Je me disais que certainement ces bons petits avaient deviné la vérité, et j'en étais tout ragaillardi. Il y avait bien à parier qu'un des cinq Directeurs s'était ravisé et me les recommandait; je ne m'expliquais pas bien pourquoi, parce qu'il y a des affaires d'Etat que je n'ai jamais comprises, moi; mais enfin je croyais cela et, sans savoir pourquoi, j'étais content.

Je descendis dans ma chambre, et j'allai regarder la lettre sous mon vieil uniforme. Elle avait une autre figure; il me sembla qu'elle riait, et ses cachets paraissaient couleur de rose. Je ne doutai plus de sa bonté, et je lui fis un petit signe d'amitié.

Malgré cela, je remis mon uniforme dessus; elle m'ennuyait.

Nous ne pensâmes plus du tout à la regarder pendant quelques jours, et nous étions gais; mais, quand nous approchâmes du premier degré de latitude, nous commençâmes à ne plus parler.

Un beau matin je m'éveillai assez étonné de ne sentir aucun mouvement dans le bâtiment. A vrai dire, je ne dors jamais que d'un œil, comme on dit, et, le roulis me manquant, j'ouvris les deux yeux. Nous

étions tombés dans un calme plat[70], et c'était sous le 1° de latitude nord, au 27° de longitude. Je mis le nez[71] sur le pont: la mer était lisse comme une jatte d'huile; toutes les voiles ouvertes tombaient collées aux mâts comme des ballons vides. Je dis tout de suite: — J'aurai le temps de te lire, va! en regardant de travers du côté de la lettre. J'attendis jusqu'au soir, au coucher du soleil. Cependant il fallait bien en venir là: j'ouvris la pendule, et j'en tirai vivement l'ordre cacheté. — Eh bien! mon cher, je le tenais à la main depuis un quart d'heure, que je ne pouvais pas encore le lire. Enfin je me dis — C'est trop fort! et je brisai les trois cachets d'un coup de pouce; et le grand cachet rouge, je le broyai en poussière. Après avoir lu, je me frottai les yeux, croyant m'être trompé.

Je relus la lettre tout entière! je la relus encore; je recommençai en la prenant par la dernière ligne et remontant à la première. Je n'y croyais pas. Mes jambes flageolaient un peu sous moi, je m'assis; j'avais un certain tremblement sur la peau du visage; je me frottai un peu les joues avec du rhum, je m'en mis dans le creux des mains; je me faisais pitié à moi-même d'être si bête que cela; mais ce fut l'affaire d'un moment; je montai prendre l'air.

Laurette était ce jour-là si jolie, que je ne voulus pas m'approcher d'elle: elle avait une petite robe blanche toute simple, les bras nus jusqu'au col, et ses grands cheveux tombants comme elle les portait toujours. Elle s'amusait à tremper dans la mer son autre robe au bout d'une corde, et riait en cherchant à arrêter les goémons, plantes marines semblables à des grappes de raisin, et qui flottent sur les eaux des Tropiques.

— Viens donc voir les raisins! viens donc vite! criait-elle; et son ami s'appuyait sur elle, et se penchait, et ne regardait pas l'eau, parce qu'il la regardait d'un air tout attendri.

Je fis signe à ce jeune homme de venir me parler sur le gaillard d'arrière[72]. Elle se retourna. Je ne sais quelle figure j'avais, mais elle laissa tomber sa corde; elle le prit violemment par le bras, et lui dit: — Oh! n'y va pas, il est tout pâle.

Cela se pouvait bien; il y avait de quoi pâlir. Il vint cependant près de moi sur le gaillard; elle nous regardait appuyée contre le grand mât. Nous nous promenâmes longtemps de long en large sans rien dire.

[70] calme plat: absence totale de vent.
[71] je mis le nez sur: j'allai voir.
[72] gaillard d'arrière: "quarter deck".

Je fumais un cigare que je trouvais amer, et je le crachai dans l'eau. Il me suivait de l'œil; je lui pris le bras: j'étouffais, ma foi, ma parole d'honneur! J'étouffais.

— Ah çà! lui dis-je enfin, contez-moi donc, mon petit ami, contez-moi un peu votre histoire. Que diable avez-vous donc fait à ces chiens d'avocats qui sont là comme cinq morceaux de roi? Il paraît qu'ils vous en veulent fièrement[73]! C'est drôle!

Il haussa les épaules en penchant la tête (avec un air si doux, le pauvre garçon!) et me dit:

— Oh mon Dieu! capitaine, pas grand-chose, allez: trois couplets de vaudeville[74] sur le Directoire, voilà tout.

— Pas possible, dis-je!

— O mon Dieu, si! Les couplets n'étaient même pas trop bons. J'ai été arrêté le 15 fructidor et conduit à la Force[75], jugé le 16, et condamné à mort d'abord, et puis à la déportation par bienveillance.

— C'est drôle! dis-je. Les Directeurs sont des camarades bien susceptibles; car cette lettre que vous savez me donne l'ordre de vous fusiller.

Il ne répondit pas, et sourit en faisant une assez bonne contenance pour un jeune homme de dix-neuf ans. Il regarda seulement sa femme, et s'essuya le front d'où tombaient des gouttes de sueur. J'en avais autant au moins sur la figure, moi, et d'autres gouttes aux yeux.

Je repris:

— Il paraît que ces citoyens-là n'ont pas voulu faire votre affaire[76] sur terre; ils ont pensé qu'ici ça ne paraîtrait pas tant. Mais pour moi c'est fort triste; car vous avez beau être un bon enfant, je ne peux pas m'en dispenser; l'arrêt de mort est là en règle et l'ordre d'exécution signé paraphé, scellé[77], il n'y manque rien.

Il me salua très poliment en rougissant.

— Je ne demande rien, capitaine, dit-il avec une voix aussi douce que de coutume; je serais désolé de vous faire manquer à vos devoirs. Je voudrais seulement parler un peu à Laure, et vous prier de la protéger dans le cas où elle me survivrait, ce que je ne crois pas.

— Oh! pour cela, c'est juste, lui dis-je, mon garçon; si cela ne vous

[73] fièrement: *fam.*, extrêmement.

[74] couplets de vaudeville: chansons satiriques.

[75] la Force: une des principales prisons de Paris sous la Révolution.

[76] faire votre affaire: vous tuer.

[77] signé, paraphé, scellé: toutes les formes sont remplies et l'ordre doit être exécuté.

déplaît pas, je la conduirai à sa famille à mon retour en France, et je
ne la quitterai que quand elle ne voudra plus me voir. Mais, à mon
sens, vous pouvez vous flatter qu'elle ne reviendra pas de ce coup-là;
pauvre petite femme!

Il me prit les deux mains, les serra et me dit: 575

— Mon brave capitaine, vous souffrez plus que moi de ce qui vous
reste à faire, je le sens bien; mais qu'y pouvons-nous? Je compte sur
vous pour lui conserver le peu qui m'appartient, pour la protéger, pour
veiller à ce qu'elle reçoive ce que sa vieille mère pourrait lui laisser
n'est-ce pas? et aussi pour qu'on ménage toujours sa santé. — Tenez, 580
ajouta-t-il plus bas, j'ai à vous dire qu'elle est très délicate; elle a sou-
vent la poitrine affectée[78] jusqu'à s'évanouir plusieurs fois par jour;
il faut qu'elle se couvre bien toujours. Enfin vous remplacerez son
père, sa mère et moi autant que possible, n'est-il pas vrai? Si elle pou-
vait conserver les bagues que sa mère lui a données, cela me ferait 585
bien plaisir. Mais si on a besoin de les vendre pour elle, il le faudra
bien. Ma pauvre Laurette! voyez comme elle est belle!

Comme ça commençait à devenir par trop tendre, cela m'ennuya,
et je me mis à froncer le sourcil; je lui avais parlé d'un air gai pour ne
pas m'affaiblir; mais je n'y tenais plus[79]! — Enfin, suffit! lui dis-je, entre 590
braves gens, on s'entend de reste[80]. Allez lui parler, et dépêchons-nous.

Je lui serrai la main en ami; et, comme il ne quittait pas la mienne
et me regardait avec un air singulier: — Ah ça! Nous arrangerons la
chose sans qu'elle s'y attende, ni vous non plus, soyez tranquille; ça me
regarde. 595

— Ah! c'est différent, dit-il, je ne savais pas . . . cela vaut mieux, en
effet. D'ailleurs, les adieux! les adieux! cela affaiblit.

— Oui, oui, lui dis-je, ne soyez pas enfant, ça vaut mieux. Ne l'em-
brassez pas, mon ami, ne l'embrassez pas, si vous pouvez, ou vous êtes
perdu. 600

Je lui donnai encore une bonne poignée de main, et je le laissai
aller. Oh! c'était dur pour moi, tout cela.

Il me parut qu'il gardait, ma foi, bien le secret: car ils se pro-
menèrent, bras dessus bras dessous, pendant un quart d'heure, et ils
revinrent, au bord de l'eau, reprendre la corde et la robe qu'un de mes 605
mousses avait repêchées.

[78] affectée: ici, atteinte par la maladie.
[79] n'y tenais plus: ne pouvais plus résister.
[80] de reste: suffisamment.

La nuit vint tout à coup. C'était le moment que j'avais résolu de prendre. Mais ce moment a duré pour moi jusqu'au jour où nous sommes, et je le traînerai toute ma vie comme un boulet.

<center>*
**</center>

Ici le vieux commandant fut forcé de s'arrêter. Je me gardai de parler, de peur de détourner ses idées; il reprit en se frappant la poitrine:

— Ce moment-là, je vous le dis, je ne peux pas encore le comprendre. Je sentis la colère me prendre aux cheveux, et en même temps je ne sais quoi me faisait obéir et me poussait en avant. J'appelai les officiers, et je dis à l'un d'eux:

— Allons, un canot à la mer . . . puisque à présent nous sommes des bourreaux! Vous y mettrez cette femme et vous l'emmènerez au large, jusqu'à ce que vous entendiez des coups de fusil. Alors vous reviendrez.

— Obéir à un morceau de papier! car ce n'était que cela enfin! Il fallait qu'il y eût quelque chose dans l'air qui me poussât. J'entrevis de loin ce jeune homme . . . oh! c'était affreux à voir! . . . s'agenouiller devant sa Laurette, et lui baiser les genoux et les pieds. N'est-ce pas que vous trouvez que j'étais bien malheureux?

Je criai comme un fou: — Séparez-les! nous sommes tous des scélérats! — Séparez-les . . . La pauvre République est un corps mort! Directoire, Directeurs, c'en est la vermine! Je quitte la mer! Je ne crains pas tous vos avocats; qu'on leur dise ce que je dis, qu'est-ce que ça me fait? — Ah je me souciais bien d'eux, en effet! J'aurais voulu les tenir; je les aurais fait fusiller tous les cinq, les coquins! Oh! je l'aurais fait! je me souciais de la vie comme de l'eau qui tombe là, tenez . . . Je m'en souciais bien! . . . une vie comme la mienne . . . Ah bien, oui! pauvre vie . . . va! . . .

<center>*
**</center>

Et la voix du Commandant s'éteignit peu à peu et devint aussi incertaine que ses paroles; et il marcha en se mordant les lèvres et en fronçant le sourcil dans une distraction terrible et farouche. Il avait de petits mouvements convulsifs et donnait à son mulet des coups du fourreau de son épée, comme s'il eût voulu le tuer. Ce qui m'étonna, ce fut de voir la peau jaune de sa figure devenir d'un rouge foncé. Il

défit et entrouvrit violemment son habit sur la poitrine, la découvrant 640
au vent et à la pluie. Nous continuâmes ainsi à marcher dans un grand
silence. Je vis bien qu'il ne parlerait plus de lui-même, et qu'il fallait
me résoudre à questionner.

— Je comprends bien, lui dis-je, comme s'il eût fini son histoire, 645
qu'après une aventure aussi cruelle on prenne son métier en horreur.

— Oh! le métier; êtes-vous fou? me dit-il brusquement, ce n'est pas
le métier! Jamais le capitaine d'un bâtiment ne sera obligé d'être un
bourreau, sinon quand viendront des gouvernements d'assassins et de
voleurs, qui profiteront de l'habitude qu'a un pauvre homme d'obéir
aveuglément, d'obéir toujours, d'obéir comme une malheureuse mé- 650
canique, malgré son cœur.

En même temps il tira de sa poche un mouchoir rouge dans lequel
il se mit à pleurer comme un enfant. Je m'arrêtai un moment comme
pour arranger mon étrier, et, restant derrière la charrette, je marchai
quelque temps à la suite, sentant qu'il serait humilié si je voyais trop 655
clairement ses larmes abondantes.

J'avais deviné juste, car au bout d'un quart d'heure environ, il vint
aussi derrière son pauvre équipage, et me demanda si je n'avais pas
de rasoirs dans mon porte-manteau; à quoi je lui répondis simplement
que, n'ayant pas encore de barbe, cela m'était fort inutile. Mais il n'y 660
tenait pas, c'était pour parler d'autre chose. Je m'aperçus cependant
avec plaisir qu'il revenait à son histoire, car il me dit tout à coup:

— Vous n'avez jamais vu de vaisseau de votre vie, n'est-ce pas?

— Je n'en ai vu, dis-je, qu'au Panorama de Paris[81], et je ne me fie pas
beaucoup à la science maritime que j'en ai tirée. 665

— Vous ne savez pas, par conséquent, ce que c'est que le bossoir[82]?

— Je ne m'en doute pas, dis-je.

— C'est une espèce de terrasse de poutres qui sort de l'avant du
navire, et d'où l'on jette l'ancre en mer. Quand on fusille un homme,
on le fait placer là ordinairement, ajouta-t-il plus bas. 670

— Ah! je comprends, parce qu'il tombe de là dans la mer.

Il ne répondit pas, et se mit à décrire toutes les sortes de canots
que peut porter un brick, et leur position dans le bâtiment; et puis, sans
ordre dans ses idées, il continua son récit avec cet air affecté d'in-
souciance que de longs services donnent infailliblement, parce qu'il 675
faut montrer à ses inférieurs le mépris du danger, le mépris des hommes,

[81] Panorama de Paris: construit en 1799 par l'Américain Robert Fulton.
[82] bossoir: "cat head".

le mépris de la vie, le mépris de la mort et le mépris de soi-même; et tout cela cache, sous une dure enveloppe, presque toujours une sensibilité profonde. — La dureté de l'homme de guerre est comme un masque de fer sur un noble visage, comme un cachot de pierre qui renferme un prisonnier royal.

— Ces embarcations tiennent six hommes, reprit-il. Ils s'y jetèrent et emportèrent Laure avec eux, sans qu'elle eût le temps de crier et de parler. Oh! voici une chose dont aucun honnête homme ne peut se consoler quand il en est cause. On a beau dire, on n'oublie pas une chose pareille! Ah! quel temps il fait! — Quel diable m'a poussé à raconter ça! Quand je raconte cela, je ne peux plus m'arrêter, c'est fini. C'est une histoire qui me grise comme le vin de Jurançon[83]. — Ah! quel temps il fait! — Mon manteau est traversé.

Je vous parlais, je crois, encore de cette petite Laurette! — La pauvre femme! — Qu'il y a des gens maladroits dans le monde! L'officier fut assez sot pour conduire le canot en avant du brick. Après cela, il est vrai de dire qu'on ne peut pas tout prévoir. Moi je comptais sur la nuit pour cacher l'affaire, et je ne pensais pas à la lumière des douze fusils faisant feu à la fois. Et, ma foi, du canot elle vit son mari tomber à la mer, fusillé.

S'il y a un Dieu là-haut, il sait comment arriva ce que je vais vous dire; moi je ne le sais pas, mais on l'a vu et entendu comme je vous vois et vous entends. Au moment du feu, elle porta la main à sa tête, comme si une balle l'avait frappée au front, et s'assit dans le canot sans s'évanouir, sans crier, sans parler, et revint au brick quand on voulut et comme on voulut. J'allai à elle, je lui parlai longtemps et le mieux que je pus. Elle avait l'air de m'écouter et me regardait en face, en se frottant le front. Elle ne comprenait pas, et elle avait le front rouge et le visage tout pâle. Elle tremblait de tous ses membres comme ayant peur de tout le monde. Ça lui est resté. Elle est encore de même, la pauvre petite! idiote, ou comme imbécile, ou folle, comme vous voudrez. Jamais on n'en a tiré une parole si ce n'est quand elle dit qu'on lui ôte ce qu'elle a dans la tête.

De ce moment-là je devins aussi triste qu'elle, et je sentis quelque chose en moi qui me disait: Reste devant elle jusqu'à la fin de tes jours, et garde-la; je l'ai fait. Quand je revins en France, je demandai à passer avec mon grade dans les troupes de terre, ayant pris la mer en haine parce que j'y avais jeté du sang innocent. Je cherchai la famille

[83] Jurançon: vin réputé du midi de la France.

de Laure. Sa mère était morte. Ses sœurs, à qui je la conduisais folle, 715
n'en voulurent pas, et m'offrirent de la mettre à Charenton[84]. Je leur
tournai le dos, et je la gardai avec moi.

— Ah! mon Dieu! si vous voulez la voir, mon camarade, il ne tient
qu'à vous. — Serait-elle là-dedans? lui dis-je. — Certainement! tenez! at-
tendez. — Hô! hô! la mule . . . 720

Comment je continuai ma route

Et il arrêta son pauvre mulet, qui me parut charmé que j'eusse fait
cette question. En même temps il souleva la toile cirée de sa petite
charrette, comme pour arranger la paille qui la remplissait presque, et
je vis quelque chose de bien douloureux. Je vis deux yeux bleus, dé-
mesurés de grandeur, admirables de forme, sortant d'une tête pâle, 725
amaigrie et longue, inondée de cheveux blonds tout plats. Je ne vis,
en vérité, que ces deux yeux, qui étaient tout dans cette pauvre femme,
car le reste était mort. Son front était rouge; ses joues creuses et
blanches avaient des pommettes bleuâtres; elle était accroupie au milieu
de la paille, si bien qu'on en voyait à peine sortir ses deux genoux, 730
sur lesquels elle jouait aux dominos toute seule. Elle nous regarda un
moment, trembla longtemps, me sourit un peu, et se remit à jouer.
Il me parut qu'elle s'appliquait à comprendre comment sa main droite
battrait sa main gauche.

— Voyez-vous, il y a un mois qu'elle joue cette partie-là, me dit le 735
Chef de bataillon; demain, ce sera peut-être un autre jeu qui durera
longtemps. C'est drôle, hein?

En même temps il se mit à replacer la toile cirée de son schako,
que la pluie avait un peu dérangée.

— Pauvre Laurette! dis-je, tu as perdu pour toujours, va! 740

J'approchai mon cheval de la charrette, et je lui tendis la main;
elle me donna la sienne machinalement, et en souriant avec beaucoup
de douceur. Je remarquai avec étonnement qu'elle avait à ses longs
doigts deux bagues de diamants; je pensai que c'étaient encore les
bagues de sa mère, et je me demandai comment la misère les avait 745
laissées là. Pour un monde entier je n'en aurais pas fait l'observation
au vieux Commandant; mais comme il me suivait des yeux, et voyait
les miens arrêtés sur les doigts de Laure, il me dit avec un certain air
d'orgueil:

[84] Charenton: hôpital près de Paris où l'on met les fous.

— Ce sont d'assez gros diamants, n'est-ce pas? Ils pourraient avoir 7[
leur prix dans l'occasion, mais je n'ai pas voulu qu'elle s'en séparât, la
pauvre enfant. Quand on y touche, elle pleure, elle ne les quitte pas.
Du reste, elle ne se plaint jamais, et elle peut coudre de temps en
temps. J'ai tenu parole à son pauvre petit mari, et, en vérité, je ne m'en
repens pas. Je ne l'ai jamais quittée, et j'ai dit partout que c'était ma 7(
fille qui était folle. On a respecté ça. A l'armée tout s'arrange mieux
qu'on ne le croit à Paris, allez! — Elle a fait toutes les guerres de l'Em-
pereur avec moi, et je l'ai toujours tirée d'affaire. Je la tenais toujours
chaudement. Avec de la paille et une petite voiture, ce n'est jamais
impossible. Elle avait une tenue assez soignée, et moi, étant chef de 7(
bataillon, avec une bonne paye, ma pension de la Légion d'honneur et
le mois Napoléon, dont la somme était double, dans le temps j'étais
tout à fait au courant de mon affaire, et elle ne me gênait pas. Au
contraire, ses enfantillages faisaient rire quelquefois les officiers du 7ᵉ
léger[85]. 7[

Alors il s'approcha d'elle et lui frappa sur l'épaule, comme il eût
fait à son petit mulet.

— Eh bien, ma fille! dis donc, parle donc un peu au lieutenant qui
est là; voyons, un petit signe de tête.

Elle se remit à ses dominos. 7[

— Oh! dit-il, c'est qu'elle est un peu farouche aujourd'hui, parce
qu'il pleut. Cependant elle ne s'enrhume jamais. Les fous, ça n'est
jamais malade, c'est commode de ce côté-là. A la Bérésina[86] et dans
toute la retraite de Moscou, elle allait nu-tête. — Allons, ma fille, joue
toujours, va, ne t'inquiète pas de nous; fais ta volonté, va, Laurette. 7[

Elle lui prit la main qu'il appuyait sur son épaule, une grosse main
noire et ridée; elle la porta timidement à ses lèvres et la baisa comme
une pauvre esclave. Je me sentis le cœur serré par ce baiser, et je
tournai bride[87] violemment.

— Voulons-nous continuer notre marche, Commandant? lui dis-je; 7[
la nuit viendra avant que nous soyons à Béthune[88].

Le Commandant racla soigneusement avec le bout de son sabre la
boue jaune qui chargeait ses bottes; ensuite il monta sur le marchepied

[85] 7ème léger: nom du régiment auquel le commandant appartient.
[86] Bérésina: rivière de Russie, dont le franchissement fut l'un des moments les plus
 durs de la retraite de Russie (1812).
[87] tourner bride: faire tourner son cheval dans une autre direction.
[88] Béthune: ville du nord de la France.

de la charrette, ramena sur la tête de Laurette le capuchon de drap
d'un petit manteau qu'elle avait. Il ôta sa cravate de soie noire et la 790
mit autour du cou de sa fille adoptive; après quoi il donna le coup de
pied au mulet, fit son mouvement d'épaule et dit: — En route, mau-
vaise troupe[89]!

Et nous repartîmes.

La pluie tombait toujours tristement; le ciel gris et la terre grise 795
s'étendaient sans fin; une sorte de lumière terne, un pâle soleil, tout
mouillé, s'abaissait derrière de grands moulins qui ne tournaient pas.
Nous retombâmes dans un grand silence.

Je regardais mon vieux Commandant; il marchait à grands pas,
avec une vigueur toujours soutenue, tandis que son mulet n'en pouvait 800
plus[90] et que mon cheval même commençait à baisser la tête. Ce brave
homme ôtait de temps à autre son schako pour essuyer son front chauve
et quelques cheveux gris de sa tête, ou ses gros sourcils, ou ses mous-
taches blanches, d'où tombait la pluie. Il ne s'inquiétait pas de l'effet
qu'avait pu faire sur moi son récit. Il ne s'était fait ni meilleur ni plus 805
mauvais qu'il n'était. Il n'avait pas daigné se dessiner. Il ne pensait
pas à lui-même et, au bout d'un quart d'heure, il entama, sur le même
ton, une histoire bien plus longue sur une campagne du maréchal
Masséna[91], où il avait formé son bataillon en carré contre je ne sais
quelle cavalerie. Je ne l'écoutai pas, quoiqu'il s'échauffât pour me dé- 810
montrer la supériorité du fantassin sur le cavalier.

La nuit vint, nous n'allions pas vite. La boue devenait plus épaisse
et plus profonde. Rien sur la route et rien au bout. Nous nous ar-
rêtâmes au pied d'un arbre mort, le seul arbre du chemin. Il donna
d'abord ses soins à son mulet, comme moi à mon cheval. Ensuite il 815
regarda dans la charrette, comme une mère dans le berceau de son
enfant. Je l'entendais qui disait: — Allons, ma fille, mets cette re-
dingote sur tes pieds, et tâche de dormir. — Allons, c'est bien! elle n'a
pas une goutte de pluie. — Ah, diable! elle a cassé ma montre que
je lui avais laissée au cou! 820

— Oh! ma pauvre montre d'argent! — Allons, c'est égal; mon enfant,
tâche de dormir. Voilà le beau temps qui va venir bientôt. — C'est
drôle! elle a toujours la fièvre; les folles sont comme ça. Tiens, voilà

[89] En route, mauvaise troupe!: expression populaire pour dire "Partons!"

[90] n'en pouvait plus: était épuisé.

[91] André Masséna (1756-1817): un des meilleurs généraux de la Révolution et de
l'Empire.

du chocolat pour toi, mon enfant.

Il appuya la charrette à l'arbre, et nous nous assîmes sous les roues, à l'abri de l'éternelle ondée, partageant un petit pain à lui et un à moi: mauvais souper.

— Je suis fâché que nous n'ayons que ça, dit-il: mais ça vaut mieux que du cheval cuit sous la cendre avec de la poudre dessus, en manière de sel, comme on en mangeait en Russie. La pauvre petite femme, il faut bien que je lui donne ce que j'ai de mieux. Vous voyez que je la mets toujours à part. Elle ne peut pas souffrir le voisinage d'un homme depuis l'affaire de la lettre. Je suis vieux, et elle a l'air de croire que je suis son père; malgré cela, elle m'étranglerait si je voulais l'embrasser seulement sur le front. L'éducation leur laisse toujours quelque chose, à ce qu'il paraît, car je ne l'ai jamais vue oublier de se cacher comme une religieuse. — C'est drôle, hein?

Comme il parlait d'elle de cette manière, nous l'entendîmes soupirer et dire: Otez ce plomb! ôtez-moi ce plomb! Je me levais, il me fit rasseoir.

— Restez, restez, me dit-il, ce n'est rien; elle dit ça toute sa vie, parce qu'elle croit toujours sentir une balle dans sa tête. Ca ne l'empêche pas de faire tout ce qu'on lui dit, et cela avec beaucoup de douceur.

Je me tus, en l'écoutant avec tristesse. Je me mis à calculer que, de 1797 à 1815, où nous étions, dix-huit années ainsi s'étaient passées pour cet homme. — Je demeurai longtemps en silence à côté de lui, cherchant à me rendre compte de ce caractère et de cette destinée. Ensuite, à propos de rien, je lui donnai une poignée de main pleine d'enthousiasme. Il en fut étonné.

— Vous êtes un digne homme, lui dis-je.

Il me répondit:

— Eh! pourquoi donc? Est-ce à cause de cette pauvre femme? . . . Vous sentez bien, mon enfant, que c'était un devoir. Il y a longtemps que j'ai fait Abnégation.

Et il me parla encore de Masséna.

Le lendemain, au jour, nous arrivâmes à Béthune, petite ville laide et fortifiée, où l'on dirait que les remparts, en resserrant leur cercle, ont pressé les maisons l'une sur l'autre. Tout y était en confusion, c'était le moment d'une alerte. Les habitants commençaient à retirer les drapeaux blancs des fenêtres et à coudre les trois couleurs dans leurs

maisons. Les tambours battaient la générale[92]; les trompettes son-
naient à cheval, par ordre de M. le duc de Berry[93]. Les longues char-
rettes picardes portaient les Cent-Suisses et leurs bagages; les canons
des Gardes du Corps courant aux remparts, les voitures de princes, 865
les escadrons des Compagnies-Rouges se formant, encombraient la
ville. La vue des Gendarmes du Roi et des Mousquetaires[94] me fit
oublier mon vieux compagnon de route. Je joignis ma compagnie, et je
perdis dans la foule la petite charrette et ses pauvres habitants. A mon
grand regret, c'était pour toujours que je les perdais. 870

Ce fut la première fois de ma vie que je lus au fond d'un vrai cœur
de soldat. Cette rencontre me révéla une nature d'homme qui m'était
inconnue, et que le pays connaît mal et ne traite pas bien; je la plaçai
dès lors très haut dans mon estime. J'ai souvent cherché depuis autour
de moi quelque homme semblable à celui-là et capable de cette abnéga- 875
tion de soi-même entière et insouciante. Or, durant quatorze années
que j'ai vécu dans l'armée, ce n'est qu'en elle, et surtout dans les rangs
dédaignés et pauvres de l'infanterie, que j'ai retrouvé ces hommes de
caractère antique, poussant le sentiment du devoir jusqu'à ses dernières
conséquences, n'ayant ni remords de l'obéissance ni honte de la pau- 880
vreté, simples de mœurs et de langage, fiers de la gloire du pays, et
insouciants de la leur propre[95], s'enfermant avec plaisir dans leur
obscurité, et partageant avec les malheureux le pain noir qu'ils payent
de leur sang.

J'ignorai longtemps ce qu'était devenu ce pauvre chef de bataillon, 885
d'autant plus qu'il ne m'avait pas dit son nom et que je ne le lui avais
pas demandé. Un jour cependant, au café, en 1825, je crois, un vieux
capitaine d'infanterie de ligne à qui je le décrivis, en attendant la
parade, me dit:

— Eh! pardieu, mon cher, je l'ai connu, le pauvre diable! C'était un 890
brave homme; il a été descendu par un boulet à Waterloo[96]. Il avait
en effet laissé aux bagages une espèce de fille folle que nous menâmes
à l'Hôpital d'Amiens[97], en allant à l'armée de la Loire, et qui y mourut,
furieuse, au bout de trois jours.

— Je le crois bien, lui dis-je; elle n'avait plus son père nourricier! 895

[92] battaient la générale: rassemblaient les troupes pour le départ.
[93] le duc de Berry: neveu de Louis XVIII.
[94] noms de différents régiments royalistes.
[95] la leur propre: leur propre gloire.
[96] Waterloo: défaite finale de Napoléon Ier (1815).
[97] Amiens: ville du nord de la France.

— Ah bah! père! qu'est-ce que vous dites donc? ajouta-t-il d'un air qu'il voulait rendre fin et licencieux.

— Je dis qu'on bat le rappel[98], repris-je en sortant. Et moi aussi, j'ai fait Abnégation.

Questions

A. 1. Pourquoi la maison du Roi n'est-elle remplie que de vieillards et d'enfants?
2. Il y a opposition entre le paysage, la situation et l'humeur du narrateur. Quelle est la raison de sa gaîté?
3. Pourquoi devient-il triste? Que fait-il alors? Quelle est la pensée qui le réconforte?
4. Pourquoi le vieil officier prend-il son fusil en voyant le narrateur?
5. Qu'est-ce que la petite voiture transporte? Quelle réaction l'officier espère-t-il provoquer par sa confidence?
6. Quelle impression le capitaine a-t-il en voyant la lettre?
7. Quel âge ont les amoureux? En quoi leur jeunesse ajoute-t-elle au caractère dramatique de l'histoire?
8. Qu'est-ce que le capitaine propose aux jeunes gens quand ils seront à Cayenne?
9. De quelle manière Laurette envisage-t-elle la vie en déportation?
10. Quelle faute le jeune homme a-t-il commise? Pourquoi l'auteur a-t-il choisi une faute qui paraît si légère?
11. Quelle est la réaction du jeune homme en apprenant ce qui va lui arriver?
12. Que demande-t-il au capitaine de faire après sa mort?
13. Pourquoi le vieil officier reprend-il son récit avec un air d'insouciance affecté?
14. Quelle est la réaction de Laurette en voyant fusiller son mari?
15. Que sont devenus les diamants de Laurette? En quoi cela contribue-t-il à peindre le caractère du vieil officier?
16. Pourquoi celui-ci a-t-il agi comme il a fait?
17. Qu'est-ce que les autres officiers pensent de ses relations avec Laurette?

B. 1. Donnez des exemples du caractère autobiographique de l'introduction.
2. L'auteur compare le cheval à une chaloupe (l. 76) et exploite ensuite cette métaphore. Comment se justifie-t-elle logiquement?

[98] bat le rappel: rassemble les troupes.

3. *moi, passeur d'eau* (l. 248). Expliquez par le contexte ce choix de termes curieux.
4. Comment Vigny se sert-il de la lettre pour augmenter l'impression de "suspense"?
5. Le capitaine aime les deux jeunes gens, il déteste le Directoire. Il est près de l'Equateur, lui seul a lu la lettre. Pourquoi ne désobéit-il pas? Comment l'auteur le juge-t-il pour cela?
6. Le mot clef de la nouvelle est *Abnégation*. Comment permet-il d'expliquer ce continuel refus d'attendrissement des personnages et du narrateur?
7. En quoi la conclusion ironique de l'histoire, alors que le reste du récit est si peu ironique, vient-elle renforcer la thèse de l'auteur?
8. *Et moi aussi, j'ai fait Abnégation.* Quel est le sens de cette dernière phrase?

Sujets de Conversation

Pour Vigny, l'héroïsme se mesure à la grandeur du sacrifice, accepté sans discussion, comme un devoir. A cette conception dont personne ne songe à nier la noblesse, s'oppose aujourd'hui l'idée que l'obéissance pure et simple à un acte monstrueux est un crime et qu'on ne doit pas se prêter à l'exécution de projets barbares parce qu'on a reçu l'ordre de le faire.

Pour l'obéissance

Si l'on décide d'obéir sans discussion, on éprouve un soulagement à ne pas avoir à se poser de questions, à laisser à d'autres le soin de prendre les décisions. N'est-ce pas là la meilleure attitude pour bien exécuter les ordres?

N'est-il pas normal que l'intérêt particulier passe après l'intérêt général? Une fourmi a-t-elle le droit de ne pas porter son brin d'herbe?

En n'obéissant qu'aux données de sa conscience, ne risque-t-on pas de tomber en pleine anarchie? La dés-

Pour la désobéissance

Qui ne dit pas non à un acte criminel en est le complice. Ne peut-on pas dire qu'il y a des crimes contre l'humanité? N'est-ce pas la seule base juridique pour des procès comme celui des dirigeants nazis à Nuremberg?

Comment un crime pourrait-il servir l'intérêt général? L'homme est un être moral. Comment peut-on envisager qu'il ait un comportement de fourmi?

Devant certains ordres criminels, la désobéissance est-elle seulement un droit ou un devoir? Est-ce une

obéissance n'est-elle pas un luxe, réservé à quelques-uns, justement parce que tous les autres obéissent?

Existe-t-il une liste d'actes interdits pour qu'on puisse refuser de les exécuter? A quel moment commence la légitime défense? N'est-il pas trop facile de venir après coup dire qu'on n'avait pas le droit d'agir ainsi? Le caractère d'un crime ne change-t-il pas avec le temps, les lieux, les circonstances?

Qu'arriverait-il si une infirmière estimait que le médecin se trompe et changeait le traitement d'un malade? si un pilote d'avion ne suivait pas les instructions de la tour de contrôle? (essayez d'imaginer quelques situations où la désobéissance paraît inconcevable).

excuse suffisante de soutenir qu'on ne voulait pas risquer sa vie ou même sa situation?

L'obéissance du soldat n'a pour but que d'assurer une meilleure exécution des ordres reçus. Dès que cette exécution n'est plus essentielle, pourquoi la désobéissance ne serait-elle pas permise comme dans la vie civile?

Le vieil officier de Vigny n'est excusé que parce qu'il s'est crucifié. Mais au lieu d'arriver à une grandeur involontaire n'aurait-il pas mieux fait d'épargner ses jeunes amis et lui-même? N'aurait-il pas été à la fois plus humain et plus juste?

Honoré de Balzac
(1799-1851)

Ce qui caractérise le génie de Balzac, c'est la puissance de ses créations. *La Comédie humaine*, ensemble de romans qui vise à décrire l'homme dans son milieu social, constitue un monde imaginaire, mais si saisissant de vérité que les personnages, environ un millier, qui reviennent souvent d'un volume sur l'autre, donnent l'illusion d'êtres authentiques.

Dans l'univers de l'œuvre balzacienne, les défauts n'importent guère, ils passent avec l'histoire. On trouve des longueurs, des morceaux écrits trop rapidement, la pensée philosophique est parfois contestable, la vulgarité n'est pas toujours absente, mais tout cela ne saurait être pris en considération devant cette gigantesque peinture de la société, de ses vices et de ses tares, par un homme qui est à la fois un observateur et un visionnaire de génie.

Balzac écrit pour vivre. En vingt ans, il compose quatre-vingt-dix romans, sans compter les nouvelles et cinq pièces de théâtre, ce qui est d'autant plus prodigieux qu'il écrit difficilement et met longtemps à mûrir ses sujets. L'œuvre a été accueillie triomphalement. Les femmes ont assuré son succès. Mais tout l'argent qu'il a gagné ne lui a servi qu'à payer ses dettes. Plein d'idées et d'imagination, il avait voulu faire fortune avant de devenir romancier; il s'était lancé dans les affaires et s'y était ruiné. Seuls ses héros sauront s'enrichir en appliquant ses méthodes, ce qui prouve que la réalité artistique ne ressemble pas toujours à la réalité quotidienne.

Balzac s'intéresse à l'homme, animal social. Ce qu'il entend peindre, c'est la société de son temps. C'est dans ses fictions que l'on peut le mieux retrouver ce qu'a été l'existence dans la première moitié du dix-neuvième siècle. Le monde qu'il décrit est une jungle: les forts triomphent, les faibles périssent. Il faut ou dévorer ou accepter d'être dévoré. Tous les liens dont se laissent charger les personnages sont des marques de faiblesse qui les mènent à leur destruction. Aimer, c'est se condamner à dépendre d'un autre et à être sacrifié par lui pour sa propre réussite. Les romans de Balzac constituent un monde en continuelle évolution où les protagonistes montent ou s'effondrent, selon la passion qui les détermine et qui les exalte ou les annihile.

Car le héros balzacien est un monomane, un homme ordinaire par bien des côtés, mais en proie à une passion dont rien ne saurait le détourner et qui devient chez lui idée fixe: le père Goriot n'existe que par son amour pour ses filles, Rastignac personnifie l'ambition, le baron Hulot la débauche sénile; Vautrin est l'incarnation du mal, César Birotteau l'honnête commerçant. Le conflit des sentiments existe à peine, le héros va jusqu'au bout de sa passion, jusqu'à la déchéance finale.

Ces personnages, minutieusement dépeints, dans des portraits remarquables de finesse d'analyse, sont élevés jusqu'au type. Balzac est un grand observateur. Son ambition est de rivaliser avec la vie même. Mais il ne se contente pas de copier la réalité; il la déforme, l'exagère pour la transformer en œuvre d'art. Il serait vain de se demander si l'on est vraiment dans la vie aussi avare que le père Grandet; à ce degré de puissance il atteint à l'archétype, il est l'Avare, comme l'Harpagon de Molière, qui n'est pas plus exact que lui, mais aussi convaincant.

Balzac est un grand constructeur. L'ironie ne joue qu'un petit rôle dans son œuvre. Le style est à la mesure même de cette conception

globale du roman, style oratoire, style de mouvement qui sert à traduire une vision gigantesque de l'humanité.

<p style="text-align:center">*
* *</p>

Comme Zola, Balzac n'est pas tout à fait à l'aise dans la nouvelle. Il a besoin de plus d'espace et a quelque peine à se plier à la brièveté du genre. Mais cela ne constitue une critique que par rapport à l'exceptionnelle qualité de ses grands romans.

El Verdugo, en comparaison de l'ensemble de *La Comédie humaine*, est une œuvre écrite relativement jeune et ne fait voir que certains aspects du talent de Balzac. La nouvelle est assez romantique — car il y a chez Balzac tout un côté romantique que l'on néglige trop souvent — par le sujet et le tour dramatique, les violents contrastes que l'on y trouve. Par contre, la couleur locale est réduite au minimum et, visiblement, Balzac s'intéresse ici plus au sujet qu'à ses personnages. C'est la situation dramatique qui l'a tenté. Entre le général français qui ose proposer un atroce marché et le marquis espagnol qui ose l'accepter, il y a assaut d'inhumanité. L'auteur ne cherche pas à réduire

les effets pour rendre l'histoire plausible; il joue le jeu franchement au point de frôler souvent le mélodrame. Mais la rapidité du récit est sa sauvegarde.

El Verdugo
Guerre d'Espagne[1] 1809

*L*e clocher de la petite ville de Menda[2] venait de sonner minuit.

En ce moment, un jeune officier français, appuyé sur le parapet d'une longue terrasse qui bordait les jardins du château de Menda, paraissait abîmé dans une contemplation plus profonde que ne le comportait l'insouciance de la vie militaire; mais il faut dire aussi que jamais heure, site et nuit ne furent plus propices à la méditation.

Le beau ciel d'Espagne étendait un dôme d'azur au-dessus de sa tête. Le scintillement des étoiles et la douce lumière de la lune éclairaient une vallée délicieuse qui se déroulait coquettement à ses pieds.

Appuyé sur un oranger en fleur, le chef de bataillon pouvait voir, à cent pieds au-dessous de lui, la ville de Menda, qui semblait s'être mise à l'abri des vents du nord, au pied du rocher sur lequel était bâti le château. En tournant la tête, il apercevait la mer, dont les eaux brillantes encadraient le paysage d'une large lame d'argent. Le château était illuminé. Le joyeux tumulte d'un bal, les accents de l'orchestre, les rires de quelques officiers et de leurs danseuses arrivaient jusqu'à lui, mêlés au lointain murmure des flots. La fraîcheur de la nuit imprimait une sorte d'énergie à son corps fatigué par la chaleur du jour. Enfin, les jardins étaient plantés d'arbres si odoriférants et de fleurs si suaves, que le jeune homme se trouvait comme plongé dans un bain de parfums.

Le château de Menda appartenait à un grand d'Espagne qui l'habitait en ce moment avec sa famille. Pendant toute cette soirée, l'aînée

[1] Guerre d'Espagne (1808-1913): L'invasion de l'Espagne par les troupes de Napoléon provoqua un soulèvement national populaire. Guerre sans merci où, des deux côtés, on se montra également cruel et où, pour la première fois, les armées de l'Empereur furent tenues en échec.

[2] Menda: ville d'Espagne, dans la province de Pontevedra, au nord du Portugal.

des filles avait regardé l'officier avec un intérêt empreint d'une telle 25
tristesse, que le sentiment de compassion exprimé par l'Espagnole
pouvait bien causer la rêverie du Français.

Clara était belle, et, quoiqu'elle eût trois frères et une sœur, les
biens du marquis de Légañès paraissaient assez considérables pour
faire croire à Victor Marchand que la jeune personne aurait une riche 30
dot. Mais comment oser croire que la fille du vieillard le plus entiché
de sa grandesse[3] qui fût en Espagne, pourrait être donnée au fils d'un
épicier de Paris! D'ailleurs, les Français étaient haïs.

Le marquis ayant été soupçonné par le général G . . t . . r, qui gou-
vernait la province, de préparer un soulèvement en faveur de Ferdinand 35
VII[4], le bataillon commandé par Victor Marchand avait été cantonné[5]
dans la petite ville de Menda pour contenir les campagnes voisines,
qui obéissaient au marquis de Légañès. Une récente dépêche du maré-
chal Ney[6] faisait craindre que les Anglais ne débarquassent prochaine-
ment sur la côte, et signalait le marquis comme un homme qui entre- 40
tenait des intelligences avec le cabinet de Londres. Aussi, malgré le
bon accueil que cet Espagnol avait fait à Victor Marchand et à ses
soldats, le jeune officier se tenait-il constamment sur ses gardes.

En se dirigeant vers cette terrasse où il venait examiner l'état de la
ville et des campagnes confiées à sa surveillance, il se demandait com- 45
ment il devait interpréter l'amitié que le marquis n'avait cessé de lui
témoigner, et comment la tranquillité du pays pouvait se concilier avec
les inquiétudes de son général; mais, depuis un moment, ces pensées
avaient été chassées de l'esprit du jeune commandant par un sentiment
de prudence et par une curiosité bien légitime. 50

Il venait d'apercevoir, dans la ville, une assez grande quantité de lu-
mières. Malgré la fête de saint Jacques, il avait ordonné, le matin même,
que les feux fussent éteints à l'heure prescrite par son règlement. Le
château seul avait été excepté de cette mesure. Il vit bien briller çà
et là les baïonnettes de ses soldats aux postes accoutumés; mais le 55
silence était solennel, et rien n'annonçait que les Espagnols fussent en
proie à[7] l'ivresse d'une fête.

[3] le plus entiché de sa grandesse: le plus excessivement attaché au fait d'être grand
d'Espagne, c'est-à-dire d'appartenir à la plus haute noblesse.
[4] Ferdinand VII: monté sur le trône d'Espagne au début de 1808, dut abdiquer le 6
mai 1808.
[5] cantonné: installé.
[6] Michel Ney (1769-1815): l'un des plus célèbres maréchaux de Napoléon.
[7] en proie à: livrés à, pris par.

Après avoir cherché à s'expliquer l'infraction dont se rendaient coupables les habitants, il trouva dans ce délit un mystère d'autant plus incompréhensible, qu'il avait laissé des officiers chargés de la police nocturne et des rondes. 60

Avec l'impétuosité de la jeunesse, il allait s'élancer par une brèche pour descendre rapidement les rochers et parvenir ainsi plus tôt que par le chemin ordinaire à un petit poste placé à l'entrée de la ville du côté du château, quand un faible bruit l'arrêta dans sa course. Il crut 65 entendre le sable des allées criant sous le pas léger d'une femme. Il retourna la tête et ne vit rien; mais ses yeux furent saisis par l'éclat extraordinaire de l'Océan. Il y aperçut tout à coup un spectacle si funeste, qu'il demeura immobile de surprise, en accusant ses sens d'erreur. 70

Les rayons blanchissants de la lune lui permirent de distinguer des voiles à une assez grande distance. Il tressaillit, et tâcha de se convaincre que cette vision était un piège d'optique offert par les fantaisies des ondes et de la lune.

En ce moment, une voix enrouée prononça le nom de l'officier, qui 75 regarda vers la brèche, et vit s'y élever lentement la tête du soldat par lequel il s'était fait accompagner au château.

— Est-ce vous, mon commandant?

— Oui. Eh! bien? lui dit à voix basse le jeune homme, qu'une sorte de pressentiment avertit d'agir avec mystère[8]. 80

— Ces gredins-là se remuent comme des vers, et je me hâte, si vous le permettez, de vous communiquer mes petites observations.

— Parle, répondit Victor Marchand.

— Je viens de suivre un homme du château qui s'est dirigé par ici, une lanterne à la main. Une lanterne est furieusement suspecte! Je ne 85 crois pas que ce chrétien-là ait besoin d'allumer des cierges à cette heure-ci . . . "Ils veulent nous manger![9]" que je me suis dit, et je me suis mis à lui examiner les talons[10]. Aussi, mon commandant, ai-je découvert à trois pas d'ici, sur un quartier de roche, un certain amas de fagots. 90

Un cri terrible, qui tout à coup retentit dans la ville, interrompit le soldat. Une lueur soudaine éclaira le commandant. Le pauvre grena-

[8] avec mystère: avec discrétion, en évitant d'être remarqué.

[9] nous manger: *pop.*, nous tuer.

[10] examiner les talons: *pop.*, suivre de près.

dier[11] reçut une balle dans la tête et tomba. Un feu de paille et de bois sec brillait comme un incendie à dix pas du jeune homme. Les instruments et les rires cessaient de se faire entendre dans la salle du bal. 95

Un silence de mort, interrompu par des gémissements, avait soudain remplacé les rumeurs et la musique de la fête. Un coup de canon retentit sur la plaine blanche de l'Océan. Une sueur froide coula sur le front du jeune officier. Il était sans épée. Il comprenait que ses soldats avaient péri et que les Anglais allaient débarquer. Il se vit déshonoré s'il vivait, il se vit traduit devant un conseil de guerre[12]; alors il mesura des yeux la profondeur de la vallée, et s'y élançait au moment où la main de Clara saisit la sienne. 100

— Fuyez! dit-elle; mes frères me suivent pour vous tuer. Au bas du rocher, par là, vous trouverez l'andalou[13] de Juanito. Allez! 105

Elle le poussa; le jeune homme stupéfait la regarda pendant un moment; mais, obéissant bientôt à l'instinct de conservation qui n'abandonne jamais l'homme, même le plus fort, il s'élança dans le parc en prenant la direction indiquée, et courut à travers des rochers que les chèvres avaient seules pratiqués[14] jusqu'alors. 110

Il entendit Clara crier à ses frères de le poursuivre; il entendit les pas de ses assassins; il entendit siffler à ses oreilles les balles de plusieurs décharges; mais il atteignit la vallée, trouva le cheval, monta dessus et disparut avec la rapidité de l'éclair.

En peu d'heures, le jeune officier parvint au quartier du général 115
G..t..r, qu'il trouva dînant avec son état-major.

— Je vous apporte ma tête! s'écria le chef de bataillon en apparaissant pâle et défait.

Il s'assit et raconta l'horrible aventure. Un silence effrayant accompagna son récit. 120

— Je vous trouve plus malheureux que criminel, répondit enfin le terrible général. Vous n'êtes pas comptable[15] du forfait des Espagnols; et à moins que le maréchal n'en décide autrement, je vous absous.

Ces paroles ne donnèrent qu'une bien faible consolation au malheureux officier. 125

— Quand l'empereur saura cela! s'écria-t-il.

[11] grenadier: soldat de certains corps d'élite.
[12] traduit devant un conseil de guerre: qui doit passer en jugement devant un tribunal militaire.
[13] l'andalou: le cheval andalou (de la province d'Andalousie).
[14] avaient seules pratiqués: où seules les chèvres étaient passées.
[15] comptable: responsable.

— Il voudra vous faire fusiller, dit le général, mais nous verrons. Enfin, ne parlons plus de ceci, ajouta-t-il d'un ton sévère, que pour en tirer une vengeance qui imprime une terreur salutaire à ce pays où l'on fait la guerre à la façon des sauvages. [130]

Une heure après, un régiment entier, un détachement de cavalerie et un convoi d'artillerie étaient en route. Le général et Victor marchaient à la tête de cette colonne.

Les soldats, instruits du massacre de leurs camarades, étaient possédés d'une fureur sans exemple. La distance qui séparait la ville de [135] Menda du quartier général fut franchie avec une rapidité miraculeuse. Sur la route, le général trouva des villages entiers sous les armes. Chacune de ces misérables bourgades[16] fut cernée et leurs habitants décimés.

Par une de ces fatalités inexplicables, les vaisseaux anglais étaient [140] restés en panne[17] sans avancer; mais on sut plus tard que ces vaisseaux ne portaient que de l'artillerie et qu'ils avaient mieux marché que le reste des transports. Ainsi la ville de Menda, privée des défenseurs qu'elle attendait, et que l'apparition des voiles anglaises semblait lui promettre, fut entourée par les troupes françaises presque sans coup [145] férir[18]. Les habitants, saisis de terreur, offrirent de se rendre à discrétion[19].

Par un de ces dévouements qui n'ont pas été rares dans la Péninsule[20], les assassins des Français, prévoyant, d'après la cruauté connue du général, que Menda serait peut-être livrée aux flammes et la popula- [150] tion entière passée au fil de l'épée[21], proposèrent de se dénoncer eux-mêmes au général. Il accepta cette offre, en y mettant pour condition que les habitants du château, depuis le dernier valet jusqu'au marquis, seraient mis entre ses mains. Cette capitulation consentie, le général promit de faire grâce au reste de la population et d'empêcher ses [155] soldats de piller la ville ou d'y mettre le feu. Une contribution énorme fut frappée[22], et les plus riches habitants se constituèrent prisonniers pour en garantir le payement, qui devait être effectué dans les vingt-quatre heures.

[16] bourgades: villages.
[17] en panne: avec les voiles placées de telle façon que le navire ne peut pas avancer.
[18] sans coup férir: sans avoir à se battre.
[19] à discrétion: sans condition, en se confiant à la discrétion des vainqueurs.
[20] Péninsule: péninsule ibérique, l'Espagne.
[21] passée au fil de l'épée: tuée à coups d'épée.
[22] une contribution énorme fut frappée: une énorme taxe de guerre fut imposée.

Le général prit toutes les précautions nécessaires à la sûreté de ses 160
troupes, pourvut à la défense du pays, et refusa de loger ses soldats
dans les maisons.

Après les avoir fait camper, il monta au château et s'en empara
militairement. Les membres de la famille des Légañès et les domes-
tiques furent soigneusement gardés à vue, garrottés[23], et enfermés dans 165
la salle où le bal avait eu lieu. Des fenêtres de cette pièce, on pouvait
facilement embrasser la terrasse qui dominait la ville. L'état-major
s'établit dans une galerie voisine, où le général tint d'abord conseil sur
les mesures à prendre pour s'opposer au débarquement. Après avoir
expédié un aide de camp au maréchal Ney, ordonné d'établir des bat- 170
teries sur la côte, le général et son état-major s'occupèrent des prison-
niers.

Deux cents Espagnols que les habitants avaient livrés furent im-
médiatement fusillés sur la terrasse. Après cette exécution militaire, le
général commanda de planter sur la terrasse autant de potences[24] qu'il 175
y avait de gens dans la salle du château et de faire venir le bourreau
de la ville. Victor Marchand profita du temps qui allait s'écouler avant
le dîner pour aller voir les prisonniers. Il revint bientôt vers le général.

— J'accours, lui dit-il d'une voix émue, vous demander des grâces.

— Vous! répliqua le général avec un ton d'ironie amère. 180

— Hélas! répondit Victor, je demande de tristes grâces. Le marquis,
en voyant planter les potences, a espéré que vous changeriez ce genre
de supplice pour sa famille, et vous supplie de faire décapiter les nobles.

— Soit, dit le général.

— Ils demandent encore qu'on leur accorde les secours de la religion, 185
et qu'on les délivre de leurs liens; ils promettent de ne pas chercher
à fuir.

— J'y consens, dit le général; mais vous m'en répondrez[25].

— Le vieillard vous offre encore toute sa fortune si vous voulez
pardonner à son jeune fils. 190

— Vraiment! répondit le chef. Ses biens appartiennent déjà au roi
Joseph[26].

Il s'arrêta. Une pensée de mépris rida son front, et il ajouta:

— Je vais surpasser leur désir. Je devine l'importance de sa dernière

[23] garrottés: liés étroitement.
[24] potences: instruments qui servent à pendre les condamnés.
[25] vous m'en répondrez: vous en serez responsable, garant.
[26] le roi Joseph: Joseph Bonaparte (1768-1844), frère de Napoléon Ier, roi d'Espagne
de 1808 à 1813.

demande. Eh! bien, qu'il achète l'éternité de son nom, mais que 195
l'Espagne se souvienne à jamais de sa trahison et de son supplice! Je
laisse sa fortune et la vie à celui de ses fils qui remplira l'office du
bourreau . . . Allez, et ne m'en parlez plus.

Le dîner était servi.

Les officiers attablés satisfaisaient un appétit que la fatigue avait 200
aiguillonné[27]. Un seul d'entre eux, Victor Marchand, manquait au
festin[28]. Après avoir hésité longtemps, il entra dans le salon où gémis-
sait l'orgueilleuse famille de Légañès, et jeta des regards tristes sur le
spectacle que présentait alors cette salle, où, la surveille[29], il avait vu
tournoyer, emportées par la valse, les têtes des deux jeunes filles et 205
des trois jeunes gens. Il frémit en pensant que, dans peu, elles devaient
rouler tranchées par le sabre du bourreau. Attachés sur leurs fauteuils
dorés, le père et la mère, les trois enfants et les deux filles, restaient
dans un état d'immobilité complète. Huit serviteurs étaient debout,
les mains liées derrière le dos. Ces quinze personnages se regardaient 210
gravement, et leurs yeux trahissaient à peine les sentiments qui les
animaient. Une résignation profonde et le regret d'avoir échoué dans
leur entreprise se lisaient sur quelques fronts. Des soldats immobiles
les gardaient en respectant la douleur de ces cruels ennemis.

Un mouvement de curiosité anima les visages quand Victor parut. 215
Il donna l'ordre de délier les condamnés, et alla lui-même détacher
les cordes qui retenaient Clara prisonnière sur sa chaise. Elle sourit
tristement. L'officier ne put s'empêcher d'effleurer les bras de la jeune
fille, en admirant sa chevelure noire, sa taille souple. C'était une véri-
table Espagnole: elle avait le teint espagnol, les yeux espagnols, de 220
longs cils recourbés[30] et une prunelle plus noire que ne l'est l'aile d'un
corbeau.

— Avez-vous réussi? dit-elle en lui adressant un de ces sourires
funèbres où il y a encore de la jeune fille.

Victor ne put s'empêcher de gémir. Il regarda tour à tour les trois 225
frères et Clara.

L'un, et c'était l'aîné, avait trente ans. Petit, assez mal fait[31], l'air
fier et dédaigneux, il ne manquait pas d'une certaine noblesse dans

[27] aiguillonné: stimulé, développé.
[28] manquait au festin: n'assistait pas à ce grand repas.
[29] la surveille: deux jours auparavant.
[30] recourbés: dont l'extrémité relève légèrement.
[31] mal fait: mal bâti.

les manières, et ne paraissait pas étranger à cette délicatesse de senti-
ment qui rendit autrefois la galanterie espagnole si célèbre. Il se nom- 230
mait Juanito.

Le second, Philippe, était âgé de vingt ans environ. Il ressemblait à
Clara.

Le dernier avait huit ans. Un peintre aurait trouvé dans les traits
de Manuel un peu de cette constance romaine que David a prêtée aux 235
enfants dans ses pages républicaines[32].

Le vieux marquis avait une tête couverte de cheveux blancs qui
semblait échappée d'un tableau de Murillo[33]. A cet aspect, le jeune
officier hocha la tête, en désespérant de voir accepter par un de ces
quatre personnages, le marché[34] du général; néanmoins, il osa le con- 240
fier à Clara. L'Espagnole frissonna d'abord, mais elle reprit tout à coup
un air calme et alla s'agenouiller devant son père.

— Oh! lui dit-elle, faites jurer à Juanito qu'il obéira fidèlement aux
ordres que vous lui donnerez, et nous serons contents.

La marquise tressaillit d'espérance; mais, quand, se penchant vers 245
son mari, elle eut entendu l'horrible confidence de Clara, cette mère
s'évanouit. Juanito comprit tout et bondit comme un lion en cage.

Victor prit sur lui de renvoyer les soldats, après avoir obtenu du
marquis l'assurance d'une soumission parfaite. Les domestiques furent
emmenés et livrés au bourreau, qui les pendit. Quand la famille n'eut 250
plus que Victor pour surveillant, le vieux père se leva.

— Juanito! dit-il.

Juanito ne répondit que par une inclinaison de tête qui équivalait
à un refus, retomba sur sa chaise et regarda ses parents d'un œil sec
et terrible. Clara vint s'asseoir sur ses genoux, et, d'un air gai: 255

— Mon cher Juanito, dit-elle en lui passant le bras autour du cou
et l'embrassant sur les paupières; si tu savais combien, donnée par toi,
la mort me sera douce! Je n'aurai pas à subir l'odieux contact des mains
d'un bourreau. Tu me guériras des maux qui m'attendaient, et . . . mon
bon Juanito, tu ne me voulais voir à personne, eh! bien? . . . 260

Ses yeux veloutés[35] jetèrent un regard de feu sur Victor, comme

[32] que David a prêtée aux enfants dans ses pages républicaines: Louis David (1748-
1825), célèbre peintre français qui prit une part active à la Révolution française
et contribua à ramener dans le public le goût de l'antiquité.

[33] Murillo, Bartolomé Esteban (1618-1682): célèbre peintre espagnol.

[34] marché: offre qu'il faut accepter ou refuser telle qu'elle est.

[35] veloutés: qui ont l'aspect du velours, "velvet".

pour réveiller dans le cœur de Juanito son horreur des Français.

— Aie du courage, lui dit son frère Philippe; autrement notre race, presque royale, est éteinte.

Tout à coup Clara se leva, le groupe qui s'était formé autour de Juanito se sépara; et cet enfant, rebelle à bon droit[36], vit devant lui, debout, son vieux père, qui d'un ton solennel s'écria: 265

— Juanito, je te l'ordonne.

Le jeune comte restant immobile, son père tomba à ses genoux. Involontairement, Clara, Manuel et Philippe l'imitèrent. Tous tendirent les mains vers celui qui devait sauver la famille de l'oubli, et semblèrent répéter ces paroles paternelles: 270

— Mon fils, manquerais-tu d'énergie espagnole et de vraie sensibilité? Veux-tu me laisser longtemps à genoux, et dois-tu considérer ta vie et tes souffrances? — Est-ce mon fils, madame? ajouta le vieillard en se retournant vers la marquise. 275

— Il y consent! s'écria la mère avec désespoir en voyant Juanito faire un mouvement des sourcils dont la signification n'était connue que d'elle.

Mariquita, la seconde fille, se tenait à genoux en serrant sa mère dans ses faibles bras; et, comme elle pleurait à chaudes larmes, son petit frère Manuel vint la gronder. 280

En ce moment, l'aumônier du château entra; il fut aussitôt entouré de toute la famille, on l'amena à Juanito. Victor, ne pouvant supporter plus longtemps cette scène, fit un signe à Clara, et se hâta d'aller tenter un dernier effort auprès du général; il le trouva en belle humeur, au milieu du festin, et buvant avec ses officiers, qui commençaient à tenir de joyeux propos[37]. 285

Une heure après, cent des plus notables habitants de Menda vinrent sur la terrasse pour être, suivant les ordres du général, témoins de l'exécution de la famille de Légañès. Un détachement de soldats fut placé pour contenir les Espagnols, que l'on rangea sous les potences auxquelles les domestiques du marquis avaient été pendus. Les têtes de ces bourgeois touchaient presque les pieds de ces martyrs. A trente pas d'eux s'élevait un billot[38] où brillait un cimeterre[39]. Le bourreau était là, en cas de refus de la part de Juanito. Bientôt les Espagnols entendirent, 290 295

[36] rebelle à bon droit: dont la rébellion est justifiée, naturelle.
[37] tenir de joyeux propos: raconter des histoires drôles.
[38] billot: pièce de bois sur laquelle on coupait la tête des condamnés.
[39] cimeterre: sorte de sabre, qui sert ici à couper les têtes.

. . . on vit la noble famille qui s'avançait avec une incroyable assurance.

au milieu du plus profond silence, le pas de plusieurs personnes, le son mesuré de la marche d'un piquet[40] de soldats et le léger retentissement de leurs fusils.

Ces différents bruits étaient mêlés aux accents joyeux du festin des officiers, comme naguère les danses d'un bal avaient déguisé les apprêts de la sanglante trahison. Tous les regards se tournèrent vers le château, et l'on vit la noble famille qui s'avançait avec une incroyable assurance. Tous les fronts étaient calmes et sereins.

Un seul homme, pâle et défait, s'appuyait sur le prêtre, qui prodiguait toutes les consolations de la religion à cet homme, le seul qui dût vivre. Le bourreau comprit, comme tout le monde, que Juanito avait accepté sa place pour un jour. Le vieux marquis et sa femme, Clara, Mariquita et leurs deux frères vinrent s'agenouiller à quelques pas du lieu fatal. Juanito fut conduit par le prêtre. Quand il arriva au billot, l'exécuteur, le tirant par la manche, le prit à part et lui donna probablement quelques instructions. Le confesseur plaça les victimes de manière à ce qu'elles ne vissent pas le supplice. Mais c'étaient de vrais Espagnols qui se tinrent debout et sans faiblesse.

Clara s'élança la première vers son frère.

— Juanito, lui dit-elle, aie pitié de mon peu de courage! Commence par moi!

En ce moment, les pas précipités d'un homme retentirent. Victor arriva sur le lieu de cette scène. Clara était agenouillée déjà, déjà son cou blanc appelait le cimeterre. L'officier pâlit, mais il trouva la force d'accourir.

— Le général t'accorde la vie si tu veux m'épouser, lui dit-il à voix basse.

L'Espagnole lança sur l'officier un regard de mépris et de fierté.

— Allons, Juanito! dit-elle d'un son de voix profond.

Sa tête roula aux pieds de Victor.

La marquise de Léganès laissa échapper un mouvement convulsif en entendant le bruit; ce fut la seule marque de sa douleur.

— Suis-je bien comme ça, mon bon Juanito? fut la demande que fit le petit Manuel à son frère.

— Ah! tu pleures, Mariquita! dit Juanito à sa sœur.

— Oh! oui, répliqua la jeune fille. Je pense à toi, mon pauvre Juanito: tu seras bien malheureux sans nous.

Bientôt la grande figure du marquis apparut. Il regarda le sang de

[40] piquet: groupe de soldats.

ses enfants, se tourna vers les spectateurs muets et immobiles, étendit 335
les mains vers Juanito, et dit d'une voix forte:

— Espagnols, je donne à mon fils ma bénédiction paternelle! Main-
tenant, marquis, frappe sans peur, tu es sans reproche.

Mais, quand Juanito vit approcher sa mère, soutenue par le
confesseur: 340

— Elle m'a nourri! s'écria-t-il.

Sa voix arracha un cri d'horreur à l'assemblée. Le bruit du festin
et les rires joyeux des officiers s'apaisèrent à cette terrible clameur. La
marquise comprit que le courage de Juanito était épuisé, elle s'élança
d'un bond par dessus la balustrade et alla se fendre la tête sur les 345
rochers. Un cri d'admiration s'éleva. Juanito était tombé évanoui.

— Mon général, dit un officier à moitié ivre, Marchand vient de me
raconter quelque chose de cette exécution, je parie que vous ne l'avez
pas ordonnée . . .

— Oubliez-vous, messieurs, s'écria le général G . . t . . r, que, dans 350
un mois, cinq cents familles françaises seront en larmes, et que nous
sommes en Espagne? Voulez-vous laisser nos os ici?

Après cette allocution[41], il ne se trouva personne, pas même un
sous-lieutenant, qui osât vider son verre.

Malgré les respects dont il est entouré, malgré le titre d'*El Verdugo* 355
(le bourreau) que le roi d'Espagne a donné comme titre de noblesse
au marquis de Légañès, il est dévoré par le chagrin, il vit solitaire et
se montre rarement. Accablé sous le fardeau de son admirable forfait,
il semble attendre avec impatience que la naissance d'un fils lui donne
le droit de rejoindre les ombres qui l'accompagnent incessamment. 360

Questions

A. 1. Comment s'explique, à votre avis, la méditation de l'officier français?
 2. Pourquoi Clara a-t-elle regardé Victor toute la soirée avec un tel
 sentiment de tristesse?
 3. Pourquoi un bataillon français a-t-il été envoyé à Menda?
 4. Qu'est-ce que Victor aperçoit sur la mer?
 5. Qu'est-ce que le vieux soldat veut expliquer à Victor?
 6. Qu'est-ce que Clara dit au jeune homme? Quelle est la raison de son
 intervention? Et pourquoi crie-t-elle à ses frères de poursuivre Victor?
 7. Quelle est la réaction du général français en apprenant la nouvelle?

[41] allocution: petit discours.

8. Pourquoi les Anglais n'ont-ils pas débarqué? Quel est le résultat de cette erreur pour les habitants de Menda?

9. Pourquoi le général traite-t-il de façon si différente les habitants de la ville et ceux du château?

10. Quelle est la grâce que le marquis fait demander au général?

11. Quel est le marché que propose le général? Et pourquoi propose-t-il un tel marché?

12. Pourquoi est-ce à Juanito qu'on demande d'être le bourreau de sa famille?

13. Pourquoi le marquis dit-il à sa femme: *Est-ce mon fils, madame?* (l. 275)

14. Pourquoi a-t-on fait, malgré tout, venir le bourreau?

15. Quelle est la proposition que fait Victor à Clara? Comment expliquez-vous cette offre soudaine?

16. Que fait la marquise pour mourir? Et comment expliquez-vous son acte?

17. Quelle est la justification que donne le général de sa cruauté?

B. 1. Pourquoi Balzac a-t-il pris soin d'inclure dans le titre de cette nouvelle assez mélodramatique, *Guerre d'Espagne 1809?*

2. Le bal au début de l'histoire et le festin à la fin sont symétriques. Quel effet artistique l'auteur a-t-il voulu en tirer?

3. Expliquez l'expression: un de ces sourires funèbres *où il y a encore de la jeune fille.* (l. 223)

4. Pourquoi le marquis appelle-t-il soudain son fils *marquis?* (l. 338)

5. Justifiez le choix des mots *admirable forfait.* (l. 358)

6. Il n'y a entre Clara et Victor qu'une légère attirance. Montrez comment toute l'histoire est construite autour de ce sentiment qui n'est même pas exprimé.

Sujets de Conversation

Le général français a voulu punir la trahison de la famille Légañès de façon exemplaire. Sa vengeance lui semble justifiée par la crainte d'un soulèvement de la population. En élargissant le débat, que pensez-vous de la vengeance? Croyez-vous qu'elle puisse parfois se justifier, être légitime?

Pour la vengeance

La vengeance n'est-elle pas un moyen de se faire respecter par la

Contre la vengeance

Le général avait-il vraiment besoin d'une vengeance aussi raffinée?

crainte de représailles? Si le géné-ral n'avait pas été féroce, comment aurait-il pu protéger la vie de ses soldats?

Ne pas se venger, n'est-ce pas bien souvent une marque de fai-blesse? On appelle bonté ce qui n'est que peur. La haine, comme l'amour, ne permet-elle pas quel-quefois d'accomplir de grandes choses?

Y a-t-il à votre avis des ven-geances nobles et des vengeances basses? Donnez un exemple de l'une ou de l'autre.

"La vengeance est un plat qui se mange froid", dit un proverbe. Qu'y a-t-il de vrai dans cette af-firmation? Si vous aviez à vous venger, réagiriez-vous aussitôt à ce qu'on vous a fait ou auriez-vous le sang-froid d'attendre et de préparer votre revanche?

La vengeance n'est-elle pas un plaisir pur, lentement amené? N'est-ce pas un refus de s'incliner devant une situation, une personne ou une institution? N'est-elle pas le plus motivé de nos actes, le moins gra-tuit?

N'a-t-il pas pris le prétexte de cette insurrection pour donner libre cours à sa cruauté naturelle?

Ne pas se venger, n'est-ce pas montrer sa grandeur d'âme, se prou-ver à soi-même qu'on est au-dessus de l'autre? N'est-ce pas un signe de profond mépris? (si vous ne vous êtes pas vengé une fois, quels étaient les vrais motifs de votre abstention: peur, mépris, générosi-té?).

Un homme célèbre a dit: "Je par-donne toujours mais je n'oublie jamais". Cela est-il possible? Vous êtes-vous jamais trouvé dans ce cas?

Pouvez-vous concevoir une ven-geance secrète où la victime ne sait pas d'où vient le coup ou bien pensez-vous que son ignorance re-tire tout son prix à la vengeance?

L'oubli est la réaction naturelle de l'homme. Vouloir se venger, c'est refuser au temps de faire son effet. N'est-ce pas se forcer à rester en colère? à se rappeler sans cesse des souvenirs pénibles? N'est-ce pas se punir d'abord soi-même?

Victor Hugo
(1802-1885)

La carrière de Victor Hugo a été prodigieuse:

a) par sa durée d'abord. A quinze ans, ses vers sont distingués par l'Académie française. Il meurt à quatre-vingt-trois ans, n'ayant jamais cessé d'écrire et quelques-uns de ses plus importants poèmes paraissent après sa mort. Rares sont les écrivains dont la production s'étale sur soixante-dix ans.

b) par sa diversité: Hugo est poète, romancier, dramaturge, essayiste, journaliste, homme politique, et dans tous les genres il laisse une empreinte profonde. Hugo a touché tous les publics.

c) par son abondance. Il suffit d'énumérer ses principales œuvres:

1. au théâtre: *Cromwell* (1827) avec sa fameuse préface, manifeste du groupe romantique, *Marion Delorme* (1829), *Hernani* (1830) qui voit la victoire de son école au théâtre, *Le*

179

Roi s'amuse (1832), *Lucrèce Borgia* (1833), *Marie Tudor* (1833), *Angelo* (1935), *Ruy Blas* (1838) et *Les Burgraves* (1843) dont l'échec le détourne de la scène.

2. ses romans: *Han d'Islande* (1823), *Bug-Jargal* (1826), *Les derniers jours d'un condamné* (1829), *Notre-Dame de Paris* (1831), *Les Misérables* (1862), *Les Travailleurs de la mer* (1866), *L'Homme qui rit* (1869), *Quatre-vingt-treize* (1874).

3. ses recueils de poésie: *Les Odes* (1822), *Les Odes et Ballades* (1826), *Les Orientales* (1829), *Les Feuilles d'automne* (1831), *Les Chants du crépuscule* (1835), *Les Voix intérieures* (1837), *Les Rayons et les Ombres* (1840), *Les Châtiments* (1853), *Les Contemplations* (1856), *La Légende des siècles* (1859), *Les Chansons des rues et des bois* (1862), *L'Année terrible* (1872), *L'Art d'être grand-père* (1877), *La Fin de Satan* et *Dieu* publiés en 1886 et 1891.

d) par ses prises de position politiques. Hugo est un grand créateur de mythes. La légende napoléonienne est en partie son œuvre; puis il s'est dressé en face de Napoléon III comme le champion de la liberté. Après la défaite de 1870, à son retour d'exil, il s'est imposé comme le représentant de la clémence, de l'humanisme et de l'anticléricalisme. Et le gouvernement de la troisième République lui a fait des obsèques nationales. On connaît le mot de Jean Cocteau: "Victor Hugo était fou, il se prenait pour Victor Hugo". Ce n'est qu'une plaisanterie mais qui indique fort bien la place occupée par Hugo dans la littérature française.

Cette œuvre immense, qui a dans l'ensemble peu souffert du temps, n'a jamais cessé d'être actuelle. A un moment donné il fut de mode de railler chez Hugo son "gigantisme", ses oppositions trop fortes, une facilité excessive, une psychologie sommaire, mais aujourd'hui tout le monde semble d'accord pour reconnaître que ces défauts, réels, sont le revers même de ses qualités.

Ce qui frappe d'abord chez Hugo c'est son prodigieux verbalisme. Jamais aucun auteur avant lui n'avait su donner une telle valeur aux mots. Mais, ne nous y trompons pas, s'il sait à ce point user du langage, c'est que celui-ci exprime une vision d'une puissance extraordinaire. Pour Hugo, le poète est plus qu'un artiste, c'est un prophète — de là ses interventions dans le domaine politique. Il est chargé de mission et son rôle est d'aider à dévoiler les mystères du monde.

Chez lui la pensée prend volontiers un tour antithétique. De lui-même le monde se divise perpétuellement en deux catégories, Dieu et Satan, le Bien et le Mal, l'ombre et la lumière. Hugo est naturellement manichéen. Son inspiration est également double et cela explique pourquoi le mélange des genres, si cher aux Romantiques, devait particulièrement le séduire. Cette conception antithétique est encore renforcée par la plus remarquable imagination. On peut dire que Victor Hugo "pense par images".

Il n'est donc pas étonnant que son génie soit essentiellement lyrique et épique. Tous les grands thèmes lyriques ont été heureusement traités par lui, soit qu'il parle de lui, soit qu'il envisage le monde et la création. Il a été *l'écho sonore* de son temps, pour reprendre sa propre expression. Quant à l'épopée, il est le premier écrivain qui ait donné à la littérature française des textes vraiment épiques. Il a su créer le merveilleux jusque dans la prose et les meilleurs passages de ses romans sont d'abord des réussites épiques.

Il n'a peut-être manqué à Hugo que de savoir exercer un plus grand contrôle sur son œuvre, de savoir mettre un frein à son verbalisme et à son imagination, d'éviter une certaine démesure. Mais même alors,

il faut être Hugo pour se tromper avec une telle richesse.

✿ ✿ ✿

Quatre-vingt-treize est une œuvre de vieillesse, écrite après l'exil et la défaite de la France, à un moment où, défenseur des condamnés de la Commune et symbole des libertés républicaines, il est la gloire de son pays.

93, c'est l'année terrible, l'année où le gouvernement de la Convention, pressé de toutes parts, va réagir par la Terreur. A la guerre extérieure contre la coalition, s'ajoute la guerre civile, la guerre de Vendée. C'est une lutte à mort entre la République, qui représente le progrès et l'avenir, et les forces royalistes qui sont les forces du passé.

Dans l'épisode que nous avons sélectionné, un bateau anglais, monté par un équipage royaliste français, vient soutenir la révolte de Vendée, en essayant de débarquer clandestinement des troupes, des armes, de la fausse monnaie et surtout un chef pour l'insurrection, un homme qui saura se montrer impitoyable et prêt à verser tout le sang nécessaire pour assurer la victoire.

C'est de ce chef que discutent sur le pont du navire deux officiers français qui ont la nostalgie de Paris et espèrent bien y revenir avec le roi . . . mais le roi n'y rentrera qu'en 1814.

Quatre-vingt-treize

(*extrait*)

La Vieuville interrompit Boisberthelot.

— Commandant, vous avez le *Moniteur*[1] dans votre cabine?

— Oui.

— Qu'est-ce donc qu'on joue à Paris dans ce moment-ci?

— *Adèle et Paulin*[2], et *la Caverne*[3].

— Je voudrais voir ça.

— Vous le verrez. Nous serons à Paris dans un mois.

Boisberthelot réfléchit un moment et ajouta:

[1] *Le Moniteur*: journal officiel de 1799 à 1848.
[2] *Adèle et Paulin*: drame en trois actes en vers de Delrieu, créé en 1793.
[3] *La Caverne*: drame créé en 1793, paroles de Darcy, musique de Lesueur.

— Au plus tard. M. Windham l'a dit à milord Hood[4].

— Mais alors, commandant, tout ne va pas si mal? 10

— Tout irait bien, parbleu[5], à la condition que la guerre de Bretagne fût bien conduite.

La Vieuville hocha la tête.

— Commandant, reprit-il, débarquerons-nous l'infanterie de marine?

— Oui, si la côte est pour nous; non, si elle est hostile. Quelquefois 15
il faut que la guerre enfonce les portes, quelquefois il faut qu'elle se glisse. La guerre civile doit toujours avoir dans sa poche une fausse clef. On fera le possible. Ce qui importe, c'est le chef.

Et Boisberthelot, pensif, ajouta:

— La Vieuville, que penseriez-vous du chevalier de Dieuzie? 20

— Du jeune?

— Oui.

— Pour commander?

— Oui.

— Que c'est encore un officier de plaine et de bataille rangée[6]. La 25
broussaille[7] ne connaît que le paysan.

— Alors, résignez-vous au général Stofflet et au général Cathelineau[8].

La Vieuville rêva un moment et dit:

— Il faudrait un prince, un prince de France, un prince du sang[9].
Un vrai prince. 30

— Pourquoi? Qui dit prince . . .

— Dit poltron. Je le sais, commandant. Mais c'est pour l'effet sur les gros yeux bêtes des gars[10].

— Mon cher chevalier, les princes ne veulent pas venir.

— On s'en passera. 35

Boisberthelot fit ce mouvement machinal qui consiste à se presser le front avec la main, comme pour en faire sortir une idée.

[4] Windham, William (1750-1810): homme d'Etat et orateur anglais, très hostile à la Révolution française. Hood, Samuel (1724-1816): amiral anglais qui s'empara de Toulon et de la Corse.

[5] parbleu: juron qui marque l'approbation.

[6] officier de plaine et de bataille rangée: officier propre à commander dans une guerre où les armées sont disposées selon les règles de la tactique.

[7] broussaille: "underbrush".

[8] Stofflet, Jean (v. 1751-1796), Cathelineau, Jacques (1759-1793), et plus loin Charette de la Contrie (1763-1796): quelques-uns des principaux chefs de l'insurrection de Vendée.

[9] prince du sang: prince de sang royal.

[10] gars: garçons, ici, les soldats.

Il reprit:

— Enfin, essayons de ce général-ci.

— C'est un grand gentilhomme.

— Croyez-vous qu'il suffira?

— Pourvu qu'il soit bon! dit La Vieuville.

— C'est-à-dire féroce, dit Boisberthelot.

Le comte et le chevalier se regardèrent.

— Monsieur du Boisberthelot, vous avez dit le mot. Féroce. Oui, c'est là ce qu'il nous faut. Ceci est la guerre sans miséricorde. L'heure est aux sanguinaires[11]. Les régicides[12] ont coupé la tête de Louis XVI, nous arracherons les quatre membres aux régicides. Oui, le général nécessaire est le général Inexorable. Dans l'Anjou et le haut Poitou, les chefs font les magnanimes; on patauge dans la générosité; rien ne va. Dans le Marais et dans le pays de Retz, les chefs sont atroces, tout marche. C'est parce que Charette[8] est féroce qu'il tient tête[13] à Parein[14]. Hyène contre hyène.

Boisberthelot n'eut pas le temps de répondre à La Vieuville. La Vieuville eut la parole brusquement coupée par un cri désespéré, et en même temps on entendit un bruit qui ne ressemblait à aucun des bruits qu'on entend. Ce cri et ces bruits venaient du dedans du navire.

Le capitaine et le lieutenant se précipitèrent vers l'entrepont[15], mais ne purent y entrer. Tous les canonniers remontaient éperdus.

Une chose effrayante venait d'arriver.

Tormentum Belli[*]

[*]La machine de guerre.

Une des caronades[16] de la batterie, une pièce de vingt-quatre, s'tait détachée.

Ceci est le plus redoutable peut-être des événements de mer. Rien de plus terrible ne peut arriver à un navire de guerre au large et en pleine marche.

Un canon qui casse son amarre devient brusquement on ne sait

[11] sanguinaires: ceux qui aiment verser le sang, tuer.

[12] régicides: ceux qui ont voté pour la mort du roi Louis XVI.

[13] tient tête: résiste.

[14] Parein, Pierre-Mathieu (1755-1831): envoyé en mission en Vendée et nommé général en 1793.

[15] entrepont: "between-decks".

[16] caronade: gros canon de marine. Vingt-quatre indique le calibre de la pièce.

quelle bête surnaturelle. C'est une machine qui se transforme en un monstre. Cette masse court sur ses roues, a des mouvements de bille de billard, penche avec le roulis, plonge avec le tangage[17], va, vient, s'arrête, paraît méditer, reprend sa course, traverse comme une flèche le navire d'un bout à l'autre, pirouette, se dérobe, s'évade, se cabre, heurte, ébrèche[18], tue, extermine. C'est un bélier qui bat à sa fantaisie[19] une muraille. Ajoutez ceci: le bélier est de fer, la muraille est de bois. C'est l'entrée en liberté de la matière; on dirait que cet esclave éternel se venge; il semble que la méchanceté qui est dans ce que nous appelons les objets inertes sorte et éclate tout à coup; cela a l'air de perdre patience et de prendre une étrange revanche obscure; rien de plus inexorable que la colère de l'inanimé. Ce bloc forcené a les sauts de la panthère, la lourdeur de l'éléphant, l'agilité de la souris, l'opiniâtreté de la cognée[20], l'inattendu de la houle[21], les coups de coude de l'éclair, la surdité du sépulcre. Il pèse dix mille, et il ricoche comme une balle d'enfant. Ce sont des tournoiements brusquement coupés d'angles droits. Et que faire? Comment en venir à bout[22]? Une tempête cesse, un cyclone passe, un vent tombe, un mât brisé se remplace, une voie d'eau se bouche[23], un incendie s'éteint; mais que devenir avec cette énorme brute de bronze? De quelle façon s'y prendre[24]? Vous pouvez raisonner un dogue[25], étonner un taureau, fasciner un boa, effrayer un tigre, attendrir un lion; aucune ressource avec ce monstre, un canon lâché. Vous ne pouvez pas le tuer, il est mort; et en même temps, il vit. Il vit d'une vie sinistre qui lui vient de l'infini. Il a sous lui son plancher qui le balance. Il est remué par le navire, qui est remué par la mer, qui est remuée par le vent. Cet exterminateur est un jouet. Le navire, les flots, les souffles, tout cela le tient; de là sa vie affreuse. Que faire à cet engrenage[26]? Comment entraver ce mécanisme monstrueux du naufrage? Comment prévoir ces allées et venues, ces

70

75

80

85

90

95

[17] roulis, tangage: mouvements d'un navire en mer, l'un sur le côté, l'autre d'avant en arrière.

[18] ébrécher: "to hack, notch".

[19] à sa fantaisie: selon sa fantaisie, ses caprices.

[20] l'opiniâtreté de la cognée: la ténacité de la hache qui coupe les arbres.

[21] houle: "swell, surge".

[22] en venir à bout: en triompher, l'emporter.

[23] une voie d'eau se bouche: une ouverture, par laquelle l'eau entre, se ferme.

[24] de quelle façon s'y prendre?: de quelle façon procéder?

[25] dogue: "mastiff".

[26] engrenage: "gears", ici, il s'agit de l'engrenage des circonstances.

retours, ces arrêts, ces chocs? Chacun de ces coups au bordage[27] peut
défoncer le navire. Comment deviner ces affreux méandres? On a
affaire à un projectile qui se ravise, qui a l'air d'avoir des idées, et qui
change à chaque instant de direction. Comment arrêter ce qu'il faut
éviter? L'horrible canon se démène, avance, recule, frappe à droite,
frappe à gauche, fuit, passe, déconcerte l'attente, broie l'obstacle,
écrase les hommes comme des mouches. Toute la terreur de la situation
est dans la mobilité du plancher. Comment combattre un plan incliné
qui a des caprices? Le navire a, pour ainsi dire, dans le ventre la foudre
prisonnière qui cherche à s'échapper; quelque chose comme un tonnerre
roulant sur un tremblement de terre.

En un instant tout l'équipage fut sur pied[28]. La faute était au chef
de pièce[29] qui avait négligé de serrer l'écrou[30] de la chaîne d'amarrage
et mal entravé les quatre roues de la caronade; ce qui donnait du jeu
à la semelle[31] et au châssis[31], désaccordait les deux plateaux, et avait
fini par disloquer la brague[31]. Le combleau[31] s'était cassé, de sorte que
le canon n'était plus ferme à l'affût[31]. La brague fixe, qui empêche le
recul, n'était pas encore en usage à cette époque. Un paquet de mer[32]
étant venu frapper le sabord[33], la caronade mal amarrée avait reculé
et brisé sa chaîne, et s'était mise à errer formidablement dans l'entre-
pont.

Qu'on se figure, pour avoir une idée de ce glissement étrange, une
goutte d'eau courant sur une vitre.

Au moment où l'amarre cassa, les canonniers étaient dans la bat-
terie. Les uns groupés, les autres épars, occupés aux ouvrages de mer
que font les marins en prévoyance d'un branle-bas[34] de combat. La
caronade, lancée par le tangage, fit une trouée dans ce tas d'hommes
et en écrasa quatre du premier coup, puis, reprise et décochée par le
roulis, elle coupa en deux un cinquième misérable, et alla heurter à la
muraille de bâbord[35] une pièce de la batterie qu'elle démonta. De là

[27] bordage: "planking".
[28] fut sur pied: fut levé.
[29] chef de pièce: celui qui commande les soldats qui s'occupent d'un canon.
[30] écrou: "nut".
[31] semelle, châssis, brague, combleau, affût: termes techniques qui désignent diverses
parties d'un canon.
[32] paquet de mer: grosse vague.
[33] sabord: ouverture dans la muraille d'un navire.
[34] branle-bas: préparatifs de combat sur un navire.
[35] bâbord: "port".

le cri de détresse qu'on venait d'entendre. Tous les hommes se pressè-
rent à l'escalier-échelle. La batterie se vida en un clin d'œil[36].

L'énorme pièce avait été laissée seule. Elle était livrée à elle-même.
Elle était sa maîtresse, et la maîtresse du navire. Elle pouvait en faire
ce qu'elle voulait. Tout cet équipage accoutumé à rire dans la bataille 130
tremblait. Dire l'épouvante est impossible.

Le capitaine Boisberthelot et le lieutenant La Vieuville, deux in-
trépides pourtant, s'étaient arrêtés au haut de l'escalier et, muets, pâles,
hésitants, regardaient dans l'entrepont. Quelqu'un les écarta du coude
et descendit. 135

C'était leur passager, le paysan, l'homme dont ils venaient de parler
le moment d'auparavant.

Arrivé au bas de l'escalier-échelle, il s'arrêta.

Vis et Vir[*]

[*]La force et l'homme.

Le canon allait et venait dans l'entrepont. On eût dit le chariot
vivant de l'Apocalypse. Le falot[37] de marine, oscillant sous l'étrave[38] 140
de la batterie, ajoutait à cette vision un vertigineux balancement d'om-
bre et de lumière. La forme du canon s'effaçait dans la violence de sa
course, et il apparaissait, tantôt noir dans la clarté, tantôt reflétant de
vagues blancheurs dans l'obscurité.

Il continuait l'exécution du navire. Il avait déjà fracassé quatre 145
autres pièces et fait dans la muraille deux crevasses heureusement au-
dessus de la flottaison[39], mais par où l'eau entrerait, s'il survenait une
bourrasque[40]. Il se ruait frénétiquement sur la membrure[41]; les por-
ques[41] très robustes résistaient, les bois courbes ont une solidité par-
ticulière; mais on entendait leurs craquements sous cette massue[42] 150
démesurée, frappant, avec une sorte d'ubiquité inouïe, de tous les côtés
à la fois. Un grain de plomb[43] secoué dans une bouteille n'a pas des
percussions plus insensées et plus rapides. Les quatre roues passaient

[36] clin d'œil: "wink"; en un clin d'œil: très vite.
[37] falot: lanterne.
[38] étrave: "stem".
[39] flottaison: endroit du navire qui touche la surface de l'eau.
[40] bourrasque: vent violent.
[41] membrure: "frame-work". Les porques sont un renforcement de la membrure.
[42] massue: "club, bludgeon".
[43] grain de plomb: petit corps sphérique qui sert pour la chasse.

et repassaient sur les hommes tués, les coupaient, les dépeçaient et les
déchiquetaient, et des cinq cadavres avaient fait vingt tronçons[44] qui
roulaient à travers la batterie; les têtes mortes semblaient crier; des
ruisseaux de sang se tordaient sur le plancher selon les balancements
du roulis. Le vaigrage, avarié[45] en plusieurs endroits, commençait à
s'entr'ouvrir. Tout le navire était plein d'un bruit monstrueux.

Le capitaine avait promptement repris son sang-froid, et sur son
ordre on avait jeté par le carré[46], dans l'entrepont, tout ce qui pouvait
amortir et entraver la course effrénée du canon, les matelas, les hamacs,
les rechanges de voiles[47], les rouleaux de cordages[48], les sacs d'équipage,
et les ballots de faux assignats[49] dont la corvette avait tout un charge-
ment, cette infamie anglaise étant regardée comme de bonne guerre[50].

Mais que pouvaient faire ces chiffons? Personne n'osant descendre
pour les disposer comme il eût fallu, en quelques minutes ce fut de la
charpie[51].

Il y avait juste assez de mer[52] pour que l'accident fût aussi complet
que possible. Une tempête eût été désirable; elle eût peut-être culbuté
le canon, et, une fois les quatre roues en l'air, on eût pu s'en rendre
maître[53]. Cependant le ravage s'aggravait. Il y avait des écorchures et
même des fractures aux mâts, qui, emboîtés dans la charpente de la
quille[54], traversent les étages des navires et y font comme de gros piliers
ronds. Sous les frappements convulsifs du canon, le mât de misaine
s'était lézardé[55], le grand mât lui-même était entamé. La batterie se
disloquait. Dix pièces sur trente étaient hors de combat[56]; les brèches
au bordage se multipliaient et la corvette commençait à faire eau[57].

Le vieux passager descendu dans l'entrepont semblait un homme

[44] tronçons: morceaux.

[45] vaigrage avarié: "the damaged inner-planking".

[46] carré: chambre où les officiers d'un navire se réunissent et mangent.

[47] rechanges de voiles: les voiles, "sails", supplémentaires, qui sont en réserve.

[48] rouleaux de cordages: "coils of ropes".

[49] les ballots de faux assignats: les paquets de billets contrefaits. Les assignats étaient
la monnaie légale en 1793.

[50] de bonne guerre: qu'il est permis de faire dans une guerre loyale.

[51] charpie: "lint".

[52] assez de mer: la mer était assez forte.

[53] s'en rendre maître: le maîtriser, s'en emparer.

[54] emboîtés dans la charpente de la quille: "fitted, interlocked into the framework of
the keel".

[55] le mât de misaine s'était lézardé: "the mizzen mast had split".

[56] hors de combat: dans l'impossibilité de participer à un combat.

[57] commençait à faire eau: l'eau commençait à entrer dans le navire.

de pierre au bas de l'escalier. Il jetait sur cette dévastation un œil 180
sévère. Il ne bougeait point. Il paraissait impossible de faire un pas dans
la batterie.

Chaque mouvement de la caronade en liberté ébauchait[58] l'effon-
drement du navire. Encore quelques instants, et le naufrage était
inévitable. 185

Il fallait périr ou couper court au désastre; prendre un parti, mais
lequel?

Quelle combattante que cette caronade!

Il s'agissait d'arrêter cette épouvantable folle.

Il s'agissait de colleter cet éclair. 190

Il s'agissait de terrasser cette foudre.

Boisberthelot dit à La Vieuville:

— Croyez-vous en Dieu, chevalier?

La Vieuville répondit:

— Oui. Non. Quelquefois. 195

— Dans la tempête?

— Oui. Et dans des moments comme celui-ci.

— Il n'y a en effet que Dieu qui puisse nous tirer de là, dit Bois-
berthelot.

Tous se taisaient, laissant la caronade faire son fracas horrible. 200

Du dehors, le flot battant le navire répondait aux chocs du canon
par des coups de mer. On eût dit deux marteaux alternant.

Tout à coup, dans cette espèce de cirque inabordable[59] où bondis-
sait le canon échappé, on vit un homme apparaître, une barre de fer
à la main. C'était l'auteur de la catastrophe, le chef de pièce coupable 205
de négligence et cause de l'accident, le maître de la caronade. Ayant
fait le mal, il voulait le réparer. Il avait empoigné une barre d'anspect[60]
d'une main, une drosse[61] à nœud coulant de l'autre main, et il avait
sauté par le carré dans l'entrepont.

Alors une chose farouche commença; spectacle titanique; le combat 210
du canon contre le canonnier; la bataille de la matière et de l'intelli-
gence, le duel de la chose contre l'homme.

L'homme s'était posté dans un angle, et, sa barre et sa corde dans
ses deux poings, adossé à une porque, affermi sur ses jarrets qui sem-

[58] ébauchait: ici, finissait de préparer.
[59] inabordable: inaccessible, jusqu'où l'on ne peut pas arriver.
[60] barre d'anspect: "handspike".
[61] drosse: sorte de corde.

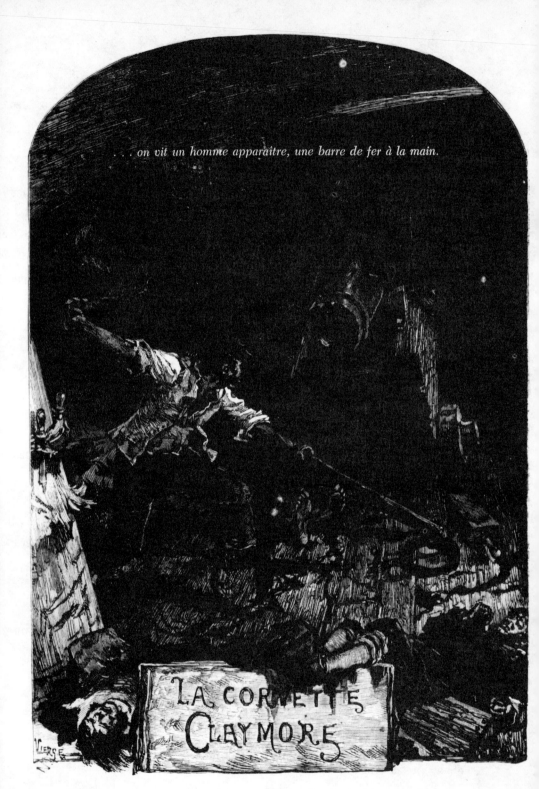

. . . . on vit un homme apparaître, une barre de fer à la main.

LA CORVETTE CLAYMORE

blaient deux piliers d'acier, livide, calme, tragique, comme enraciné[62] 215
dans le plancher, il attendait.

Il attendait que le canon passât près de lui.

Le canonnier connaissait sa pièce, et il lui semblait qu'elle devait le
connaître. Il vivait depuis longtemps avec elle. Que de fois il lui avait
fourré la main dans la gueule! C'était son monstre familier. Il se mit 220
à lui parler comme à son chien.

— Viens, disait-il. Il l'aimait peut-être.

Il paraissait souhaiter qu'elle vînt à lui.

Mais venir à lui, c'était venir sur lui. Et alors il était perdu. Com-
ment éviter l'écrasement? Là était la question. Tous regardaient, ter- 225
rifiés.

Pas une poitrine ne respirait librement, excepté peut-être celle du
vieillard qui était seul dans l'entrepont avec les deux combattants,
témoin sinistre.

Il pouvait lui-même être broyé par la pièce. Il ne bougeait pas. 230

Sous eux le flot, aveugle, dirigeait le combat.

Au moment où, acceptant ce corps-à-corps[63] effroyable, le canon-
nier vint provoquer le canon, un hasard des balancements de la mer
fit que la caronade demeura un moment immobile et comme stupéfaite.
"Viens donc!" lui disait l'homme. Elle semblait écouter. 235

Subitement elle sauta sur lui. L'homme esquiva[64] le choc.

La lutte s'engagea. Lutte inouïe. Le fragile se colletant avec l'in-
vulnérable. Le belluaire[65] de chair attaquant la bête d'airain. D'un
côté une force, de l'autre une âme.

Tout cela se passait dans une pénombre. C'était comme la vision 240
indistincte d'un prodige.

Une âme; chose étrange, on eût dit que le canon en avait une, lui
aussi; mais une âme de haine et de rage. Cette cécité paraissait avoir
des yeux. Le monstre avait l'air de guetter l'homme. Il y avait, on l'eût
pu croire du moins, de la ruse dans cette masse. Elle aussi choisissait 245
son moment. C'était on ne sait quel gigantesque insecte de fer ayant
ou semblant avoir une volonté de démon. Par moments, cette sau-
terelle[66] colossale cognait le plafond bas de la batterie, puis elle retom-

[62] enraciné: fixé dans le sol, comme s'il avait des racines, "roots".

[63] corps-à-corps: combat où l'on cherche le contact direct avec l'adversaire.

[64] esquiva: évita.

[65] belluaire: gladiateur.

[66] sauterelle: "grasshopper".

bait sur ses quatre roues comme un tigre sur ses quatre griffes, et se
remettait à courir sur l'homme. Lui, souple, agile, adroit, se tordait 25
comme une couleuvre[67] sous tous ces mouvements de foudre. Il évitait
les rencontres, mais les coups auxquels il se dérobait tombaient sur le
navire et continuaient de le démolir.

Un bout de chaîne cassée était resté accroché à la caronade. Cette
chaîne s'était enroulée on ne sait comment dans la vis du bouton de 25
culasse[68]. Une extrémité de la chaîne était fixée à l'affût. L'autre, libre,
tournoyait éperdument autour du canon dont elle exagérait tous les
soubresauts[69]. La vis la tenait comme une main fermée, et cette chaîne,
multipliant les coups de bélier par des coups de lanière[70], faisait autour
du canon un tourbillon terrible, fouet de fer dans un poing d'airain. 26
Cette chaîne compliquait le combat.

Pourtant l'homme luttait. Même, par instants, c'était l'homme qui
attaquait le canon; il rampait le long du bordage, sa barre et sa corde
à la main; et le canon avait l'air de comprendre, et, comme s'il devinait
un piège, fuyait. L'homme, formidable, le poursuivait. 26

De telles choses ne peuvent durer longtemps. Le canon sembla se
dire tout à coup: Allons! il faut en finir! et il s'arrêta. On sentit l'ap-
proche du dénoûment. Le canon, comme en suspens, semblait avoir ou
avait, car pour tous c'était un être, une préméditation féroce. Brusque-
ment, il se précipita sur le canonnier. Le canonnier se rangea de côté[71], 27
le laissa passer, et lui cria en riant: "A refaire!" Le canon, comme
furieux, brisa une caronade à bâbord; puis ressaisi par la fronde invisible
qui le tenait, il s'élança à tribord[72] sur l'homme, qui échappa. Trois
caronades s'effondrèrent sous la poussée du canon; alors, comme aveugle
et ne sachant plus ce qu'il faisait, il tourna le dos à l'homme, roula de 27
l'arrière à l'avant, détraqua l'étrave[73] et alla faire une brèche à la
muraille de proue[74]. L'homme s'était réfugié au pied de l'escalier, à
quelques pas du vieillard témoin. Le canonnier tenait sa barre d'anspect
en arrêt[75]. Le canon parut l'apercevoir, et, sans prendre la peine de se

[67] couleuvre: sorte de serpent.
[68] la vis du bouton de culasse: "breech screw button".
[69] soubresauts: sauts brusques, soudains.
[70] lanière: "thong".
[71] de côté: obliquement.
[72] tribord: "starboard".
[73] détraqua l'étrave: dérangea le mécanisme de l'étrave, "stem".
[74] proue: la partie avant d'un navire.
[75] en arrêt: immobile, dans une position d'attente.

retourner, recula sur l'homme avec une promptitude de coup de hache. 280
L'homme acculé[76] au bordage était perdu. Tout l'équipage poussa un cri.

Mais le vieux passager jusqu'alors immobile s'était élancé lui-même plus rapide que toutes ces rapidités farouches. Il avait saisi un ballot de faux assignats, et, au risque d'être écrasé, il avait réussi à le jeter entre les roues de la caronade. Ce mouvement décisif et périlleux n'eût 285 pas été exécuté avec plus de justesse et de précision par un homme rompu à tous les exercices décrits dans le livre de Durosel sur la *Manœuvre du canon de mer.*

Le ballot fit l'effet d'un tampon[77]. Un caillou enraye[78] un bloc, une branche d'arbre détourne une avalanche. La caronade trébucha. Le 290 canonnier à son tour, saisissant ce joint[79] redoutable, plongea sa barre de fer entre les rayons d'une des roues d'arrière. Le canon s'arrêta.

Il penchait. L'homme, d'un mouvement de levier imprimé à la barre[80], le fit basculer[81]. La lourde masse se renversa, avec le bruit d'une cloche qui s'écroule, et l'homme se ruant à corps perdu[82], ruisse- 295 lant de sueur, passa le nœud coulant de la drosse au cou de bronze du monstre terrassé.

C'était fini. L'homme avait vaincu. La fourmi avait eu raison du mastodonte; le pygmée avait fait le tonnerre prisonnier.

Les soldats et les marins battirent des mains[83]. 300

Tout l'équipage se précipita avec des câbles et des chaînes, et en un instant le canon fut amarré.

Le canonnier salua le passager.

— Monsieur, lui dit-il, vous m'avez sauvé la vie.

Le vieillard avait repris son attitude impassible, et ne répondit pas. 305

Les deux plateaux de la balance

L'homme avait vaincu, mais on pouvait dire que le canon avait vaincu aussi. Le naufrage immédiat était évité, mais la corvette n'était

[76] acculé: qui ne peut pas reculer davantage.
[77] tampon: objet qui arrête, empêche d'avancer, de couler.
[78] enraye: arrête le mouvement.
[79] saisissant ce joint: profitant de cet intervalle.
[80] d'un mouvement de levier imprimé à la barre: ayant donné à la barre un mouve- ment de levier, "lever".
[81] basculer: faire tomber, renverser.
[82] se ruant à corps perdu: se précipitant avec toute sa force et sa rapidité.
[83] battirent des mains: applaudirent.

point sauvée. Le délabrement du navire paraissait irrémédiable. Le bordage avait cinq brèches, dont une fort grande à l'avant[84], vingt caronades sur trente gisaient dans leur cadre[85]. La caronade ressaisie et remise à la chaîne était elle-même hors de service; la vis du bouton de culasse était forcée[86], et par conséquent le pointage[87] impossible. La batterie était réduite à neuf pièces. La cale faisait eau[88]. Il fallait tout de suite courir aux avaries et faire jouer les pompes.

L'entrepont, maintenant qu'on le pouvait regarder, était effroyable à voir. Le dedans d'une cage d'éléphant furieux n'est pas plus démantelé.

Quelle que fût pour la corvette la nécessité de ne pas être aperçue, il y avait une nécessité plus impérieuse encore, le sauvetage immédiat. Il avait fallu éclairer le pont par quelques falots plantés çà et là dans le bordage.

Cependant, tout le temps qu'avait duré cette diversion tragique, l'équipage étant absorbé par une question de vie ou de mort, on n'avait guère su ce qui se passait hors de la corvette. Le brouillard s'était épaissi; le temps avait changé; le vent avait fait du navire ce qu'il avait voulu; on était hors de route, à découvert de[89] Jersey et de Guernesey, plus au sud qu'on ne devait l'être; on se trouvait en présence d'une mer démontée[90]. De grosses vagues venaient baiser les plaies béantes de la corvette, baisers redoutables. Le bercement de la mer était menaçant. La brise devenait bise[91]. Une bourrasque, une tempête peut-être, se dessinait[92]. On ne voyait pas à quatre lames[93] devant soi.

Pendant que les hommes d'équipage réparaient en hâte et sommairement les ravages de l'entrepont, aveuglaient[94] les voies d'eau et remettaient en batterie les pièces échappées au désastre, le vieux passager était remonté sur le pont.

Il s'était adossé au grand mât.

[84] à l'avant: à l'avant du navire.
[85] gisaient dans leur cadre: étaient à terre dans leur emplacement.
[86] forcée: brisée, rompue.
[87] pointage: opération par laquelle on dirige l'arme à feu sur l'objectif.
[88] la cale faisait eau: l'eau entrait dans la cale.
[89] à découvert de: qui n'est plus protégé par Jersey et Guernesey, deux des îles anglo-normandes de la Manche.
[90] mer démontée: mer très agitée.
[91] bise: vent froid.
[92] se dessinait: se formait.
[93] lames: vagues.
[94] aveuglaient: bouchaient provisoirement.

— *Maintenant, qu'on fusille cet homme.*

Il n'avait point pris garde à un mouvement qui avait eu lieu dans le navire. Le chevalier de La Vieuville avait fait mettre en bataille[95] des deux côtés du grand mât les soldats d'infanterie de marine, et, sur un coup de sifflet du maître d'équipage, les matelots occupés à la manœuvre s'étaient rangés debout sur les vergues[96].

Le comte du Boisberthelot s'avança vers le passager.

Derrière le capitaine marchait un homme hagard, haletant, les habits en désordre, l'air satisfait pourtant.

C'était le canonnier qui venait de se montrer si à propos dompteur de monstres, et qui avait eu raison[97] du canon.

Le comte fit au vieillard vêtu en paysan le salut militaire, et lui dit:
— Mon général, voilà l'homme.

Le canonnier se tenait debout, les yeux baissés, dans l'attitude d'ordonnance[98].

Le comte du Boisberthelot reprit:
— Mon général, en présence de ce qu'a fait cet homme, ne pensez-vous pas qu'il y a pour ses chefs quelque chose à faire?

— Je le pense, dit le vieillard.

— Veuillez donner des ordres, repartit Boisberthelot.

— C'est à vous de les donner. Vous êtes le capitaine.

— Mais vous êtes le général, reprit Boisberthelot.

Le vieillard regarda le canonnier.

— Approche, dit-il.

Le canonnier fit un pas.

Le vieillard se tourna vers le comte du Boisberthelot, détacha la croix de Saint-Louis[99] du capitaine, et la noua à la vareuse[100] du canonnier.

— Hurrah! crièrent les matelots.

Les soldats de marine présentèrent les armes.

Et le vieux passager, montrant du doigt le canonnier ébloui, ajouta:
— Maintenant, qu'on fusille cet homme.

La stupeur succéda à l'acclamation.

[95] mettre en bataille: ranger pour la bataille.

[96] vergues: "yards".

[97] avait eu raison: avait triomphé.

[98] d'ordonnance: réglementaire, celle du soldat devant un supérieur.

[99] croix de Saint-Louis: ordre créé par Louis XIV, la plus haute distinction sous le gouvernement royal.

[100] vareuse: sorte de veste.

Alors, au milieu d'un silence de tombe, le vieillard éleva la voix. Il
dit:

370

— Une négligence a compromis ce navire. A cette heure il est peut-
être perdu. Etre en mer, c'est être devant l'ennemi. Un navire qui fait
une traversée est une armée qui livre une bataille. La tempête se cache,
mais ne s'absente pas. Toute la mer est une embuscade. Peine de mort
à toute faute commise en présence de l'ennemi. Il n'y a pas de faute

375

réparable. Le courage doit être récompensé, et la négligence doit être
punie.

Ces paroles tombaient l'une après l'autre, lentement, gravement,
avec une sorte de mesure inexorable, comme des coups de cognée sur
un chêne.

380

Et le vieillard, regardant les soldats, ajouta:

— Faites.

L'homme à la veste duquel brillait la croix de Saint-Louis courba la
tête.

Sur un signe du comte du Boisberthelot, deux matelots descendirent

385

dans l'entrepont, puis revinrent apportant le hamac-suaire[101], l'aumônier
du bord, qui depuis le départ était en prière dans le carré des officiers,
accompagnait les deux matelots; un sergent détacha de la ligne de
bataille douze soldats qu'il rangea sur deux rangs, six par six; le ca-
nonnier, sans dire un mot, se plaça entre les deux file.. L'aumônier, le

390

crucifix en main, s'avança et se mit près de lui. "Marche", dit le sergent.
— Le peloton[102] se dirigea à pas lents vers l'avant. Les deux matelots,
portant le suaire, suivaient.

Un morne silence se fit sur la corvette. Un ouragan lointain soufflait.

Quelques instants après, une détonation éclata dans les ténèbres,

395

une lueur passa, puis tout se tut, et l'on entendit le bruit que fait un
corps en tombant dans la mer.

Le vieux passager, toujours adossé au grand mât, avait croisé les
bras, et songeait.

Boisberthelot, dirigeant vers lui l'index[103] de sa main gauche, dit bas

400

à La Vieuville:

— La Vendée a une tête.

[101] le hamac-suaire: le hamac dans lequel on jettera l'homme à la mer.
[102] peloton: le groupe de soldats chargé de l'exécution.
[103] index: le deuxième doigt de la main.

Questions

A. 1. Quand les deux Français espèrent-ils être à Paris?

2. Pourquoi la guerre civile doit-elle toujours avoir dans sa poche une fausse clef?

3. Pour quelle raison un prince serait-il utile à la cause royale? Et pourquoi n'y en a-t-il pas?

4. Hugo parle "d'engrenage" à propos des mouvements du canon. Quels sont les éléments qui sont nécessaires à ses déplacements?

5. Quelle est la réaction de l'équipage?

6. Pourquoi les objets lancés pour arrêter le canon n'ont-ils aucun effet?

7. Pourquoi Boisberthelot demande-t-il à La Vieuville s'il croit en Dieu? Comment expliquez-vous la réponse de celui-ci?

8. Pourquoi le chef de pièce a-t-il décidé de combattre le canon?

9. Quel sentiment le canonnier a-t-il pour le canon?

10. Comment la chaîne complique-t-elle le combat pour l'homme?

11. Comment le vieux passager sauve-t-il le canonnier?

12. Pourquoi le vieillard ne répond-il pas aux remerciements?

13. Quelle est la situation du bateau après que le canon a été maîtrisé?

14. De quelle manière le vieillard récompense-t-il le canonnier de son courage?

15. Quel ordre donne-t-il ensuite?

16. Quelle est la réaction du canonnier en entendant sa condamnation?

17. Quelle conclusion Boisberthelot tire-t-il de cette histoire?

B. 1. *Pourvu qu'il soit bon* (l. 42). Il y a ici un jeu de mots. Quel est-il?

2. De la discussion des deux officiers, il ressort que la Vendée a besoin d'un chef féroce. En quoi cela est-il une préparation pour ce qui suit?

3. L'imagination d'Hugo s'empare du canon. En quoi le transforme-t-elle? Comment la succession de verbes lui prête-t-elle vie?

4. *cet esclave éternel se venge* (l. 74). Expliquez la pensée d'Hugo et le contraste entre les mots.

5. *Ce bloc forcené* . . . (l. 78-l. 81). Relevez les comparaisons, celles que l'on attend et celles qui surprennent. Essayez de justifier celles-ci.

6. *un projectile qui* . . . *a l'air d'avoir des idées* (l. 98). Expliquez le choix des mots qui serait étonnant sorti du contexte.

7. Comment finit le chapitre *Tormentum Belli*? Que laisse-t-il prévoir?

8. Chez Hugo la vision est toujours antithétique. Que représentent ici le canon et le canonnier?

9. *Viens donc!* . . . (1. 234-1.239). Notez de quelle manière le canon est ici personnalisé. Remarquez notamment les verbes et les mots qui atténuent le sens des verbes.

10. *il faut en finir* (1. 267). L'auteur prépare le lecteur à la phase finale du combat. Analysez les différentes parties de ce "morceau de bravoure".

11. Quel est le symbolisme de cette fin du chapitre *Vis et vir*?

12. Comment l'esprit antithétique de Victor Hugo se manifeste-t-il dans les décisions du vieillard?

Sujets de Conversation

Hugo décrit la lutte dramatique de l'homme et de la machine, devenue une sorte de monstre destructeur. Le sujet de discussion est très différent. Le progrès est tel de nos jours, les inventions se succèdent si rapidement, que certains pensent que l'homme est devenu l'esclave de la machine. D'autres, au contraire, estiment que les machines, intelligemment employées, devraient débarrasser l'homme des tâches les plus pénibles et ainsi contribuer à sa libération.

La machine conduit à l'esclavage

L'homme est perdu sans ses machines. Comment peut-on vivre aujourd'hui sans réfrigérateur? Que faire si le chauffage, l'ascenseur, la voiture ne marchent pas?

L'homme ne doit-il pas travailler avec excès pour se payer toutes les machines dont il croit avoir besoin? La femme qui ne travaille pas n'est-elle pas condamnée à regarder la télévision, à bavarder, ou à périr d'ennui?

L'homme est assis dans sa voiture, au bureau. Ou alors, en compensation, il va au stade et court. Mais

La machine libère l'homme

Dans la maison, tous les travaux longs et pénibles sont faits ou facilités par la machine. La femme a le temps de travailler, de se cultiver, de s'occuper de ce qui l'intéresse. Comparez la vie d'une femme d'autrefois avec celle d'une femme moderne.

La machine crée des besoins, mais elle crée des débouchés. Est-ce la faute de la machine si l'homme ne sait pas organiser ses loisirs? N'est-ce pas la première tâche de la civilisation? Etre civilisé n'est-ce pas d'abord savoir profiter de son temps?

La voiture a agrandi le cercle dans lequel l'homme évolue. Sans la voiture, les villes modernes n'au-

il ne marche plus. Ne serait-ce pas un plaisir de se promener dans la ville s'il n'y avait pas d'autos, pas de pollution de l'air?

Tout le monde est d'accord pour admettre que la télévision tue la lecture, la conversation, la vie familiale. Tout le monde est également d'accord pour reconnaître la médiocrité des programmes. Pourrait-on vivre sans télévision? N'est-ce pas devenu une sorte de drogue?

Les ordinateurs prennent tous les jours une plus grande importance. Aujourd'hui, on leur demande des résultats. Mais ne voudra-t-on pas recevoir d'eux des conseils, puis des ordres? L'ordinateur a une logique; pourrait-il avoir une morale?

raient pas pris un tel essor. Comment la banlieue se serait-elle développée sans l'auto? Et n'êtes-vous pas intimement persuadé qu'on trouvera un jour un remède à la pollution, malgré tous les cris d'alarme?

L'enfant qui regarde la télévision n'est-il pas plus avancé que celui qui ne la regarde pas? Si les hommes commencent aujourd'hui à se sentir solidaires dans le monde entier, n'est-ce pas à la télévision et aux moyens de communication qu'on le doit? Quelle ressource la télévision et la radio ne sont-elles pas pour les malades, les infirmes, pour tous ceux qui sont encore rattachés à la vie par elles?

Il est certain que nous ne sommes encore qu'au début de la grande transformation industrielle. Comment l'imaginez-vous? Vous semble-t-elle inquiétante ou pleine de promesses? Etes-vous heureux d'être témoin de ce changement et d'y participer? Auriez-vous préféré vivre à une époque plus stable? Laquelle, et pourquoi?

Prosper Mérimée
(1803-1870)

Mérimée appartient par son âge à la grande génération romantique, mais il a toujours réagi contre les tendances de son époque et n'a jamais voulu accepter d'être dupe de ses propres émotions.

Mérimée est un homme du monde et un lettré. Comme inspecteur des monuments historiques, il a joué un rôle de premier plan dans la conservation des trésors nationaux.

En littérature, il se donne volontiers des airs d'amateur et adopte un ton désinvolte envers son lecteur, mais il est par exemple le grand introducteur de la littérature russe en France.

Il débute dans les lettres par une double mystification: il publie le *Théâtre de Clara Gazul*, actrice espagnole célèbre, mais qui n'a jamais existé, pas plus que l'œuvre qu'il est supposé traduire. En tête

du livre, paraît un portrait de Clara Gazul, qui n'est autre que l'auteur habillé en femme. Ce sont ensuite des *Contes illyriens*, écrits, avouera-t-il un jour, justement pour payer un voyage qu'il a projeté.

Mais il ne faut pas se laisser prendre à cette fantaisie. Mérimée cache son sérieux et ses connaissances sous l'ironie. Mais il n'aime pas les beaux sentiments et les cris du cœur sont pour lui une forme de mauvais goût. En fait, ses livres sont composés avec le plus grand soin. Ce qui caractérise son œuvre, c'est l'opposition essentielle entre le fond et la forme, entre le sujet et son expression. Il est attiré, soit par des histoires fantastiques (*La Vénus d'Ille*, 1837), soit par des sujets violents, où des personnages primitifs vont jusqu'au bout de leurs actes et ne s'embarrassent pas des formes de sensibilité que la civilisation a apportées (*Colomba*, 1840, *Carmen*, 1845). L'auteur, car c'est souvent lui qui assiste au déroulement de l'affaire et y participe quelque peu, se contente de reproduire les événements dont il est témoin avec une objectivité telle que tous les éléments personnels de l'histoire, auxquels il accorde une large place pour authentifier et égayer son récit, se perdent dans cette violence de passions qui semblent venir d'un autre monde. Ces âmes excessives ne sont qu'un trait de couleur locale; elles amusent le dilettante qui n'a pas l'occasion de rencontrer pareilles créatures dans son pays. D'ailleurs, il n'accompagne l'histoire d'aucun commentaire moral. Il n'est là ni pour juger ni pour condamner.

Pour décrire ces sentiments de feu, Mérimée emploie le style le plus froid, le plus dépouillé, celui du voyageur qui rapporte ce qu'il a vu. Son but est de créer l'ambiance, qui permettra au lecteur d'accepter le comportement d'un personnage si différent de lui. Mérimée s'attache donc à reconstituer l'atmosphère dans laquelle se déroule le récit, reconstitution qui ne vise pas au pittoresque en soi mais à rendre le sujet plausible. Ce sont donc de simples notations, faites en passant, souvent spirituelles, et non la grande description poétique, telle qu'on la trouve chez certains romantiques. Le récit est rempli d'ironie. L'auteur garde toujours une grande distance envers ses héros. Par tout un côté, ce sont d'assez pauvres créatures, même si parfois leurs actes sont d'une grandeur déconcertante. Cette ironie apporte une allure très personnelle au récit, mais, en même temps, elle marque la limite du talent de Mérimée, ce qui fait qu'il n'est pas un Stendhal, avec qui il offre certains points communs . . . Stendhal vibre avec ses personnages et nous entraîne dans leurs aventures. Ce sont eux, si intelligents, qui bien souvent analysent leurs propres pensées. Mérimée, au contraire, nous

présente des êtres élémentaires, qui n'ont même pas l'idée de s'interroger, puisqu'ils ne doutent pas de détenir la vérité. Le commentaire est ici entièrement fait par le narrateur. Le lecteur assiste à l'histoire, il n'y participe jamais. Cela explique que Stendhal ait écrit de grands romans et Mérimée d'excellentes nouvelles.

*
* *

Mateo Falcone (1829) est tout à fait caractéristique de la manière de Mérimée: des personnages entiers, sûrs d'eux-mêmes, ayant un code de l'honneur qui n'est pas le nôtre, une action concentrée en quelques pages d'une grande puissance dramatique, mais d'où tous les éléments mélodramatiques ont été éliminés, ou presque, par l'ironie de l'auteur et la froideur du style. Voyez par exemple les conseils donnés à un éventuel assassin qui songerait à se réfugier en Corse: ils sont donnés sur un ton de recette de cuisine. Il en résulte un grand effet de surprise quand, soudain, les événements prennent un tour si tragique, accentué encore par le fait que l'auteur ne témoigne ni colère ni pitié.

Mateo Falcone

*E*n sortant de Porto-Vecchio[1], et se dirigeant vers l'intérieur de l'île, on voit le terrain s'élever assez rapidement, et, après trois heures de marche par des sentiers tortueux, obstrués par de gros quartiers de rocs, et quelquefois coupés par des ravins, on se trouve sur le bord d'un *maquis*[2] très étendu; c'est la patrie des bergers corses, et de quiconque s'est brouillé avec la justice. Il faut savoir que le laboureur[3] corse, pour s'épargner la peine de fumer[4] son champ, met le feu à une certaine étendue de bois: tant pis si la flamme se répand plus loin que besoin n'est[5], arrive que pourra[6], on est sûr d'avoir une bonne récolte en semant sur cette terre fertilisée par les cendres des arbres qu'elle portait. Les épis enlevés[7], car on laisse la paille, qui donnerait de la peine à recueillir, les racines qui sont restées en terre sans se consumer poussent, au printemps suivant, des cépées[8] très épaisses qui, en peu d'années, parviennent à une hauteur de sept ou huit pieds. C'est cette manière de taillis fourré[9] que l'on nomme *maquis*. Différentes espèces d'arbres et d'arbrisseaux[10] le composent, mêlés et confondus comme il plaît à Dieu. Ce n'est que la hache à la main que l'homme s'y ouvrirait un passage, et l'on voit des *maquis* si épais et si touffus que les mouflons[11] eux-mêmes ne peuvent y pénétrer.

Si vous avez tué un homme, allez dans le maquis de Porto-Vecchio, et vous y vivrez en sûreté, avec un bon fusil, de la poudre et des balles; n'oubliez pas un manteau brun garni d'un capuchon, qui sert de couverture et de matelas. Les bergers vous vendront du lait et du fromage, et vous n'aurez rien à craindre de la justice ou des parents du mort, si

1 Porto-Vecchio: port de Corse.

2 maquis: "brushwood-covered heath": c'est là le paysage typique de l'intérieur de la Corse.

3 laboureur: paysan.

4 fumer: rendre une terre plus fertile avec certains produits.

5 que besoin n'est: qu'il est nécessaire.

6 arrive que pourra: quoi qu'il arrive.

7 les épis enlevés: après la récolte des grains.

8 cépée: "young shoots".

9 taillis fourré: "thick undergrowth".

10 arrisseau: très petit arbre.

11 mouflon: grand mouton de Corse ou de Sardaigne.

ce n'est[12] quand il vous faudra descendre à la ville pour y renouveler 25
vos munitions.

Mateo Falcone, quand j'étais en Corse en 18—, avait sa maison à
une demi-lieue de ce maquis. C'était un homme assez riche pour le
pays; vivant noblement, c'est-à-dire sans rien faire, du produit de ses
troupeaux, que des bergers, espèces de nomades, menaient paître çà 30
et là[13] sur les montagnes. Lorsque je le vis, deux années après l'événe-
ment que je vais raconter, il me parut âgé de cinquante ans tout au
plus[14]. Figurez-vous un homme petit mais robuste, avec des cheveux
crépus, noirs comme le jais, un nez aquilin, les lèvres minces, les yeux
grands et vifs, et un teint couleur de revers de botte[15]. Son habileté 35
au tir du fusil passait pour extraordinaire, même dans son pays, où il
y a tant de bons tireurs. Par exemple, Mateo n'aurait jamais tiré sur un
mouflon avec des chevrotines[16]; mais à cent vingt pas, il l'abattait d'une
balle dans la tête ou dans l'épaule, à son choix. La nuit, il se servait
de ses armes aussi facilement que le jour, et l'on m'a cité de lui ce trait 40
d'adresse, qui paraîtra peut-être incroyable à qui n'a pas voyagé en
Corse. A quatre-vingts pas on plaçait une chandelle allumée derrière
un transparent de papier, large comme une assiette. Il mettait en joue[17],
puis on éteignait la chandelle, et, au bout d'une minute, dans l'obscu-
rité la plus complète, il tirait et perçait le transparent trois fois sur 45
quatre.

Avec un mérite aussi transcendant, Mateo Falcone s'était attiré
une grande réputation. On le disait aussi bon ami que dangereux en-
nemi: d'ailleurs serviable et faisant l'aumône[18], il vivait en paix avec
tout le monde dans le district de Porto-Vecchio. Mais on contait de 50
lui qu'à Corte[19], où il avait pris femme, il s'était débarrassé fort vigou-
reusement d'un rival qui passait pour aussi redoutable en guerre qu'en
amour: du moins on attribuait à Mateo certain coup de fusil qui surprit
ce rival comme il était à[20] se raser devant un petit miroir pendu à sa
fenêtre. L'affaire assoupie, Mateo se maria. Sa femme Giuseppa lui avait 55

[12] si ce n'est: excepté, sauf.
[13] çà et là: ici et là.
[14] tout au plus: au maximum.
[15] teint couleur revers de botte: teint très foncé et mat.
[16] chevrotine: "buckshot".
[17] mettait en joue: visait avec un fusil.
[18] faisant l'aumône: donnant de l'argent aux pauvres, aux mendiants.
[19] Corte: ville de Corse.
[20] était à: était en train de.

donné d'abord trois filles (dont il enrageait), et enfin un fils, qu'il nomma Fortunato: c'était l'espoir de sa famille, l'héritier du nom. Les filles étaient bien mariées: leur père pouvait compter au besoin sur les poignards et les escopettes[21] de ses gendres. Le fils n'avait que dix ans, mais il annonçait déjà d'heureuses dispositions. 60

Un certain jour d'automne, Mateo sortit de bonne heure avec sa femme, pour aller visiter un de ses troupeaux dans une clairière du maquis. Le petit Fortunato voulait l'accompagner, mais la clairière était trop loin; d'ailleurs, il fallait bien que quelqu'un restât pour garder la maison; le père refusa donc: on verra s'il n'eut pas lieu de[22] s'en repentir. 65

Il était absent depuis plusieurs heures, et le petit Fortunato était tranquillement étendu au soleil, regardant les montagnes bleues, et pensant que, le dimanche prochain, il irait dîner à la ville, chez son oncle le caporale[23], quand il fut soudainement interrompu dans ses 70
méditations par l'explosion d'une arme à feu. Il se leva et se tourna du côté de la plaine d'où partait ce bruit. D'autres coups de fusil succédèrent, tirés à intervalles inégaux, et toujours de plus en plus rapprochés; enfin, dans le sentier qui menait de la plaine à la maison de Mateo, parut un homme, coiffé d'un bonnet pointu comme en portent 75
les montagnards, barbu, couvert de haillons, et se traînant avec peine en s'appuyant sur son fusil. Il venait de recevoir un coup de feu dans la cuisse.

Cet homme était un proscrit[24], qui, étant parti de nuit pour aller acheter de la poudre à la ville, était tombé en route dans une embus- 80
cade de voltigeurs[25] corses. Après une vigoureuse défense, il était parvenu à faire sa retraite, vivement poursuivi et tiraillant[26] de rocher en rocher. Mais il avait peu d'avance sur les soldats, et sa blessure le mettait hors d'état[27] de gagner le maquis avant d'être rejoint.

Il s'approcha de Fortunato et lui dit: 85
— Tu es le fils de Mateo Falcone?
— Oui.
— Moi, je suis Gianetto Sanpierro. Je suis poursuivi par les collets

[21] escopettes: fusils.
[22] eut lieu de: eut quelque raison pour.
[23] caporale: mot corse qui désigne un notable, une personne influente.
[24] proscrit: personne qui est hors-la-loi.
[25] voltigeurs: soldats d'infanterie légère.
[26] tiraillant: tirant fréquemment et sans ordre avec une arme à feu.
[27] mettait hors d'état: rendait incapable.

jaunes[28]. Cache-moi, car je ne puis aller plus loin.

— Et que dira mon père, si je te cache sans sa permission? 90

— Il dira que tu as bien fait.

— Qui sait?

— Cache-moi vite; ils viennent.

— Attends que mon père soit revenu.

— Que j'attende? malédiction! Ils seront ici dans cinq minutes. 95
Allons! Cache-moi, ou je te tue.

Fortunato lui répondit avec le plus grand sang-froid:

— Ton fusil est déchargé, et il n'y a plus de cartouches dans ta
giberne[29].

— J'ai mon stylet. 100

— Mais courras-tu aussi vite que moi?

Il fit un saut et se mit hors d'atteinte.

— Tu n'es pas le fils de Mateo Falcone! Me laisseras-tu donc arrêter
devant ta maison!

L'enfant parut touché. 105

— Que me donneras-tu si je te cache? dit-il en se rapprochant.

Le proscrit fouilla dans une poche de cuir qui pendait à sa ceinture,
et il en tira une pièce de cinq francs, qu'il avait réservée sans doute
pour acheter de la poudre. Fortunato sourit à la vue de la pièce d'argent,
il s'en saisit, et dit à Gianetto: 110

— Ne crains rien.

Aussitôt, il fit un grand trou dans un tas de foin placé auprès de la
maison. Gianetto s'y blottit, et l'enfant le recouvrit de manière à lui
laisser un peu d'air pour respirer, sans qu'il fût possible cependant de
soupçonner que ce foin cachât un homme. Il s'avisa, de plus, d'une 115
finesse de sauvage assez ingénieuse. Il alla prendre une chatte et ses
petits, et les établit sur le tas de foin, pour faire croire qu'il n'avait pas
été remué depuis peu. Ensuite, remarquant des traces de sang sur le
sentier près de la maison, il les couvrit de poussière avec soin, et, cela
fait, il se recoucha au soleil avec la plus grande tranquillité. 120

Quelques minutes après, six hommes en uniforme brun à collets
jaunes, et commandés par un adjudant[30], étaient devant la porte de
Mateo. Cet adjudant était quelque peu parent de Falcone. (On sait
qu'en Corse on suit les degrés de parenté beaucoup plus loin qu'ail-
leurs.) Il se nommait Tiodoro Gamba: c'était un homme actif, fort 125

[28] collets jaunes: nom donné aux voltigeurs à cause de la couleur de leur uniforme.
[29] cartouches dans ta giberne: "cartridges in your cartridge-bag".
[30] adjudant: sous-officier. Son rôle et sa réputation sont ceux du sergent américain.

redouté des proscrits dont il avait déjà traqué plusieurs.

— Bonjour, petit cousin, dit-il à Fortunato en l'abordant; comme te voilà grandi! As-tu vu passer un homme tout à l'heure?

— Oh! je ne suis pas encore si grand que vous, mon cousin, répondit l'enfant d'un air niais. 130

— Cela viendra. Mais n'as-tu pas vu passer un homme, dis-moi?

— Si j'ai vu passer un homme?

— Oui, un homme avec un bonnet pointu de peau de chèvre, et une veste brodée de rouge et de jaune?

— Un homme avec un bonnet pointu, et une veste brodée de rouge 135 et de jaune?

— Oui, réponds vite, et ne répète pas mes questions.

— Ce matin, Monsieur le curé est passé devant notre porte, sur son cheval Piero. Il m'a demandé comment papa se portait, et je lui ai répondu ... 140

— Ah! petit drôle, tu fais le malin! Dis-moi vite par où est passé Gianetto, car c'est lui que nous cherchons; et, j'en suis certain, il a pris par ce sentier.

— Qui sait?

— Qui sait? C'est moi qui sais que tu l'as vu. 145

— Est-ce qu'on voit les passants quand on dort?

— Tu ne dormais pas, vaurien; les coups de fusil t'ont réveillé.

— Vous croyez donc, mon cousin, que vos fusils font tant de bruit? L'escopette de mon père en fait bien davantage.

— Que le diable te confonde! maudit garnement[31]! Je suis bien sûr 150 que tu as vu le Gianetto. Peut-être même l'as-tu caché. Allons, camarades, entrez dans cette maison, et voyez si notre homme n'y est pas. Il n'allait plus que d'une patte[32], et il a trop de bon sens, le coquin, pour avoir cherché à gagner le maquis en clopinant[33]. D'ailleurs, les traces de sang s'arrêtent ici. 155

— Et que dira papa? demanda Fortunato en ricanant; que dira-t-il s'il sait qu'on est entré dans sa maison pendant qu'il était sorti?

— Vaurien! dit l'adjudant Gamba, en le prenant par l'oreille, sais-tu qu'il ne tient qu'à moi de te faire changer de note[34]? Peut-être qu'en

[31]garnement: garçon qui se moque des gens.
[32] il n'allait plus que d'une patte: une seule de ses jambes pouvait marcher.
[33] clopinant: marchant avec difficulté en boîtant.
[34] changer de note: adopter une attitude différente.

te donnant une vingtaine de coups de plat de sabre[35], tu parleras enfin. 160
Et Fortunato ricanait toujours.

— Mon père est Mateo Falcone! dit-il avec emphase.

— Sais-tu bien, petit drôle, que je puis t'emmener à Corte ou à
Bastia[36]. Je te ferai coucher dans un cachot, sur la paille, les fers aux
pieds[37], et je te ferai guillotiner[38], si tu ne dis où est Gianetto Sanpiero. 165
L'enfant éclata de rire à cette ridicule menace. Il répéta:

— Mon père est Mateo Falcone!

— Adjudant, dit tout bas un des voltigeurs, ne nous brouillons pas
avec Mateo.

Gamba paraissait évidemment embarrassé. Il causait à voix basse 170
avec ses soldats qui avaient déjà visité toute la maison. Ce n'était pas
une opération fort longue, car la cabane d'un Corse ne consiste qu'en
une seule pièce carrée. L'ameublement se compose d'une table qui
sert de lit, de bancs, de coffres et d'ustensiles de chasse ou de ménage.
Cependant le petit Fortunato caressait sa chatte, et semblait jouir 175
malignement de la confusion des voltigeurs et de son cousin.

Un soldat s'approcha du tas de foin. Il vit la chatte, et donna un
coup de baïonnette dans le foin avec négligence, et haussant les épaules
comme s'il sentait que sa précaution était ridicule. Rien ne remua; et
le visage de l'enfant ne trahit pas la plus légère émotion. 180

L'adjudant et sa troupe se donnaient au diable[39]; déjà ils regardaient
sérieusement du côté de la plaine, comme disposés à s'en retourner par
où ils étaient venus, quand leur chef, convaincu que les menaces ne
produiraient aucune impression sur le fils de Falcone, voulut faire un
dernier effort et tenter le pouvoir des caresses et des présents. 185

— Petit cousin, dit-il, tu me parais un gaillard bien éveillé[40]! Tu iras
loin. Mais tu joues un vilain jeu avec moi; et, si je ne craignais de faire
de la peine à mon cousin Mateo, le diable m'emporte[41] si je ne t'em-
menais pas avec moi.

—Bah! 190

— Mais quand mon cousin sera revenu, je lui conterai l'affaire, et,

[35] coups de plat de sabre: coups donnés avec la partie plate du sabre, pour faire mal
 sans blesser.
[36] Bastia: ville de Corse.
[37] les fers aux pieds: avec les pieds attachés.
[38] guillotiner: couper la tête.
[39] se donnaient au diable: ne savaient pas quoi faire.
[40] gaillard bien éveillé: garçon intelligent et qui comprend vite.
[41] le diable m'emporte: juron qui indique l'impatience et la colère.

pour ta peine d'avoir menti, il te donnera le fouet jusqu'au sang.

— Savoir?

— Tu verras . . . Mais, tiens . . . sois brave garçon, et je te donnerai quelque chose.

— Moi, mon cousin, je vous donnerai un avis, c'est que, si vous tardez davantage, le Gianetto sera dans le maquis; et alors il faudra plus d'un luron[42] comme vous pour aller l'y chercher.

L'adjudant tira de sa poche une montre d'argent qui valait bien six écus[43]; et, remarquant que les yeux du petit Fortunato étincelaient en la regardant, il lui dit en tenant la montre suspendue au bout de sa chaîne d'acier:

— Fripon[44]! tu voudrais bien avoir une montre comme celle-là suspendue à ton col, et tu te promènerais dans les rues de Porto-Vecchio, fier comme un paon; et les gens te demanderaient: "Quelle heure est-il?" et tu leur dirais: "Regardez à ma montre."

— Quand je serai grand, mon oncle le caporale me donnera une montre.

— Oui, mais le fils de ton oncle en a déjà une . . . pas aussi belle que celle-ci, à la vérité . . . Cependant il est plus jeune que toi.

L'enfant soupira.

— Hé bien, la veux-tu cette montre, petit cousin?

Fortunato, lorgnant[45] la montre du coin de l'œil, ressemblait à un chat à qui l'on présente un poulet tout entier. Comme il sent qu'on se moque de lui, il n'ose y porter la griffe, et de temps en temps il détourne les yeux, pour ne pas s'exposer à succomber à la tentation; mais il se lèche les babines[46] à tout moment, et il a l'air de dire à son maître: "Que votre plaisanterie est cruelle!"

Cependant l'adjudant Gamba semblait de bonne foi[47] en présentant sa montre. Fortunato n'avança pas la main; mais il lui dit avec un sourire amer:

— Pourquoi vous moquez-vous de moi?

— Par Dieu! je ne me moque pas. Dis-moi seulement où est Gianetto, et cette montre est à toi.

Fortunato laissa échapper un sourire d'incrédulité; et fixant ses yeux

[42] luron: personne hardie.
[43] écu: ancienne monnaie d'une assez grande valeur.
[44] fripon: qui aime à s'amuser en trompant.
[45] lorgnant: regardant du coin de l'œil.
[46] babines: lèvres de certains animaux.
[47] de bonne foi: sincère.

noirs sur ceux de l'adjudant, il s'efforçait d'y lire la foi qu'il devait avoir en ses paroles.

— Que je perde mon épaulette[48]! s'écria l'adjudant, si je ne te donne pas la montre à cette condition! Les camarades sont témoins; et je ne puis m'en dédire. 230

En parlant ainsi, il approchait toujours la montre, tant qu'elle touchait presque la joue pâle de l'enfant. Celui-ci montrait bien sur sa figure le combat que se livraient en son âme la convoitise et le respect dû à l'hospitalité. Sa poitrine nue se soulevait avec force; et il semblait près d'étouffer. Cependant la montre oscillait, tournait, et 235
quelquefois lui heurtait le bout du nez. Enfin, peu à peu sa main droite s'éleva vers la montre: le bout de ses doigts la toucha; et elle pesait toute entière dans sa main sans que l'adjudant lâchât pourtant le bout de la chaîne . . . Le cadran était azuré . . . la boîte nouvellement fourbie . . . au soleil, elle paraissait toute de feu . . . La tentation était trop forte. 240

Fortunato éleva aussi sa main gauche, et indiqua du pouce, par-dessus son épaule, le tas de foin auquel il était adossé. L'adjudant le comprit aussitôt. Il abandonna l'extrémité de la chaîne; Fortunato se sentit seul possesseur de la montre. Il se leva avec l'agilité d'un daim, et s'éloigna de dix pas du tas de foin, que les voltigeurs se mirent aussi- 245
tôt à culbuter.

On ne tarda pas à voir le foin s'agiter; et un homme sanglant, le poignard à la main, en sortit; mais, comme il essayait de se lever en pieds, sa blessure refroidie[49] ne lui permit plus de se tenir debout. Il tomba. L'adjudant se jeta sur lui, et lui arracha son stylet. Aussitôt on 250
le garrotta[50] fortement, malgré sa résistance.

Gianetto, couché par terre, et lié comme un fagot, tourna la tête vers Fortunato, qui s'était rapproché.

— Fils de . . .! lui dit-il avec plus de mépris que de colère.

L'enfant lui jeta la pièce d'argent qu'il en avait reçue, sentant qu'il 255
avait cessé de la mériter; mais le proscrit n'eut pas l'air de faire attention à ce mouvement. Il dit avec beaucoup de sang-froid à l'adjudant:

— Mon cher Gamba, je ne puis marcher; vous allez être obligé de me porter à la ville.

— Tu courais tout à l'heure plus vite qu'un chevreuil, repartit le 260
cruel vainqueur; mais sois tranquille: je suis si content de te tenir que

[48] épaulette: ici le symbole de son grade.
[49] blessure refroidie: "stiffened wound".
[50] garrotta: lia étroitement et fortement.

je te porterais une lieue sur mon dos sans être fatigué. Au reste, mon camarade, nous allons te faire une litière avec des branches et ta capote; et à la ferme de Crespoli, nous trouverons des chevaux.

— Bien, dit le prisonnier; vous mettrez aussi un peu de paille sur votre litière, pour que je sois plus commodément.

Pendant que les voltigeurs s'occupaient, les uns à faire une espèce de brancard avec des branches de châtaigniers, les autres à panser la blessure de Gianetto, Mateo Falcone et sa femme parurent tout d'un coup[51] au détour du sentier[52] qui conduisait au maquis. La femme s'avançait courbée péniblement sous le poids d'un énorme sac de châtaignes, tandis que son mari se prélassait[53], ne portant qu'un fusil à la main et un autre en bandoulière[54]; car il est indigne d'un homme de porter d'autre fardeau que ses armes.

A la vue des soldats, la première pensée de Mateo fut qu'ils venaient pour l'arrêter. Mais pourquoi cette idée? Mateo avait-il donc quelques démêlés avec la justice? Non. Il jouissait d'une bonne réputation. C'était, comme on dit, *un particulier bien famé*[55]; mais il était Corse et montagnard, et il n'y a point de Corse montagnard qui, en scrutant bien sa mémoire, n'y trouve quelque peccadille, telle que coups de fusil, coups de stylet et autres bagatelles. Mateo, plus qu'un autre, avait la conscience nette; car depuis plus de dix ans il n'avait dirigé son fusil contre un homme: mais toutefois il était prudent; et il se mit en posture de faire une belle défense, s'il en était besoin.

— Femme, dit-il à Giuseppa, mets bas[56] ton sac, et tiens-toi prête.

Elle obéit sur-le-champ[57]. Il lui donna le fusil qu'il avait en bandoulière, et qui aurait pu le gêner. Il arma celui qu'il avait à la main, et il s'avança lentement vers sa maison, longeant les arbres qui bordaient le chemin, et prêt, à la moindre démonstration hostile, à se jeter derrière le plus gros tronc, d'où il aurait pu faire feu à couvert[58]. Sa femme marchait sur ses talons, tenant son fusil de rechange[59] et sa

[51] tout d'un coup: soudain, brusquement.
[52] au détour du sentier: là où le chemin tourne.
[53] se prélassait: était dans une position confortable.
[54] en bandoulière: "over the shoulder".
[55] un particulier bien famé: un homme qui a une bonne réputation.
[56] mets bas: ici, pose par terre.
[57] sur-le-champ: aussitôt.
[58] faire feu à couvert: tirer en étant protégé.
[59] fusil de rechange: second fusil pour remplacer le premier lorsqu'il n'aura plus de munitions.

giberne. L'emploi d'une bonne ménagère, en cas de combat, est de charger les armes de son mari.

D'un autre côté, l'adjudant était fort en peine[60] en voyant Mateo s'avancer ainsi, à pas comptés[61], le fusil en avant, et le doigt sur la 295
détente. Si par hasard, pensa-t-il, Mateo se trouvait parent de Gianetto, ou s'il était son ami, et s'il voulait le défendre, les bourres[62] de ses deux fusils arriveraient à deux d'entre nous, aussi sûr qu'une lettre à la poste, et s'il me visait, nonobstant la parenté! . . .

Dans cette perplexité, il prit un parti fort courageux, ce fut de 300
s'avancer seul vers Mateo, pour lui conter l'affaire, en l'abordant comme une vieille connaissance[63]; mais le court intervalle qui le séparait de Mateo lui parut terriblement long.

— Holà! eh! mon vieux camarade, criait-il, comment cela va-t-il, mon brave? C'est moi, je suis Gamba, ton cousin. 305

Mateo, sans répondre un mot, s'était arrêté, et à mesure que l'autre parlait, il relevait doucement le canon de son fusil, de sorte qu'il était dirigé vers le ciel au moment où l'adjudant le joignit.

— Bonjour, frère, dit l'adjudant en lui tendant la main. Il y a bien longtemps que je ne t'ai vu. 310

— Bonjour, frère.

— J'étais venu pour te dire bonjour en passant, et à ma cousine Pepa. Nous avons fait une longue traite[64] aujourd'hui; mais il ne faut pas plaindre notre fatigue, car nous avons fait une fameuse prise. Nous venons d'empoigner Gianetto Sanpiero. 315

— Dieu soit loué! s'écria Giuseppa. Il nous a volé une chèvre laitière[65] la semaine passée.

Ces mots réjouirent Gamba.

— Pauvre diable! dit Mateo, il avait faim.

Le drôle s'est défendu comme un lion, poursuivit l'adjudant un peu 320
mortifié; il m'a tué un de mes voltigeurs, et, non content de cela, il a cassé le bras au caporal Chardon; mais il n'y a pas grand mal, ce n'était qu'un Français . . . Ensuite il s'était si bien caché que le diable ne l'aurait pu découvrir. Sans mon petit cousin Fortunato, je ne l'aurais jamais pu trouver. 325

[60] était en peine: était inquiet.
[61] à pas comptés: très lentement.
[62] bourre: "wad".
[63] vieille connaissance: quelqu'un que l'on connaît depuis longtemps.
[64] longue traite: grande distance parcourue sans s'arrêter.
[65] chèvre laitière: chèvre qui donne du lait.

— Fortunato! s'écria Mateo.

— Fortunato! répéta Giuseppa.

— Oui, le Gianetto s'était caché sous ce tas de foin là-bas; mais mon petit cousin m'a montré la malice. Aussi je le dirai à son oncle le caporale, afin qu'il lui envoie un beau cadeau pour sa peine. Et son nom et le tien seront dans le rapport que j'enverrai à M. l'avocat général[66].

— Malédiction! dit tout bas Mateo.

Ils avaient rejoint le détachement. Gianetto était déjà couché sur la litière et prêt à partir. Quand il vit Mateo en la compagnie de Gamba, il sourit d'un sourire étrange; puis se tournant vers la porte de la maison, il cracha sur le seuil, en disant:

— Maison d'un traître!

Il n'y avait qu'un homme décidé à mourir qui eût osé prononcer le mot de traître en l'appliquant à Falcone. Un bon coup de stylet, qui n'aurait pas eu besoin d'être répété, aurait immédiatement payé l'insulte. Cependant Mateo ne fit pas d'autre geste que celui de porter sa main à son front comme un homme accablé.

Fortunato était entré dans la maison en voyant arriver son père. Il reparut bientôt avec une jatte de lait, qu'il présenta les yeux baissés à Gianetto.

— Loin de moi! lui cria le proscrit, d'une voix foudroyante.

Puis, se tournant vers un des voltigeurs:

— Camarade, donne-moi à boire, dit-il.

Le soldat remit sa gourde entre ses mains, et le bandit but l'eau que lui donnait un homme avec lequel il venait d'échanger des coups de fusil. Ensuite il demanda qu'on lui attachât les mains de manière qu'il les eût croisées sur sa poitrine, au lieu de les avoir liées derrière le dos.

— J'aime, disait-il, à être couché à mon aise.

On s'empressa de le satisfaire, puis l'adjudant donna le signal du départ, dit adieu à Mateo qui ne lui répondit pas, et descendit au pas accéléré vers la plaine.

Il se passa près de dix minutes avant que Mateo ouvrît la bouche. L'enfant regardait d'un œil inquiet tantôt[67] sa mère et tantôt son père, qui, s'appuyant sur son fusil, le considérait avec une expression de colère concentrée.

— Tu commences bien! dit enfin Mateo d'une voix calme, mais ef-

[66] avocat général: titre assez semblable à "district attorney" en Amérique.

[67] tantôt . . . tantôt: alternativement, l'un ou l'autre.

MATEO FALCONE
(Nouvelles de Mérimée)

— *Laisse-moi, répondit Mateo: je suis son père.*

frayante pour qui connaissait l'homme.

— Mon père! s'écria l'enfant en s'avançant les larmes aux yeux comme pour se jeter à ses genoux.

Mais Mateo lui cria:

— Arrière de moi!

Et l'enfant s'arrêta et sanglota, immobile, à quelques pas de son père.

Giuseppa s'approcha. Elle venait d'apercevoir la chaîne de la montre, dont un bout sortait de la chemise de Fortunato.

— Qui t'a donné cette montre? demanda-t-elle d'un ton sévère.

— Mon cousin l'adjudant.

Falcone saisit la montre, et la jetant avec force contre une pierre, il la mit en mille pièces.

— Femme, dit-il, cet enfant est-il de moi?

Les joues brunes de Giuseppa devinrent d'un rouge de brique.

— Que dis-tu, Mateo? et sais-tu bien à qui tu parles?

— Eh bien! cet enfant est le premier de sa race qui ait fait une trahison.

Les sanglots et les hoquets de Fortunato redoublèrent, et Falcone tenait ses yeux de lynx toujours attachés sur lui. Enfin, il frappa la terre de la crosse de son fusil, puis le rejeta sur son épaule et reprit le chemin du maquis, en criant à Fortunato de le suivre. L'enfant obéit.

Giuseppa courut après Mateo, et lui saisit le bras:

— C'est ton fils, lui dit-elle d'une voix tremblante, en attachant ses yeux noirs sur ceux de son mari, comme pour lire ce qui se passait dans son âme.

— Laisse-moi, répondit Mateo: je suis son père.

Giuseppa embrassa son fils et rentra en pleurant dans sa cabane: elle se jeta à genoux devant une image de la Vierge et pria avec ferveur. Cependant Falcone marcha quelque deux cents pas dans le sentier, et ne s'arrêta que dans un petit ravin où il descendit. Il sonda la terre avec la crosse de son fusil, et la trouva molle et facile à creuser. L'endroit lui parut convenable pour son dessein.

— Fortunato, va auprès de cette grosse pierre.

L'enfant fit ce qu'il lui commandait, puis il s'agenouilla.

— Dis tes prières.

— Mon père, mon père, ne me tuez pas.

— Dis tes prières, répéta Mateo d'une voix terrible.

L'enfant, tout en balbutiant et en sanglotant, récita le *Pater* et le

Credo. Le père, d'une voix forte, répondait *Amen!* à la fin de chaque prière.

— Sont-ce là toutes les prières que tu sais?

— Mon père, je sais encore l'*Ave Maria*, et la litanie que ma tante 405
m'a apprise.

— Elle est bien longue; n'importe.

L'enfant acheva la litanie d'une voix éteinte[68].

— As-tu fini?

— Oh! mon père, grâce! pardonnez-moi: je ne le ferai plus! Je prie- 410
rai tant mon cousin le caporale qu'on fera grâce au Gianetto!

Il parlait encore; Mateo avait armé son fusil et le couchait en joue[69],
en lui disant:

— Que Dieu te pardonne!

L'enfant fit un effort désespéré pour se relever et embrasser les 415
genoux de son père, mais il n'en eut pas le temps. Mateo fit feu, et
Fortunato tomba raide mort[70].

Sans jeter un coup d'œil sur le cadavre, Mateo reprit le chemin de
sa maison pour aller chercher une bêche, afin d'enterrer son fils. Il
avait fait à peine quelques pas, qu'il rencontra Giuseppa, qui accourait 420
alarmée du coup de feu.

— Qu'as-tu fait? s'écria-t-elle.

— Justice.

— Où est-il?

— Dans le ravin. Je vais l'enterrer. Il est mort en chrétien. Je lui 425
ferai chanter une messe. — Que l'on dise à mon gendre Tiodoro Bianchi
qu'il vienne demeurer avec nous.

Questions

A. 1. Pourquoi le maquis corse est-il la patrie de *quiconque s'est brouillé
avec la justice*?

2. Quel est le moment dangereux pour les bandits du maquis?

3. De tous les talents de Mateo Falcone, l'auteur ne s'arrête que sur un
seul. Quel est-il et pourquoi a-t-il tant d'importance?
Pour le lecteur, il est bien évident que Mateo a tué son rival. Pour-
quoi l'auteur n'est-il pas plus affirmatif?

[68] voix éteinte: une voix qui n'a plus de force, qu'on entend à peine.
[69] couchait en joue: visait avec un fusil (comme note 17).
[70] raide mort: qui est mort instantanément.

5. Quelle est l'importance du fait que Mateo a d'abord trois filles et que Fortunato est son fils unique?

6. Comment Fortunato réagit-il quand le bandit menace de le tuer?

7. L'enfant ne cache le bandit que contre une récompense. Comment associez-vous cette demande avec l'incident de la montre?

8. Fortunato répond mal à l'adjudant parce qu'il se moque de lui, comme il s'est moqué du bandit. Expliquez son attitude.

9. Pourquoi, en répondant à l'adjudant, Fortunato invoque-t-il souvent le nom de son père?

10. Dans la scène de la montre, que pensez-vous du rôle de l'adjudant? L'enfant vous semble-t-il très coupable? S'il l'est peu, en quoi cela affecte-t-il votre réaction à la fin du conte?

11. Pourquoi Fortunato rend-il l'argent au bandit?

12. Pourquoi Mateo, voyant des soldats chez lui, se met-il dans une position de défense?

13. Le bandit insulte Mateo qui ne réagit pas. Expliquez cette absence de réaction chez un homme aussi fier.

14. Pourquoi le bandit refuse-t-il le lait de Fortunato et demande-t-il de l'eau à boire aux soldats?

15. Comment expliquez-vous la phrase de Giuseppa, *c'est ton fils* et la réponse de Mateo, *je suis son père*?

16. Pourquoi Mateo dit-il à sa femme qu'il a fait *justice*?

B. 1. Cette histoire ne peut se justifier que parce qu'elle est corse. Relevez quelques-uns des nombreux traits de couleur locale tout au long du récit.

2. La phrase (1. 29) *vivant noblement, c'est-à-dire sans rien faire*, vise à faire sourire. Où se trouve l'effet comique?

3. L'auteur est un voyageur. Lorsque vous décrivez des habitudes qui ne sont pas les vôtres, vous avez tendance à être ironique. Donnez des exemples de cette fréquente ironie.

4. Dans la scène de la tentation par la montre, Mérimée introduit la comparaison avec un chat. Dans quel but?

5. Les prières de la dernière scène ajoutent à son intensité dramatique. Comment se justifient-elles dans la psychologie de Mateo Falcone?

6. A votre avis, en quoi consiste exactement aux yeux de Mateo la faute commise par son fils?

7. L'auteur ne joue presque aucun rôle dans l'histoire. Pourquoi a-t-il cependant tenu à apparaître?

Sujets de Conversation

Mateo Falcone est un personnage exceptionnel qui ne peut s'expliquer que par le caractère primitif des mœurs corses. Si, pour les besoins de la conversation, nous considérons la famille dans un monde "civilisé", nous sommes témoins d'une évolution considérable dans les rapports entre parents et enfants. Bien souvent aujourd'hui, le père veut être l'ami de ses enfants et non leur maître. Pourtant le conflit des générations subsiste dans toute sa violence. Quelle vous semble être la meilleure attitude?

En faveur de l'autorité paternelle

Un père qui n'a pas d'autorité sur ses enfants n'est pas un père. Sous prétexte de ne pas intervenir, n'abdique-t-il pas ses responsabilités? N'avoue-t-il pas son indifférence ou son incompétence?

L'enfant a besoin d'être dirigé. N'est-il pas parfois agréable d'obéir sans poser de questions? Beaucoup de gens n'ont-ils pas la nostalgie d'un univers blanc et noir où l'obéissance est récompensée et la désobéissance punie?

L'enfant admire ses parents. Le respect lui est donc naturel. Comment ne pas baser l'éducation sur ce respect? et le respect sur la hiérarchie?

Est-il bon que les deux parents aient le même système d'éducation, rigoureux ou indulgent? Vous semble-t-il au contraire préférable, si le père est sévère, que la mère soit libérale, ou inversement?

Si vous avez plus tard des enfants, accepteriez-vous l'idée qu'ils

En faveur de la liberté

La morale est ce qui se fait. En suivant ses règles, l'enfant évite tout souci immédiat à ses parents. Leur conformisme n'est-il pas alors autre chose qu'un désir de ne pas avoir d'histoires et de ne pas engager leurs responsabilités?

Tous les parents, ou presque, élèvent leurs enfants. Or rien n'est plus difficile à réussir qu'une éducation. Comment faire pour que les résultats deviennent un peu meilleurs?

Les parents peuvent-ils obtenir à la fois respect et amour? A votre avis lequel est le plus important? Lequel est le plus facile à obtenir? Essayez de justifier votre choix.

A quel moment un jeune peut-il décider par lui-même? Jusqu'à quel âge les parents peuvent-ils s'opposer à ses décisions si elles leur paraissent peu sages? Discutez un cas que vous connaissez.

Le conflit des générations n'est-il pas une réaction naturelle de la

puissent un jour ne pas être d'accord avec vous? Comment feriez-vous pour éviter ce conflit? Exposez quelques-uns de vos principes.

jeunesse pour s'affirmer? Croyez-vous que les parents aient tourné le dos à l'idéal de leur propre jeunesse? Avez-vous le sentiment que vous pourrez toujours garder vos opinions actuelles?

Gérard Labrunie, dit
Gérard de Nerval
(1808-1855)

*E*ncore un poète maudit. Le 26 janvier 1855, Gérard de Nerval, qui a été interné à plusieurs reprises dans une maison de santé pour folie, se suicide en se pendant à un bec de gaz dans une petite rue de Paris.

Nerval est un romantique, le seul de son époque à avoir senti la poésie des romantiques allemands. En 1828 et en 1840, il publie la traduction des deux *Faust* de Goethe, traduction qui garde encore aujourd'hui une valeur réelle. Avec son ami, le poète Théophile Gautier, il appartient au mouvement *Jeune France* qui est à l'avant-garde du romantisme français et constitue la bohème du mouvement, qu'il peindra dans ses *Petits châteaux de Bohème* (1853). Mais, à la diffé- rence de Gautier qui rapproche la poésie des beaux-arts, Nerval en

exprime plutôt les affinités musicales, et par là il est un précurseur des symbolistes.

En 1836, après un voyage en Italie, Nerval tombe amoureux d'une actrice, Jenny Colon, qui tiendra une place importante dans l'œuvre, mais une place transposée dans laquelle le rêve se substitue bien souvent à la réalité. Nous ne savons que peu de chose de la liaison, sinon qu'elle dut être malheureuse car l'actrice ne tarda pas à se marier.

Nerval part pour l'Allemagne avec Alexandre Dumas et tous deux écrivent en collaboration un drame, *Léo Burckart*, joué en 1839. En 1841, premier séjour du poète dans une maison de santé. Il se rétablit, mais en 1842, Jenny Colon meurt. Nerval part pour l'Orient (1843), dont il rapporte une description féerique et poétique qui paraît en 1851. Durant ce voyage, il se penche avec passion sur les mystères antiques, sur les religions ésotériques et mêlera désormais des préoccupations mystiques à ses rêves.

Son état de santé s'aggrave, mais, dans les intervalles de lucidité, il compose ses principales œuvres, celles qui ont assuré sa réputation: *Lorely* (1852), *Les Filles du Feu* (1854), *les Chimères* (1854), *Aurélia* (1855).

Un homme, aussi profondément troublé dans ses facultés mentales et poète de génie, ne pouvait que transmettre au lecteur ses hallucinations, leur donner l'apparence du réel qu'elles avaient pour lui. Le songe pour Nerval fait partie de la vie qui cesse de se dérouler dans le temps. Le passé rejoint le présent. Les souvenirs peuvent être ceux d'une vie antérieure, le monde surnaturel intervient dans l'existence familière d'une manière plus sentie qu'expliquée. Et par là, Nerval annonce les symbolistes et les surréalistes.

Il convient de noter combien la folie, qui marqua si durement sa carrière, n'a pas dans ses livres de caractère tragique. C'est une inspiratrice, presque une muse; elle n'est jamais son ennemie. Malgré son angoisse profonde, un sentiment de culpabilité, de faute à expier (les références au suicide sont nombreuses dans l'œuvre), Nerval reste un artiste tendre. Remarquable écrivain, parfaitement maître de sa technique, il atteint à une grande pureté de style. S'il est une œuvre authentique, c'est bien celle de Gérard de Nerval.

Octavie est typique de l'œuvre de Gérard de Nerval par la confusion entre le rêve et la réalité, la vérité et l'invention. Comme dans

un rêve, la notion de temps est vague, les contradictions abondent. Le récit obéit à une logique qui n'est pas celle de la vie: les personnages apparaissent mystérieusement pour disparaître soudain, leur valeur symbolique est évidente. Certains passages sont remplis de détails précis, inutiles au récit et qui ne se justifient que parce qu'ils sont arrivés, ou que l'auteur se figure qu'ils lui sont arrivés; puis les liaisons manquent soudain sans que l'histoire devienne incohérente. Simplement la logique du raisonnement nous échappe et il n'est pas possible de dire exactement où commence l'invention et où elle finit. L'auteur, en proie à ses obsessions, a su leur donner une valeur artistique.

Octavie est un document psychologique, mais, plus encore, une réussite littéraire.

Octavie

Ce fut au printemps de l'année 1835 qu'un vif désir me prit de voir l'Italie. Tous les jours en m'éveillant j'aspirais d'avance l'âpre senteur des marronniers alpins; le soir, la

cascade de Terni, la source écumante du Téverone jaillissaient pour moi seul entre les portants éraillés[1] des coulisses d'un petit théâtre . . . Une voix délicieuse, comme celle des sirènes, bruissait[2] à mes oreilles, comme si les roseaux de Trasimène eussent tout à coup pris une voix . . . Il fallut partir, laissant à Paris un amour contrarié, auquel je voulais échapper par la distraction.

C'est à Marseille que je m'arrêtai d'abord. Tous les matins, j'allais prendre des bains de mer au Château-Vert, et j'apercevais de loin, en nageant, les îles riantes du golfe. Tous les jours aussi, je me rencontrais dans la baie azurée avec une jeune fille anglaise, dont le corps délié[3] fendait l'eau[4] verte auprès de moi. Cette fille des eaux, qui se nommait Octavie, vint un jour à moi toute glorieuse d'une pêche étrange qu'elle avait faite. Elle tenait dans ses blanches mains un poisson qu'elle me donna.

Je ne pus m'empêcher de sourire d'un tel présent. Cependant le choléra régnait alors dans la ville, et pour éviter les quarantaines, je me résolus à prendre la route de terre. Je vis Nice, Gênes et Florence; j'admirai le Dôme et le Baptistère, les chefs-d'œuvre de Michel-Ange, la Tour penchée et le Campo-Santo de Pise. Puis, prenant la route de Spolète, je m'arrêtai dix jours à Rome. Le dôme de Saint-Pierre, le Vatican, le Colisée m'apparurent ainsi qu'un rêve. Je me hâtai de prendre la poste[5] pour Civita-Vecchia, où je devais m'embarquer. Pendant trois jours, la mer furieuse retarda l'arrivée du bateau à vapeur. Sur cette plage désolée où je me promenais pensif, je faillis un jour être dévoré par les chiens. La veille du jour où je partis, on donnait au théâtre un vaudeville français[6]. Une tête blonde et sémillante[7] attira mes regards. C'était la jeune Anglaise qui avait pris place dans une loge d'avant-scène[8]. Elle accompagnait son père, qui paraissait infirme, et à qui les médecins avaient recommandé le climat de Naples.

Le lendemain matin, je prenais tout joyeux mon billet de passage. La jeune Anglaise était sur le pont, qu'elle parcourait à grands pas,

[1] portants éraillés: "frayed uprights".

[2] bruissait: faisait un bruit léger.

[3] délié: mince, svelte.

[4] fendait l'eau: avançait rapidement dans l'eau.

[5] prendre la poste: voyager par la poste.

[6] vaudeville français: sorte de comédie légère.

[7] sémillante: vive et gaie.

[8] loge d'avant-scène: "stage-box".

— *Si vous m'aimez, reprit-elle, vous irez m'attendre demain à Portici.*

et impatiente de la lenteur du navire, elle imprimait ses dents d'ivoire
dans l'écorce d'un citron:

— Pauvre fille, lui dis-je, vous souffrez de la poitrine, j'en suis sûr,
et ce n'est pas ce qu'il faudrait.

Elle me regarda fixement et me dit:

— Qui l'a appris à vous[9]?

— La sibylle de Tibur, lui dis-je sans me déconcerter.

— Allez! me dit-elle, je ne crois pas un mot de vous.

Ce disant[10], elle me regarda tendrement et je ne pus m'empêcher
de lui baiser la main.

— Si j'étais plus forte, dit-elle, je vous apprendrais à mentir! ...

Et elle me menaçait, en riant, d'une badine[11] à tête d'or qu'elle
tenait à la main.

Notre vaisseau touchait au port de Naples et nous traversions le
golfe, entre Ischia et Nisida, inondées des feux de l'Orient.

— Si vous m'aimez, reprit-elle, vous irez m'attendre demain à Portici.
Je ne donne pas à tout le monde de tels rendez-vous.

Elle descendit sur la place du Môle et accompagna son père à l'hôtel
de Rome, nouvellement construit sur la jetée. Pour moi, j'allai prendre
mon logement derrière le théâtre des Florentins. Ma journée se passa
à parcourir la rue de Tolède, la place du Môle, à visiter le Musée des
études; puis j'allai le soir voir le ballet à San-Carlo. J'y fis rencontre
du marquis Gargallo, que j'avais connu à Paris, et qui me mena après
le spectacle prendre le thé chez ses sœurs.

Jamais je n'oublierai la délicieuse soirée qui suivit. La marquise
faisait les honneurs d'un vaste salon rempli d'étrangers. La conversation
était un peu celle des Précieuses[12]; je me croyais dans la chambre
bleue de l'hôtel Rambouillet. Les sœurs de la marquise, belles comme
les Grâces, renouvelaient pour moi les prestiges de l'ancienne Grèce.
On discuta longtemps sur la forme de la pierre d'Eleusis[13], se deman-
dant si sa forme était triangulaire ou carrée. La marquise aurait pu
se prononcer en toute assurance, car elle était belle et fière comme

[9] Nerval s'amuse à écrire une phrase incorrecte parce qu'elle est dite par une Anglaise.

[10] ce disant: toute en parlant ainsi.

[11] badine: canne mince et flexible.

[12] Précieuses: nom donné aux femmes qui, réunies d'abord dans la Chambre Bleue de
l'hôtel de Rambouillet, mirent à la mode un idéal de galanterie qui exerça une
grande influence sur la bonne société et les salons du dix-septième siècle.

[13] Eleusis: ville de Grèce où se célébraient des mystères fort réputés.

Vesta[14]. Je sortis du palais la tête étourdie de cette discussion philoso-
phique, et je ne pus parvenir à retrouver mon domicile. A force d'errer
dans la ville, je devais être enfin le héros de quelque aventure. La
rencontre que je fis cette nuit-là est le sujet de la lettre suivante, que 70
j'adressai plus tard à celle dont j'avais cru fuir l'amour fatal en m'é-
loignant de Paris.

"Je suis dans une inquiétude extrême. Depuis quatre jours, je ne
vous vois pas ou je ne vous vois qu'avec tout le monde; j'ai comme un
fatal pressentiment. Que vous ayez été sincère avec moi, je le crois; que 75
vous soyez changée depuis quelques jours, je l'ignore, mais je le crains.
Mon Dieu! prenez pitié de mes incertitudes, ou vous attirerez sur nous
quelque malheur. Voyez, ce serait moi-même que j'accuserais pourtant.
J'ai été timide et dévoué plus qu'un homme ne le devrait montrer. J'ai
entouré mon amour de tant de réserve, j'ai craint si fort de vous of- 80
fenser, vous qui m'en aviez tant puni une fois déjà, que j'ai peut-être
été trop loin dans ma délicatesse, et que vous avez pu me croire re-
froidi. Eh bien! j'ai respecté un jour important pour vous, j'ai contenu
des émotions à briser l'âme[15], et je me suis couvert d'un masque sou-
riant, moi dont le cœur haletait et brûlait. D'autres n'auront pas eu 85
tant de ménagements, mais aussi nul ne vous a peut-être prouvé tant
d'affection vraie, et n'a si bien senti tout ce que vous valez.

Parlons franchement: je sais qu'il est des liens qu'une femme ne
peut briser qu'avec peine, des relations incommodes qu'on ne peut
rompre que lentement. Vous ai-je demandé de trop pénibles sacrifices? 90
Dites-moi vos chagrins, je les comprendrai. Vos craintes, votre fantaisie,
les nécessités de votre position, rien de tout cela ne peut ébranler l'im-
mense affection que je vous porte, ni troubler même la pureté de mon
amour. Mais nous verrons ensemble ce qu'on peut admettre ou com-
battre, et s'il était des nœuds qu'il fallût trancher et non dénouer, re- 95
posez-vous sur moi de ce soin. Manquer de franchise en ce moment
serait de l'inhumanité peut-être; car, je vous l'ai dit, ma vie ne tient à
rien qu'à votre volonté, et vous savez bien que ma plus grande envie
ne peut être que de mourir pour vous!

Mourir, grand Dieu! pourquoi cette idée me revient-elle à tout 100
propos[16], comme s'il n'y avait que ma mort qui fût l'équivalent du
bonheur que vous promettez? La mort! ce mot ne répand cependant

[14] Vesta: déesse du feu chez les Romains.
[15] à briser l'âme: capable de briser l'âme.
[16] à tout propos: à chaque instant.

rien de sombre dans ma pensée. Elle m'apparaît couronnée de roses pâles, comme à la fin d'un festin[17]; j'ai rêvé quelquefois qu'elle m'attendait en souriant au chevet[18] d'une femme adorée, après le bonheur, après l'ivresse, et qu'elle me disait: 'Allons, jeune homme! tu as eu toute ta part de joie en ce monde. A présent, viens dormir, viens te reposer dans mes bras. Je ne suis pas belle, moi, mais je suis bonne et secourable et je ne donne pas le plaisir, mais le calme éternel.'

Mais où donc cette image s'est-elle déjà offerte à moi? Ah! je vous l'ai dit, c'était à Naples, il y a trois ans, j'avais fait rencontre dans la nuit, près de la Villa-Reale, d'une jeune femme qui vous ressemblait, une très bonne créature dont l'état était de faire des broderies d'or pour les ornements d'église; elle semblait égarée d'esprit; je la reconduisis chez elle, bien qu'elle me parlât d'un amant qu'elle avait dans les gardes suisses, et qu'elle tremblait de voir arriver. Pourtant, elle ne fit pas de difficulté de m'avouer que je lui plaisais davantage . . . Que vous dirai-je? Il me prit fantaisie de m'étourdir pour tout un soir et de m'imaginer que cette femme, dont je comprenais à peine le langage, était vous-même, descendue à moi par enchantement. Pourquoi vous tairais-je toute cette aventure et la bizarre illusion que mon âme accepta sans peine, surtout après quelques verres de Lacrima-christi mousseux[19] qui me furent versés au souper? La chambre où j'étais entré avait quelque chose de mystique par le hasard ou par le choix singulier des objets qu'elle renfermait. Une madone noire couverte d'oripeaux[20], et dont mon hôtesse était chargée de rajeunir l'antique parure, figurait sur une commode près d'un lit aux rideaux de serge verte; une figure de sainte Rosalie, couronnée de roses violettes, semblait plus loin protéger le berceau d'un enfant endormi; les murs, blanchis à la chaux[21], étaient décorés de vieux tableaux des quatre éléments représentant des divinités mythologiques. Ajoutez à cela un beau désordre d'étoffes brillantes, de fleurs artificielles, de vases étrusques[22]; des miroirs entourés de clinquant[23] qui reflétaient vivement la lueur de l'unique lampe de cuivre, et, sur une table, un "Traité de la

[17] festin: grand repas, banquet.
[18] chevet: partie du lit où l'on pose la tête.
[19] Lacrima-christi mousseux: vin napolitain célèbre, comme du champagne.
[20] oripeaux: vieux vêtements qui ont encore un aspect clinquant, brillant.
[21] blanchis à la chaux: "white-washed".
[22] étrusques: nom d'un ancien peuple d'Italie qui a laissé des œuvres d'art remarquables.
[23] clinquant: mauvaise imitation de pierreries, de métaux, etc.

divination et des songes" qui me fit penser que ma compagne était un 135
peu sorcière ou bohémienne[24] pour le moins.

Une bonne vieille aux grands traits solennels allait, venait, nous
servant; je crois que ce devait être sa mère! Et moi, tout pensif, je ne
cessais de regarder sans dire un mot celle qui me rappelait si exacte-
ment votre souvenir. 140

Cette femme me répétait à tout moment:

— Vous êtes triste?

Et je lui dis:

— Ne parlez pas, je puis à peine vous comprendre; l'italien me
fatigue à écouter et à prononcer. 145

— Oh! dit-elle, je sais encore parler autrement.

Et elle parla tout à coup dans une langue que je n'avais pas encore
entendue. C'étaient des syllabes sonores, gutturales, des gazouille-
ments[25] pleins de charme, une langue primitive sans doute; de l'hébreu,
du syriaque[26], je ne sais. Elle sourit de mon étonnement, et s'en alla 150
à sa commode, d'où elle tira des ornements de fausses pierres, colliers,
bracelets, couronne; s'étant parée ainsi, elle revint à table, puis resta
sérieuse fort longtemps. La vieille, en rentrant, poussa de grands éclats
de rire et me dit, je crois, que c'était ainsi qu'on la voyait aux fêtes.
En ce moment, l'enfant se réveilla et se prit à crier. Les deux femmes 155
coururent à son berceau, et bientôt la jeune revint près de moi tenant
fièrement dans ses bras le *bambino* soudainement apaisé.

Elle lui parlait dans cette langue que j'avais admirée, elle l'occupait
avec des agaceries[27] pleines de grâce; et moi, peu accoutumé à l'effet
des vins brûlés du Vésuve[28], je sentais tourner les objets devant mes 160
yeux: cette femme, aux manières étranges, royalement parée, fière et
capricieuse, m'apparaissait comme une de ces magiciennes de Thessalie
à qui l'on donnait son âme pour un rêve. Oh! pourquoi n'ai-je pas craint
de vous faire ce récit? C'est que vous savez bien que ce n'était aussi
qu'un rêve, où seule vous avez régné! 165

Je m'arrachai à ce fantôme qui me séduisait et m'effrayait à la fois;
j'errai dans la ville déserte jusqu'au son des premières cloches; puis,
sentant le matin, je pris par les petites rues derrière Chiaia, et je me

[24] bohémienne: "gypsy".
[25] gazouillements: petits bruits que font les oiseaux en chantant.
[26] syriaque: langue sémitique ancienne.
[27] agaceries: gestes ou paroles pour attirer l'attention.
[28] vins brûlés du Vésuve: il s'agit du Lacrima-christi.

mis à gravir le Pausilippe au-dessus de la grotte. Arrivé tout en haut, je me promenais en regardant la mer déjà bleue, la ville où l'on n'entendait encore que les bruits du matin, et les îles de la baie, où le soleil commençait à dorer le haut des villas. Je n'étais pas attristé le moins du monde; je marchais à grands pas, je courais, je descendais les pentes, je me roulais dans l'herbe humide; mais dans mon cœur il y avait l'idée de la mort.

O dieux! je ne sais quelle profonde tristesse habitait mon âme, mais ce n'était autre chose que la pensée cruelle que je n'étais pas aimé. J'avais vu comme le fantôme du bonheur, j'avais usé de tous les dons de Dieu, j'étais sous le plus beau ciel du monde, en présence de la nature la plus parfaite, du spectacle le plus immense qu'il soit donné aux hommes de voir, mais à quatre cents lieues de la seule femme qui existât pour moi, et qui ignorait jusqu'à mon existence. N'être pas aimé et n'avoir pas l'espoir de l'être jamais! C'est alors que je fus tenté d'aller demander compte à Dieu de ma singulière existence. Il n'y avait qu'un pas à faire: à l'endroit où j'étais, la montagne était coupée comme une falaise, la mer grondait au bas, bleue et pure; ce n'était plus qu'un moment à souffrir. Oh! l'étourdissement de cette pensée fut terrible. Deux fois je me suis élancé, et je ne sais quel pouvoir me rejeta vivant sur la terre, que j'embrassai. Non, mon Dieu! vous ne m'avez pas créé pour mon éternelle souffrance. Je ne veux pas vous outrager par ma mort; mais donnez-moi la force, donnez-moi le pouvoir, donnez-moi surtout la résolution, qui fait que les uns arrivent au trône, les autres à la gloire, les autres à l'amour!"

Pendant cette nuit étrange, un phénomène assez rare s'était accompli. Vers la fin de la nuit, toutes les ouvertures de la maison où je me trouvais s'étaient éclairées, une poussière chaude et soufrée[29] m'empêchait de respirer, et, laissant ma facile conquête endormie sur la terrasse, je m'engageai dans les ruelles[30] qui conduisent au château Saint-Elme; à mesure que[31] je gravissais la montagne, l'air pur du matin venait gonfler mes poumons; je me reposais délicieusement sous les treilles[32] des villas, et je contemplais sans terreur le Vésuve couvert encore d'une coupole de fumée.

C'est en ce moment que je fus saisi de l'étourdissement dont j'ai

[29] soufrée: "sulphureous".
[30] je m'engageai dans les ruelles: je pris les petites rues étroites.
[31] à mesure que: en proportion que, en même temps que.
[32] treilles: "climbing vines".

parlé; la pensée du rendez-vous qui m'avait été donné par la jeune
Anglaise m'arracha aux fatales idées que j'avais conçues. Après avoir
rafraîchi ma bouche avec une de ces énormes grappes de raisin que
vendent les femmes du marché, je me dirigeai vers Portici et j'allai
visiter les ruines d'Herculanum. Les rues étaient toutes saupoudrées[33]
d'une cendre métallique. Arrivé près des ruines, je descendis dans la
ville souterraine et je me promenai longtemps d'édifice en édifice, de-
mandant à ces monuments le secret de leur passé. Le Temple de Vénus,
celui de Mercure, parlaient en vain à mon imagination. Il fallait que
cela fût peuplé de figures vivantes. Je remontai à Portici et m'arrêtai
pensif sous une treille en attendant mon inconnue.

Elle ne tarda pas à paraître, guidant la marche pénible de son père,
et me serra la main avec force en me disant: "C'est bien." Nous
choisîmes un voiturin[34] et nous allâmes visiter Pompéi. Avec quel bon-
heur je la guidai dans les rues silencieuses de l'antique colonie romaine.
J'en avais d'avance étudié les plus secrets passages. Quand nous arri-
vâmes au petit temple d'Isis, j'eus le bonheur de lui expliquer fidèle-
ment les détails du culte et des cérémonies que j'avais lus dans Apulée.
Elle voulut jouer elle-même le personnage de la Déesse, et je me vis
chargé du rôle d'Osiris dont j'expliquai les divins mystères.

En revenant, frappé de la grandeur des idées que nous venions de
soulever, je n'osai lui parler d'amour . . . Elle me vit si froid, qu'elle
m'en fit reproche. Alors je lui avouai que je ne me sentais plus digne
d'elle. Je lui contai le mystère de cette apparition qui avait réveillé un
ancien amour dans mon cœur, et toute la tristesse qui avait succédé à
cette nuit fatale où le fantôme du bonheur n'avait été que le reproche
d'un parjure[35].

Hélas! que tout cela est loin de nous! Il y a dix ans, je repassais à
Naples, venant d'Orient. J'allai descendre à l'hôtel de Rome, et j'y
retrouvai la jeune Anglaise. Elle avait épousé un peintre célèbre qui,
peu de temps après son mariage, avait été pris d'une paralysie com-
plète; couché sur un lit de repos, il n'avait rien de mobile dans le visage
que deux grands yeux noirs, et, jeune encore, il ne pouvait même
espérer la guérison sous d'autres climats. La pauvre fille avait dévoué
son existence à vivre tristement entre son époux et son père, et sa dou-
ceur, sa candeur de vierge ne pouvaient réussir à calmer l'atroce jalousie

[33] saupoudrées: ici, couvertes.
[34] voiturin: nom donné à certains cochers en Italie et aux voitures qu'ils conduisent.
[35] parjure: faux serment ou violation de serment.

qui couvait[36] dans l'âme du premier. Rien ne put jamais l'engager à 24(
laisser sa femme libre dans ses promenades, et il me rappelait ce géant
noir qui veille éternellement dans la caverne des génies, et que sa
femme est forcée de battre pour l'empêcher de se livrer[37] au sommeil.
O mystère de l'âme humaine! Faut-il voir dans un tel tableau les mar-
ques cruelles de la vengeance des dieux! 24!

Je ne pus donner qu'un jour au spectacle de cette douleur. Le
bateau qui me ramenait à Marseille emporta comme un rêve le sou-
venir de cette apparition chérie, et je me dis que peut-être j'avais laissé
là le bonheur. Octavie en a gardé près d'elle le secret.

Questions

A. 1. Pour quelles raisons le narrateur veut-il soudain partir pour l'Italie?
 2. Dans quelles circonstances rencontre-t-il la jeune Anglaise?
 3. Quel étrange présent lui fait-elle un jour?
 4. Où le narrateur retrouve-t-il la jeune fille?
 5. Quelle proposition la jeune Anglaise fait-elle au narrateur à Naples?
 6. A qui le narrateur écrit-il pour raconter ce qui lui est arrivé pendant
 la nuit?
 7. Nous savons que le narrateur fuit un *amour contrarié* (l. 8). D'après
 sa lettre que pouvons-nous penser de cet amour?
 8. Quels sentiments le narrateur éprouve-t-il pour la mort? Comment se
 la représente-t-il?
 9. Quelle est l'importance de la ressemblance entre la jeune femme de
 Naples et celle à qui il écrit?
 10. Qu'est-ce qui donne à la chambre un air mystique?
 11. Pourquoi le narrateur songe-t-il à se suicider, alors qu'il n'est pas
 triste et qu'il est devant le plus beau paysage du monde?
 12. Qu'est-ce qui arrache le narrateur à ses *fatales idées* (l. 204)?
 13. Pourquoi dit-il à la jeune Anglaise qu'il n'est pas digne d'elle?
 14. Qu'est devenue ensuite Octavie?

B. 1. Pourquoi l'histoire s'appelle-t-elle Octavie? Que symbolise cette jeune
 fille?
 2. En quoi s'oppose-t-elle à la femme inconnue que le narrateur a lais-
 sée à Paris?

[36] couvait: était là en permanence, prêt à éclater.
[37] se livrer: se laisser aller.

3. Les références géographiques et historiques sont extrêmement nombreuses dans un récit aussi court. A votre avis quelle est leur utilité?

4. Cette histoire semble un songe éveillé. Relevez les éléments de rêve du récit, dans la manipulation de la notion de temps, dans la suppression des transitions, dans les rapports des personnages, dans les descriptions inutiles du récit.

5. Essayez d'établir, aussi exactement que possible, la difficile chronologie des événements de l'histoire.

6. Un des charmes d'*Octavie* est l'impression d'une totale sincérité. En même temps, le lecteur a le sentiment que la réalité a dû être assez différente. Essayez de noter les éléments de transposition dans les relations entre le narrateur et les différentes femmes (y compris la soirée chez le marquis).

Sujets de Conversation

Avec Octavie, le narrateur semble assuré de connaître le bonheur. Visiblement elle est attirée par lui, mais il la dédaigne — et la sacrifie — pour courir après des chimères, réelles ou imaginaires. N'est-ce pas une grande tentation de poursuivre ce qui fuit? de se protéger en cas d'échec par un choix impossible, de pouvoir enfin se poser en victime?

Pour la simplicité

Le bonheur en amour, n'est-ce pas l'accord, l'harmonie? Ne convient-il donc pas de fuir ceux avec qui les dissonances sont inévitables, connues d'avance?

Si vous savez que vous plaisez à un jeune homme (ou à une jeune fille), vous sentez-vous de ce fait plus aimable, mieux disposé(e) à son égard, ou au contraire aimez-vous alors faire sentir votre puissance?

Vous sentez-vous attiré par une personne qui est un peu à l'écart dans une soirée, ou au contraire êtes-vous attiré par la personne la

Pour la complication

L'amour n'est pas rationnel. Il déteste la sagesse. Il a besoin de donner ou de prendre. Comment expliquer autrement le mythe de la "vamp", de la femme fatale?

N'avez-vous jamais été amoureux d'une vedette de cinéma ou de télévision? Quels sont les avantages de cet amour platonique? Collectionniez-vous ses photos, les articles à son sujet, alliez-vous voir tous ses films?

N'y a-t-il pas un certain plaisir à souffrir ou à faire souffrir? à être jaloux ou à rendre jaloux? à voir jusqu'à quelles limites on accepte

plus brillante, celle que tout le monde entoure et qui semble la plus difficile à séduire?

Recherchez-vous les gens sans histoires, sans problèmes (ou qui ont des problèmes voisins des vôtres)? Estimez-vous que si l'entente avec l'autre n'est pas une grande réussite, il faut rompre, que la fuite est la seule défense en amour, ou essayez-vous d'arranger les choses, de chercher des compromis? Avez-vous déjà vu un compromis qui soit un succès?

que vous puissiez aller?

N'avez-vous pas une certaine attirance pour les êtres malheureux, pour ceux qui auraient besoin de votre force ou de votre tendresse? Ne croyez-vous pas qu'ils vous entraînent dans leurs propres complications, dans leurs malheurs? Croyez-vous à l'amour rédempteur?

Gustave Flaubert
(1821-1880)

*F*laubert est le principal représentant de l'école dite réaliste. Certes, auparavant, le réalisme existait en littérature, mais il ne s'agissait pas d'un système pour parvenir à une reconstitution systématique et fictive de la réalité. Désormais le romancier veut être vrai et donner l'impression de vérité. Pour cela, il prend des sujets dans la vie, il raconte des histoires qui ont eu lieu, il mène des enquêtes, accumule la documentation et ne dit rien qui ne soit exact ou plausible.

Cette authenticité réclame de l'auteur la plus grande objectivité, celle du savant dans ses expériences. En fait, l'objectivité absolue est impossible, tout choix est nécessairement subjectif, mais l'écrivain doit s'efforcer de ne pas paraître dans son livre, de laisser les personnages réagir aux circonstances selon le caractère qui leur a été donné. A aucun moment, le romancier ne doit se substituer à eux ou leur prêter ses propres pensées, la fatalité est interne.

Cette recherche de la vérité ne constitue pas une fin en soi pour Flaubert, et par là il se distingue d'un assez grand nombre de réalistes et de naturalistes. Elle n'est qu'un moyen d'atteindre au Beau. Ces préparations, ces enquêtes, cette documentation, cet effacement de l'auteur ne sont là que pour servir des préoccupations esthétiques. On ne peut parvenir à la Beauté que par le Vrai, si bien que la réalité devient une question de style. Un sentiment est authentique au moment où l'écrivain a trouvé le mot propre pour le rendre. Et ainsi le réalisme, qui peut conduire à l'engagement dans l'action, devient, chez Flaubert, l'école de l'art pour l'art.

Il n'y a dans cette œuvre aucun effort pour moraliser ou pour améliorer la société, parce que Flaubert ne croit ni à la morale ni au progrès. Au fond, tout écrivain qui se veut esthète est dans une certaine mesure pessimiste, en ce sens qu'il ne cherche pas à participer à une marche en avant de l'humanité. Mais cela ne suffit pas à éliminer totalement l'optimisme. Flaubert s'est consacré à la littérature, il y a sacrifié sa vie. Il lui reconnaissait une valeur qui justifiait ce sacrifice. Simplement la transcendance avait lieu pour lui au niveau du style.

Il serait faux d'imaginer Flaubert comme un homme froid, écrivant méthodiquement et patiemment jusqu'à ce que sa phrase satisfasse ses exigences littéraires. C'est un pur romantique, violent, passionné, à l'imagination débordante, qui fait alterner les œuvres réalistes: *Madame Bovary* (1857), *L'Education sentimentale* (1869), *Bouvard et Pécuchet*, paru après sa mort, avec des œuvres historiques où il laisse aller son imagination et son goût de la couleur: *Salammbô* (1862), *La Tentation de Saint Antoine* (1874), deux des *Trois contes* (1877).

A côté de ce lyrisme verbal, Flaubert possède au plus haut point le sens de l'ironie. Toute sa vie, la bêtise des bourgeois l'a hanté. Il tenait un *Dictionnaire des idées reçues* et il a accablé ses personnages sous leur propre stupidité et leur contentement de soi.

Ajoutons encore que Flaubert appartenait à une famille de la bonne bourgeoisie de Rouen: son père était médecin-chef de l'hôpital; que, très jeune, il fut attaqué d'une maladie nerveuse qui le faisait rester la plus grande partie du temps dans sa maison de Croisset. N'ayant aucun souci d'argent pendant une bonne partie de sa vie, ayant renoncé à s'imposer à Paris dans les cercles littéraires, il a pu écrire les livres qu'il voulait, au rythme qui lui convenait.

Aujourd'hui, l'on place très haut sa *Correspondance* (13 volumes), sans doute l'une des plus intéressantes du dix-neuvième siècle. Le "je",

si soigneusement éliminé dans les romans, prend ici sa revanche. Si l'on regarde une autre grande correspondance, celle d'un Voltaire, par exemple, elle est écrite dans le même style que ses meilleurs ouvrages en prose. Chez Flaubert, la différence est radicale et permet de mesurer l'incroyable travail de création artistique accompli au nom de principes esthétiques.

<div align="center">*
* *</div>

Madame Bovary est inspirée par une histoire véritable. Les personnages, le décor ont existé. Ce que Flaubert y a ajouté est toujours le résultat de ses observations personnelles. Même les aspirations romantiques de l'auteur ont servi, déformées et caricaturées, au portrait de l'héroïne, ce qui explique le mot de Flaubert: "Madame Bovary c'est moi."

Dès sa publication, le livre fut poursuivi devant les tribunaux pour immoralité, ce qui contribua à son succès immédiat. Flaubert fut acquitté et il est bien certain que pour nous l'œuvre n'est ni morale ni immorale.

Madame Bovary est une jeune femme jolie, sensible et médiocre,

qui s'ennuie dans une très petite ville de province auprès d'un mari qui l'aime d'un amour aveugle, mais qui est un parfait imbécile. Romanesque par nature et par éducation — elle a été élevée au couvent au-dessus de sa condition — elle rêve d'une vie merveilleuse qui lui rend la réalité insupportable.

C'est cette illusion, faite de sottise, d'orgueil, de manque de sens critique, qui constitue ce que l'on appelle depuis ce roman le *bovarysme*. Une invitation au château de La Vaubyessard lui révèle l'existence d'un monde prestigieux qui devient celui de ses rêves. L'atmosphère de la petite ville, par contraste, lui semble encore plus étouffante. En face d'elle, se dresse l'étonnant pharmacien Homais, dont l'ascension fait équilibre à la chute des Bovary. Homais, esprit fort, à demi savant, est totalement nul malgré ses prétentions. Les efforts de madame Bovary pour faire réussir son mari échouent. Au milieu de tous ces médiocres, la seule personne qui semble la comprendre est Léon, le clerc de notaire, mais il est timide et bientôt il part. Emma Bovary devient alors la maîtresse de Rodolphe Boulanger, un riche voisin, et croit avoir rencontré le grand amour. Mais lorsqu'elle propose à Rodolphe de tout quitter pour lui, il prend peur et, absolument lâche et égoïste, il décide de rompre par lettre.

Madame Bovary

(*extrait*)

A peine arrivé chez lui, Rodolphe s'assit brusquement à son bureau, sous la tête de cerf faisant trophée contre la muraille. Mais, quand il eut la plume entre les doigts, il ne sut rien trouver, si bien que, s'appuyant sur les deux coudes, il se mit à réfléchir. Emma lui semblait être reculée dans un passé lointain, comme si la résolution qu'il avait prise venait de placer entre eux tout à coup, un immense intervalle. 5

Afin de ressaisir[1] quelque chose d'elle, il alla chercher dans l'armoire, au chevet de son lit, une vieille boîte à biscuits de Reims où il enfermait d'habitude ses lettres de femmes, et il s'en échappa une 10

[1] ressaisir: ici, retrouver.

odeur de poussière humide et de roses flétries. D'abord il aperçut un mouchoir de poche, couvert de gouttelettes[2] pâles. C'était un mouchoir à elle, une fois qu'elle avait saigné du nez, en promenade; il ne s'en souvenait plus. Il y avait auprès[3], se cognant à tous les angles, la miniature donnée par Emma; sa toilette lui parut prétentieuse et son regard *en coulisse*[4] du plus pitoyable effet; puis à force de considérer cette image et d'évoquer le souvenir du modèle, les traits d'Emma peu à peu se confondirent en sa mémoire, comme si la figure vivante et la figure peinte, se frottant l'une contre l'autre, se fussent réciproquement effacées. Enfin il lut de ses lettres; elles étaient pleines d'explications relatives à leur voyage, courtes, techniques et pressantes comme des billets d'affaires. Il voulut revoir les longues, celles d'autrefois; pour les trouver au fond de la boîte, Rodolphe dérangea toutes les autres; et machinalement il se mit à fouiller dans ce tas de papiers et de choses, y retrouvant pêle-mêle des bouquets, une jarretière[5], un masque noir, des épingles et des cheveux — des cheveux! de bruns, de blonds; quelques-uns, même, s'accrochant à la ferrure de la boîte, se cassaient quand on l'ouvrait.

Ainsi flânant[6] parmi ses souvenirs, il examinait les écritures et le style des lettres, aussi variés que leurs orthographes. Elles étaient tendres ou joviales, facétieuses, mélancoliques; il y en avait qui demandaient de l'amour et d'autres qui demandaient de l'argent. A propos[7] d'un mot, il se rappelait des visages, de certains gestes, un son de voix; quelquefois, pourtant, il ne se rappelait rien.

En effet, ces femmes, accourant à la fois[8] dans sa pensée, s'y gênaient les unes les autres et s'y rapetissaient, comme sous un même niveau d'amour qui les égalisait. Prenant donc à poignée les lettres confondues, il s'amusa pendant quelques minutes à les faire tomber en cascades de sa main droite dans sa main gauche. Enfin, ennuyé, assoupi, Rodolphe alla reporter la boîte dans l'armoire en se disant:

— Quel tas de blagues[9]! . . .

Ce qui résumait son opinion; car les plaisirs, comme des écoliers

[2] gouttelettes: petites gouttes.
[3] auprès: à côté.
[4] en coulisse: en coin, sur le côté.
[5] jarretière: "garter".
[6] flânant: allant sans but, en s'arrêtant pour regarder.
[7] A propos de: à l'occasion de.
[8] à la fois: en même temps.
[9] tas de blagues: collection de choses mensongères, sans valeur.

dans la cour d'un collège, avaient tellement piétiné sur son cœur, que rien de vert n'y poussait, et ce qui passait par là, plus étourdi que les enfants, n'y laissait pas même, comme eux, son nom gravé sur la mu- 45
raille.

— Allons, se dit-il, commençons!

Il écrivit:

"Du courage, Emma! du courage! Je ne veux pas faire le malheur de votre existence . . ." 50

— Après tout, c'est vrai, pensa Rodolphe; j'agis dans son intérêt; je suis honnête.

"Avez-vous mûrement pesé votre détermination? Savez-vous l'abîme où je vous entraînais, pauvre ange? Non, n'est-ce pas? Vous alliez con- fiante et folle, croyant au bonheur, à l'avenir . . . Ah! malheureux que 55 nous sommes! insensés!"

Rodolphe s'arrêta pour trouver ici quelque bonne excuse.

— Si je lui disais que toute ma fortune est perdue? . . . Ah! non, et, d'ailleurs, cela n'empêcherait rien. Ce serait à recommencer plus tard. Est-ce qu'on peut faire entendre raison[10] à des femmes pareilles? 60

Il réfléchit, puis ajouta:

"Je ne vous oublierai pas, croyez-le bien, et j'aurai continuellement pour vous un dévouement profond; mais, un jour, tôt ou tard, cette ardeur (c'est là le sort des choses humaines) se fût diminuée, sans doute! Il nous serait venu des lassitudes, et qui sait même si je n'aurais 65 pas eu l'atroce douleur d'assister à vos remords et d'y participer moi- même, puisque je les aurais causés. L'idée seule des chagrins qui vous arrivent me torture, Emma! Oubliez-moi! Pourquoi faut-il que je vous aie connue? Pourquoi étiez-vous si belle? Est-ce ma faute? O mon Dieu! non, non, n'en accusez que la fatalité!" 70

— Voilà un mot qui fait toujours de l'effet, se dit-il.

"Ah! si vous eussiez été une de ces femmes au cœur frivole comme on en voit, certes, j'aurais pu, par égoïsme, tenter une expérience alors sans danger pous vous. Mais cette exaltation délicieuse, qui fait à la fois votre charme et votre tourment, vous a empêchée de comprendre, 75 adorable femme que vous êtes, la fausseté de notre position future. Moi non plus, je n'y avais pas réfléchi d'abord, et je me reposais à l'ombre de ce bonheur idéal comme à celle du mancenillier[11], sans prévoir les conséquences."

[10] faire entendre raison: faire comprendre le langage de la raison.
[11] mancenillier: arbre des Antilles, surnommé "arbre-poison" ou "arbre de mort".

Elle va peut-être croire que c'est par avarice que j'y renonce . . . 80
Ah! n'importe! tant pis, il faut en finir[12]!

"Le monde est cruel, Emma. Partout où nous eussions été, il nous
aurait poursuivis. Il vous aurait fallu subir les questions indiscrètes, la
calomnie, le dédain, l'outrage peut-être. L'outrage à vous! Oh! . . . Et
moi qui voudrais vous faire asseoir sur un trône! Moi qui emporte votre 85
pensée comme un talisman[13]! Car je me punis par l'exil de tout le mal
que je vous ai fait. Je pars. Où? Je n'en sais rien, je suis fou! Adieu!
Soyez toujours bonne! Conservez le souvenir du malheureux qui vous
a perdue. Apprenez mon nom à votre enfant, qu'il le redise dans ses
prières." 90

La mèche des deux bougies tremblait. Rodolphe se leva pour aller
fermer la fenêtre, et, quand il se fut rassis:

— Il me semble que c'est tout. Ah! encore ceci, de peur qu'elle ne
vienne *à me relancer*[14].

"Je serai loin quand vous lirez ces tristes lignes; car j'ai voulu 95
m'enfuir au plus vite afin d'éviter la tentation de vous revoir. Pas de
faiblesse! Je reviendrai; et peut-être que, plus tard, nous causerons
ensemble très froidement de nos anciennes amours. Adieu!"

Et il y avait un dernier adieu, séparé en deux mots: *A Dieu!* ce
qu'il jugeait d'un excellent goût. 100

— Comment vais-je signer, maintenant? se dit-il. Votre tout dé-
voué . . . Non. Votre ami? . . . Oui, c'est cela.

"Votre ami."

Il relut la lettre. Elle lui parut bonne.

— Pauvre petite femme! pensa-t-il avec attendrissement. Elle va me 105
croire plus insensible qu'un roc; il eût fallu quelques larmes là-dessus;
mais, moi, je ne peux pas pleurer; ce n'est pas ma faute. Alors, s'étant
versé de l'eau dans un verre, Rodolphe y trempa son doigt et il laissa
tomber de haut une grosse goutte, qui fit une tâche pâle sur l'encre;
puis, cherchant à cacheter la lettre, le cachet *Amor nel cor* se ren- 110
contra[15].

— Cela ne va guère à la circonstance . . . Ah! bah! qu'importe!

Après quoi, il fuma trois pipes, et alla se coucher.

Le lendemain, quand il fut debout (vers deux heures environ, il

[12] en finir: arriver à une solution qui termine tout.
[13] talisman: objet qui a un pouvoir magique et porte bonheur.
[14] relancer: *fam.*, poursuivre quelqu'un avec insistance pour le voir.
[15] se rencontra: se trouva là.

avait dormi tard), Rodolphe se fit cueillir une corbeille d'abricots. Il
disposa la lettre dans le fond, sous des feuilles de vigne, et ordonna
tout de suite, à Girard, son valet de charrue, de porter cela délicate-
ment chez Mme Bovary. Il se servait de ce moyen pour correspondre
avec elle, lui envoyant, selon la saison, des fruits ou du gibier.

— Si elle demande de mes nouvelles, dit-il, tu répondras que je suis
parti en voyage. Il faut remettre le panier à elle-même, en mains pro-
pres[16]... Va, et prends garde!

Girard passa[17] sa blouse neuve, noua son mouchoir autour des
abricots, et, marchant à grands pas lourds dans ses grosses galoches
ferrées[18], prit tranquillement le chemin d'Yonville.

Mme Bovary, quand il arriva chez elle, arrangeait avec Félicité, sur
la table de cuisine, un paquet de linge.

— Voilà, dit le valet, ce que notre maître vous envoie.

Elle fut saisie d'une appréhension, et, tout en cherchant quelque
monnaie dans sa poche, elle considérait le paysan d'un œil hagard,
tandis qu'il la regardait lui-même avec ébahissement, ne comprenant
pas qu'un pareil cadeau pût tant émouvoir quelqu'un. Enfin il sortit.
Félicité restait. Elle n'y tenait plus[19]; elle courut dans la salle comme
pour y porter les abricots, renversa le panier, arracha les feuilles, trouva
la lettre, l'ouvrit, et, comme s'il y avait eu derrière elle un effroyable
incendie, Emma se mit à fuir vers sa chambre, tout épouvantée.

Charles y était, elle l'aperçut; il lui parla, elle n'entendit rien, et
elle continua vivement à monter les marches, haletante, éperdue, ivre,
et toujours tenant cette horrible feuille de papier, qui lui claquait dans
les doigts comme une plaque de tôle. Au second étage, elle s'arrêta
devant la porte du grenier, qui était fermée.

Alors elle voulut se calmer; elle se rappela la lettre; il fallait la finir,
elle n'osait pas. D'ailleurs, où? comment? On le verrait.

— Ah! non, ici, pensa-t-elle, je serai bien.

Emma poussa la porte et entra.

Les ardoises laissaient tomber d'aplomb[20] une chaleur lourde, qui
lui serrait les tempes et l'étouffait; elle se traîna jusqu'à la mansarde

[16] en mains propres: à elle-même, personnellement.
[17] passa: mit (pour un vêtement).
[18] galoches ferrées: grosses chaussures avec du fer en dessous, pour les faire durer
plus longtemps.
[19] elle n'y tenait plus: elle ne pouvait pas attendre plus longtemps.
[20] d'aplomb: perpendiculairement.

close, dont elle tira le verrou, et la lumière éblouissante jaillit d'un bond.

En face, par-dessus les toits, la pleine campagne s'étalait à perte de vue[21]. En bas, sous elle, la place du village était vide, les cailloux du trottoir scintillaient, les girouettes des maisons se tenaient immobiles; au coin de la rue, il partit d'un étage inférieur une sorte de ronflement à modulations stridentes. C'était Binet qui tournait[22].

Elle s'était appuyée contre l'embrasure de la mansarde et elle relisait la lettre avec des ricanements de colère. Mais plus elle y fixait d'attention, plus ses idées se confondaient. Elle le revoyait, elle l'entendait, elle l'entourait de ses deux bras; et des battements de cœur, qui frappaient sous la poitrine comme à grands coups de bélier[23], s'accéléraient l'un après l'autre, à intermittences inégales. Elle jetait les yeux tout autour d'elle avec l'envie que la terre croulât. Pourquoi n'en pas finir? Qui la retenait donc? Elle était libre. Et elle s'avança, elle regarda les pavés en se disant:

— Allons! allons!

Le rayon lumineux qui montait d'en bas directement tirait vers l'abîme le poids de son corps. Il lui semblait que le sol de la place oscillant s'élevait le long des murs, et que le plancher s'inclinait par le bout, à la manière d'un vaisseau qui tangue[24]. Elle se tenait tout au bord, presque suspendue, entourée d'un grand espace. Le bleu du ciel l'envahissait, l'air circulait dans sa tête creuse, elle n'avait qu'à céder, qu'à se laisser prendre; et le ronflement du tour ne discontinuait pas, comme une voix furieuse qui l'appelait.

— Ma femme! ma femme! cria Charles.

Elle s'arrêta.

— Où es-tu donc? Arrive!

L'idée qu'elle venait d'échapper à la mort faillit la faire s'évanouir de terreur; elle ferma les yeux; puis elle tressaillit au contact d'une main sur sa manche, c'était Félicité.

— Monsieur vous attend, madame; la soupe est servie.

Et il fallut descendre! il fallut se mettre à table!

Elle essaya de manger. Les morceaux l'étouffaient. Alors elle déplia sa serviette comme pour en examiner les reprises et voulut réellement

[21] à perte de vue: aussi loin que la vue peut aller.
[22] C'était Binet qui tournait: Binet (un des personnages du roman) travaillait au tour, "lathe".
[23] bélier: autrefois, machine de guerre pour enfoncer les murs des villes.
[24] tanguer: "to pitch".

s'appliquer à ce travail, compter les fils de la toile. Tout à coup, le sou-
venir de la lettre lui revint. L'avait-elle donc perdue? Où la retrouver?
Mais elle éprouvait une telle lassitude dans l'esprit, que jamais elle ne
put inventer un prétexte à sortir de table. Puis elle était devenue lâche;
elle avait peur de Charles; il savait tout, c'était sûr! En effet, il pro-
nonça ces mots singulièrement:

— Nous ne sommes pas près, à ce qu'il paraît, de voir M. Rodolphe.

— Qui te l'a dit? fit-elle en tressaillant.

— Qui me l'a dit? répliqua-t-il un peu surpris de ce ton brusque,
c'est Girard, que j'ai rencontré tout à l'heure à la porte du *Café Fran-
çais*. Il est parti en voyage, ou il doit partir.

Elle eut un sanglot.

— Quoi donc t'étonne? Il s'absente ainsi de temps à autre pour se
distraire, et, ma foi! je l'approuve. Quand on a de la fortune et que l'on
est garçon[25]! Du reste, il s'amuse joliment, notre ami! c'est un farceur[26].
M. Langlois m'a conté . . .

Il se tut, par convenance, à cause de la domestique qui entrait.

Celle-ci replaça dans la corbeille les abricots répandus sur l'étagère[27];
Charles, sans remarquer la rougeur de sa femme, se les fit apporter, en
prit un et mordit à même[28].

— Oh! parfait! disait-il. Tiens, goûte.

El il tendit la corbeille, qu'elle repoussa doucement.

— Sens donc: quelle odeur! fit-il en la lui passant sous le nez à plu-
sieurs reprises.

— J'étouffe! s'écria-t-elle en se levant d'un bond.

Mais, par un effort de volonté, ce spasme disparut; puis:

— Ce n'est rien! dit-elle, ce n'est rien! c'est nerveux! Assieds-toi,
mange!

Car elle redoutait qu'on ne fût[29] à la questionner, à la soigner, qu'on
ne la quittât plus.

Charles, pour lui obéir, s'était rassis, et il crachait dans sa main les
noyaux des abricots, qu'il déposait ensuite dans son assiette.

Tout à coup, un tilbury[30] bleu passa au grand trot sur la place.

[25] garçon: homme qui n'est pas marié.
[26] farceur: personne qui n'est pas sérieuse.
[27] étagère: meuble formé de tablettes en étage.
[28] à même: directement, sans se servir d'un instrument.
[29] qu'on ne fût: qu'on ne se mît, qu'on ne commençât.
[30] tilbury: voiture à cheval, à deux places.

Emma poussa un cri et tomba roide par terre, à la renverse[31].

En effet, Rodolphe, après bien des réflexions, s'était décidé à partir pour Rouen. Or, comme il n'y a, de la Huchette à Buchy, pas d'autre chemin que celui d'Yonville, il lui avait fallu traverser le village, et Emma l'avait reconnu à la lueur des lanternes qui coupaient comme 220
un éclair le crépuscule.

Le pharmacien, au tumulte qui se faisait dans la maison, s'y précipita. La table, avec toutes les assiettes, était renversée; de la sauce, de la viande, les couteaux, la salière et l'huilier[32] jonchaient l'appartement; Charles appelait au secours; Berthe, effarée, criait: et Félicité, dont 225
les mains tremblaient, délaçait Madame, qui avait le long du corps des mouvements convulsifs.

— Je cours, dit l'apothicaire, chercher dans mon laboratoire un peu de vinaigre aromatique.

Questions

A. 1. Emma vient de quitter Rodolphe. Pourquoi lui semble-t-elle *être re-culée dans un passé lointain*? (l. 5).
 2. *Il voulut revoir les longues, celles d'autrefois* (l. 22). Qu'est-ce que cette précision vous permet de soupçonner des véritables sentiments d'Emma?
 3. Quelle est la réaction de Rodolphe après avoir relu toutes ces lettres d'amour?
 4. Pourquoi le fait de se prétendre ruiné serait-il une mauvaise excuse?
 5. Pourquoi Rodolphe met-il la rupture sur le compte de la fatalité?
 6. Pourquoi Rodolphe s'éloigne-t-il? Comment présente-t-il ce départ à Emma?
 7. Que fait Rodolphe après avoir écrit? Qu'est-ce que son attitude laisse supposer de ses sentiments?
 8. Pourquoi envoie-t-il la lettre dans une corbeille d'abricots?
 9. Quelle est la réaction d'Emma en recevant la corbeille?
 10. Quelle est la tentation qu'elle a après avoir lu la lettre?
 11. Pourquoi Emma ne se lève-t-elle pas de table pour aller chercher la lettre?
 12. Que deviennent les abricots?
 13. Charles est un maladroit. Montrez combien chacune de ses phrases, sans qu'il le fasse exprès, est douloureuse pour sa femme.
 14. Pourquoi Emma s'évanouit-elle en voyant passer le tilbury?

[31] roide . . . à la renverse: raide . . . sur le dos.
[32] la salière et l'huilier: récipients dans lesquels on met respectivement le sel et l'huile.

B. 1. De quelle façon les commentaires de Rodolphe complètent-ils ou contredisent-ils les termes de sa lettre?

 2. Rien dans cette lettre n'est sincère. Relevez, non les mensonges, mais les clichés et les exemples de faux pathétique qui prouvent ce manque de sincérité.

 3. Montrez par quels procédés Rodolphe essaie de faire croire qu'il est ému et qu'il souffre en écrivant (questions, changements de sujets, etc.).

 4. *Elle fut saisie . . . On la verrait* (l. 129-143). Montrez par quels procédés Flaubert rend sensible l'affolement d'Emma (rythme des phrases, comparaisons, temps des verbes).

 5. Quels sont les éléments visuels et auditifs qui interviennent pour justifier la tentation de suicide d'Emma?

 6. Justifiez les imparfaits de l'avant-dernier paragraphe: *Le pharmacien . . .*

Sujets de Conversation

Rodolphe est lâche. Dès que sa liberté lui semble menacée, il rompt avec Emma sans même chercher de vraies excuses. Mais lorsqu'une personne (homme ou femme) sincère qui a vraiment aimé, découvre qu'elle n'aime plus, a-t-elle le droit de renier ses serments, de reprendre une liberté qu'on ne voudrait pas lui donner.

Pour la fidélité

Il est trop facile de dire qu'on s'est trompé lorsqu'on a envie d'un changement. Ne doit-on pas être responsable de ses actes, les accepter dans toutes leurs conséquences?

La nécessité de rester fidèle n'est-elle pas en soi une garantie de stabilité? Seuls, ceux qui cherchent des aventures les trouvent. Un mariage, même malheureux, ne peut-il pas durer longtemps si chacun essaie de le faire vivre au lieu de ne penser qu'à le détruire?

N'est-il pas naturel de penser à l'autre autant qu'à soi? A-t-on le

Pour la liberté

Peut-on savoir aujourd'hui ce qu'on pensera demain? Comment peut-on garantir ses futurs sentiments? L'amour comporte des risques. N'est-ce pas une partie de son charme?

Comment peut-on rendre la vie agréable à quelqu'un lorsqu'on est malheureux à ses côtés? Le compromis n'est-il pas plus souvent une marque de peur et de faiblesse que de générosité, une manière de se prétendre victime?

Doit-on porter toute sa vie le poids d'une erreur? Si l'on s'est

droit de faire souffrir, pour s'é-pargner des chagrins, un être qu'on a aimé? N'est-ce pas celui qui change qui est responsable de la situation?

A quoi bon faire des serments solennels si l'on peut ne pas les tenir? s'engager dans des liens sa-crés si c'est pour les rompre? N'est-ce pas donner raison d'avance à tous les Rodolphe?

A-t-on le droit de vouloir refaire sa vie si, par exemple, il y a des enfants? si on a le sentiment — ou si l'expérience laisse prévoir — qu'ils seront malheureux?

laissé prendre à la séduction d'un Rodolphe ou d'une Emma, doit-on rester éternellement leur victime, une victime dont ils ne sauront même pas apprécier le sacrifice?

La rupture et le divorce ne sont-ils pas une garantie de liberté? Ne sont-ils pas nécessaires pour con-server à l'amour son prix en l'obli-geant à ne pas se reposer sur une sécurité trompeuse, en le forçant à se renouveler pour durer?

Croyez-vous que les enfants de parents divorcés ou séparés soient plus malheureux que ceux dont les parents se disputent constamment? Ne sont-ils pas une belle excuse pour ceux qui refusent hypocrite-ment de prendre une décision grave?

Madame Bovary

(2e extrait)

(Cette rupture et les circonstances de la rupture provoquent une fièvre cérébrale dont Emma manque de mourir. Pour lui changer les idées, pendant la convalescence, Charles décide d'emmener sa femme au spectacle à Rouen. C'est la fameuse représentation de *Lucie de Lammermoor* qui suit.

On notera que c'est Charles qui amène Léon dans la loge et insiste en-suite pour qu'Emma et Léon se revoient. C'est donc lui-même qui est à l'origine de l'aventure tragique que sa femme va avoir avec Léon, tant il est vrai que la bêtise humaine porte en soi sa propre fatalité.)

La foule stationnait contre le mur, parquée symétriquement entre des balustrades. A l'angle des rues voisines, de gigantesques affiches répétaient en caractères baroques: "*Lucie de Lammermoor*[1] . . . Lagardy . . . Opéra . . . etc." Il faisait beau;

[1] *Lucie de Lammermoor*: opéra de Donizetti (1835), dont le livret est tiré d'un roman de Walter Scott.

on avait chaud; le sueur coulait dans les frisures[2], tous les mouchoirs tirés épongeaient des fronts rouges, et parfois un vent tiède, qui soufflait de la rivière, agitait mollement la bordure des tentes en coutil[3] suspendues à la porte des estaminets[4]. Un peu plus bas, cependant, on était rafraîchi par un courant d'air glacial qui sentait le suif, le cuir et l'huile. C'était l'exhalaison de la rue des Charrettes, pleine de grands magasins noirs où l'on roule des barriques[5].

De peur de paraître ridicule, Emma voulut, avant d'entrer, faire un tour de promenade sur le port, et Bovary, par prudence, garda les billets à sa main, dans la poche de son pantalon, qu'il appuyait contre son ventre.

Un battement de cœur la prit dès le vestibule. Elle sourit involontairement de vanité, en voyant la foule qui se précipitait à droite par l'autre corridor, tandis qu'elle montait l'escalier des *premières*[6]. Elle eut plaisir, comme un enfant, à pousser de son doigt les larges portes tapissées[7]; elle aspira de toute sa poitrine l'odeur poussiéreuse des couloirs, et, quand elle fut assise dans sa loge, elle se cambra la taille avec une désinvolture[8] de duchesse.

La salle commençait à se remplir, on tirait les lorgnettes[9] de leurs étuis, et les abonnés[10], s'apercevant de loin, se faisaient des salutations. Ils venaient se délasser dans les beaux-arts des inquiétudes de la vente; mais n'oubliant point *les affaires*, ils causaient encore cotons, trois-six ou indigo[11]. On voyait là des têtes de vieux, inexpressives et pacifiques, et qui, blanchâtres de chevelure et de teint, ressemblaient à des médailles d'argent ternies par une vapeur de plomb[12]. Les jeunes beaux se pavanaient au *parquet*[13], étalant, dans l'ouverture de leur gilet, leur cravate rose ou vert-pomme; et Mme Bovary les admirait d'en haut

[2] frisures: cheveux frisés, "curls".

[3] coutil: "duck".

[4] estaminets: petits cafés où l'on va boire.

[5] barriques: sortes de tonneaux, "barrels".

[6] premières: premières loges, les loges les plus chères.

[7] tapissées: couvertes de tissu.

[8] désinvolture: liberté d'allure et élégance.

[9] lorgnettes: lunettes pour voir de loin au théâtre.

[10] abonnés: personnes qui ont réservé leur place pour toute la saison.

[11] cotons, trois-six, indigo: termes techniques d'une discussion d'affaires.

[12] médailles d'argent ternies par une vapeur de plomb: "like silver medals tarnished by lead fumes".

[13] se pavanaient au parquet: se montraient avec fierté aux fauteuils d'orchestre.

appuyant sur des badines à pommes d'or[14] la paume tendue de leurs gants jaunes.

Cependant, les bougies de l'orchestre s'allumèrent; le lustre descendit du plafond, versant, avec le rayonnement de ses facettes, une gaieté subite dans la salle; puis les musiciens entrèrent les uns après les autres, et ce fut d'abord un long charivari[15] de basses ronflant, de violons grinçant, de pistons[16] trompettant, de flûtes et de flageolets qui piaulaient[17]. Mais on entendit trois coups sur la scène; un roulement de timbales[18] commença, les instruments de cuivre plaquèrent des accords[19], et le rideau, se levant, découvrit un paysage.

C'était le carrefour d'un bois, avec une fontaine, à gauche, ombragée par un chêne. Des paysans et des seigneurs, le plaid[20] sur l'épaule, chantaient tous ensemble une chanson de chasse; puis il survint un capitaine qui invoquait l'ange du mal en levant au ciel ses deux bras; un autre parut; ils s'en allèrent, et les chasseurs reprirent.

Elle se retrouvait dans les lectures de la jeunesse, en plein Walter Scott. Il lui semblait entendre, à travers le brouillard, le son des cornemuses[21] écossaises se répéter sur les bruyères[21]. D'ailleurs, le souvenir du roman facilitant l'intelligence du libretto, elle suivait l'intrigue phrase à phrase, tandis que d'insaisissables pensées qui lui revenaient se dispersaient aussitôt sous les rafales[22] de la musique. Elle se laissait aller au bercement des mélodies et se sentait elle-même vibrer de tout son être comme si les archets des violons se fussent promenés sur ses nerfs. Elle n'avait pas assez d'yeux pour contempler les costumes, les décors, les personnages, les arbres peints qui tremblaient quand on marchait, et les toques de velours, les manteaux, les épées, toutes ces imaginations qui s'agitaient dans l'harmonie comme dans l'atmosphère d'un autre monde. Mais une jeune femme s'avança en jetant une bourse à un écuyer vert. Elle resta seule, et alors on entendit une flûte qui faisait comme un murmure de fontaine ou comme des gazouille-

[14] badines à pomme d'or: cannes terminées par un ornement, ayant la forme d'une pomme, en or.

[15] charivari: grand bruit d'une musique discordante.

[16] pistons: ici, instruments à vent.

[17] flageolets qui piaulaient: flûtes qui poussaient de petits cris.

[18] timbales: "timpani".

[19] plaquer un accord: jouer très fort toutes les notes d'un accord.

[20] le plaid: l'histoire se passe en Ecosse.

[21] cornemuses: "bagpipes", bruyères: "heather".

[22] rafales: "gusts".

ments[23] d'oiseau. Lucie entama d'un air brave sa cavatine en *sol* majeur[24]; elle se plaignait d'amour, elle demandait des ailes. Emma, de même, aurait voulu, fuyant la vie, s'envoler dans une étreinte. Tout à coup, Edgar Lagardy parut.

Il avait une de ces pâleurs splendides qui donnent quelque chose de la majesté des marbres aux races ardentes du Midi[25]. Sa taille vigoureuse était prise dans un pourpoint[26] de couleur brune; un petit poignard ciselé lui battait sur la cuisse gauche, et il roulait des regards langoureusement en découvrant ses dents blanches. On disait qu'une princesse polonaise, l'écoutant un soir chanter sur la plage de Biarritz, où il radoubait[27] des chaloupes, en était devenue amoureuse. Elle s'était ruinée à cause de lui. Il l'avait plantée là[28] pour d'autres femmes, et cette célébrité sentimentale ne laissait pas que de servir à sa réputation artistique. Le cabotin[29] diplomate avait même soin de faire toujours glisser dans les réclames une phrase poétique sur la fascination de sa personne et la sensibilité de son âme. Un bel organe[30], un imperturbable aplomb, plus de tempérament que d'intelligence et plus d'emphase que de lyrisme, achevaient de rehausser cette admirable nature de charlatan, où il y avait du coiffeur et du toréador.

Dès la première scène, il enthousiasma. Il pressait Lucie dans ses bras, il la quittait, il revenait, il semblait désespéré; il avait des éclats de colère, puis des râles élégiaques d'une douceur infinie, et les notes s'échappaient de son cou nu, pleines de sanglots et de baisers. Emma se penchait pour le voir, égratignant avec ses ongles le velours de sa loge. Elle s'emplissait le cœur de ces lamentations mélodieuses qui se traînaient à l'accompagnement des contrebasses[31], comme des cris de naufragés dans le tumulte d'une tempête. Elle reconnaissait tous les enivrements et les angoisses dont elle avait manqué mourir. La voix de la chanteuse ne lui semblait être que le retentissement de sa conscience, et cette illusion qui la charmait quelque chose même de sa vie. Mais personne sur la terre ne l'avait aimée d'un pareil amour. Il ne

[23] gazouillements: petits bruits que font les oiseaux en chantant.
[24] sol majeur: "G major".
[25] le Midi: le sud de la France.
[26] pourpoint: "doublet".
[27] radoubait: réparait.
[28] plantée là: abandonnée.
[29] cabotin: acteur, dans un sens peu favorable.
[30] organe: voix.
[31] contrebasse: le plus grand et le plus grave des instruments à cordes, "bassviol".

pleurait pas comme Edgar, le dernier soir, au clair de lune, lorsqu'ils se disaient: "A demain; à demain!" La salle craquait sous les bravos; on recommença la strette[32] entière; les amoureux parlaient des fleurs de leur tombe, de serments, d'exil, de fatalité, d'espérances, et, quand ils poussèrent l'adieu final, Emma jeta un cri aigu, qui se confondit avec la vibration des derniers accords.

— Pourquoi donc, demanda Bovary, ce seigneur est-il à[33] la persé-cuter?

— Mais non, répondit-elle; c'est son amant.

— Pourtant il jure de se venger sur sa famille, tandis que l'autre, celui qui est venu tout à l'heure, disait: "J'aime Lucie et je m'en crois aimé." D'ailleurs, il est parti avec son père, bras dessus, bras dessous[34]. Car c'est bien son père, n'est-ce pas, le petit laid qui porte une plume de coq à son chapeau?

Malgré les explications d'Emma, dès le duo récitatif[35] où Gilbert expose à son maître Ashton ses abominables manœuvres, Charles, en voyant le faux anneau de finançailles qui doit abuser[36] Lucie, crut que c'était un souvenir d'amour envoyé par Edgar. Il avouait, du reste[37], ne pas comprendre l'histoire. — à cause de la musique, qui nuisait beau-coup aux paroles.

— Qu'importe[38]? dit Emma; tais-toi!

— C'est que j'aime, reprit-il en se penchant sur son épaule, à me rendre compte, tu sais bien.

— Tais-toi! tais-toi! fit-elle impatientée.

Lucie s'avançait, à demi soutenue par ses femmes, une couronne d'oranger dans les cheveux, et plus pâle que le satin blanc de sa robe. Emma rêvait au jour de son mariage; et elle se revoyait là-bas, au milieu des blés, sur le petit sentier, quand on marchait vers l'église. Pourquoi donc n'avait-elle pas, comme celle-là, résisté, supplié? Elle était joyeuse, au contraire, sans s'apercevoir de l'abîme où elle se précipitait . . . Ah! si, dans la fraîcheur de sa beauté, avant les souillures du mariage et la désillusion de l'adultère, elle avait pu placer sa vie sur quelque grand cœur solide, alors la vertu, la tendresse, les voluptés et le devoir se

[32] strette: ici, le morceau.
[33] est-il à: est-il occupé à.
[34] bras dessus, bras dessous: en se donnant le bras.
[35] duo récitatif: "recitative duet".
[36] abuser: tromper.
[37] du reste: d'ailleurs.
[38] qu'importe: cela n'a pas d'importance.

confondant, jamais elle ne serait descendue d'une félicité si haute. Mais ce bonheur-là, sans doute, était un mensonge imaginé pour le désespoir de tout désir. Elle connaissait à présent la petitesse des passions que l'art exagérait. S'efforçant donc d'en détourner sa pensée, Emma voulait ne plus voir dans cette reproduction de ses douleurs qu'une fantaisie plastique bonne à amuser les yeux, et même elle souriait intérieurement d'une pitié dédaigneuse quand, au fond du théâtre, sous la portière de velours, un homme apparut en manteau noir.

Son grand chapeau à l'espagnole tomba dans un geste qu'il fit; et aussitôt les instruments et les chanteurs entonnèrent le sextuor[39]. Edgar, étincelant de furie, dominait tous les autres de sa voix plus claire; Ashton lui lançait en notes graves des provocations homicides; Lucie poussait sa plainte aiguë; Arthur modulait à l'écart[40] des sons moyens, et la basse-taille[41] du ministre ronflait comme un orgue, tandis que les voix de femmes, répétant ses paroles, reprenaient en chœur, délicieusement. Ils étaient tous sur la même ligne à gesticuler; et la colère, la vengeance, la jalousie, la terreur, la miséricorde et la stupéfaction s'exhalaient à la fois de leurs bouches entr'ouvertes. L'amoureux outragé brandissait son épée nue; sa collerette de guipure se levait par saccades[42], selon les mouvements de sa poitrine, et il allait de droite et de gauche[43], à grands pas, faisant sonner contre les planches les éperons vermeils[44] de ses bottes molles, qui s'évasaient à la cheville[45]. Il devait avoir, pensait-elle, un intarissable amour, pour en déverser sur la foule à si larges effluves[46]. Toutes ses velléités de dénigrement[47] s'évanouissaient sous la poésie du rôle qui l'envahissait, et, entraînée vers l'homme par l'illusion du personnage, elle tâcha de se figurer sa vie, cette vie retentissante, extraordinaire, splendide, et qu'elle aurait pu mener, cependant, si le hasard l'avait voulu. Ils se seraient connus, ils se seraient aimés! Avec lui, par tous les royaumes de l'Europe, elle aurait voyagé de capitale en capitale, partageant ses fatigues et son orgueil, ramassant les fleurs qu'on lui jetait, brodant elle-même ses

[39] entonnèrent le sextuor: commencèrent à chanter le sextuor, "sextet".

[40] à l'écart: isolément.

[41] basse-taille: voix intermédiaire entre baryton et basse.

[42] sa collerette de guipure se levait par saccades: "his lace collar moved jerkily".

[43] allait de droite et de gauche: allait dans tous les sens.

[44] vermeil: argent doré.

[45] qui s'évasaient à la cheville: "which broadened at the ankles".

[46] pour en déverser . . . les effluves: pour en répandre sur la foule tant d'émanations.

[47] toutes ses velléités de dénigrement: toutes ses tentatives pour attaquer sa réputation.

costumes; puis, chaque soir, au fond d'une loge, derrière la grille à
treillis d'or, elle eût recueilli, béante, les expansions de cette âme qui
n'aurait chanté que pour elle seule; de la scène, tout en jouant, il l'aurait
regardée. Mais une folie la saisit: il la regardait, c'est sûr! Elle eut envie 160
de courir dans ses bras pour se réfugier en sa force, comme dans l'in-
carnation de l'amour même, et de lui dire, de s'écrier: "Enlève-moi,
emmène-moi, partons! A toi, à toi! toutes mes ardeurs et tous mes rêves!"
Le rideau se baissa.

L'odeur du gaz se mêlait aux haleines; le vent des éventails rendait 165
l'atmosphère plus étouffante. Emma voulut sortir; la foule encombrait
les corridors, et elle retomba dans son fauteuil avec des palpitations
qui la suffoquaient. Charles, ayant peur de la voir s'évanouir, courut à
la buvette[48] lui chercher un verre d'orgeat[49].

Il eut grand-peine[50] à regagner sa place; car on lui heurtait les 170
coudes à tous les pas, à cause du verre qu'il tenait entre ses mains, et
même il en versa les trois quarts sur les épaules d'une Rouennaise en
manches courtes, qui, sentant le liquide froid lui couler dans les reins,
jeta des cris de paon[51], comme si on l'eût assassinée. Son mari, qui était
un filateur[52], s'emporta contre le maladroit; et, tandis qu'avec son mou- 175
choir elle épongeait les taches sur sa belle robe de taffetas cerise, il
murmurait d'un ton bourru les mots d'indemnité, de frais, de rem-
boursement. Enfin, Charles arriva près de sa femme, et lui disant tout
essoufflé:

— J'ai cru, ma foi, que j'y resterais! Il y a un monde!…un monde!… 180
Il ajouta:

— Devine un peu qui j'ai rencontré là-haut? M. Léon!

— Léon?

— Lui-même! il va venir te présenter ses civilités.

Et, comme il achevait ces mots, l'ancien clerc d'Yonville entra dans 185
la loge.

Il tendit sa main avec un sans-façon[53] de gentilhomme: et Mme
Bovary, machinalement, avança la sienne, sans doute obéissant à l'at-
traction d'une volonté plus forte. Elle ne l'avait pas sentie depuis ce
soir de printemps où il pleuvait sur les feuilles vertes, quand ils se 190

[48] buvette: endroit où l'on vend à boire au théâtre.
[49] orgeat: sirop rafraîchissant.
[50] grand-peine: beaucoup de difficulté.
[51] jeta des cris de paon: cria très fort.
[52] filateur: homme qui dirige une affaire de textiles, donc un homme important.
[53] sans-façon: aisance, désinvolture.

dirent adieu, debout au bord de la fenêtre. Mais, vite, se rappelant à la convenance de la situation, elle secoua dans un effort cette torpeur de ses souvenirs et se mit à balbutier des phrases rapides.

— Ah! bonjour . . . Comment! vous voilà?

— Silence! cria une voix du parterre[54], car le troisième acte commençait.

— Vous êtes donc à Rouen?

— Oui.

— Et depuis quand?

— A la porte! à la porte[55]!

On se tournait vers eux; ils se turent.

Mais, à partir de ce moment, elle n'écouta plus; et le chœur des conviés[56], la scène d'Ashton et de son valet, grand duo en *ré* majeur[57], tout passa pour elle dans l'éloignement, comme si les instruments fussent devenus moins sonores et les personnages plus reculés; elle se rappelait les parties de cartes chez le pharmacien et la promenade chez la nourrice, les lectures sous la tonnelle[58], les tête-à-tête[59] au coin du feu, tout ce pauvre amour si calme et si long, si discret, si tendre, et qu'elle avait oublié cependant. Pourquoi donc revenait-il? Quelle combinaison d'aventures le replaçait dans sa vie? Il se tenait derrière elle, s'appuyant de l'épaule contre la cloison; et, de temps à autre, elle se sentait frissonner sous le souffle tiède de ses narines qui lui descendait dans la chevelure.

— Est-ce que cela vous amuse? dit-il en se penchant sur elle de si près, que la pointe de sa moustache lui effleura la joue.

Elle répondit nonchalamment:

— Oh! mon Dieu, non! pas beaucoup.

Alors il fit la proposition de sortir du théâtre pour aller prendre des glaces quelque part.

— Ah! pas encore! restons! dit Bovary. Elle a les cheveux dénoués[60]: cela promet d'être tragique.

Mais la scène de la folie n'intéressait point Emma, et le jeu de la chanteuse lui parut exagéré.

[54] parterre: partie du théâtre derrière les fauteuils d'orchestre.

[55] A la porte!: cri pour chasser une personne.

[56] conviés: invités.

[57] ré majeur: "D major".

[58] tonnelle: "bower".

[59] tête-à-tête: réunion de deux personnes en particulier.

[60] dénoués: défaits, qui ne sont plus coiffés.

— Elle crie trop fort, dit-elle en se tournant vers Charles, qui écou-
tait. 225

— Oui . . . peut-être . . . un peu, répliqua-t-il, indécis entre la fran-
chise de son plaisir et le respect qu'il portait aux opinions de sa femme.

Puis Léon dit en soupirant:

— Il fait une chaleur . . .

— Insupportable! c'est vrai. 230

— Es-tu gênée? demanda Bovary.

— Oui, j'étouffe; partons.

M. Léon posa délicatement sur ses épaules son long châle de den-
telle, et ils allèrent tous les trois s'asseoir sur le port, en plein air, devant
le vitrage d'un café. Il fut d'abord question de sa maladie, bien qu'Em- 235
ma interrompît Charles de temps à autre, par crainte, disait-elle d'en-
nuyer M. Léon; et celui-ci leur raconta qu'il venait à Rouen passer
deux ans dans une forte étude[61], afin de se rompre aux affaires[62], qui
étaient différentes en Normandie de celles que l'on traitait à Paris.
Puis il s'informa de Berthe, de la famille Homais, de la mère Lefrançois; 240
et, comme ils n'avaient, en présence du mari, rien de plus à se dire,
bientôt la conversation s'arrêta.

Des gens qui sortaient du spectacle passèrent sur le trottoir, tout
en fredonnant ou braillant à plein gosier[63]: *O bel ange, ma Lucie!* Alors
Léon, pour faire le dilettante, se mit à parler musique. Il avait vu 245
Tamburini, Rubini, Persiani, Grisi; et à côté d'eux, Lagardy, malgré
ses grands éclats, ne valait rien.

— Pourtant, interrompit Charles qui mordait à petits coups son
sorbet au rhum, on prétend qu'au dernier acte il est admirable tout à
fait; je regrette d'être parti avant la fin, car ça commençait à m'amuser. 250

— Au reste, reprit le clerc, il donnera bientôt une autre représenta-
tion.

Mais Charles répondit qu'ils s'en allaient dès le lendemain.

— A moins, ajouta-t-il en se tournant vers sa femme, que tu ne
veuilles rester seule, mon petit chat? 255

Et, changeant de manœuvre devant cette occasion inattendue qui
s'offrait à son espoir, le jeune homme entama l'éloge de Lagardy dans

[61] étude: bureau d'un officier ministériel, notaire, avoué.

[62] se rompre aux affaires: devenir habile, expérimenté en affaires.

[63] en fredonnant ou en braillant à plein gosier: en chantant à mi-voix ou en criant
avec toute le force de leur voix.

le morceau final. C'était quelque chose de superbe, de sublime! Alors Charles insista:

— Tu reviendras dimanche. Voyons, décide-toi! Tu as tort, si tu sens le moins du monde[64] que cela te fait du bien.

Cependant les tables, alentour, se dégarnissaient[65]; un garçon vint discrètement se poster près d'eux; Charles, qui comprit, tira sa bourse; le clerc le retint par le bras, et même n'oublia point de laisser, en plus, deux pièces blanches[66] qu'il fit sonner contre le marbre.

— Je suis fâché, vraiment, murmura Bovary, de l'argent que vous . . .

L'autre eut un geste dédaigneux plein de cordialité, et, prenant son chapeau:

— C'est convenu, n'est-ce pas, demain à six heures?

Charles se récria encore une fois qu'il ne pouvait s'absenter plus longtemps; mais rien n'empêchait Emma . . .

— C'est que . . ., balbutia-t-elle avec un singulier sourire, je ne sais pas trop . . .

— Eh bien! tu réfléchiras, nous verrons, la nuit porte conseil . . .

Puis à Léon, qui les accompagnait:

— Maintenant que vous voilà dans nos contrées, vous viendrez, j'espère, de temps à autre, nous demander à dîner?

Le clerc affirma qu'il n'y manquerait pas, ayant d'ailleurs besoin de se rendre à Yonville pour une affaire de son étude. Et l'on se sépara devant le passage Saint-Herbland, au moment où onze heures et demie sonnaient à la cathédrale.

Questions

A. 1. Quel est le sentiment d'Emma en montant *l'escalier des premières*?
 2. Quelles sortes de gens viennent à l'Opéra? Pourquoi y viennent-ils?
 3. Quel effet la musique fait-elle sur Emma?
 4. Flaubert mentionne les personnages par le nom de leur rôle. *Tout à coup, Edgar Lagardy parut* (l. 65). Pourquoi cette différence?
 5. Quelles sont les réactions d'Emma en entendant Lagardy?
 6. Emma a lu Walter Scott. Elle suit donc facilement l'histoire. Et Charles?

[64] le moins du monde: de la façon la plus petite.
[65] se dégarnissaient: se vidaient, les gens s'en allaient.
[66] pièces blanches: pièces d'argent, ce qui indique que Léon a donné un gros pourboire.

7. Qu'est-ce qu'il reproche à la musique?

8. Pourquoi l'opéra fait-il penser Emma au jour de son mariage? Qu'aurait-elle dû faire ce jour-là?

9. Pourquoi Charles a-t-il peine à regagner sa place?

10. Pourquoi les gens se tournent-ils vers eux?

11. Comment se fait-il que soudain Emma cesse de s'intéresser à l'opéra?

12. En demandant à Emma si cela l'amuse, Léon laisse entendre qu'il s'ennuie. Pourquoi cette attitude?

13. Pour quelle raison, quand les autres veulent partir, Bovary voudrait-il rester?

14. Comment se fait-il qu'Emma et Léon n'aient rien à se dire au café?

15. Pourquoi Léon, après avoir critiqué Lagardy, fait-il soudain son éloge?

16. Qu'est-ce que *le singulier sourire* (l. 272) d'Emma laisse supposer?

B. 1. Dans le portrait de Lagardy, compliments et remarques ironiques se succèdent. Relevez les uns et les autres. Comment justifient-ils les termes *coiffeur* et *toréador*?

2. Dans le sextuor particulièrement, Flaubert nous donne l'illusion d'assister à un opéra alors que nous n'entendons pas la musique. Etudiez les notations visuelles et auditives qui lui permettent d'obtenir ce résultat.

3. Flaubert passe plusieurs fois de l'intrigue et du jeu des acteurs à la rêverie d'Emma. Elle est peu sensible à l'art. Que cherche-t-elle donc dans cet opéra? Que pouvez-vous déduire de son caractère par cette scène?

4. Après le sextuor, à qui rêve Emma? Au personnage ou à l'acteur? Comment s'est fait le passage de l'un à l'autre? Quel rôle dans sa rêverie se réserve-t-elle à côté du grand ténor?

5. Montrez par quelques exemples combien Charles, malgré toute sa gentillesse pour sa femme, n'a aucune des qualités qu'elle saurait apprécier.

Sujets de Conversation

Emma Bovary ne comprend rien à la musique. L'opéra n'est pour elle qu'un moyen de rêver, et cette rêverie n'est elle-même qu'une évasion, une transformation magique d'une existence qui lui déplaît. On

peut être sensible à cet embellissement de la vie par le rêve, ou voir dans cette création d'illusions le principal obstacle à toute amélioration véritable.

Pour le rêve

Il ne fait de mal à personne. Pourquoi priver de ses illusions un être sous prétexte qu'il se trompe? Le bonheur n'est-il pas préférable à la vérité?

Le monde de l'enfance est le monde du merveilleux. Cet univers poétique n'est-il pas supérieur à celui des adultes et n'est-ce pas la nostalgie de ce paradis perdu — le vert paradis des amours enfantines, dit Baudelaire — qui nous est rendu par le rêve éveillé (day-dream)?

Tout projet commence par le rêve. Les plus grandes inventions n'ont-elles pas semblé d'abord chimériques (vous pouvez discuter quelques exemples)? Et n'est-ce pas la crainte des savants et des organisateurs de ne pas avoir une vision assez large dans leurs prévisions?

Qu'est-ce que l'art, même réaliste, sinon un moyen d'évasion? En lisant madame Bovary, vous êtes pris par ses problèmes et oubliez les vôtres. Donnez quelques exemples de livres qui ont particulièrement favorisé votre penchant au rêve.

Essayez d'analyser ce que représentent pour les gens les vedettes du cinéma ou de la télévision — les Lagardy d'aujourd'hui.

Pour la réalité

Un bonheur fondé sur des illusions est fragile. Ne vaut-il pas mieux empêcher le triomphe des illusions avant qu'elles ne soient trop fortes, avant que la déception ne soit trop grande?

Les illusions sont-elles vraiment inoffensives? Les gens ne deviennent-ils pas féroces pour ceux qui ne partagent pas leur point de vue? Donnez quelques exemples de croyances qui pourraient ainsi être dangereuses.

Si le rêve est merveilleux, pourquoi s'oppose-t-on si violemment à tous les moyens artificiels de développer la rêverie? La rêverie n'est-elle pas anti-sociale en ce qu'elle isole l'individu?

Un livre ne nous touche que par l'identification avec le personnage. Si pour certains il sert à rêver, pour d'autres il instruit et c'est cette seule façon de lire qui est la bonne. Donnez quelques exemples de livres qui ont été utiles à votre formation.

Les vedettes de cinéma ne sont-elles pas souvent les premières victimes des mythes qu'elles ont aidé à créer? Quelle différence faites-vous entre la vedette et l'acteur?

Jean-Marie
Villiers de l'Isle-Adam
(1838-1889)

Une vie de bohème et de misère. Villiers de l'Isle-Adam porte un grand nom — selon lui un de ses ancêtres a été Grand-Maître de l'ordre de Malte — mais sa famille a été ruinée par la Révolution et son père a achevé de dissiper le patrimoine familial.

Il vient à Paris, rencontre Baudelaire, Murger, Banville, publie ses premières œuvres, puis il repart pour la Bretagne et revient à Paris en 1860. Il lit Poe, Hegel, s'enthousiasme pour Richard Wagner. Mais, durant toute sa vie, Villiers fait figure d'excentrique, il connaît la misère noire et il mourra sans avoir jamais connu la gloire, sans jamais avoir été lu du grand public. Même après sa mort, sa réputation est lente à s'imposer. Bien des anthologies réputées ne lui ont pas encore fait place. Pourtant, dans son *Histoire de la littérature française* (1936), Albert Thibaudet affirme: "C'est un des plus grands poètes en prose de notre littérature."

Parmi ses œuvres, mentionnons d'abord un roman, *L'Eve future*

(1886), qui, comme il arrive souvent aux ouvrages d'anticipation, constitue une satire du monde moderne et des résultats désastreux du progrès scientifique. Puis une pièce en quatre actes, publiée après sa mort, *Axel* (1890), poétique et idéaliste.

Mais c'est par ses contes que Villiers de l'Isle-Adam retient notre attention: *Contes cruels* (1883), *Histoires insolites* (1888), *Nouveaux contes cruels* (1888). Villiers est un écrivain réactionnaire. Il critique durement la société de son temps, il n'a que mépris pour la bourgeoisie, parce qu'il déteste l'argent, les gens adroits, les sentiments bas, mais il se détourne de l'avenir. Il est catholique par tradition, mais s'intéresse à l'occultisme et ses contes sont souvent des histoires étranges et mystérieuses qui font appel à l'au-delà. Villiers de l'Isle Adam témoigne d'un sens de l'humour très particulier qui ne manque pas de charme et mêle le commentaire ironique à sa pensée, donnant un tour très personnel et original à la construction de ses phrases.

**

La torture par l'espérance appartient aux *Nouveaux contes cruels.* C'est sans doute l'histoire la plus dramatique et la plus cruelle du recueil, mais aussi la plus simple, celle écrite avec la plus grande éco-

nomie de moyens, sans incidentes ni digressions. La cruauté du sujet vient en bonne partie de l'impassibilité de l'auteur. Non seulement il n'est ni dans un camp ni dans l'autre, mais il nous raconte la tentative d'évasion du juif du ton le plus détaché, le plus extérieur, en simple témoin. L'histoire est gratuite, on ignore même les raisons de ce supplice inédit. Le grand inquisiteur va-t-il tenter un dernier effort de conversion? S'est-il amusé à se jouer du prisonnier? La douceur de son ton ne permet aucune supposition. On notera enfin que la *cruauté* est ici associée à *l'espérance*. L'idée serait intéressante à développer mais Villiers se contente de la lancer sans commentaires.

La Torture par l'Espérance

> — Oh! une voix, une voix, pour crier! . . .
> EDGAR POE (*Le Puits et le Pendule*).

Sous les caveaux de l'Official[1] de Sarragosse, au tomber d'un soir de jadis, le vénérable Pedro Arbuez d'Espila, sixième prieur des dominicains de Ségovie, troisième Grand-Inquisiteur d'Espagne — suivi d'un *fra* redemptor (maître tortionnaire[2]) et précédé de deux familiers du Saint-Office[3], ceux-ci tenant des lanternes, descendit vers un cachot perdu. La serrure d'une porte massive grinça: on pénétra dans un méphitique *in-pace*[4], où le jour de souffrance[5] d'en haut laissait entrevoir entre des anneaux scellés aux murs[6], un chevalet noirci de sang, un réchaud, une cruche. Sur une litière de fumier, et maintenu par des entraves[7], le carcan de fer au cou[8], se trouvait assis, hagard, un homme en haillons, d'un âge désormais indistinct.

Ce prisonnier n'était autre que rabbi Aser Abarbanel, juif aragonais[9], qui — prévenu[10] d'usure et d'impitoyable dédain des Pauvres, — avait, depuis plus d'une année, été, quotidiennement, soumis à la torture.

5

10

[1] les caveaux de l'Official: les prisons de l'Inquisition.
[2] maître tortionnaire: "chief torturer".
[3] familiers du Saint-Office: officiers de l'Inquisition.
[4] méphitique *in-pace*: cachot à l'odeur infecte.
[5] jour de souffrance: fenêtre à grille, placée très haut.
[6] anneaux scellés au mur: cercles (pour attacher) cimentés dans le mur.
[7] entraves: liens, chaînes.
[8] le carcan de fer au cou: "an iron collar around the neck".
[9] aragonais: de l'Aragon, une des provinces d'Espagne.
[10] prévenu: accusé.

Toutefois, son "aveuglement étant aussi dur que son cuir", il s'était refusé à l'abjuration.

Fier d'une filiation plusieurs fois millénaire[11], orgueilleux de ses antiques ancêtres, — car tous les Juifs dignes de ce nom sont jaloux de leur sang — il descendait, talmudiquement[12], d'Othoniel, et, par conséquent, d'Ipsiboë, femme de ce dernier Juge d'Israël: circonstance qui avait aussi soutenu son courage au plus fort des incessants supplices[13].

Ce fut donc les yeux en pleurs, en songeant que cette âme si ferme s'excluait du salut, que le vénérable Pedro Arbuez d'Espila, s'étant approché du rabbin frémissant, prononça les paroles suivantes:

— Mon fils, réjouissez-vous: voici que vos épreuves d'ici-bas[14] vont prendre fin. Si, en présence de tant d'obstination, j'ai dû permettre, en gémissant, d'employer bien des rigueurs, ma tâche de correction fraternelle a ses limites. Vous êtes le figuier rétif[15] qui, trouvé tant de fois sans fruit, encourt d'être séché[16] . . . mais c'est à Dieu seul de statuer sur votre âme. Peut-être l'infinie Clémence luira-t-elle pour vous au suprême instant! Nous devons l'espérer! Il est des exemples . . . Ainsi soit[17]! — Reposez donc, ce soir, en paix. Vous ferez partie, demain, de l'*auto da fé*[18]: c'est-à-dire que vous serez exposé au *quemadero*, brasier prémonitoire[19] de l'éternelle Flamme: il ne brûle, vous le savez, qu'à distance, mon fils, et la Mort met au moins deux heures (souvent trois) à venir, à cause des langes[20] mouillés et glacés dont nous avons soin de préserver le front et le cœur des holocaustes. Vous serez quarante-trois seulement. Considérez que, placé au dernier rang, vous aurez le temps nécessaire pour invoquer Dieu, pour lui offrir ce baptême du feu qui est de l'Esprit-Saint[21]. Espérez donc en La Lumière et dormez.

En achevant ce discours, dom Arbuez ayant, d'un signe, fait désen-

[11] une filiation plusieurs fois millénaire: une origine qui remonte à plusieurs milliers d'années.

[12] talmudiquement: d'après le *Talmud*, livre d'interprétations rabbiniques de la loi de Moïse.

[13] au plus fort des incessants supplices: aux moments les plus pénibles de ses continuelles tortures.

[14] vos épreuves d'ici-bas: vos souffrances sur cette terre.

[15] le figuier rétif: "the disobedient fig-tree".

[16] encourt d'être séché: "runs the risk of being dried up".

[17] ainsi soit!: que sa volonté soit faite!

[18] *auto da fé*: cérémonie de l'Inquisition où l'on brûlait les hérétiques.

[19] brasier prémonitoire: feu qui annonce d'avance.

[20] langes: morceaux d'étoffe épaisse.

[21] Esprit-Saint: "Holy Spirit".

chaîner le malheureux, l'embrassa tendrement. Puis, ce fut le tour du *fra* redemptor, qui, tout bas[22], pria le juif de lui pardonner ce qu'il lui avait fait subir en vue de le rédimer; — puis l'accolèrent[23] les deux familiers, dont le baiser, à travers leurs cagoules, fut silencieux. La cérémonie terminée, le captif fut laissé, seul et interdit, dans les ténèbres.

<div align="center">

*
**

</div>

Rabbi Aser Abarbanel, la bouche sèche, le visage hébété de souffrance, considéra d'abord sans attention précise, la porte fermée. — "Fermée? . . ." Ce mot, tout au secret de lui-même[24], éveillait, en ses confuses pensées, une songerie. C'est qu'il avait entrevu, un instant, la lueur des lanternes en la fissure d'entre les murailles[25] de cette porte. Une morbide idée d'espoir, due à l'affaissement de son cerveau[26], émut son être. Il se traîna vers l'insolite *chose* apparue! Et, bien doucement, glissant un doigt, avec de longues précautions, dans l'entre-bâille-ment[27], il tira la porte vers lui . . . O stupeur! par un hasard extraordinaire, le familier qui l'avait refermée avait tourné la grosse clef un peu avant le heurt contre les montants de pierre[28]! De sorte que, le pène rouillé n'étant pas entré dans l'écrou[29], la porte roula de nouveau dans le réduit[30].

Le rabbin risqua un regard au dehors.

A la faveur[31] d'une sorte d'obscurité livide, il distingua, tout d'a-bord, un demi-cercle de murs terreux[32], troués par des spirales de mar-ches; — et, dominant, en face de lui, cinq ou six degrés de pierre, une espèce de porche noir, donnant accès en un vaste corridor, dont il n'était possible d'entrevoir, d'en bas, que les premiers arceaux.

S'allongeant donc, il rampa jusqu'au ras de ce seuil[33]. — Oui, c'était

[22] tout bas: à voix très basse.
[23] l'accolèrent: l'embrassèrent.
[24] tout au secret de lui-même: au plus profond de lui-même.
[25] murailles: murs épais et élevés.
[26] l'affaissement de son cerveau: l'affaiblissement de sa tête.
[27] entre-bâillement: très petite ouverture.
[28] avant le heurt contre les montants de pierre: avant que la porte ne vienne heurter le mur.
[29] le pène rouillé n'étant pas entré dans l'écrou: "the rusted bolt having not entered the lock".
[30] réduit: pièce misérable, ici un cachot.
[31] à la faveur de: en profitant de.
[32] terreux: sali par de la terre, qui a la couleur de la terre.
[33] jusqu'au ras de ce seuil: jusqu'à l'endroit où commençait le corridor.

bien un corridor, mais d'une longueur démesurée! Un jour blême, une lueur de rêve l'éclairait: des veilleuses, suspendues aux voûtes, bleuissaient, par intervalles, la couleur terne de l'air: — le fond lointain n'était que de l'ombre. Pas une porte, latéralement, en cette étendue! D'un seul côté, à sa gauche, des soupiraux, aux grilles croisées, en des enfoncées[34] du mur, laissaient passer un crépuscule — qui devait être celui du soir, à cause des rouges rayures qui coupaient, de loin en loin, le dallage[35]. Et quel effrayant silence! . . . Pourtant, là-bas, au profond de ces brumes[36], une issue pouvait donner sur[37] la liberté! La vacillante espérance du juif était tenace, car c'était la dernière.

Sans hésiter donc, il s'aventura sur les dalles, côtoyant la paroi[38] des soupiraux, s'efforçant de se confondre avec la ténébreuse teinte des longues murailles. Il avançait avec lenteur, se traînant sur la poitrine — et se retenant de crier lorsqu'une plaie, récemment avivée, le lancinait[39].

Soudain, le bruit d'une sandale qui s'approchait parvint jusqu'à lui dans l'écho de cette allée de pierre. Un tremblement le secoua, l'anxiété l'étouffait; sa vue s'obscurcit. Allons! c'était fini, sans doute! Il se blottit, à croupetons, dans un enfoncement[40], et, à demi-mort, attendit.

C'était un familier qui se hâtait. Il passa rapidement, un arrache-muscles[41] au poing, cagoule baissée, terrible, et disparut. Le saisissement[42], dont le rabbin venait de subir l'étreinte, ayant comme suspendu les fonctions de la vie, il demeura, près d'une heure, sans pouvoir effectuer un mouvement. Dans la crainte d'un surcroît de tourments s'il était repris, l'idée lui vint de retourner en son cachot. Mais le vieil espoir lui chuchotait, dans l'âme, ce divin *Peut-être*, qui réconforte dans les pires détresses! Un miracle s'était produit! Il ne fallait plus douter! Il se remit donc à ramper vers l'évasion possible. Exténué de souffrance et de faim, tremblant d'angoisses, il avançait! — Et ce sépulcral corridor semblait s'allonger mystérieusement! Et lui, n'en finissant pas

[34] soupiraux, aux grilles croisées, en des enfoncées du mur: "air-holes, with cross bars, in the recess of the wall".

[35] rouges rayures qui coupaient, de loin en loin, le dallage: à cause des raies rouges qui marquaient le sol à assez grands intervalles.

[36] au profond de ces brumes: au fond de ce couloir où l'on voit mal les choses.

[37] donner sur: ouvrir.

[38] côtoyant la paroi: marchant le long du mur.

[39] une plaie, récemment avivée, le lancinait: une blessure, qu'on lui avait ouverte à nouveau récemment, lui causait des souffrances aiguës.

[40] à croupetons, dans un enfoncement: accroupi dans un creux.

[41] un arrache-muscles: un instrument de torture.

[42] saisissement: violente émotion qui saisit une personne.

d'avancer, regardait toujours l'ombre, là-bas, où *devait* être une issue salvatrice.

Oh! oh! Voici que des pas sonnèrent de nouveau, mais cette fois, plus lents et plus sombres. Les formes blanches et noires, aux longs chapeaux à bords roulés, de deux inquisiteurs, lui apparurent, émergeant sur l'air terne, là-bas. Ils causaient à voix basse et paraissaient en controverse sur un point important, car leurs mains s'agitaient.

A cet aspect, rabbi Aser Abarbanel ferma les yeux: son cœur battit à le tuer; ses haillons furent pénétrés d'une froide sueur d'agonie; il resta béant, immobile, étendu le long du mur, sous le rayon d'une veilleuse, immobile, implorant le Dieu de David.

Arrivés en face de lui, les deux inquisiteurs s'arrêtèrent sous la lueur de la lampe, — ceci par un hasard sans doute provenu de leur discussion. L'un deux, en écoutant son interlocuteur, se trouva regarder le rabbin! Et, sous ce regard dont il ne comprit pas d'abord l'expression distraite, le malheureux croyait sentir les tenailles chaudes[43] mordre encore sa pauvre chair; il allait donc redevenir une plainte et une plaie! Défaillant, ne pouvant respirer, les paupières battantes, il frissonnait, sous l'effleurement de cette robe. Mais, chose à la fois étrange et naturelle, les yeux de l'inquisiteur étaient évidemment ceux d'un homme profondément préoccupé de ce qu'il va répondre, absorbé par l'idée de ce qu'il écoute, ils étaient fixes — et semblaient regarder le juif *sans le voir*!

En effet, au bout de quelques minutes, les deux sinistres discuteurs continuèrent leur chemin, à pas lents, et toujours causant à voix basse, vers le carrefour d'où le captif était sorti; ON NE L'AVAIT PAS VU! . . . Si bien que, dans l'horrible désarroi de ses sensations, celui-ci eut le cerveau traversé par cette idée: "Serais-je déjà mort, qu'on ne me voit pas?" Une hideuse impression le tira de léthargie: en considérant le mur, tout contre son visage, il crut voir, en face des siens, deux yeux féroces qui l'observaient! . . . Il rejeta la tête en arrière en une transe éperdue et brusque, les cheveux dressés! . . . Mais non! non. Sa main venait de se rendre compte, en tâtant les pierres: c'était le *reflet* des yeux de l'inquisiteur qu'il avait encore dans les prunelles, et qu'il avait réfracté sur deux taches de la muraille.

En marche! Il fallait se hâter vers ce but qu'il s'imaginait (maladivement sans doute) être la délivrance! vers ces ombres dont il n'était

[43] tenailles chaudes: "hot tongs".

plus distant que d'une trentaine de pas, à peu près. Il reprit donc, plus vite, sur les genoux, sur les mains, sur le ventre, sa voie douloureuse; et bientôt il entra dans la partie obscure de ce corridor effrayant.

Tout à coup, le misérable éprouva du froid *sur* ses mains qu'il appuyait sur les dalles; cela provenait d'un violent souffle d'air, glissant sous une petite porte à laquelle aboutissaient les deux murs. — Ah! Dieu! si cette porte s'ouvrait sur le dehors! Tout l'être du lamentable évadé eut comme un vertige d'espérance! Il examinait, du haut en bas, sans pouvoir bien la distinguer à cause de l'assombrissement autour de lui. — Il tâtait: point de verrous, ni de serrure. — Un loquet! . . . Il se redressa: le loquet céda sous son pouce; la silencieuse porte roula devant lui.

*
**

"— ALLELUIA! . . ." murmura, dans un immense soupir d'actions de grâces[44], le rabbin, maintenant debout sur le seuil, à la vue de ce qui lui apparaissait.

La porte s'était ouverte sur des jardins, sous une nuit d'étoiles! sur le printemps, la liberté, la vie! Cela donnait sur la campagne prochaine, se prolongeant vers les sierras[45] dont les sinueuses lignes bleues se profilaient sur l'horizon; — là, c'était le salut! — Oh! s'enfuir! Il courrait toute la nuit sous ces bois de citronniers dont les parfums lui arrivaient. Une fois dans les montagnes, il serait sauvé! Il respirait le bon air sacré; le vent le ranimait, ses poumons ressuscitaient! Il entendait, en son cœur dilaté, le *Veni foràs* de Lazare[46]! Et, pour bénir encore le Dieu qui lui accordait cette miséricorde, il étendit les bras devant lui, en levant les yeux au firmament. Ce fut une extase.

Alors, il crut voir l'ombre de ses bras se retourner sur lui-même: il crut sentir que ces bras d'ombre l'entouraient, l'enlaçaient, — et qu'il était pressé tendrement contre une poitrine. Une haute figure était, en effet, auprès de la sienne. Confiant, il abaissa le regard vers cette figure — et demeura pantelant, affolé, l'œil morne, trémébond[47], gonflant les joues et bavant d'épouvante.

— Horreur! il était dans les bras du Grand-Inquisiteur lui-même, du vénérable Pedro Arbuez d'Espila, qui le considérait, de grosses larmes

[44] actions de grâces: remerciements à Dieu.
[45] sierras: montagnes espagnoles.
[46] *Veni foràs*: "Come forth", paroles du Christ à Lazare.
[47] trémébond: qui tremble de peur.

plein les yeux, et d'un air de bon pasteur retrouvant sa brebis égarée[48]! ...

Le sombre prêtre pressait contre son cœur, avec un élan de charité si fervente, le malheureux juif, que les pointes du cilice monacal sarclèrent[49], sous le froc, la poitrine du dominicain. Et, pendant que rabbi Aser Abarbanel, les yeux révulsés[50] sous les paupières, râlait d'angoisse entre les bras de l'ascétique dom Arbuez et comprenait confusément *que toutes les phases de la fatale soirée n'étaient qu'un supplice prévu, celui de l'Espérance!* le Grand-Inquisiteur, avec un accent de poignant reproche et le regard consterné, lui murmurait à l'oreille, d'une haleine brûlante et altérée par les jeûnes:

— Eh quoi, mon enfant! A la veille, peut-être, du salut . . . vous vouliez donc nous quitter!

Questions

A. 1. Quelle est la première impression que le lecteur a du prisonnier?
2. Pourquoi l'inquisiteur a-t-il des larmes dans les yeux?
3. Quelle est la bonne nouvelle qu'il annonce au prisonnier?
4. Comment le juif s'aperçoit-il que la porte n'est peut-être pas fermée?
5. Quelle est, pour lui, la cause de cette erreur?
6. Quelle impression lui fait le corridor?
7. Pourquoi, malgré le danger, n'hésite-t-il pas à s'avancer dans le corridor?
8. Quel est le premier incident qui interrompt sa fuite? Quelle est ensuite la réaction du rabbin?
9. Comment explique-t-il ce qui lui arrive et qu'est-ce qui lui donne la force de continuer?
10. Les deux inquisiteurs bavardent devant le rabbin. Pourquoi celui qui le regarde ne le voit-il pas?
11. Qu'est-ce que le froid sur ses mains indique au rabbin?
12. Quelle est la réaction du rabbin en découvrant la vérité?
13. Quel reproche lui fait l'inquisiteur à la fin de ce conte?

B. 1. Pourquoi l'auteur multiplie-t-il les titres et les termes techniques au début du conte? Pourquoi insiste-t-il parallèlement sur les ancêtres du juif?

[48] brebis égarée: "lost sheep".
[49] les pointes du cilice monacal sarclèrent: "the points of the monastic hair-shirt scratched".
[50] révulsés: "rolled upwards".

2. *morbide idée d'espoir.* (1. 53) Montrez la contradiction des mots et comment ils se justifient dans le contexte.
3. Quelle est la vision du rabbin lorsqu'il ouvre la porte sur les jardins? Quel effet de contraste l'auteur a-t-il voulu obtenir ici?
4. Comment expliquez-vous les larmes, la charité et la douceur de l'inquisiteur? Est-ce une attitude ou est-il sincère?
5. En quoi consiste le supplice de l'Espérance?
6. Quelle est l'attitude de l'auteur pendant tout le récit? Pourquoi est-il à ce point objectif dans un sujet où il semble difficile de rester impassible?
7. Le conte n'est pas simplement un récit sadique. Quels sont les éléments étranges ou discordants qui lui donnent une valeur littéraire, une profondeur particulière?
8. Le conte s'arrête court et littérairement il est bon qu'il en soit ainsi. Mais quel est le but de cette torture? Comment pensez-vous que les choses vont tourner?

Sujets de Conversation

L'espoir fait vivre, dit le proverbe. Or Villiers de l'Isle-Adam fait de cette consolation du genre humain la source la plus subtile de tortures. Nombreux sont les écrivains contemporains qui ont dénoncé l'espoir, "ce sale espoir", comme dit Jean Anouilh. Dès lors, ne pourrait-on pas discuter le côté positif et le côté négatif de l'espérance.

Le côté positif de l'espoir

La condition humaine est difficile. L'homme a-t-il d'autre ressource que l'espérance? En quoi consiste l'espoir pour vous? pour la plupart des gens que vous connaissez?

Il est une fière formule: "il est inutile d'espérer pour entreprendre, ni de réussir pour persévérer". Etes-vous d'accord avec cette formule? Ne la trouvez-vous pas bien orgueilleuse?

Dante a dit à la porte de l'Enfer que ceux qui entraient devaient laisser toute espérance. N'est-ce pas

Le côté négatif de l'espoir

Espérer c'est bien souvent rêver. Beaucoup de gens ne pensent-ils pas que les choses finiront par s'arranger, sans rien faire pour arriver à ce résultat?

L'espoir est un opium et l'optimisme conduit au conservatisme. Pourquoi vouloir modifier les choses si l'on croit qu'elles iront mieux d'elles-mêmes?

L'espoir peut consoler mais il peut aussi amener l'inquiétude. Va-t-il se réaliser? Ne serons-nous pas déçus?

la preuve que pour lui l'espoir est la plus grande consolation de l'homme?

Est-il bon de laisser les gens espérer lorsqu'on sait que leur espérance est vaine? Ne vaut-il pas mieux tenter de leur faire accepter la réalité? Donnez un ou deux exemples pour illustrer ce point.

La sérénité n'existe que lorsqu'il n'y a plus d'espoir.

A l'espérance s'opposent la sérénité, qui conduit à accepter l'ordre établi, et le désespoir, qui mène à la révolte. Si vous n'aviez plus d'espoir, laquelle des deux attitudes adopteriez-vous? Pourquoi?

Villiers de l'Isle-Adam arrête à juste titre son conte brutalement. Pour la simple conversation, essayez d'imaginer la réaction du rabbin et de ses tortionnaires après son arrestation.

Emile Zola
(1840-1903)

Peu d'écrivains ont été plus attaqués et plus insultés que Zola; mais peu ont été plus lus que lui. Le scandale a certainement contribué à ce succès mais le succès a en partie causé le scandale: ces livres ont tellement indigné parce qu'ils se vendaient si bien.

Son œuvre maîtresse est constituée par les vingt volumes des *Rougon-Macquart, histoire naturelle et sociale d'une famille sous le Second Empire*; autant de romans qui visent à la description d'un certain milieu dans lequel un des personnages appartient à la famille des Rougon-Macquart, avec ses faiblesses, ses vices, sa terrible hérédité.

Le lien est donc mince entre tous ces livres. Heureusement d'ailleurs. Car toute l'œuvre repose sur un postulat scientifique indéfendable aujourd'hui et qui était déjà discutable à l'époque. Ce n'est pas la première fois qu'une création authentique est sortie d'une conception fausse.

Zola prétend être un savant, disciple de Taine et du physiologiste Claude Bernard, et il entend décrire les sentiments et les réactions d'un individu avec la rigueur d'un chimiste analysant les résultats d'une expérience de laboratoire. Par là, Zola est le chef de l'école naturaliste. La phrase célèbre: "La jalousie et le crime sont des produits comme le vitriol et le sucre", s'applique absolument à son œuvre, tout au moins dans ses intentions. Pour entreprendre ce travail, Zola s'entoure d'une documentation minutieuse, dont ses ennemis se sont moqués, soutenant, assez justement, qu'il ne suffit pas de monter consciencieusement sur une locomotive pour comprendre les pensées de celui qui conduit le train tous les jours de sa vie.

On a donc critiqué ce point de départ faux, on a critiqué la psychologie souvent sommaire de ses héros, qui sont plus des types que des individus, on a critiqué son style qui est quelquefois lourd, on a condamné sa vision atroce du monde, sa tendance à n'en montrer que les aspects les plus sordides. Il n'en reste pas moins que Zola est l'un des tout premiers romanciers de la littérature mondiale, le successeur et le continuateur de Flaubert. Et cela parce qu'il est d'abord un grand poète, un poète en prose.

Il a un sens épique du roman; ce sont de larges fresques qu'il peint. Personne n'a su comme lui faire vivre une foule, comme dans *Germinal* (1885), son chef-d'œuvre, animer des objets qui prennent un relief saisissant, deviennent le centre du livre, la personification du Bien ou du Mal, la mine dans *Germinal*, le café dans l'*Assommoir* (1877), le grand magasin dans *Au bonheur des dames* (1883), la locomotive dans *La Bête humaine* (1890), etc.

Sous la représentation désespérée du monde actuel, existe un espoir indomptable, lyrique, en un monde meilleur. Zola est un poète visionnaire au tempérament généreux qui l'a poussé à se battre contre les injustices trop évidentes de son temps. Grand ami de Paul Cézanne, il n'a cessé de lutter pour imposer les peintres impressionnistes; mais surtout, il s'est signalé par son action héroïque dans l'Affaire Dreyfus, où sa fameuse lettre ouverte au président de la République, *J'accuse*, lui a valu d'être poursuivi en justice, condamné et obligé de se réfugier en Angleterre.

Cet homme, qui a suscité tant de polémiques et de haines, était doux et bon. Il est mort stupidement, asphyxié par le gaz dans son appartement.

L'Attaque du Moulin a paru dans *Les Soirées de Médan* (1880), recueil de cinq contes de l'école naturaliste, tous dirigés contre la guerre. Les naturalistes, par leur âge, ont été fortement impressionnés par la guerre franco-prussienne de 1870 dont ils ont souvent dans leurs œuvres dénoncé la sottise, la cruauté, l'inutilité, sans parler de l'incapacité du gouvernement français qui a entraîné tant de souffrances pour le peuple.

Evidemment Zola est plus à l'aise dans le roman que dans la nouvelle, trop courte, trop précise pour son lyrisme épique. On y retrouve cependant quelques-unes des caractéristiques de son génie: poésie des descriptions, vivacité du récit, fatalité qui s'acharne sur les personnages au point d'approcher parfois du mélodrame, incompréhension des privilégiés qui passent à travers le drame — ou le provoquent — avec une totale inconscience, humanisation des objets, ici le moulin, qui personnifie la paix, ou plutôt la vie en temps de paix et auquel les soldats des deux armées s'attaquent comme à un symbole. On notera encore dans ce conte, écrit si peu de temps après les événements, à quel point le nationalisme en est absent, à quel point les deux armées sont identiques et ne servent qu'à détruire. L'ironie du sort vient de ce que le seul héros de l'histoire soit un neutre.

Emile Zola

L'attaque du moulin

I

Le moulin du père Merlier, par cette belle soirée d'été, était en grande fête. Dans la cour, on avait mis trois tables, placées bout à bout, et qui attendaient les convives. Tout le pays savait qu'on devait fiancer, ce jour-là, la fille Merlier, Françoise, avec Dominique, un garçon qu'on accusait de fainéantise, mais que les femmes, à trois lieues à la ronde[1], regardaient avec des yeux luisants, tant il avait bon air.

Ce moulin du père Merlier était une vraie gaieté. Il se trouvait juste au milieu de Rocreuse, à l'endroit où la grand'route fait un coude. Le village n'a qu'une rue, deux files de masures[2], une file à chaque bord de la route; mais là, au coude, des prés s'élargissent, de grands arbres, qui suivent le cours de la Morelle, couvrent le fond de la vallée d'ombrages magnifiques. Il n'y a pas, dans toute la Lorraine[3], un coin de nature plus adorable. A droite et à gauche, des bois épais, des futaies séculaires[4] montent des pentes douces, emplissent l'horizon d'une mer de verdure; tandis que, vers le midi, la plaine s'étend, d'une fertilité merveilleuse, déroulant à l'infini des pièces de terre coupées de haies vives[5]. Mais ce qui fait surtout le charme de Rocreuse, c'est la fraîcheur de ce trou[6] de verdure, aux journées les plus chaudes de juillet et d'août. La Morelle descend des bois de Gagny, et il semble qu'elle prenne le froid des feuillages sous lesquels elle coule pendant des lieues; elle apporte les bruits murmurants, l'ombre glacée et recueillie[7] des forêts. Et elle n'est point la seule fraîcheur: toutes sortes d'eaux courantes chantent sous les bois; à chaque pas, des sources jaillissent; on sent, lorsqu'on suit les étroits sentiers, comme des lacs souterrains qui percent sous la mousse et profitent des moindres fentes, au pied des arbres, entre les roches, pour s'épancher en fontaines cristallines. Les voix chuchotantes de ces ruisseaux s'élèvent si nombreuses et si

[1] à trois lieues à la ronde: dans un cercle de trois lieues.
[2] masures: maisons misérables.
[3] Lorraine: province de l'est de la France, à la frontière allemande.
[4] futaies séculaires: forêts vieilles de plusieurs siècles.
[5] haies vives: "wild hedges".
[6] trou: coin.
[7] recueillie: retirée, isolée.

hautes, qu'elles couvrent le chant des bouvreuils[8]. On se croirait dans quelque parc enchanté, avec des cascades tombant de toutes parts.

En bas, les prairies sont trempées. Des marronniers gigantesques font des ombres noires. Au bord des prés, de longs rideaux de peupliers alignent leurs tentures bruissantes[9]. Il y a deux avenues d'énormes platanes qui montent, à travers champs, vers l'ancien château de Gagny, aujourd'hui en ruines. Dans cette terre continuellement arrosée, les herbes grandissent démesurément. C'est comme un fond de parterre entre les deux coteaux boisés[10], mais de parterre naturel, dont les prairies sont les pelouses, et dont les arbres géants dessinent les colossales corbeilles. Quand le soleil, à midi, tombe d'aplomb[11], les ombres bleuissent, les herbes allumées dorment dans la chaleur, tandis qu'un frisson glacé passe sous les feuillages.

Et c'était là que le moulin du père Merlier égayait de son tic-tac[12] un coin de verdures folles. La bâtisse[13], faite de plâtre et de planches, semblait vieille comme le monde. Elle trempait à moitié dans la Morelle qui arrondit à cet endroit un clair bassin. Une écluse[14] était ménagée, la chute tombait de quelques mètres sur la roue du moulin, qui craquait en tournant, avec la toux asthmatique d'une fidèle servante vieillie dans la maison. Quand on conseillait au père Merlier de la changer, il hochait la tête en disant qu'une jeune roue serait plus paresseuse et ne connaîtrait pas si bien le travail; et il raccommodait l'ancienne avec tout ce qui lui tombait sous la main[15], des douves[16] de tonneau, des ferrures[17] rouillées, du zinc, du plomb. La roue en paraissait plus gaie, avec son profil devenu étrange, toute empanachée[18] d'herbes et de mousses. Lorsque l'eau la battait de son flot d'argent, elle se couvrait de perles, on voyait passer son étrange carcasse sous une parure éclatante de colliers de nacre[19].

[8] brouvreuils: "bullfinches".

[9] tentures bruissantes: ici, les feuilles qui font un léger bruit. Une tenture est une sorte de tapisserie. Le mot continue l'effet de rideau.

[10] coteaux boisés: "woody hills".

[11] d'aplomb: droit, perpendiculaire.

[12] tic-tac: bruit que fait une montre, ici, le moulin.

[13] bâtisse: vilaine maison.

[14] écluse: "weir, dam".

[15] ce qui lui tombait sous la main: ce qu'il pouvait trouver.

[16] douves: planches pour les tonneaux, "staves".

[17] ferrures: objets en fer.

[18] empanachée: ici, ornée.

[19] sous une parure éclatante de colliers de nacre: "under an astonishing adornment of mother-of-pearl necklaces".

La partie du moulin qui trempait ainsi dans la Morelle, avait l'air d'une arche barbare, échouée là[20]. Une bonne moitié du logis était bâtie sur des pieux[21]. L'eau entrait sous le plancher, il y avait des trous, bien connus dans le pays pour les anguilles et les écrevisses[22] énormes qu'on y prenait. En dessous de la chute, le bassin était limpide comme un miroir, et lorsque la roue ne le troublait pas de son écume, on apercevait des bandes de gros poissons qui nageaient avec des lenteurs d'escadre[23]. Un escalier rompu descendait à la rivière, près d'un pieu où était amarrée une barque. Une galerie de bois passait au-dessus de la roue. Des fenêtres s'ouvraient, percées irrégulièrement. C'était un pêle-mêle[24] d'encoignures[25], de petites murailles, de constructions ajoutées après coup[26], de poutres et de toitures qui donnaient au moulin un aspect d'ancienne citadelle démantelée. Mais des lierres avaient poussé, toutes sortes de plantes grimpantes bouchaient les crevasses trop grandes et mettaient un manteau vert à la vieille demeure. Les demoiselles qui passaient, dessinaient sur leurs albums le moulin du père Merlier.

Du côté de la route, la maison était plus solide. Un portail en pierre s'ouvrait sur la grande cour, que bordaient à droite et à gauche des hangars et des écuries. Près d'un puits, un orme immense couvrait de son ombre la moitié de la cour. Au fond, la maison alignait les quatre fenêtres de son premier étage, surmonté d'un colombier[27]. La seule coquetterie du père Merlier était de faire badigeonner[28] cette façade tous les dix ans. Elle venait justement d'être blanchie, et elle éblouissait le village, lorsque le soleil l'allumait, au milieu du jour.

Depuis vingt ans, le père Merlier était maire de Rocreuse. On l'estimait pour la fortune qu'il avait su faire. On lui donnait[29] quelque chose comme quatre-vingt mille francs, amassés sou à sou[30]. Quand il avait épousé Madeleine Guillard, qui lui apportait en dot le moulin, il ne possédait guère que ses deux bras. Mais Madeleine ne s'était jamais

[20] une arche ... échouée là: "an ark ... stranded there".
[21] pieux: "posts".
[22] anguilles, écrevisses: "eels", "crayfishes".
[23] escadre: importante réunion de navires de guerre.
[24] pêle-mêle: mélange confus.
[25] encoignures: angles formés par deux murs.
[26] après coup: après qu'une chose est terminée.
[27] colombier: endroit où habitent des pigeons.
[28] badigeonner: "to whitewash".
[29] on lui donnait: on estimait qu'il avait.
[30] sou à sou: par petites sommes, pièce par pièce.

repentie de son choix, tant il avait su mener gaillardement[31] les affaires
du ménage. Aujourd'hui, la femme était défunte, il restait veuf avec
sa fille Françoise. Sans doute, il aurait pu se reposer, laisser la roue du
moulin dormir dans la mousse; mais il se serait trop ennuyé, et la maison 90
lui aurait semblé morte. Il travaillait toujours, pour le plaisir. Le père
Merlier était alors un grand vieillard, à longue figure silencieuse, qui
ne riait jamais, mais qui était tout de même très gai en dedans. On
l'avait choisi pour maire, à cause de son argent, et aussi pour le bel air
qu'il savait prendre, lorsqu'il faisait un mariage. 95

Françoise Merlier venait d'avoir dix-huit ans. Elle ne passait pas
pour une des belles filles du pays, parce qu'elle était chétive. Jusqu'à
quinze ans, elle avait même été laide. On ne pouvait pas comprendre,
à Rocreuse, comment la fille du père et de la mère Merlier, tous deux
si bien plantés[32], poussait mal et d'un air de regret. Mais à quinze ans, 100
tout en restant délicate, elle prit une petite figure, la plus jolie du
monde. Elle avait des cheveux noirs, des yeux noirs, et elle était toute
rose avec ça; une bouche qui riait toujours, des trous dans les joues, un
front clair où il y avait comme une couronne de soleil. Quoique ché-
tive pour le pays, elle n'était pas maigre, loin de là; on voulait dire 105
simplement qu'elle n'aurait pas pu lever un sac de blé; mais elle de-
venait toute potelée[33] avec l'âge, elle devait finir par être ronde et
friande comme une caille[34]. Seulement, les longs silences de son père
l'avaient rendue raisonnable très jeune. Si elle riait toujours, c'était pour
faire plaisir aux autres. Au fond, elle était sérieuse. 110

Naturellement, tout le pays la courtisait, plus encore pour ses écus
que pour sa gentillesse. Et elle avait fini par faire un choix, qui venait
de scandaliser la contrée. De l'autre côté de la Morelle, vivait un grand
garçon, que l'on nommait Dominique Penquer. Il n'était pas de Ro-
creuse. Dix ans auparavant, il était arrivé de Belgique, pour hériter 115
d'un oncle, qui possédait un petit bien, sur la lisière[35] même de la
forêt de Gagny, juste en face du moulin, à quelques portées de fusil[36].
Il venait pour vendre ce bien, disait-il, et retourner chez lui. Mais le
pays le charma, paraît-il, car il n'en bougea plus. On le vit cultiver son

[31] gaillardement: avec vigueur.
[32] bien plantés: solides.
[33] potelée: grasse, ronde.
[34] friande comme une caille: "dainty as a quail".
[35] lisière: limite, bord.
[36] portée de fusil: distance à laquelle la balle d'un fusil peut aller.

bout de champ[37], récolter quelques légumes dont il vivait. Il pêchait, 1:
il chassait; plusieurs fois, les gardes faillirent le prendre et lui dresser
des procès-verbaux[38]. Cette existence libre, dont les paysans ne s'ex-
pliquaient pas bien les ressources[39], avait fini par lui donner un mau-
vais renom. On le traitait vaguement de braconnier[40]. En tous cas, il 1:
était paresseux, car on le trouvait souvent endormi dans l'herbe, à des
heures où il aurait dû travailler. La masure qu'il habitait, sous les
derniers arbres de la forêt, ne semblait pas non plus la demeure d'un
honnête garçon. Il aurait eu un commerce avec les loups des ruines de
Gagny, que cela n'aurait point surpris les vieilles femmes. Pourtant,
les jeunes filles, parfois, se hasardaient à le défendre, car il était su- 13
perbe, cet homme louche[41], souple et grand comme un peuplier, très
blanc de peau, avec une barbe et des cheveux blonds qui semblaient
de l'or au soleil. Or, un beau matin, Françoise avait déclaré au père
Merlier qu'elle aimait Dominique et que jamais elle ne consentirait à
épouser un autre garçon. 13

On pense quel coup de massue[42] le père Merlier reçut, ce jour-là!
Il ne dit rien, selon son habitude. Il avait son visage réfléchi; seulement,
sa gaieté intérieure ne luisait plus dans ses yeux. On se bouda[43] pendant
une semaine. Françoise, elle aussi, était toute grave. Ce qui tour-
mentait le père Merlier, c'était de savoir comment ce gredin[44] de 14
braconnier avait bien pu ensorceler sa fille. Jamais Dominique n'était
venu au moulin. Le meunier guetta et il aperçut le galant, de l'autre
côté de la Morelle, couché dans l'herbe et feignant de dormir. Fran-
çoise, de sa chambre, pouvait le voir. La chose était claire, ils avaient
dû s'aimer, en se faisant les doux yeux[45] par-dessus la roue du moulin. 14:

Cependant, huit autres jours s'écoulèrent. Françoise devenait de
plus en plus grave. Le père Merlier ne disait toujours rien. Puis, un soir,
silencieusement, il amena lui-même Dominique. Françoise, justement,
mettait la table. Elle ne parut pas étonnée, elle se contenta d'ajouter
un couvert; seulement, les petits trous de ses joues venaient de se 15C

[37] bout de champ: petit champ.
[38] dresser des procès-verbaux: "to give a summons".
[39] ressources: moyens d'existence.
[40] braconnier: "poacher".
[41] louche: suspect, équivoque.
[42] coup de massue: au sens figuré, coup violent porté par un événement imprévu.
[43] on se bouda: on ne se parla pas.
[44] gredin: personne misérable.
[45] en se faisant les doux yeux: en se regardant tendrement.

creuser de nouveau, et son rire avait reparu. Le matin, le père Merlier était allé trouver Dominique dans sa masure, sur la lisière du bois. Là, les deux hommes avaient causé pendant trois heures, les portes et les fenêtres fermées. Jamais personne n'a su ce qu'ils avaient pu se dire. Ce qu'il y a de certain, c'est que le père Merlier en sortant traitait déjà Dominique comme son fils. Sans doute, le vieillard avait trouvé le garçon qu'il était allé chercher, un brave garçon, dans ce paresseux qui se couchait sur l'herbe pour se faire aimer des filles.

Tout Rocreuse clabauda[46]. Les femmes, sur les portes, ne tarissaient[47] pas au sujet de la folie du père Merlier, qui introduisait ainsi chez lui un garnement[48]. Il laissa dire. Peut-être s'était-il souvenu de son propre mariage. Lui non plus ne possédait pas un sou vaillant[49], lorsqu'il avait épousé Madeleine et son moulin; cela pourtant ne l'avait point empêché de faire un bon mari. D'ailleurs, Dominique coupa court aux cancans[50], en se mettant si rudement à la besogne[51], que le pays en fut émerveillé. Justement le garçon du moulin était tombé au sort[52], et jamais Dominique ne voulut qu'on en engageât un autre. Il porta les sacs, conduisit la charrette, se battit avec la vieille roue, quand elle se faisait prier[53] pour tourner, tout cela d'un tel cœur, qu'on venait le voir par plaisir. Le père Merlier avait son rire silencieux. Il était très fier d'avoir deviné[54] ce garçon. Il n'y a rien comme l'amour pour donner du courage aux jeunes gens.

Au milieu de toute cette grosse besogne, Françoise et Dominique s'adoraient. Ils ne se parlaient guère, mais ils se regardaient avec une douceur souriante. Jusque-là, le père Merlier n'avait pas dit un seul mot au sujet du mariage; et tous deux respectaient ce silence, attendant la volonté du vieillard. Enfin, un jour, vers le milieu de juillet, il avait fait mettre trois tables dans la cour, sous le grand orme, en invitant ses amis de Rocreuse à venir le soir boire un coup[55] avec lui. Quand la cour fut pleine et que tout le monde eut le verre en main, le père Merlier leva le sien très haut, en disant:

[46] clabauda: dit du mal.
[47] ne tarissaient pas: n'arrêtaient pas.
[48] garnement: mauvais garçon.
[49] ne possédait pas un sou vaillant: n'avait absolument pas d'argent.
[50] cancans: rumeurs, mauvais bruits.
[51] en se mettant si rudement à la besogne: en travaillant tellement.
[52] était tombé au sort: le sort, son numéro, l'avait désigné pour être soldat.
[53] se faisait prier: faisait des difficultés (comme une personne capricieuse).
[54] d'avoir deviné: d'avoir su comprendre.
[55] boire un coup: venir boire.

— C'est pour avoir le plaisir de vous annoncer que Françoise épousera ce gaillard-là dans un mois, le jour de la Saint-Louis.

Alors, on trinqua[56] bruyamment. Tout le monde riait. Mais le père Merlier haussant la voix, dit encore: 18[

— Dominique, embrasse ta promise. Ça se doit.

Et ils s'embrassèrent, très rouges pendant que l'assistance riait plus fort. Ce fut une vraie fête. On vida un petit tonneau. Puis, quand il n'y eut là que les amis intimes, on causa d'une façon calme. La nuit était tombée, une nuit étoilée et très claire. Dominique et Françoise, 19(
assis sur un banc, l'un près de l'autre, ne disaient rien. Un vieux paysan parlait de la guerre que l'empereur avait déclarée à la Prusse[57]. Tous les gars[58] du village étaient déjà partis. La veille, des troupes avaient encore passé. On allait se cogner dur[59].

— Bah! dit le père Merlier avec l'égoïsme d'un homme heureux, 19[
Dominique est étranger, il ne partira pas ... Et si les Prussiens venaient, il serait là pour défendre sa femme.

Cette idée que les Prussiens pouvaient venir parut une bonne plaisanterie. On allait leur flanquer une raclée[60] soignée, et ce serait vite fini. 20(

— Je les ai déjà vus, je les ai déjà vus, répéta d'une voix sourde le vieux paysan.

Il y eut un silence. Puis, on trinqua une fois encore. Françoise et Dominique n'avaient rien entendu; ils s'étaient pris doucement la main, derrière le banc, sans qu'on pût les voir, et cela leur semblait si bon, 205
qu'ils restaient là, les yeux perdus au fond des ténèbres.

Quelle nuit tiède et superbe! Le village s'endormait aux deux bords de la route blanche, dans une tranquillité d'enfant. On n'entendait plus, de loin en loin, que le chant de quelque coq éveillé trop tôt. Des grands bois voisins, descendaient de longues haleines qui passaient sur 210
les toitures comme des caresses. Les prairies, avec leurs ombrages noirs, prenaient une majesté mystérieuse et recueillie, tandis que toutes les sources, toutes les eaux courantes qui jaillissaient dans l'ombre, semblaient être la respiration fraîche et rythmée de la campagne endormie. Par instants, la vieille roue du moulin, ensommeillée, paraissait rêver 215

[56] on trinqua: chacun cogna son verre avec les autres avant de boire.

[57] la guerre ... à la Prusse: la guerre franco-prussienne de 1870, déclarée par Napoléon III.

[58] gars: garçon.

[59] se cogner dur: se battre beaucoup.

[60] leur flanquer une raclée soignée: *pop.*, leur infliger une grande défaite.

comme ces vieux chiens de garde qui aboient en ronflant; elle avait
des craquements, elle causait toute seule, bercée par la chute de la
Morelle, dont la nappe rendait le son musical et continu d'un tuyau
d'orgues[61]. Jamais une paix plus large n'était descendue sur un coin
plus heureux de nature. 220

II

Un mois plus tard, jour pour jour, juste la veille de la Saint-Louis,
Rocreuse était dans l'épouvante. Les Prussiens avaient battu l'empereur
et s'avançaient à marches forcées vers le village. Depuis une semaine,
des gens qui passaient sur la route annonçaient les Prussiens: "Ils sont
à Lormière, ils sont à Novelles"; et, à entendre dire qu'ils se rappro- 225
chaient si vite, Rocreuse, chaque matin, croyait les voir descendre par
les bois de Gagny. Ils ne venaient point cependant, cela effrayait da-
vantage. Bien sûr qu'ils tomberaient sur le village pendant la nuit et
qu'ils égorgeraient tout le monde.

La nuit précédente, un peu avant le jour, il y avait eu une alerte. 230
Les habitants s'étaient réveillés, en entendant un grand bruit d'hommes
sur la route. Les femmes déjà se jetaient à genoux et faisaient des signes
de croix, lorsqu'on avait reconnu des pantalons rouges, en entr'ouvrant
prudemment les fenêtres. C'était un détachement français. Le capitaine
avait tout de suite demandé le maire du pays, et il était resté au 235
moulin, après avoir causé avec le père Merlier.

Le soleil se levait gaiement, ce jour-là. Il ferait chaud, à midi. Sur
les bois, une clarté blonde flottait, tandis que dans les fonds, au-dessus
des prairies, montaient des vapeurs blanches. Le village, propre et
joli, s'éveillait dans la fraîcheur, et la campagne, avec sa rivière et ses 240
fontaines, avait des grâces mouillées de bouquet. Mais cette belle
journée ne faisait rire personne. On venait de voir le capitaine tourner
autour du moulin, regarder les maisons voisines, passer de l'autre côté
de la Morelle, et de là, étudier le pays avec une lorgnette[62]; le père
Merlier, qui l'accompagnait, semblait donner des explications. Puis, le 245
capitaine avait posté des soldats derrière des murs, derrière des arbres,
dans des trous. Le gros du détachement campait dans la cour du moulin.
On allait donc se battre? Et quand le père Merlier revint, on l'inter-
rogea. Il fit un long signe de tête, sans parler. Oui, on allait se battre.

[61] tuyau d'orgues: "organ-pipe".
[62] lorgnette: petite lunette pour voir au loin.

Françoise et Dominique étaient là, dans la cour, qui le regardaient. Il finit par ôter sa pipe de la bouche, et dit cette simple phrase:

— Ah! mes pauvres petits, ce n'est pas demain que je vous marierai!

Dominique, les lèvres serrées, avec un pli de colère au front, se haussait[63] parfois, restait les yeux fixés sur les bois de Gagny, comme s'il eût voulu voir arriver les Prussiens. Françoise, très pâle, sérieuse, allait et venait, fournissant aux soldats ce dont ils avaient besoin. Ils faisaient la soupe dans un coin de la cour, et plaisantaient, en attendant de manger.

Cependant, le capitaine paraissait ravi. Il avait visité les chambres et la grande salle du moulin donnant sur la rivière. Maintenant, assis près du puits, il causait avec le père Merlier.

— Vous avez là une vraie forteresse, disait-il. Nous tiendrons bien jusqu'à ce soir . . . Les bandits sont en retard. Ils devraient être ici.

Le meunier restait grave. Il voyait son moulin flamber comme une torche. Mais il ne se plaignait pas, jugeant cela inutile. Il ouvrit seulement la bouche pour dire:

— Vous devriez faire cacher la barque derrière la roue. Il y a là un trou où elle tient . . . Peut-être qu'elle pourra servir.

Le capitaine donna un ordre. Ce capitaine était un bel homme d'une quarantaine d'années, grand et de figure aimable. La vue de Françoise et de Dominique semblait le réjouir. Il s'occupait d'eux, comme s'il avait oublié la lutte prochaine. Il suivait Françoise des yeux, et son air disait clairement qu'il la trouvait charmante. Puis, se tournant vers Dominique:

— Vous n'êtes donc pas à l'armée, mon garçon? lui demanda-t-il brusquement.

— Je suis étranger, répondit le jeune homme.

Le capitaine parut goûter médiocrement[64] cette raison. Il cligna les yeux et sourit. Françoise était plus agréable à fréquenter que le canon. Alors, en le voyant sourire, Dominique ajouta:

— Je suis étranger, mais je loge une balle dans une pomme, à cinq cents mètres . . . Tenez, mon fusil de chasse est là, derrière vous.

— Il pourra vous servir, répliqua simplement le capitaine.

Françoise s'était approchée, un peu tremblante. Et, sans se soucier du monde qui était là, Dominique prit et serra dans les siennes les deux mains qu'elle lui tendait, comme pour se mettre sous sa protection.

[63] se haussait: se soulevait.

[64] goûter médiocrement: ne pas beaucoup apprécier.

Le capitaine avait souri de nouveau, mais il n'ajouta pas une parole. Il demeurait assis, son épée entre les jambes, les yeux perdus, paraissant rêver.

Il était déjà dix heures. La chaleur devenait très forte. Un lourd silence se faisait. Dans la cour, à l'ombre des hangars, les soldats s'étaient mis à manger la soupe. Aucun bruit ne venait du village, dont les habitants avaient tous barricadé leurs maisons, portes et fenêtres. Un chien, resté seul sur la route, hurlait. Des bois et des prairies voisines, pâmés[65] par la chaleur, sortait une voix lointaine, prolongée, faite de tous les souffles épars[66]. Un coucou chanta. Puis, le silence s'élargit encore.

Et, dans cet air endormi, brusquement, un coup de feu éclata[67]. Le capitaine se leva vivement, les soldats lâchèrent leurs assiettes de soupe, encore à moitié pleines. En quelques secondes, tous furent à leur poste de combat; de bas en haut, le moulin se trouvait occupé. Cependant, le capitaine, qui s'était porté sur la route, n'avait rien vu; à droite, à gauche, la route s'étendait, vide et toute blanche. Un deuxième coup de feu se fit entendre, et toujours rien, pas une ombre. Mais, en se retournant, il aperçut du côté de Gagny, entre deux arbres, un léger flocon de fumée qui s'envolait, pareil à un fil de la Vierge[68]. Le bois restait profond et doux.

— Les gredins se sont jetés dans la forêt, murmura-t-il. Ils nous savent ici.

Alors, la fusillade continua, de plus en plus nourrie[69], entre les soldats français, postés autour du moulin, et les Prussiens, cachés derrière les arbres. Les balles sifflaient au-dessus de la Morelle, sans causer de pertes ni d'un côté ni de l'autre. Les coups étaient irréguliers, partaient de chaque buisson; et l'on n'apercevait toujours que les petites fumées, balancées mollement par le vent. Cela dura près de deux heures. L'officier chantonnait[70] d'un air indifférent. Françoise et Dominique, qui étaient restés dans la cour, se haussaient et regardaient pardessus une muraille basse. Ils s'intéressaient surtout à un petit soldat, posté au bord de la Morelle, derrière la carcasse d'un vieux bateau; il

[65] pâmés: évanouis.
[66] tous les souffles épars: toutes les agitations de l'air.
[67] un coup de feu éclata: on entendit la détonation d'une arme.
[68] fil de la Vierge: "gossamer".
[69] nourrie: abondante.
[70] chantonnait: chantait à voix basse.

était à plat ventre[71], guettait, lâchait son coup de feu, puis se laissait 32·
glisser dans un fossé, un peu en arrière, pour recharger son fusil; et
ses mouvements étaient si drôles, si rusés, si souples, qu'on se laissait
aller à sourire en le voyant. Il dut apercevoir quelque tête de Prussien,
car il se leva vivement et épaula[72]; mais, avant qu'il eût tiré, il jeta
un cri, tourna sur lui-même et roula dans le fossé, où ses jambes eurent 32·
un instant le roidissement[73] convulsif des pattes d'un poulet qu'on
égorge. Le petit soldat venait de recevoir une balle en pleine poitrine.
C'était le premier mort. Instinctivement, Françoise avait saisi la main
de Dominique et la lui serrait, dans une crispation nerveuse.

— Ne restez pas là, dit le capitaine. Les balles viennent jusqu'ici. 33·

En effet, un petit coup sec s'était fait entendre dans le vieil orme, et
un bout de branche tombait en se balançant. Mais les deux jeunes gens
ne bougèrent pas, cloués par l'anxiété du spectacle. A la lisière du bois,
un Prussien était brusquement sorti de derrière un arbre comme d'une
coulisse[74], battant l'air de ses bras et tombant à la renverse[75]! Et rien 33·
ne bougea plus, les deux morts semblaient dormir au grand soleil, on
ne voyait toujours personne dans la campagne alourdie. Le pétillement[76]
de la fusillade lui-même cessa. Seule, la Morelle chuchotait avec son
bruit clair.

Le père Merlier regarda le capitaine d'un air de surprise, comme 34·
pour lui demander si c'était fini.

— Voilà le grand coup, murmura celui-ci. Méfiez-vous. Ne restez
pas là.

Il n'avait pas achevé qu'une décharge effroyable eut lieu. Le grand
orme fut comme fauché, une volée de feuilles tournoya[77]. Les Prussiens 34·
avaient heureusement tiré trop haut. Dominique entraîna, emporta
presque Françoise, tandis que le père Merlier les suivait, en criant:

— Mettez-vous dans le petit caveau[78], les murs sont solides.

Mais ils ne l'écoutèrent pas, ils entrèrent dans la grande salle, où
une dizaine de soldats attendaient en silence, les volets fermés, guettant 35·
par des fentes. Le capitaine était resté seul dans la cour, accroupi der-

[71] à plat ventre: couché sur le ventre.
[72] épaula: mit le fusil à l'épaule pour tirer.
[73] roidissement: raidissement.
[74] coulisse: partie du théâtre où se tiennent les acteurs qui vont entrer en scène.
[75] à la renverse: sur le dos.
[76] pétillement: bruit.
[77] une volée de feuilles tournoya: les feuilles qui volaient firent plusieurs tours.
[78] caveau: petite cave.

rière la petite muraille, pendant que des décharges furieuses conti-
nuaient. Au dehors, les soldats qu'il avait postés, ne cédaient le terrain
que pied à pied. Pourtant, ils rentraient un à un en rampant, quand
l'ennemi les avait délogés de leurs cachettes. Leur consigne[79] était de 355
gagner du temps, de ne point se montrer, pour que les Prussiens ne
pussent savoir quelles forces ils avaient devant eux. Une heure encore
s'écoula. Et, comme un sergent arrivait, disant qu'il n'y avait plus dehors
que deux ou trois hommes, l'officier tira sa montre, en murmurant:

— Deux heures et demie . . . Allons, il faut tenir quatre heures. 360

Il fit fermer le grand portail de la cour, et tout fut préparé pour une
résistance énergique. Comme les Prussiens se trouvaient de l'autre côté
de la Morelle, un assaut immédiat n'était pas à craindre. Il y avait bien
un pont à deux kilomètres, mais ils ignoraient sans doute son existence,
et il était peu croyable qu'ils tenteraient de passer à gué[80] la rivière. 365
L'officier fit donc simplement surveiller la route. Tout l'effort allait
porter du côté de la campagne.

La fusillade de nouveau avait cessé. Le moulin semblait mort sous
le grand soleil. Pas un volet n'était ouvert, aucun bruit ne sortait de
l'intérieur. Peu à peu, cependant, des Prussiens se montraient à la 370
lisière du bois de Gagny. Ils allongeaient la tête, s'enhardissaient. Dans
le moulin, plusieurs soldats épaulaient déjà; mais le capitaine cria:

— Non, non, attendez . . . Laissez-les s'approcher.

Ils y mirent beaucoup de prudence, regardant le moulin d'un air
méfiant. Cette vieille demeure, silencieuse et morne, avec ses rideaux 375
de lierre, les inquiétait. Pourtant, ils avançaient. Quand ils furent une
cinquantaine dans la prairie, en face, l'officier dit un seul mot:

—Allez!

Un déchirement se fit entendre, des coups isolés suivirent. Françoise,
agitée d'un tremblement, avait porté malgré elle les mains à ses oreilles. 380
Dominique, derrière les soldats, regardait; et, quand la fumée se fut
un peu dissipée, il aperçut trois Prussiens étendus sur le dos, au milieu
du pré. Les autres s'étaient jetés derrière les saules et les peupliers. Et
le siège commença.

Pendant plus d'une heure, le moulin fut criblé de balles. Elles en 385
fouettaient les vieux murs comme une grêle. Lorsqu'elles frappaient
sur de la pierre, on les entendait s'écraser et retomber à l'eau. Dans le
bois, elles s'enfonçaient avec un bruit sourd. Parfois, un craquement

[79] consigne: ordres.
[80] passer à gué: passer là où il n'est pas nécessaire de nager.

annonçait que la roue venait d'être touchée. Les soldats, à l'intérieur, ménageaient leurs coups, ne tiraient que lorsqu'ils pouvaient viser. De temps à autre, le capitaine consultait sa montre. Et, comme une balle fendait un volet et allait se loger dans le plafond:

— Quatre heures, murmura-t-il. Nous ne tiendrons jamais.

Peu à peu, en effet, cette fusillade terrible ébranlait le vieux moulin. Un volet tomba à l'eau, troué comme une dentelle, et il fallut le remplacer par un matelas. Le père Merlier, à chaque instant, s'exposait pour constater les avaries[81] de sa pauvre roue, dont les craquements lui allaient au cœur. Elle était bien finie, cette fois; jamais il ne pourrait la raccommoder. Dominique avait supplié Françoise de se retirer, mais elle voulait rester avec lui; elle s'était assise derrière une grande armoire de chêne, qui la protégeait. Une balle pourtant arriva dans l'armoire, dont les flancs rendirent un son grave. Alors, Dominique se plaça devant Françoise. Il n'avait pas encore tiré, il tenait son fusil à la main, ne pouvant approcher des fenêtres dont les soldats tenaient toute la largeur. A chaque décharge, le plancher tressaillait.

— Attention! attention! cria tout d'un coup le capitaine.

Il venait de voir sortir du bois toute une masse sombre. Aussitôt s'ouvrit un formidable feu de peloton[82]. Ce fut comme une trombe[83] qui passa sur le moulin. Un autre volet partit, et par l'ouverture béante de la fenêtre, les balles entrèrent. Deux soldats roulèrent sur le carreau. L'un ne remua plus; on le poussa contre le mur, parce qu'il encombrait. L'autre se tordit en demandant qu'on l'achevât; mais on ne l'écoutait point, les balles entraient toujours, chacun se garait[84] et tâchait de trouver une meurtrière[85] pour riposter. Un troisième soldat fut blessé; celui-là ne dit pas une parole, il se laissa couler au bord d'une table, avec des yeux fixes et hagards. En face de ces morts, Françoise, prise d'horreur, avait repoussé machinalement sa chaise, pour s'asseoir à terre, contre le mur; elle se croyait là plus petite et moins en danger. Cependant, on était allé prendre tous les matelas de la maison, on avait rebouché à moitié la fenêtre. La salle s'emplissait de débris, d'armes rompues, de meubles éventrés.

— Cinq heures, dit le capitaine. Tenez bon . . . Ils vont chercher à passer l'eau.

[81] avaries: dégâts, dommages.
[82] feu de peloton: salve simultanée de tous les tireurs.
[83] trombe: cyclone.
[84] se garait: se mettait à l'abri.
[85] meurtrière: "loophole".

A ce moment, Françoise poussa un cri. Une balle, qui avait ricoché, venait de lui effleurer le front. Quelques gouttes de sang parurent. 425
Dominique la regarda; puis, s'approchant de la fenêtre, il lâcha son premier coup de feu, et il ne s'arrêta plus. Il chargeait, tirait, sans s'occuper de ce qui se passait près de lui; de temps à autre seulement, il jetait un coup d'œil sur Françoise. D'ailleurs, il ne se pressait pas, visait avec soin. Les Prussiens, longeant les peupliers, tentaient le passage de 430 la Morelle, comme le capitaine l'avait prévu; mais, dès qu'un d'entre eux se hasardait, il tombait frappé à la tête par une balle de Dominique. Le capitaine, qui suivait ce jeu, était émerveillé. Il complimenta le jeune homme, en lui disant qu'il serait heureux d'avoir beaucoup de tireurs de sa force. Dominique ne l'entendait pas. Une balle lui entama 435 l'épaule, une autre lui contusionna[86] le bras. Et il tirait toujours.

Il y eut deux nouveaux morts. Les matelas, déchiquetés[87], ne bouchaient plus les fenêtres. Une dernière décharge semblait devoir emporter le moulin. La position n'était plus tenable. Cependant, l'officier répétait: 440

— Tenez bon . . . Encore une demi-heure.

Maintenant, il comptait les minutes. Il avait promis à ses chefs d'arrêter l'ennemi là jusqu'au soir, et il n'aurait pas reculé d'une semelle[88] avant l'heure qu'il avait fixée pour la retraite. Il gardait son air aimable, souriait à Françoise, afin de la rassurer. Lui-même venait de ramasser 445 le fusil d'un soldat mort et faisait le coup de feu.

Il n'y avait plus que quatre soldats dans la salle. Les Prussiens se montraient en masse sur l'autre bord de la Morelle, et il était évident qu'ils allaient passer la rivière d'un moment à l'autre. Quelques minutes s'écoulèrent encore. Le capitaine s'entêtait, ne voulait pas donner l'ordre 450 de la retraite, lorsqu'un sergent accourut, en disant:

— Ils sont sur la route, ils vont nous prendre par derrière.

Les Prussiens devaient avoir trouvé le pont. Le capitaine tira sa montre.

— Encore cinq minutes, dit-il. Ils ne seront pas ici avant cinq 455 minutes.

Puis, à six heures précises, il consentit enfin à faire sortir ses hommes par une petite porte qui donnait sur une ruelle[89]. De là, ils se jetèrent

[86] contusionna: blessa légèrement.
[87] déchiquetés: déchirés en petits morceaux.
[88] il n'aurait pas reculé d'une semelle: il n'aurait pas fait un pas en arrière.
[89] ruelle: petite rue étroite.

dans un fossé, ils gagnèrent la forêt de Sauval. Le capitaine avait, avant de partir, salué très poliment le père Merlier, en s'excusant. Et il avait même ajouté:

— Amusez-les . . . Nous reviendrons.

Cependant, Dominique était resté seul dans la salle. Il tirait toujours, n'entendant rien, ne comprenant rien. Il n'éprouvait que le besoin de défendre Françoise. Les soldats étaient partis, sans qu'il s'en doutât le moins du monde. Il visait et tuait son homme à chaque coup. Brusquement, il y eut un grand bruit. Les Prussiens, par derrière, venaient d'envahir la cour. Il lâcha un dernier coup, et ils tombèrent sur lui, comme son fusil fumait encore.

Quatre hommes le tenaient. D'autres vociféraient[90] autour de lui, dans une langue effroyable. Ils faillirent l'égorger tout de suite. Françoise s'était jetée en avant, suppliante. Mais un officier entra et se fit remettre[91] le prisonnier. Après quelques phrases qu'il échangea en allemand avec les soldats, il se tourna vers Dominique et lui dit rudement, en très bon français:

— Vous serez fusillé dans deux heures.

III

C'était une règle posée par l'état-major allemand: tout Français n'appartenant pas à l'armée régulière et pris les armes à la main, devait être fusillé. Les compagnies franches[92] elles-mêmes n'étaient pas reconnues comme belligérantes. En faisant ainsi de terribles exemples sur les paysans qui défendaient leurs foyers, les Allemands voulaient empêcher la levée en masse, qu'ils redoutaient.

L'officier, un homme grand et sec, d'une cinquantaine d'années, fit subir à Dominique un bref interrogatoire. Bien qu'il parlât le français très purement, il avait une raideur toute prussienne.

— Vous êtes de ce pays?

— Non, je suis Belge.

— Pourquoi avez-vous pris les armes? . . . Tout ceci ne doit pas vous regarder.

Dominique ne répondit pas. A ce moment, l'officier aperçut Françoise debout et très pâle, qui écoutait; sur son front blanc, sa légère

[90] vociféraient: criaient avec colère.
[91] remettre: confier, donner.
[92] compagnies franches: unités qui n'appartiennent pas à l'armée régulière.

blessure mettait une barre rouge. Il regarda les jeunes gens l'un après l'autre, parut comprendre, et se contenta d'ajouter:

— Vous ne niez pas avoir tiré?

— J'ai tiré tant que j'ai pu, répondit tranquillement Dominique. 495

Cet aveu était inutile, car il était noir de poudre, couvert de sueur, taché de quelques gouttes de sang qui avaient coulé de l'éraflure[93] de son épaule.

— C'est bien, répéta l'officier. Vous serez fusillé dans deux heures.

Françoise ne cria pas. Elle joignit les mains et les éleva dans un 500
geste de muet désespoir. L'officier remarqua ce geste. Deux soldats avaient emmené Dominique dans une pièce voisine, où ils devaient le garder à vue. La jeune fille était tombée sur une chaise, les jambes brisées[94]; elle ne pouvait pleurer, elle étouffait. Cependant, l'officier l'examinait toujours. Il finit par lui adresser la parole: 505

— Ce garçon est votre frère? demanda-t-il.

Elle dit non de la tête. Il resta raide, sans un sourire. Puis, au bout d'un silence:

— Il habite le pays depuis longtemps?

Elle dit oui, d'un nouveau signe. 510

— Alors il doit très bien connaître les bois voisins?

Cette fois, elle parla.

— Oui, monsieur, dit-elle en le regardant avec quelque surprise.

Il n'ajouta rien et tourna sur ses talons, en demandant qu'on lui amenât le maire du village. Mais Françoise s'était levée, une légère 515
rougeur au visage, croyant avoir saisi le but de ses questions et reprise d'espoir. Ce fut elle-même qui courut pour trouver son père.

Le père Merlier, dès que les coups de feu avaient cessé, était vivement descendu par la galerie de bois, pour visiter sa roue. Il adorait sa fille, il avait une solide amitié pour Dominique, son futur gendre; mais 520
sa roue tenait aussi une large place dans son cœur. Puisque les deux petits, comme il les appelait, étaient sortis sains et saufs de la bagarre[95], il songeait à son autre tendresse, qui avait singulièrement souffert, celle-là. Et, penché sur la grande carcasse de bois, il en étudiait les blessures d'un air navré. Cinq palettes[96] étaient en miettes, la charpente centrale 525
était criblée. Il fourrait les doigts dans les trous des balles, pour en

[93] éraflure: petite blessure.
[94] les jambes brisées: ses jambes étaient comme brisées par l'émotion.
[95] sortis sains et saufs de la bagarre: sortis sans blessures sérieuses de la bataille.
[96] palettes: "paddles".

mesurer la profondeur; il réfléchissait à la façon dont il pourrait réparer toutes ces avaries. Françoise le trouva qui bouchait déjà des fentes avec des débris et de la mousse.

— Père, dit-elle, ils vous demandent.

Et elle pleura enfin, en lui contant ce qu'elle venait d'entendre. Le père Merlier hocha la tête. On ne fusillait pas les gens comme ça. Il fallait voir. Et il rentra dans le moulin, de son air silencieux et paisible. Quand l'officier lui eut demandé des vivres[97] pour ses hommes, il répondit que les gens de Rocreuse n'étaient pas habitués à être brutalisés, et qu'on n'obtiendrait rien d'eux si l'on employait la violence. Il se chargeait de tout, mais à la condition qu'on le laissât agir seul. L'officier parut se fâcher d'abord de ce ton tranquille; puis, il céda, devant les paroles brèves et nettes du vieillard. Même il le rappela, pour lui demander:

— Ces bois-là, en face, comment les nommez-vous?

— Les bois de Sauval.

— Et quelle est leur étendue?

Le meunier le regarda fixement.

— Je ne sais pas, répondit-il.

Et il s'éloigna. Une heure plus tard, la contribution de guerre en vivres et en argent, réclamée par l'officier, était dans la cour du moulin. La nuit venait, Françoise suivait avec anxiété les mouvements des soldats. Elle ne s'éloignait pas de la pièce dans laquelle était enfermé Dominique. Vers sept heures, elle eut une émotion poignante; elle vit l'officier entrer chez le prisonnier, et, pendant un quart d'heure, elle entendit leurs voix qui s'élevaient. Un instant, l'officier reparut sur le seuil pour donner un ordre en allemand, qu'elle ne comprit pas; mais, lorsque douze hommes furent venus se ranger dans la cour, le fusil au bras, un tremblement la saisit, elle se sentit mourir. C'en était donc fait[98]; l'exécution allait avoir lieu. Les douze hommes restèrent là dix minutes, la voix de Dominique continuait à s'élever sur un ton de refus violent. Enfin, l'officier sortit, en fermant brutalement la porte et en disant:

— C'est bien, réfléchissez . . . Je vous donne jusqu'à demain matin.

Et, d'un geste, il fit rompre les rangs aux douze hommes. Françoise restait hébétée. Le père Merlier, qui avait continué de fumer sa pipe, en regardant le peloton d'un air simplement curieux, vint la prendre

[97] vivres: nourriture.
[98] c'en était donc fait: c'était donc fini.

par le bras, avec une douceur paternelle. Il l'emmena dans sa chambre.

— Tiens-toi tranquille, lui dit-il, tâche de dormir . . . Demain, il fera 565
jour, et nous verrons.

En se retirant, il l'enferma par prudence. Il avait pour principe que
les femmes ne sont bonnes à rien, et qu'elles gâtent tout, lorsqu'elles
s'occupent d'une affaire sérieuse. Cependant, Françoise ne se coucha
pas. Elle demeura longtemps assise sur son lit, écoutant les rumeurs de 570
la maison. Les soldats allemands, campés dans la cour, chantaient et
riaient; ils durent manger et boire jusqu'à onze heures, car le tapage ne
cessa pas un instant. Dans le moulin même, des pas lourds résonnaient
de temps à autre, sans doute des sentinelles qu'on relevait. Mais, ce
qui l'intéressait surtout, c'étaient les bruits qu'elle pouvait saisir dans 575
la pièce qui se trouvait sous sa chambre. Plusieurs fois elle se coucha
par terre, elle appliqua son oreille contre le plancher. Cette pièce était
justement celle où l'on avait enfermé Dominique. Il devait marcher du
mur à la fenêtre, car elle entendit longtemps la cadence régulière de
sa promenade; puis, il se fit un grand silence, il s'était sans doute assis. 580
D'ailleurs, les rumeurs cessaient, tout s'endormait. Quand la maison lui
parut s'assoupir, elle ouvrit sa fenêtre le plus doucement possible, elle
s'accouda.

Au dehors, la nuit avait une sérénité tiède. Le mince croissant de
la lune, qui se couchait derrière les bois de Sauval, éclairait la cam- 585
pagne d'une lueur de veilleuse[99]. L'ombre allongée des grands arbres
barrait de noir les prairies, tandis que l'herbe, aux endroits découverts,
prenait une douceur de velours verdâtre. Mais Françoise ne s'arrêtait
guère au charme mystérieux de la nuit. Elle étudiait la campagne,
cherchant les sentinelles que les Allemands avaient dû poster de ce côté. 590
Elle voyait parfaitement leurs ombres s'échelonner[100] le long de la
Morelle. Une seule se trouvait devant le moulin, de l'autre côté de la
rivière, près d'un saule dont les branches trempaient dans l'eau. Fran-
çoise la distinguait parfaitement. C'était un grand garçon qui se tenait
immobile, la face tournée vers le ciel, de l'air rêveur d'un berger. 595

Alors, quand elle eut ainsi inspecté les lieux avec soin, elle revint
s'asseoir sur son lit. Elle y resta une heure, profondément absorbée. Puis
elle écouta de nouveau: la maison n'avait plus un souffle. Elle retourna
à la fenêtre, jeta un coup d'œil; mais sans doute une des cornes de la
lune qui apparaissait encore derrière des arbres, lui parut gênante, car 600

[99] veilleuse: petite lampe qu'on allume la nuit.
[100] s'échelonner: placer de distance en distance.

elle se remit à attendre. Enfin, l'heure lui sembla venue. La nuit était
toute noire, elle n'apercevait plus la sentinelle en face, la campagne s'é-
talait comme une mare d'encre[101]. Elle tendit l'oreille[102] un instant et
se décida. Il y avait là, passant près de la fenêtre, une échelle de fer,
des barres scellées[103] dans le mur, qui montait de la roue au grenier, 605
et qui servait autrefois aux meuniers pour visiter certains rouages[104];
puis, le mécanisme avait été modifié, depuis longtemps l'échelle dis-
paraissait sous les lierres épais qui couvraient ce côté du moulin.

Françoise, bravement, enjamba[105] la balustrade de sa fenêtre, saisit
une des barres de fer et se trouva dans le vide. Elle commença à 610
descendre. Ses jupons l'embarrassaient beaucoup. Brusquement, une
pierre se détacha de la muraille et tomba dans la Morelle avec un re-
jaillissement sonore. Elle s'était arrêtée, glacée d'un frisson. Mais elle
comprit que la chute d'eau, de son ronflement continu, couvrait à dis-
tance tous les bruits qu'elle pouvait faire, et elle descendit alors plus 615
hardiment, tâtant le lierre du pied, s'assurant des échelons. Lorsqu'elle
fut à la hauteur de la chambre qui servait de prison à Dominique, elle
s'arrêta. Une difficulté imprévue faillit lui faire perdre tout son courage:
la fenêtre de la pièce du bas n'était pas régulièrement percée au-dessous
de la fenêtre de sa chambre, elle s'écartait de l'échelle, et lorsqu'elle 620
allongea la main, elle ne rencontra que la muraille. Lui faudrait-il
donc remonter, sans pousser son projet jusqu'au bout? Ses bras se las-
saient, le murmure de la Morelle, au-dessous d'elle, commençait à lui
donner des vertiges. Alors, elle arracha du mur de petits fragments de
plâtre et les lança dans la fenêtre de Dominique. Il n'entendait pas, 625
peut-être dormait-il. Elle émietta[106] encore la muraille, elle s'écorchait[107]
les doigts. Et elle était à bout de force[108], elle se sentait tomber à la
renverse, lorsque Dominique ouvrit enfin doucement.

— C'est moi, murmura-t-elle. Prends-moi vite, je tombe.

C'était la première fois qu'elle le tutoyait[109]. Il la saisit, en se pen- 630
chant, et l'apporta dans la chambre. Là, elle eut une crise de larmes,

[101] mare d'encre: "a pool of ink".
[102] elle tendit l'oreille: elle écouta.
[103] scellées: fixées d'une manière particulièrement solide.
[104] rouages: "works".
[105] enjamba: passa la jambe de l'autre côté.
[106] elle émietta: elle arracha de petits morceaux, comme des miettes.
[107] elle s'écorchait: elle s'arrachait la peau.
[108] à bout de force: qui n'a plus de force, épuisé.
[109] elle le tutoyait: elle disait *tu* (qui est une marque d'intimité).

étouffant ses sanglots, pour qu'on ne l'entendît pas. Puis, par un effort suprême, elle se calma.

— Vous êtes gardé? demanda-t-elle à voix basse.

Dominique, encore stupéfait de la voir ainsi, fit un simple signe, en montrant sa porte. De l'autre côté, on entendait un ronflement; la sentinelle, cédant au sommeil, avait dû se coucher par terre, contre la porte, en se disant que, de cette façon, le prisonnier ne pouvait bouger. 635

— Il faut fuir, reprit-elle vivement. Je suis venue pour vous supplier de fuir et pour vous dire adieu. 640

Mais lui ne paraissait pas l'entendre. Il répétait:

— Comment, c'est vous, c'est vous . . . Oh! que vous m'avez fait peur! Vous pouviez vous tuer.

Il lui prit les mains, il les baisa.

— Que je vous aime, Françoise! . . . Vous êtes aussi courageuse que bonne. Je n'avais qu'une crainte, c'était de mourir sans vous avoir revue . . . Mais vous êtes là, et maintenant ils peuvent me fusiller. Quand j'aurai passé un quart d'heure avec vous, je serai prêt. 645

Peu à peu, il l'avait attirée à lui, et elle appuyait sa tête sur son épaule. Le danger les rapprochait. Ils oubliaient tout dans cette étreinte. 650

— Ah! Françoise, reprit Dominique d'une voix caressante, c'est aujourd'hui la Saint-Louis, le jour si longtemps attendu de notre mariage. Rien n'a pu nous séparer, puisque nous voilà tous les deux seuls, fidèles au rendez-vous . . . N'est-ce pas? c'est à cette heure le matin des noces.

— Oui, oui, répéta-t-elle, le matin des noces. 655

Ils échangèrent un baiser en frissonnant. Mais, tout d'un coup, elle se dégagea, la terrible réalité se dressait devant elle.

— Il faut fuir, il faut fuir, bégaya-t-elle. Ne perdons pas une minute.

Et comme il tendait les bras dans l'ombre pour la reprendre, elle le tutoya de nouveau: 660

— Oh! je t'en prie, écoute-moi . . . Si tu meurs, je mourrai. Dans une heure, il fera jour. Je veux que tu partes tout de suite.

Alors, rapidement, elle expliqua son plan. L'échelle de fer descendait jusqu'à la roue; là, il pourrait s'aider des palettes et entrer dans la barque qui se trouvait dans un enfoncement[110]. Il lui serait facile ensuite de gagner l'autre bord de la rivière et de s'échapper. 665

— Mais il doit y avoir des sentinelles? dit-il.

— Une seule, en face, au pied du premier saule.

— Et si elle m'aperçoit, si elle veut crier?

[110] enfoncement: partie en arrière et un peu cachée d'une construction.

— Par amour pour moi, fuyez. . . .

Françoise frissonna. Elle lui mit dans la main un couteau qu'elle 670
avait descendu. Il y eut un silence.

— Et votre père, et vous? reprit Dominique. Mais non, je ne puis
fuir . . . Quand je ne serai plus là, ces soldats vous massacreront peut-
être . . . Vous ne les connaissez pas. Ils m'ont proposé de me faire
grâce[111], si je consentais à les guider dans la forêt de Sauval. Lorsqu'ils 675
ne me trouveront plus, ils sont capables de tout.

La jeune fille ne s'arrêta pas à discuter. Elle répondait simplement
à toutes les raisons qu'il donnait:

— Par amour pour moi, fuyez . . . Si vous m'aimez, Dominique, ne
restez pas ici une minute de plus. 680

Puis, elle promit de remonter dans sa chambre. On ne saurait pas
qu'elle l'avait aidé. Elle finit par le prendre dans ses bras, par l'em-
brasser, pour le convaincre, avec un élan de passion extraordinaire. Lui
était vaincu. Il ne posa plus qu'une question.

— Jurez-moi que votre père connaît votre démarche et qu'il me con- 685
seille la fuite?

— C'est mon père qui m'a envoyée, répondit hardiment Françoise.

Elle mentait. Dans ce moment, elle n'avait qu'un besoin immense,
le savoir en sûreté, échapper à cette abominable pensée que le soleil
allait être le signal de sa mort. Quand il serait loin, tous les malheurs 690
pouvaient fondre sur elle; cela lui paraîtrait doux, du moment où il
vivrait. L'égoïsme de sa tendresse le voulait vivant, avant toutes choses.

— C'est bien, dit Dominique, je ferai comme il vous plaira.

Alors, ils ne parlèrent plus. Dominique alla rouvrir la fenêtre. Mais,
brusquement, un bruit les glaça. La porte fut ébranlée, et ils crurent 695
qu'on l'ouvrait. Evidemment, une ronde[112] avait entendu leurs voix.
Et tous deux debout, serrés l'un contre l'autre, attendaient dans une
angoisse indicible[113]. La porte fut de nouveau secouée; mais elle ne
s'ouvrit pas. Ils eurent chacun un soupir étouffé; ils venaient de com-
prendre, ce devait être le soldat couché en travers du seuil, qui s'était 700
retourné. En effet, le silence se fit, les ronflements recommencèrent.

Dominique voulut absolument que Françoise remontât d'abord
chez elle. Il la prit dans ses bras, il lui dit un muet adieu. Puis, il l'aida
à saisir l'échelle et se cramponna[114] à son tour. Mais il refusa de descen-

[111] me faire grâce: me laisser la vie sauve.
[112] une ronde: "watch patrol".
[113] indicible: qu'on ne peut pas exprimer.
[114] se cramponna: s'accrocha.

dre un seul échelon avant de la savoir dans sa chambre. Quand Fran- 705
çoise fut rentrée, elle laissa tomber d'une voix légère comme un souffle:

— Au revoir, je t'aime!

Elle resta accoudée, elle tâcha de suivre Dominique. La nuit était
toujours très noire. Elle chercha la sentinelle et ne l'aperçut pas; seul,
le saule faisait une tache pâle, au milieu des ténèbres. Pendant un ins- 710
tant, elle entendit le frôlement du corps de Dominique le long du
lierre. Ensuite la roue craqua, et il y eut un léger clapotement[115] qui
lui annonça que le jeune homme venait de trouver la barque. Une
minute plus tard, en effet, elle distingua la silhouette sombre de la
barque sur la nappe grise de la Morelle. Alors, une angoisse terrible la 715
reprit à la gorge. A chaque instant, elle croyait entendre le cri d'alarme
de la sentinelle; les moindres bruits, épars dans l'ombre, lui semblaient
des pas précipités de soldats, des froissements d'armes, des bruits de
fusils qu'on armait. Pourtant, les secondes s'écoulaient, la campagne
gardait sa paix souveraine. Dominique devait aborder à l'autre rive. 720
Françoise ne voyait plus rien. Le silence était majestueux. Et elle en-
tendit un piétinement[116], un cri rauque, la chute sourde d'un corps.
Puis, le silence se fit plus profond. Alors, comme si elle eût senti la mort
passer, elle resta toute froide, en face de l'épaisse nuit.

IV

Dès le petit jour, des éclats de voix ébranlèrent le moulin. Le père 725
Merlier était venu ouvrir la porte de Françoise. Elle descendit dans la
cour, pâle et très calme. Mais là, elle ne put réprimer un frisson, en face
du cadavre d'un soldat prussien, qui était allongé près du puits, sur un
manteau étalé.

Autour du corps, des soldats gesticulaient, criaient sur un ton de 730
fureur. Plusieurs d'entre eux montraient les poings[117] au village. Ce-
pendant, l'officier venait de faire appeler le père Merlier, comme maire
de la commune.

— Voici, lui dit-il d'une voix étranglée par la colère, un de nos
hommes que l'on a trouvé assassiné sur le bord de la rivière . . . Il nous 735
faut un exemple éclatant, et je compte que vous allez nous aider à
découvrir le meurtrier.

[115] clapotement: petit bruit de l'eau.
[116] piétinement: bruit de pieds sur le sol.
[117] montraient les poings: levaient les poings en un geste de menace.

— Tout ce que vous voudrez, répondit le meunier avec son flegme[118]
Seulement, ce ne sera pas commode.

L'officier s'était baissé pour écarter un pan du manteau, qui cachait 740
la figure du mort. Alors apparut une horrible blessure. La sentinelle
avait été frappée à la gorge, et l'arme était restée dans la plaie. C'était
un couteau de cuisine à manche noir.

— Regardez ce couteau, dit l'officier au père Merlier, peut-être nous
aidera-t-il dans nos recherches. 745

Le vieillard avait eu un tressaillement. Mais il se remit aussitôt, il
répondit, sans qu'un muscle de sa face bougeât:

— Tout le monde a des couteaux pareils, dans nos campagnes . . .
Peut-être que votre homme s'ennuyait de se battre et qu'il se sera fait
son affaire[119] lui-même. Ça se voit. 750

— Taisez-vous! cria furieusement l'officier. Je ne sais ce qui me
retient de mettre le feu aux quatre coins du village![120]

La colère heureusement l'empêchait de remarquer la profonde alté-
ration du visage de Françoise. Elle avait dû s'asseoir sur le banc de
pierre, près du puits. Malgré elle, ses regards ne quittaient plus ce ca- 755
davre, étendu à terre, presque à ses pieds. C'était un grand et beau gar-
çon, qui ressemblait à Dominique, avec des cheveux blonds et des yeux
bleus. Cette ressemblance lui retournait le cœur[121]. Elle pensait que le
mort avait peut-être laissé là-bas, en Allemagne, quelque amoureuse
qui allait pleurer. Et elle reconnaissait son couteau dans la gorge du 760
mort. Elle l'avait tué.

Cependant, l'officier parlait de frapper Rocreuse de mesures terri-
bles, lorsque des soldats accoururent. On venait de s'apercevoir seule-
ment de l'évasion de Dominique. Cela causa une agitation extrême.
L'officier se rendit sur les lieux[122], regarda par la fenêtre laissée ouverte, 765
comprit tout, et revint exaspéré.

Le père Merlier parut très contrarié[123] de la fuite de Dominique.

— L'imbécile! murmura-t-il, il gâte tout.

Françoise qui l'entendit, fut prise d'angoisse. Son père, d'ailleurs,
ne soupçonnait pas sa complicité. Il hocha la tête, en lui disant à demi- 770
voix:

[118] flegme: calme.
[119] se sera fait son affaire: se sera tué.
[120] aux quatre coins du village: partout, à tout le village.
[121] lui retournait le cœur: la rendait malade d'émotion.
[122] se rendit sur les lieux: alla voir sur place.
[123] contrarié: mécontent et ennuyé.

— A présent, nous voilà propres[124]!

— C'est ce gredin! c'est ce gredin! criait l'officier. Il aura gagné les bois . . . Mais il faut qu'on nous le retrouve, ou le village payera pour lui. Et, s'adressant au meunier:

— Voyons, vous devez savoir où il se cache?

Le père Merlier eut son rire silencieux, en montrant la large étendue des coteaux boisés.

— Comment voulez-vous trouver un homme là-dedans? dit-il.

— Oh! il doit y avoir des trous que vous connaissez. Je vais vous donner dix hommes. Vous les guiderez.

— Je veux bien. Seulement, il nous faudra huit jours pour battre tous les bois[125] des environs.

La tranquillité du vieillard enrageait l'officier. Il comprenait en effet le ridicule de cette battue. Ce fut alors qu'il aperçut sur le banc Françoise pâle et tremblante. L'attitude anxieuse de la jeune fille le frappa. Il se tut un instant, examinant tour à tour le meunier et Françoise.

— Est-ce que cet homme, finit-il par demander brutalement au vieillard, n'est pas l'amant de votre fille?

Le père Merlier devint livide, et l'on put croire qu'il allait se jeter sur l'officier pour l'étrangler. Il se raidit, il ne répondit pas. Françoise avait mis son visage entre ses mains.

— Oui, c'est cela, continua le Prussien, vous ou votre fille l'avez aidé à fuir. Vous êtes son complice . . . Une dernière fois, voulez-vous nous le livrer?

Le meunier ne répondit pas. Il s'était détourné, regardant au loin d'un air indifférent, comme si l'officier ne s'adressait pas à lui. Cela mit le comble[126] à la colère de ce dernier.

— Eh bien! déclara-t-il, vous allez être fusillé à sa place.

Et il commanda une fois encore le peloton d'exécution. Le père Merlier garda son flegme. Il eut à peine un léger haussement d'épaules, tout ce drame lui semblait d'un goût médiocre. Sans doute il ne croyait pas qu'on fusillât un homme si aisément. Puis, quand le peloton fut là, il dit avec gravité:

— Alors, c'est sérieux? . . . Je veux bien. S'il vous en faut un absolument, moi autant qu'un autre.

Mais Françoise s'était levée, affolée, bégayant:

124 nous voilà propres!: nous voilà dans une terrible situation!
125 battre tous les bois: fouiller tous les bois.
126 mit le comble: porta au plus haut point.

— Grâce, monsieur, ne faites pas du mal à mon père. Tuez-moi à sa place . . . C'est moi qui ai aidé Dominique à fuir. Moi seule suis coupable. 810

— Tais-toi, fillette, s'écria le père Merlier. Pourquoi mens-tu? . . . Elle a passé la nuit enfermée dans sa chambre, monsieur. Elle ment, je vous assure.

— Non, je ne mens pas, reprit ardemment la jeune fille. Je suis descendue par la fenêtre, j'ai poussé Dominique à s'enfuir . . . C'est la 815 vérité, la seule vérité.

Le vieillard était devenu très pâle. Il voyait bien dans ses yeux qu'elle ne mentait pas, et cette histoire l'épouvantait. Ah! ces enfants, avec leurs cœurs, comme ils gâtaient tout! Alors, il se fâcha.

— Elle est folle, ne l'écoutez pas. Elle vous raconte des histoires 820 stupides . . . Allons, finissons-en.

Elle voulut protester encore. Elle s'agenouilla, elle joignit les mains. L'officier, tranquillement, assistait à cette lutte douloureuse.

— Mon Dieu! finit-il par dire, je prends votre père, parce que je ne tiens plus l'autre . . . Tâchez de retrouver l'autre, et votre père sera 825 libre.

Un moment, elle le regarda, les yeux agrandis par l'atrocité de cette proposition.

— C'est horrible, murmura-t-elle. Où voulez-vous que je retrouve Dominique, à cette heure? Il est parti, je ne sais plus. 830

— Enfin, choisissez. Lui ou votre père.

— Oh! mon Dieu! est-ce que je puis choisir? Mais je saurais où est Dominique, que je ne pourrais pas choisir! . . . C'est mon cœur que vous coupez . . . J'aimerais mieux mourir tout de suite. Oui, ce serait plus tôt fait. Tuez-moi, je vous en prie, tuez-moi . . . 835

Cette scène de désespoir et de larmes finissait par impatienter l'officier. Il s'écria:

— En voilà assez! Je veux être bon, je consens à vous donner deux heures . . . Si, dans deux heures, votre amoureux n'est pas là, votre père payera pour lui. 840

Et il fit conduire le père Merlier dans la chambre qui avait servi de prison à Dominique. Le vieux demanda du tabac et se mit à fumer. Sur son visage impassible on ne lisait aucune émotion. Seulement, quand il fut seul, tout en fumant, il pleura deux grosses larmes qui coulèrent lentement sur ses joues. Sa pauvre et chère enfant, comme elle souffrait! 845

Françoise était restée au milieu de la cour. Des soldats prussiens

passaient en riant. Certains lui jetaient des mots, des plaisanteries qu'elle ne comprenait pas. Elle regardait la porte par laquelle son père venait de disparaître. Et, d'un geste lent, elle portait la main à son front, comme pour l'empêcher d'éclater. 850

L'officier tourna sur ses talons, en répétant:

— Vous avez deux heures. Tâchez de les utiliser.

Elle avait deux heures. Cette phrase bourdonnait dans sa tête. Alors, machinalement, elle sortit de la cour, elle marcha devant elle. Où aller? que faire? Elle n'essayait même pas de prendre un parti[127], parce qu'elle 855 sentait bien l'inutilité de ses efforts. Pourtant, elle aurait voulu voir Dominique. Ils se seraient entendus tous les deux, ils auraient peut-être trouvé un expédient. Et, au milieu de la confusion de ses pensées, elle descendit au bord de la Morelle, qu'elle traversa en dessous de l'écluse, à un endroit où il y avait de grosses pierres. Ses pieds la con- 860 duisirent sous le premier saule, au coin de la prairie. Comme elle se baissait, elle aperçut une mare de sang qui la fit pâlir. C'était bien là. Et elle suivit les traces de Dominique dans l'herbe foulée; il avait dû courir, on voyait une ligne de grands pas coupant la prairie de biais[128]. Puis, au delà, elle perdit ces traces. Mais, dans un pré voisin, elle crut 865 les retrouver. Cela la conduisit à la lisière de la forêt, où toute indication s'effaçait.

Françoise s'enfonça quand même sous les arbres. Cela la soulageait d'être seule. Elle s'assit un instant. Puis, en songeant que l'heure s'écou- lait, elle se remit debout. Depuis combien de temps avait-elle quitté le 870 moulin? Cinq minutes? une demi-heure? Elle n'avait plus conscience du temps. Peut-être Dominique était-il allé se cacher dans un taillis qu'elle connaissait, et où ils avaient, une après-midi, mangé des noiset- tes[129] ensemble. Elle se rendit au taillis, le visita. Un merle seul s'envola, en sifflant sa phrase douce et triste. Alors, elle pensa qu'il s'était réfugié 875 dans un creux de roches, où il se mettait parfois à l'affût[130]; mais le creux de roches était vide. A quoi bon le chercher? elle ne le trouverait pas; et peu à peu le désir de le découvrir la passionnait, elle marchait plus vite. L'idée qu'il avait dû monter dans un arbre lui vint brusque- ment. Elle avança dès lors, les yeux levés, et pour qu'il la sût près de 880 lui, elle l'appelait tous les quinze à vingt pas. Des coucous répondaient,

[127] prendre un parti: prendre une décision.
[128] de biais: obliquement.
[129] noisettes: "hazel-nuts".
[130] à l'affût: endroit d'où le chasseur tire sur les animaux.

un souffle qui passait dans les branches lui faisait croire qu'il était là
et qu'il descendait. Une fois même, elle s'imagina le voir; elle s'arrêta,
étranglée, avec l'envie de fuir. Qu'allait-elle lui dire? Venait-elle donc
pour l'emmener et le faire fusiller? Oh! non, elle ne parlerait point de 885
ces choses. Elle lui crierait de se sauver, de ne pas rester dans les en-
virons. Puis, la pensée de son père qui l'attendait, lui causa une douleur
aiguë. Elle tomba sur le gazon, en pleurant, en répétant tout haut:
— Mon Dieu! mon Dieu! pourquoi suis-je là!

Elle était folle d'être venue. Et, comme prise de peur, elle courut, 890
elle chercha à sortir de la forêt. Trois fois, elle se trompa, et elle croyait
qu'elle ne retrouverait plus le moulin, lorsqu'elle déboucha dans une
prairie, juste en face de Rocreuse. Dès qu'elle aperçut le village, elle
s'arrêta. Est-ce qu'elle allait rentrer seule?

Elle restait debout, quand une voix l'appela doucement: 895
— Françoise! Françoise!

Et elle vit Dominique qui levait la tête, au bord d'un fossé. Juste
Dieu! elle l'avait trouvé! Le ciel voulait donc sa mort? Elle retint un
cri, elle se laissa glisser dans le fossé.
— Tu me cherchais? demanda-t-il. 900
— Oui, répondit-elle, la tête bourdonnante, ne sachant ce qu'elle
disait.
— Ah! que se passe-t-il?
Elle baissa les yeux, elle balbutia.
— Mais, rien, j'étais inquiète, je désirais te voir. 905

Alors, tranquillisé, il lui expliqua qu'il n'avait pas voulu s'éloigner.
Il craignait pour eux. Ces gredins de Prussiens étaient très capables de
se venger sur les femmes et sur les vieillards. Enfin, tout allait bien, et
il ajouta en riant:
— La noce sera pour dans huit jours[131], voilà tout. 910
Puis, comme elle restait bouleversée, il redevint grave.
— Mais, qu'as-tu? tu me caches quelque chose.
— Non, je te jure. J'ai couru pour venir.

Il l'embrassa, en disant que c'était imprudent pour elle et pour lui
de causer davantage; et il voulut remonter le fossé, afin de rentrer dans 915
la forêt. Elle le retint. Elle tremblait.
— Ecoute, tu ferais peut-être bien tout de même de rester là . . . Per-
sonne ne te cherche, tu ne crains rien.
— Françoise, tu me caches quelque chose, répéta-t-il.

[131] La noce sera pour dans huit jours: le mariage aura lieu la semaine prochaine.

De nouveau, elle jura qu'elle ne lui cachait rien. Seulement, elle 920
aimait mieux le savoir près d'elle. Et elle bégaya encore d'autres raisons.
Elle lui parut si singulière, que maintenant lui-même aurait refusé de
s'éloigner. D'ailleurs, il croyait au retour des Français. On avait vu des
troupes du côté de Sauval.

— Ah! qu'ils se pressent, qu'ils soient ici le plus tôt possible! mur- 925
mura-t-elle avec ferveur.

A ce moment, onze heures sonnèrent au clocher de Rocreuse. Les
coups arrivaient, clairs et distincts. Elle se leva, effarée; il y avait deux
heures qu'elle avait quitté le moulin.

— Ecoute, dit-elle rapidement, si nous avions besoin de toi, je mon- 930
terai dans ma chambre et j'agiterai mon mouchoir.

Et elle partit en courant, pendant que Dominique, très inquiet,
s'allongeait au bord du fossé, pour surveiller le moulin. Comme elle
allait rentrer dans Rocreuse, Françoise rencontra un vieux mendiant, le
père Bontemps, qui connaissait tout le pays. Il la salua, il venait de voir 935
le meunier au milieu des Prussiens; puis, en faisant des signes de croix
et en marmottant des mots entrecoupés[132], il continua sa route.

— Les deux heures sont passées, dit l'officier quand Françoise parut.

Le père Merlier était là, assis sur le banc, près du puits. Il fumait
toujours. La jeune fille, de nouveau, supplia, pleura, s'agenouilla. Elle 940
voulait gagner du temps. L'espoir de voir revenir les Français avait
grandi en elle, et tandis qu'elle se lamentait, elle croyait entendre au
loin les pas cadencés d'une armée. Oh! s'ils avaient paru, s'ils les avaient
tous délivrés!

— Ecoutez, monsieur, une heure, encore une heure . . . Vous pouvez 945
bien nous accorder une heure!

Mais l'officier restait inflexible. Il ordonna même à deux hommes
de s'emparer d'elle et de l'emmener, pour qu'on procédât à l'exécution
du vieux tranquillement. Alors, un combat affreux se passa dans le cœur
de Françoise. Elle ne pouvait laisser ainsi assassiner son père. Non, non, 950
elle mourrait plutôt avec Dominique; et elle s'élançait vers sa chambre,
lorsque Dominique lui-même entra dans la cour.

L'officier et les soldats poussèrent un cri de triomphe. Mais lui,
comme s'il n'y avait eu là que Françoise, s'avança vers elle, tranquille,
un peu sévère. 955

[132] entrecoupés: interrompus.

— C'est mal, dit-il. Pourquoi ne m'avez-vous pas ramené? Il a fallu que le père Bontemps me contât les choses . . . Enfin, me voilà.

V

Il était trois heures. De grands nuages noirs avaient lentement empli le ciel, la queue de quelque orage voisin. Ce ciel jaune, ces haillons cuivrés changeaient la vallée de Rocreuse, si gaie au soleil, en un coupe-gorge[133] plein d'une ombre louche. L'officier prussien s'était contenté de faire enfermer Dominique, sans se prononcer sur le sort qu'il lui réservait. Depuis midi, Françoise agonisait dans une angoisse abominable. Elle ne voulait pas quitter la cour, malgré les instances de son père. Elle attendait les Français. Mais les heures s'écoulaient, la nuit allait venir et elle souffrait d'autant plus, que tout ce temps gagné ne paraissait pas devoir changer l'affreux dénouement.

Cependant, vers trois heures, les Prussiens firent leurs préparatifs de départ. Depuis un instant, l'officier s'était, comme la veille, enfermé avec Dominique. Françoise avait compris que la vie du jeune homme se décidait. Alors, elle joignit les mains, elle pria. Le père Merlier, à côté d'elle, gardait son attitude muette et rigide de vieux paysan, qui ne lutte pas contre la fatalité des faits.

— Oh! mon Dieu! oh! mon Dieu! balbutiait Françoise, ils vont le tuer . . .

Le meunier l'attira près de lui et la prit sur ses genoux comme un enfant.

A ce moment, l'officier sortait, tandis que, derrière lui, deux hommes amenaient Dominique.

— Jamais, jamais! criait ce dernier. Je suis prêt à mourir.

— Réfléchissez bien, reprit l'officier. Ce service que vous me refusez, un autre nous le rendra. Je vous offre la vie, je suis généreux . . . Il s'agit simplement de nous conduire à Montredon, à travers bois. Il doit y avoir des sentiers.

Dominique ne répondait plus.

— Alors, vous vous entêtez?

— Tuez-moi, et finissons-en, répondit-il.

Françoise, les mains jointes, le suppliait de loin. Elle oubliait tout, elle lui aurait conseillé une lâcheté. Mais le père Merlier lui saisit les mains, pour que les Prussiens ne vissent pas son geste de femme affolée.

[133] coupe-gorge: endroit dangereux où l'on risque d'être attaqué.

— Il a raison, murmura-t-il, il vaut mieux mourir.

Le peloton d'exécution était là. L'officier attendait une faiblesse de Dominique. Il comptait toujours le décider. Il y eut un silence. Au loin, on entendait de violents coups de tonnerre. Une chaleur lourde écrasait la campagne. Et ce fut dans ce silence qu'un cri retentit: 995

— Les Français! les Français!

C'étaient eux, en effet. Sur la route de Sauval, à la lisière du bois, on distinguait la ligne des pantalons rouges. Ce fut, dans le moulin, une agitation extraordinaire. Les soldats prussiens couraient, avec des exclamations gutturales. D'ailleurs, pas un coup de feu n'avait encore 1000 été tiré.

— Les Français! les Français! cria Françoise en battant des mains.

Elle était comme folle. Elle venait de s'échapper de l'étreinte de son père, et elle riait, les bras en l'air. Enfin, ils arrivaient donc, et ils arrivaient à temps, puisque Dominique était encore là, debout! 1005

Un feu de peloton terrible qui éclata comme un coup de foudre à ses oreilles la fit se retourner. L'officier venait de murmurer:

— Avant tout, réglons cette affaire.

Et, poussant lui-même Dominique contre le mur d'un hangar, il avait commandé le feu. Quand Françoise se tourna, Dominique était 1010 par terre, la poitrine trouée de douze balles.

Elle ne pleura pas, elle resta stupide. Ses yeux devinrent fixes, et elle alla s'asseoir sous le hangar, à quelques pas du corps. Elle le regardait, elle avait par moments un geste vague et enfantin de la main. Les Prussiens s'étaient emparés du père Merlier comme d'un otage. 1015

Ce fut un beau combat. Rapidement, l'officier avait posté ses hommes, comprenant qu'il ne pouvait battre en retraite[134], sans se faire écraser. Autant valait-il vendre chèrement sa vie[135]. Maintenant, c'étaient les Prussiens qui défendaient le moulin, et les Français qui l'attaquaient. La fusillade commença avec une violence inouïe. Pendant 1020 une demi-heure, elle ne cessa pas. Puis, un éclat sourd se fit entendre, et un boulet cassa une maîtresse branche[136] de l'orme séculaire. Les Français avaient du canon. Une batterie, dressée juste au-dessus du fossé, dans lequel s'était caché Dominique, balayait la grande rue de Rocreuse. La lutte, désormais, ne pouvait être longue. 1025

Ah! le pauvre moulin! Des boulets le perçaient de part en part. Une

[134] battre en retraite: se retirer.
[135] vendre chèrement sa vie: faire payer cher sa mort.
[136] maîtresse branche: branche principale.

moitié de la toiture fut enlevée. Deux murs s'écroulèrent. Mais c'était surtout du côté de la Morelle que le désastre devint lamentable. Les lierres, arrachés des murailles ébranlées, pendaient comme des guenilles; la rivière emportait des débris de toutes sortes, et l'on voyait, par une brèche, la chambre de Françoise, avec son lit, dont les rideaux blancs étaient soigneusement tirés. Coup sur coup, la vieille roue reçut deux boulets, et elle eut un gémissement suprême: les palettes furent charriées[137] dans le courant, la carcasse s'écrasa. C'était l'âme du gai moulin qui venait de s'exhaler[138]. 1035

Puis, les Français donnèrent l'assaut[139]. Il y eut un furieux combat à l'arme blanche[140]. Sous le ciel couleur de rouille, le coupe-gorge de

1030

...*apercevant Françoise imbécile entre les ca-
davres de son mari et de son père....*

[137] charriées: emportées.
[138] s'exhaler: s'en aller dans l'atmosphère.
[139] donnèrent l'assaut: attaquèrent.
[140] arme blanche: arme qui n'est pas une arme à feu.

la vallée s'emplissait de morts. Les larges prairies semblaient farouches, avec leurs grands arbres isolés, leurs rideaux de peupliers qui les tachaient d'ombre. A droite et à gauche, les forêts étaient comme les murailles d'un cirque qui enfermaient les combattants, tandis que les sources, les fontaines et les eaux courantes prenaient des bruits de sanglots, dans la panique de la campagne. 1040

Sous le hangar, Françoise n'avait pas bougé, accroupie en face du corps de Dominique. Le père Merlier venait d'être tué raide par une balle perdue. Alors, comme les Prussiens étaient exterminés et que le moulin brûlait, le capitaine français entra le premier dans la cour. Depuis le commencement de la campagne, c'était l'unique succès qu'il remportait. Aussi, tout enflammé, grandissant sa haute taille, riait-il de son air aimable de beau cavalier. Et, apercevant Françoise imbécile entre les cadavres de son mari et de son père, au milieu des ruines fumantes du moulin, il la salua galamment de son épée, en criant: 1045 1050

— Victoire! victoire!

Questions

A. 1. Pourquoi Merlier a-t-il été élu maire du village?

2. Qu'est-ce qui a valu à Dominique sa mauvaise réputation?

3. Pourquoi, malgré l'opinion du village, Merlier accepte-t-il d'avoir Dominique pour gendre?

4. Pourquoi Dominique ne va-t-il pas se battre?

5. Qu'est-ce qui décide Dominique à se servir de son fusil? Comment se bat-il à partir de ce moment-là?

6. Pourquoi le capitaine français veut-il rester jusqu'à six heures?

7. Qu'est-ce qu'il promet avant de partir?

8. Pourquoi l'officier allemand veut-il faire fusiller Dominique?

9. Qu'a fait Merlier dès que la fusillade a cessé?

10. Pourquoi enferme-t-il sa fille dans sa chambre?

11. Que fait Françoise pendant la nuit?

12. Pourquoi Françoise a-t-elle apporté un couteau à Dominique?

13. Quelle est sa réaction en voyant le cadavre de la sentinelle allemande?

14. Que décide l'officier allemand après la fuite de Dominique?

15. Pourquoi Françoise part-elle à la recherche de Dominique?

16. Comment Dominique a-t-il appris qu'on allait fusiller Merlier à sa place?

17. Quelle offre l'officier allemand fait-il à Dominique? Que lui répond celui-ci?

18. Qu'ordonne l'officier allemand en apprenant le retour des Français?

19. Qu'est-ce qui arrive au père Merlier?

B. 1. Pourquoi, au début de l'histoire, Zola fait-il une description si riante et si gaie?

2. Comment apprend-on que la guerre est déclarée? Pourquoi l'auteur l'annonce-t-il de manière si indirecte alors que la guerre est au centre de l'histoire?

3. De quelle manière se termine le premier chapitre, le chapitre de la paix?

4. Relevez les termes qui, dans la description du moulin, s'appliquent plus à des personnes qu'à des choses. Faites le même travail pour la destruction du moulin.

5. Où est l'ironie dans le cri joyeux du capitaine qui termine la nouvelle?

6. Il s'agit d'un récit violemment opposé à la guerre. Essayez de montrer comment Zola est parvenu à ce résultat.

Sujets de Conversation

La guerre vient bouleverser l'existence d'une famille heureuse. Personne n'est responsable des malheurs qui arrivent, c'est la faute de la guerre. Essayons de voir si l'on doit approuver ou critiquer les décisions que chacun des principaux personnages est amené à prendre au cours du récit.

Pour l'approbation
1° *Le capitaine français*
En tant qu'officier, ne devait-il pas donner l'exemple et tout faire pour ralentir l'avance de l'ennemi?

D'ailleurs n'est-ce pas sa défense héroïque qui a probablement donné le temps de préparer la contre-attaque victorieuse?

Pour la critique
1° *Le capitaine français*
La défense du moulin est inutile. Sans le sens du devoir du capitaine le moulin n'aurait pas été détruit et ses habitants seraient vivants. N'est-ce pas là ce qui aurait été le plus important?

Au moment où cet épisode local

Ses derniers mots, *"Victoire! victoire!"* ne sont-ils pas le cri d'un homme passionné qui ne voit qu' une chose: vaincre l'ennemi?

2° *Dominique*

N'a-t-il pas fait son devoir en voulant protéger sa fiancée et le moulin qui lui appartiendra un jour?

N'a-t-il pas fait preuve d'un bel héroïsme en refusant de conduire les Prussiens à travers les bois? Ne se serait-il pas déshonoré en acceptant, même s'il avait l'intention de les égarer et de tender de s'échapper?

3° *L'officier prussien*

Pouvait-il prendre une autre décision que de faire fusiller un civil surpris les armes à la main? Ne montre-t-il pas, par ses hésitations, qu'il ne ressent aucun plaisir à appliquer les consignes du haut commandement?

4° *Françoise*

Pouvait-elle ne pas désobéir à son père et ne rien faire pour sauver l'homme qu'elle aimait? Devait-elle ensuite abandonner son père pour Dominique? Comment peut-on demander à un être humain de faire le choix qu'on veut lui imposer?

se produit, la guerre est déjà pratiquement perdue. C'est donc pour l'honneur que le capitaine risque tant de vies, la sienne, celle de ses hommes, celle des civils. Est-ce que vous estimez que sa décision peut se justifier?

Le cri de victoire n'est-il pas totalement ironique au milieu de cette destruction qui ne compte absolument pas à ses yeux, d'autant plus ironique que c'est une victoire sans lendemain?

2° *Dominique*

Dominique est belge. Ne devait-il pas rester neutre dans une guerre qui ne le concernait pas personnellement?

Pourquoi a-t-il tué la sentinelle? N'est-ce pas là un meurtre? Ne savait-il pas qu'il y aurait des représailles? Et s'il tenait à s'échapper, pourquoi s'est-il constitué prisonnier, détruisant ainsi lui-même tout ce qu'il venait de faire et rendant son crime parfaitement inutile?

3° *L'officier prussien*

Puisqu'il était battu, devait-il avant de mourir fusiller Dominique? La mort du jeune homme constituait-elle pour lui sa victoire? Pour un officier, ne s'est-il pas sottement laissé surprendre dans le moulin?

4° *Françoise*

N'est-elle pas la cause du meurtre commis par Dominique en le poussant à s'enfuir, en lui donnant un couteau et en lui mentant sur son père? Pourquoi alors la présente-t-on comme la principale victime dans l'histoire?

Anatole Thibaut, dit
Anatole France
(1844-1924)

Peu d'auteurs ont connu une gloire plus grande que la sienne durant leur vie. Membre de l'Académie française, prix Nobel de littérature, il reçoit à sa mort des funérailles nationales. Mais, le jour même de son enterrement, le groupe des Surréalistes, désireux d'attirer l'attention par un scandale, publie un pamphlet, *Un Cadavre*, qui est la première manifestation de la très vive réaction qui s'est produite contre lui. Aujourd'hui, tout en restant très lu, il est entré dans une période d'oubli partiel, aussi injuste que sa renommée avait été excessive.

Nombreux sont les écrivains qui, audacieux à leurs débuts, deviennent conformistes avec la célébrité. Anatole France fait le contraire.

Il débute dans la littérature comme poète. Ses vers un peu froids témoignent d'un goût de la forme et d'un grand amour pour l'antiquité. Leur succès est honorable. France est alors un jeune homme timide et maladroit qui brille fort peu dans les salons. Il se tourne vers le roman et cherche à plaire à un public bourgeois et cultivé. Ce sont ses problèmes, transposés avec ironie, qui forment la matière de ses livres, marqués par un fort dilettantisme sceptique. Sa collaboration aux journaux le met en contact avec les problèmes de l'actualité: son intérêt pour la politique s'éveille. Le sentiment antichrétien, très fort chez lui, inspire ses œuvres. Depuis Voltaire, personne n'a été aussi peu respectueux des institutions religieuses. Il publie *Thaïs* (1890), *La Rôtisserie de la reine Pédauque* (1893), où se manifeste son talent pour reconstituer l'atmosphère de différentes époques de l'histoire.

Avec Zola, il prend une part considérable à l'affaire Dreyfus, qui divise l'opinion française en deux. Désormais, Anatole France ne cessera plus de lutter contre tout ce qui lui semble injuste. En s'engageant dans l'action, il écrit ses meilleurs livres, ceux qui lui permettront de reprendre la place qui lui est due. Ce sont des ouvrages de propagande à l'ironie forte et appuyée: *L'Histoire contemporaine* en quatre volumes (1896-1901), *L'Ile des pingouins* (1908), *Les Dieux ont soif* (1912), *La Révolte des anges* (1914). Après la guerre de 1914, malgré son grand âge, il continue à militer dans les meetings d'extrême-gauche, mais son dernier livre, *La Vie en fleur,* est un retour du vieil homme à ses souvenirs d'enfance.

Historien, France a écrit une *Vie de Jeanne d'Arc* en deux volumes (1904), qui a fait l'objet d'une violente polémique. Critique littéraire très écouté au journal *Le Temps,* il a réuni ses articles en quatre volumes, *La Vie littéraire,* où il défend avec beaucoup d'intelligence le point de vue subjectif et impressionniste. Ses œuvres complètes, qui ne sont pas complètes, comprennent vingt-cinq gros volumes.

*
**

Crainquebille (1902) est l'histoire d'une injustice. Le conte est né de l'affaire Dreyfus et l'on peut y retrouver quelques échos de la célèbre erreur judiciaire. Mais l'auteur élargit le débat: la bonne foi du tribunal n'est pas mise en cause, simplement une longue habitude a fait du président Bourriche une machine à juger. Dès le début, Crainquebille est perdu; il est coupable parce qu'il ne sait pas trouver les mots qui

pourraient l'innocenter. Aucune révolte chez cette victime; il admire ce qui le dépasse, il est frappé de stupeur par le spectacle et perd ainsi le peu de chances qu'il avait de se défendre. Et puis le sort est contre lui: l'agent a mal entendu, le principal témoin en sa faveur est suspect, l'avocat ne cherche qu'à briller. Tous ces traits font moins penser à Dreyfus qu'au personnage de Meursault dans *L'Etranger* de Camus. Mais France refuse de traiter l'histoire tragiquement. A l'ironie du sort correspond l'ironie du style. Elle repose sur l'opposition continuelle entre la défense réelle de Crainquebille et celle qu'on aurait pu faire en son nom en se plaçant à un point de vue philosophique. Il en résulte une succession continuelle d'effets d'élévation et d'abaissement. En somme, Crainquebille est condamné pour n'avoir pas su exprimer sa pensée. Son manque d'intelligence, d'éducation, l'empêche de profiter des droits que la justice met à sa disposition pour se défendre. Ce n'est pas sa faute. Est-ce celle de la société? On voit par là l'actualité de *Crainquebille* à une époque où la communication entre les différentes classes sociales constitue l'un des problèmes les plus difficiles et les plus urgents à résoudre.

Crainquebille

I

De la majesté des lois

*L*a majesté de la justice réside tout entière dans chaque sentence rendue par le juge au nom du peuple souverain. Jérôme Crainquebille, marchand ambulant[1], connut combien la loi est auguste, quand il fut traduit en police correctionnelle[2] pour outrage à un agent de la force publique. Ayant pris place, dans la salle magnifique et sombre, sur le banc des accusés, il vit les juges, les greffiers[3], les avocats en robe, l'huissier portant la chaîne[4], les gendarmes et, derrière une cloison, les têtes nues des spectateurs silencieux. Et il se vit lui-même assis sur un siège élevé, comme si de paraître devant des magistrats l'accusé lui-même en recevait un funeste honneur. Au fond de la salle, entre les deux assesseurs[5], M. le président Bourriche siégeait. Les palmes d'officier d'académie[6] étaient attachées sur sa poitrine. Un buste de la République et un Christ en croix surmontaient le prétoire[7], en sorte que toutes les lois divines et humaines étaient suspendues sur la tête de Crainquebille. Il en conçut une juste terreur. N'ayant point l'esprit philosophique, il ne se demanda pas ce que voulaient dire ce buste et ce crucifix et il ne rechercha pas si Jésus et Marianne[8], au Palais[9], s'accordaient ensemble. C'était pourtant matière à réflexion, car enfin la doctrine pontificale et le droit canon sont opposés, sur bien des points, à la Constitution de la République et au Code civil[10]. Les Décrétales[11] n'ont point été abolies, qu'on sache.

[1] marchand ambulant: homme qui transporte sa marchandise pour la vendre.
[2] traduit en police correctionnelle: jugé par le tribunal chargé des délits, "misdemeanors".
[3] greffier: personne chargée, au tribunal, des écritures.
[4] huissier portant la chaîne: personne chargée de la police du tribunal.
[5] assesseurs: les deux juges qui, avec le président, forment le tribunal.
[6] palmes d'officier d'académie: décoration française.
[7] prétoire: salle d'audience.
[8] Marianne: nom donné à la République française.
[9] au Palais: le Palais de Justice.
[10] Code civil: ensemble des dispositions législatives non criminelles.
[11] Décrétales: décisions du pape en matière de justice.

L'Eglise du Christ enseigne comme autrefois que seuls sont légitimes les pouvoirs auxquels elle a donné l'investiture. Or la République française prétend encore ne pas relever de[12] la puissance pontificale. Crainquebille pouvait dire avec quelque raison: 25

— Messieurs les juges, le Président Loubet[13] n'étant pas oint[14], ce Christ, pendu sur vos têtes, vous récuse par l'organe des Conciles et des Papes. Ou il est ici pour vous rappeler les droits de l'Eglise, qui infirment[15] les vôtres, ou sa présence n'a aucune signification raisonnable.

A quoi le président Bourriche aurait peut-être répondu: 30

— Inculpé[16] Crainquebille, les rois de France ont toujours été brouillés avec le Pape. Guillaume de Nogaret[17] fut excommunié et ne se démit pas de ses charges pour si peu. Le Christ du prétoire n'est pas le Christ de Grégoire VII et de Boniface VIII. C'est, si vous voulez, le Christ de l'Evangile, qui ne savait pas un mot de droit canon et n'avait jamais 35 entendu parler des sacrées Décrétales.

Alors il était loisible[18] à Crainquebille de répondre:

— Le Christ de l'Evangile était un bousingot[19]. De plus, il subit une condamnation que, depuis dix-neuf cents ans, tous les peuples chrétiens considèrent comme une grave erreur judiciaire. Je vous défie bien, 40 monsieur le président, de me condamner, en son nom, seulement à quarante-huit heures de prison.

Mais Crainquebille ne se livrait à aucune considération historique, politique ou sociale. Il demeurait dans l'étonnement. L'appareil dont il était environné lui faisait concevoir une haute idée de la justice. 45 Pénétré de respect, submergé d'épouvante, il était prêt à s'en rapporter[20] aux juges sur sa propre culpabilité. Dans sa conscience, il ne se croyait pas criminel; mais il sentait combien c'est peu que la conscience d'un marchand de légumes devant les symboles de la loi et les

[12] relever de: dépendre de.
[13] le président Loubet: président de la République française entre 1899 et 1906.
[14] oint: qui a reçu les saintes huiles (comme les rois de France).
[15] infirment: déclarent nuls.
[16] inculpé: personne qui passe en jugement, accusé.
[17] Guillaume de Nogaret, mort en 1314, chancelier du roi Philippe le Bel et adversaire du pape Boniface VIII.
[18] loisible: permis.
[19] bousingot: nom donné après 1830 aux jeunes gens qui montraient des opinions démocratiques.
[20] s'en rapporter à: faire confiance à, accepter la décision de.

ministres de la vindicte sociale[21]. Déjà son avocat l'avait à demi persuadé qu'il n'était pas innocent.

Une instruction sommaire et rapide avait relevé les charges qui pesaient sur lui.

II

L'aventure de Crainquebille

Jérôme Crainquebille, marchand des quatre-saisons[22], allait par la

ville, poussant sa petite voiture et criant: *Des choux, des navets, des carottes!* Et, quand il avait des poireaux, il criait: *Bottes d'asperges!* parce que les poireaux sont les asperges du pauvre[23]. Or, le 20 octobre, à l'heure de midi, comme il descendait la rue Montmartre, madame Bayard, la cordonnière "A l'Ange gardien", sortit de sa boutique et s'approcha de la voiture légumière. Soulevant dédaigneusement une botte de poireaux:

[21] vindicte sociale: la poursuite d'un crime au nom de la société.
[22] marchand des quatre-saisons: personne qui vend des fruits et des légumes dans une petite voiture qu'il pousse lui-même.
[23] asperges du pauvre: les asperges coûtant cher, on dit dans le langage populaire que les poireaux sont les asperges du pauvre.

— Ils ne sont guère beaux, vos poireaux. Combien la botte?

— Quinze sous[24], la bourgeoise. Y a pas meilleur.

— Quinze sous, trois mauvais poireaux?

Et elle rejeta la botte dans la charrette, avec un geste de dégoût. 65

C'est alors que l'agent 64 survint et dit à Crainquebille:

— Circulez[25]!

Crainquebille, depuis cinquante ans, circulait du matin au soir. Un tel ordre lui sembla légitime et conforme à la nature des choses. Tout disposé à y obéir, il pressa la bourgeoise de prendre ce qui était à sa 70 convenance.

— Faut encore que je choisisse la marchandise, répondit aigrement la cordonnière.

Et elle tâta de nouveau toutes les bottes de poireaux, puis elle garda celle qui lui parut la plus belle et elle la tint contre son sein comme les 75 saintes, dans les tableaux d'église, pressent sur leur poitrine la palme triomphale.

— Je vas[26] vous donner quatorze sous. C'est bien assez. Et encore il faut que j'aille les chercher dans la boutique, parce que je ne les ai pas sur moi. 80

Et, tenant ses poireaux embrassés, elle rentra dans la cordonnerie où une cliente, portant un enfant, l'avait précédée.

A ce moment, l'agent 64 dit pour la deuxième fois à Crainquebille:

— Circulez!

— J'attends mon argent, répondit Crainquebille. 85

— Je ne vous dis pas d'attendre votre argent; je vous dis de circuler, reprit l'agent avec fermeté.

Cependant la cordonnière, dans sa boutique, essayait des souliers bleus à un enfant de dix-huit mois dont la mère était pressée. Et les têtes vertes des poireaux reposaient sur le comptoir. 90

Depuis un demi-siècle qu'il poussait sa voiture dans les rues, Crainquebille avait appris à obéir aux représentants de l'autorité. Mais il se trouvait cette fois dans une situation particulière, entre un devoir et un droit. Il n'avait pas l'esprit juridique. Il ne comprit pas que la jouissance d'un droit[27] individuel ne le dispensait pas d'accomplir un devoir social. 95

[24] sou: cinq centimes.

[25] Circulez!: "Move!"

[26] Je vas: *pop.*, je vais.

[27] jouissance d'un droit: exercice d'un droit.

Il considéra trop son droit qui était de recevoir quatorze sous, et il ne s'attacha pas assez à son devoir qui était de pousser sa voiture et d'aller plus avant et toujours plus avant. Il demeura.

Pour la troisième fois, l'agent 64, tranquille et sans colère, lui donna l'ordre de circuler. Contrairement à la coutume du brigadier Montauciel, qui menace sans cesse et ne sévit jamais, l'agent 64 est sobre d'avertissements et prompt à verbaliser[28]. Tel est son caractère. Bien qu'un peu sournois, c'est un excellent serviteur et un loyal soldat. Le courage d'un lion et la douceur d'un enfant. Il ne connaît que sa consigne[29].

— Vous n'entendez donc pas, quand je vous dis de circuler!

Crainquebille avait de rester en place une raison trop considérable à ses yeux pour qu'il ne la crût pas suffisante. Il l'exposa simplement et sans art:

— Nom de nom! puisque je vous dis que j'attends mon argent.

L'agent 64 se contenta de répondre:

— Voulez-vous que je vous f . . .[30] une contravention? Si vous le voulez, vous n'avez qu'à le dire.

En entendant ces paroles, Crainquebille haussa lentement les épaules et coula sur l'agent un regard douloureux qu'il éleva ensuite vers le ciel. Et ce regard disait:

"Que Dieu me voie! Suis-je un contempteur des lois? Est-ce que je me ris des décrets et des ordonnances qui régissent mon état ambulatoire? A cinq heures du matin, j'étais sur le carreau des Halles[31]. Depuis sept heures, je me brûle les mains à mes brancards en criant: *Des choux, des navets, des carottes!* J'ai soixante ans sonnés[32]. Je suis las. Et vous me demandez si je lève le drapeau noir de la révolte. Vous vous moquez et votre raillerie est cruelle."

Soit que l'expression de ce regard lui eût échappé, soit qu'il n'y trouvât pas une excuse à la désobéissance, l'agent demanda d'une voix brève et rude si c'était compris.

[28] verbaliser: donner une contravention, "ticket".

[29] consigne: les ordres que l'on reçoit.

[30] je vous f . . . : mot vulgaire qu'on écrit généralement ainsi; je vous donne.

[31] le carreau des Halles: les Halles sont le marché de la nourriture à Paris et le carreau est l'endroit où l'on vend les fruits et les légumes.

[32] sonnés: passés, accomplis.

Or, en ce moment précis, l'embarras des voitures était extrême dans la rue Montmartre. Les fiacres, les haquets, les tapissières[33], les omnibus, les camions, pressés les uns contre les autres, semblaient indisolublement joints et assemblés. Et sur leur immobilité frémissante s'élevaient des jurons et des cris. Les cochers de fiacre échangeaient de loin, et lentement, avec les garçons bouchers des injures héroïques, et les conducteurs d'omnibus, considérant Crainquebille comme la cause de l'embarras, l'appelaient "sale poireau".

Cependant sur le trottoir, des curieux se pressaient, attentifs à la querelle. Et l'agent, se voyant observé, ne songea plus qu'à faire montre[34] de son autorité.

— C'est bon, dit-il.

Et il tira de sa poche un calepin crasseux et un crayon très court.

Crainquebille suivait son idée et obéissait à une force intérieure. D'ailleurs il lui était impossible maintenant d'avancer ou de reculer. La roue de sa charrette était malheureusement prise dans la roue d'une voiture de laitier.

Il s'écria en s'arrachant les cheveux sous sa casquette:

— Mais, puisque je vous dis que j'attends mon argent! C'est-il pas malheureux! Misère de misère! Bon sang de bon sang!

Par ces propos, qui pourtant exprimaient moins la révolte que le désespoir, l'agent 64 se crut insulté. Et comme, pour lui, toute insulte revêtait nécessairement la forme traditionnelle, régulière, consacrée, rituelle et pour ainsi dire liturgique de "Mort aux vaches!"[35], c'est sous cette forme que spontanément il recueillit et concréta[36] dans son oreille les paroles du délinquant.

— Ah! vous avez dit: "Mort aux vaches!" C'est bon. Suivez-moi.

Crainquebille, dans l'excès de la stupeur et de la détresse, regardait avec ses gros yeux brûlés du soleil l'agent 64, et de sa voix cassée, qui lui sortait tantôt de dessus la tête et tantôt de dessous les talons, s'écriait, les bras croisés sur sa blouse bleue:

— J'ai dit: "Mort aux vaches"? Moi? . . . Oh!

[33] fiacres, haquets, tapissières: différents noms de voitures à chevaux.

[34] faire montre: faire voir.

[35] Mort aux vaches!: "off with the pigs!"

[36] concréter: ici, "to materialize".

Cette arrestation fut accueillie par les rires des employés de commerce et des petits garçons. Elle contentait le goût que toutes les foules d'hommes éprouvent pour les spectacles ignobles et violents. Mais, s'étant frayé un passage à travers le cercle populaire, un vieillard très triste, vêtu de noir et coiffé d'un chapeau de haute forme, s'approcha de l'agent et lui dit très doucement et très fermement, à voix basse:

— Vous vous êtes mépris[37]. Cet homme ne vous a pas insulté.

— Mêlez-vous de ce qui vous regarde[38], lui répondit l'agent, sans proférer de menaces, car il parlait à un homme proprement mis[39].

Le vieillard insista avec beaucoup de calme et de ténacité. Et l'agent lui intima[40] l'ordre de s'expliquer chez le commaissaire[41].

Cependant Crainquebille s'écriait:

— Alors que j'ai dit "Mort aux vaches!" Oh! . . .

Il prononçait ces paroles étonnées quand madame Bayard, la cordonnière, vint à lui, les quatorze sous dans la main. Mais déjà l'agent 64 le tenait au collet[42], et madame Bayard, pensant qu'on ne devait rien à un homme conduit au poste[43], mit les quatorze sous dans la poche de son tablier.

Et, voyant tout à coup sa voiture en fourrière[44], sa liberté perdue, l'abîme sous ses pas et le soleil éteint, Crainquebille murmura:

— Tout de même! . . .

Devant le commissaire, le vieillard déclara que, arrêté sur son chemin par un embarras de voitures, il avait été témoin de la scène, qu'il affirmait que l'agent n'avait pas été insulté, et qu'il s'était totalement mépris. Il donna ses noms et qualités: docteur David Matthieu, médecin en chef de l'hôpital Ambroise-Paré, officier de la Légion d'honneur. En d'autres temps, un tel témoignage aurait suffisamment éclairé le commissaire. Mais alors, en France, les savants étaient suspects.

Crainquebille, dont l'arrestation fut maintenue, passa la nuit au

[37] Vous vous êtes mépris: vous avez mal compris, vous vous êtes trompé.

[38] Mêlez-vous de ce qui vous regarde: "mind your own business".

[39] proprement mis: habillé de manière convenable.

[40] intimer: donner un ordre.

[41] commissaire: officier de police qui est à la tête de la police d'un quartier.

[42] tenait au collet: tenait par le cou, arrêtait.

[43] poste: "precinct".

[44] fourrière: endroit où l'on met les voitures saisies par la police.

violon[45] et fut transféré, le matin, dans le panier à salade[46], au Dépôt[47].

La prison ne lui parut ni douloureuse ni humiliante. Elle lui parut nécessaire. Ce qui le frappa en entrant ce fut la propreté des murs et du carrelage. Il dit: {190}

— Pour un endroit propre, c'est un endroit propre. Vrai de vrai! On mangerait par terre.

Laissé seul, il voulut tirer son escabeau; mais il s'aperçut qu'il était scellé au mur. Il en exprima tout haut sa surprise: {195}

— Quelle drôle d'idée! Voilà une chose que j'aurais pas inventée, pour sûr.

S'étant assis, il tourna ses pouces[48] et demeura dans l'étonnement. Le silence et la solitude l'accablaient. Il s'ennuyait et il pensait avec inquiétude à sa voiture mise en fourrière encore toute chargée de choux {200} de carottes, de céleri, de mâche et de pissenlit[49]. Et il se demandait anxieux:

— Où qu'ils m'ont étouffé ma voiture[50]?

Le troisième jour, il reçut la visite de son avocat, maître Lemerle, un des plus jeunes membres du barreau de Paris, président d'une des {205} sections de la "Ligue de lá Patrie française"[51].

Crainquebille essaya de lui conter son affaire, ce qui ne lui était pas facile, car il n'avait pas l'habitude de la parole. Peut-être s'en serait-il tiré[52] pourtant, avec un peu d'aide. Mais son avocat secouait le tête d'un air méfiant à tout ce qu'il disait, et feuilletant des papiers, {210} murmurait:

— Hum! hum! je ne vois rien de tout cela au dossier . . .

Puis, avec un peu de fatigue, il dit en frisant sa moustache blonde:

— Dans votre intérêt, il serait peut-être préférable d'avouer. Pour ma part j'estime que votre système de dénégations absolues est d'une {215} insigne maladresse.

Et dès lors Crainquebille eût fait des aveux s'il avait su ce qu'il fallait avouer.

[45] violon: *fam.*, prison du commissariat.
[46] panier à salade: voiture de police qui transporte les prisonniers.
[47] Dépôt: prison où l'on rassemble les personnes qui viennent d'être arrêtées.
[48] tourner ses pouces: geste qui indique que l'on n'a rien à faire.
[49] mâche et pissenlit: deux sortes de salades.
[50] Où qu'ils m'ont étouffé ma voiture?: *pop.*, où a-t-on mis ma voiture?
[51] Ligue de la Patrie française: nom d'une association patriotique et réactionnaire.
[52] s'en tirer: se sortir d'une situation difficile.

III

Crainquebille devant la Justice

Le président Bourriche consacra six minutes pleines à l'interrogatoire de Crainquebille. Cet interrogatoire aurait apporté plus de lumière si l'accusé avait répondu aux questions qui lui étaient posées. Mais Crainquebille n'avait pas l'habitude de la discussion, et dans une telle compagnie le respect et l'effroi lui fermaient la bouche. Aussi gardait-il le silence, et le président faisait lui-même les réponses; elles étaient accablantes. Il conclut:

— Enfin, vous reconnaissez avoir dit: "Mort aux vaches!"

— J'ai dit: "Mort aux vaches!" parce que monsieur l'agent a dit: "Mort aux vaches!" Alors j'ai dit: "Mort aux vaches!"

Il voulait faire entendre qu'étonné par l'imputation la plus imprévue, il avait, dans sa stupeur, répété des paroles étranges qu'on lui prêtait faussement et qu'il n'avait certes point prononcées. Il avait dit: "Mort aux vaches!" comme il eût dit: "Moi! tenir des propos injurieux, l'avez-vous pu croire?"

M. le président Bourriche ne le prit[53] pas ainsi.

— Prétendez-vous, dit-il, que l'agent a proféré ce cri le premier? 235
Crainquebille renonça à s'expliquer. C'était trop difficile.

— Vous n'insistez pas. Vous avez raison, dit le président.

Et il fit appeler les témoins.

L'agent 64, de son nom Bastien Matra, jura de dire la vérité et de
ne rien dire que la vérité. Puis il déposa en ces termes: 240

— Etant de service le 20 octobre, à l'heure de midi, je remarquai,
dans la rue Montmartre, un individu qui me sembla être un vendeur
ambulant et qui tenait sa charrette indûment arrêtée à la hauteur du
numéro 328, ce qui occasionnait un encombrement de voitures. Je lui
intimai par trois fois l'ordre de circuler, auquel il refusa d'obtempérer. 245
Et sur ce que je l'avertis que j'allais verbaliser, il me répondit en criant:
"Mort aux vaches!" ce qui me sembla être injurieux.

Cette déposition, ferme et mesurée, fut écoutée avec une évidente
faveur par le Tribunal. La défense avait cité madame Bayard, cordon-
nière, et M. David Matthieu, médecin en chef de l'hôpital Ambroise- 250
Paré, officier de la Légion d'honneur. Madame Bayard n'avait rien vu
ni entendu. Le docteur Matthieu se trouvait dans la foule assemblée
autour de l'agent qui sommait[54] le marchand de circuler. Sa déposition
amena un incident.

— J'ai été témoin de la scène, dit-il. J'ai remarqué que l'agent s'était 255
mépris: il n'avait pas été insulté. Je m'approchai et lui en fis l'observa-
tion. L'agent maintint le marchand en état d'arrestation et m'invita à
le suivre au commissariat. Ce que je fis. Je réitérai ma déclaration de-
vant le commissaire.

— Vous pouvez vous asseoir, dit le président. Huissier, rappelez le 260
témoin Matra. — Matra, quand vous avez procédé à l'arrestation de
l'accusé, monsieur le docteur Matthieu ne vous a-t-il pas fait observer
que vous vous mépreniez?

— C'est-à-dire, monsieur le président, qu'il m'a insulté.

— Que vous a-t-il dit? 265

— Il m'a dit: "Mort aux vaches!"
Une rumeur et des rires s'élevèrent dans l'auditoire.

— Vous pouvez vous retirer, dit le président avec précipitation.

Et il avertit le public que si ces manifestations indécentes se re-

[53] prit: comprit.
[54] sommait: donnait ordre de.

produisaient, il ferait évacuer la salle. Cependant la défense agitait
triomphalement les manches de sa robe, et l'on pensait en ce moment
que Crainquebille serait acquitté.

Le calme s'étant rétabli, maître Lemerle se leva. Il commença sa
plaidoirie par l'éloge des agents de la Préfecture, "ces modestes servi-
teurs de la société, qui, moyennant un salaire dérisoire, endurent des
fatigues et affrontent des périls incessants, et qui pratiquent l'héroïsme
quotidien. Ce sont d'anciens soldats, et qui restent soldats. Soldats, ce
mot dit tout . . ."

Et maître Lemerle s'éleva, sans effort, à des considérations très
hautes sur les vertus militaires. Il était de ceux, dit-il, "qui ne per-
mettent pas qu'on touche à l'armée, à cette armée nationale à laquelle
il était fier d'appartenir".

Le président inclina la tête.

Maître Lemerle, en effet, était lieutenant dans la réserve. Il était
aussi candidat nationaliste dans le quartier des Vieilles-Haudriettes.

Il poursuivit:

— Non certes, je ne méconnais pas les services modestes et précieux
que rendent journellement les gardiens de la paix à la vaillante popula-
tion de Paris. Et je n'aurais pas consenti à vous présenter, messieurs, la
défense de Crainquebille si j'avais vu en lui l'insulteur d'un ancien
soldat. On accuse mon client d'avoir dit: "Mort aux vaches!" Le sens
de cette phrase n'est pas douteux. Si vous feuilletez le *Dictionnaire de
la langue verte*[55], vous y lirez: "*Vachard*, paresseux, fainéant; qui s'é-
tend paresseusement comme une vache, au lieu de travailler. — *Vache*,
qui se vend à la police; mouchard[56]." *Mort aux vaches!* se dit dans un
certain monde. Mais toute la question est celle-ci: Comment Crainque-
bille l'a-t-il dit? Et même, l'a-t-il dit? Permettez-moi, messieurs, d'en
douter.

"Je ne soupçonne l'agent Matra d'aucune mauvaise pensée. Mais
il accomplit, comme nous l'avons dit, une tâche pénible. Il est parfois
fatigué, excédé, surmené. Dans ces conditions il peut avoir été la vic-
time d'une sorte d'hallucination de l'ouïe. Et quand il vient vous dire,
messieurs, que le docteur David Matthieu, officier de la Légion d'hon-
neur, médecin en chef de l'hôpital Ambroise-Paré, un prince de la

[55] *Dictionnaire de la langue verte*: dictionnaire d'argot, "slang".
[56] mouchard: "informer, stool-pigeon".

science et un homme du monde, a crié 'Mort aux vaches!' nous sommes 305
bien forcés de reconnaître que Matra est en proie à la maladie de l'ob-
session, et, si le terme n'est pas trop fort, au délire de la persécution.

"Et alors même que Crainquebille aurait crié: 'Mort aux vaches!'
il resterait à savoir si ce mot a, dans sa bouche, le caractère d'un délit.
Crainquebille est l'enfant naturel[57] d'une marchande ambulante, perdue 310
d'inconduite[58] et de boisson, il est né alcoolique. Vous le voyez ici
abruti par soixante ans de misère. Messieurs, vous direz qu'il est ir-
responsable."

Maître Lemerle s'assit et M. le président Bourriche lut entre ses
dents un jugement qui condamnait Jérôme Crainquebille à quinze 315
jours de prison et cinquante francs d'amende. Le tribunal avait fondé
sa conviction sur le témoignage de l'agent Matra.

Mené par les longs couloirs sombres du Palais, Crainquebille res-
sentit un immense besoin de sympathie. Il se tourna vers le garde de
Paris qui le conduisait et l'appela trois fois: 320

—Cipal[59]! . . . Cipal! . . . Hein? cipal! . . .

Et il soupira:

— Il y a seulement quinze jours, si on m'avait dit qu'il m'arriverait
ce qu'il m'arrive! . . .

Puis il fit cette réflexion: 325

— Ils parlent trop vite, ces messieurs. Ils parlent bien, mais ils par-
lent trop vite. On peut pas s'expliquer avec eux . . . Cipal, vous trouvez
pas qu'ils parlent trop vite?

Mais le soldat marchait sans répondre ni tourner la tête.

Crainquebille lui demanda: 330

— Pourquoi que vous me répondez pas?

Et le soldat garda le silence. Et Crainquebille lui dit avec amertume:

— On parle bien à un chien. Pourquoi que vous me parlez pas?
Vous ouvrez jamais la bouche: vous avez donc pas peur qu'elle pue[60]?

[57] enfant naturel: enfant né hors du mariage.
[58] inconduite: vie immorale et dissolue.
[59] Cipal: pour garde municipal.
[60] puer: sentir mauvais.

IV

Apologie pour M. le Président Bourriche

Quelques curieux et deux ou trois avocats quittèrent l'audience
après la lecture de l'arrêt, quand déjà le greffier appelait une autre
cause. Ceux qui sortaient ne faisaient point de réflexion sur l'affaire
Crainquebille qui ne les avait guère intéressés, et à laquelle ils ne son-
geaient plus. Seul M. Jean Lermite, graveur à l'eau-forte[61], qui était
venu d'aventure[62] au Palais, méditait sur ce qu'il venait de voir et
d'entendre.

Passant son bras sur l'épaule de maître[63] Joseph Aubarrée:

— Ce dont il faut louer le président Bourriche, lui dit-il, c'est d'avoir
su se défendre des vaines curiosités de l'esprit et se garder de cet
orgueil intellectuel qui veut tout connaître. En opposant l'une à l'autre
les dépositions contradictoires de l'agent Matra et du docteur David
Matthieu, le juge serait entré dans une voie où l'on ne rencontre que
le doute et l'incertitude. La méthode qui consiste à examiner les faits
selon les règles de la critique est inconciliable avec la bonne admi-
nistration de la justice. Si le magistrat avait l'imprudence de suivre
cette méthode, ses jugements dépendraient de sa sagacité personnelle,
qui le plus souvent est petite, et de l'infirmité humaine, qui est con-
stante. Quelle en serait l'autorité? On ne peut nier que la méthode
historique est tout à fait impropre à lui procurer les certitudes dont il
a besoin. Il suffit de rappeler l'aventure de Walter Raleigh.

"Un jour que Walter Raleigh, enfermé à la Tour de Londres, tra-
vaillait, selon sa coutume, à la seconde partie de son *Histoire du Monde,*
une rixe éclata sous sa fenêtre. Il alla regarder ces gens qui se querel-
laient, et quand il se remit au travail, il pensait les avoir très bien
observés. Mais le lendemain, ayant parlé de cette affaire à un de ses
amis qui y avait été présent et qui même y avait pris part, il fut con-
tredit par cet ami sur tous les points. Réfléchissant alors à la difficulté
de connaître la vérité sur des événements lointains, quand il avait pu
se méprendre sur ce qui se passait sous ses yeux, il jeta au feu le manu-
scrit de son histoire.

[61] eau-forte: acide nitrique, utilisé pour certaines estampes, "prints".
[62] d'aventure: par hasard.
[63] maître: titre donné aux avocats et à certains hommes de loi.

"Si les juges avaient les mêmes scrupules que sir Walter Raleigh, ils jetteraient au feu toutes leurs instructions. Et ils n'en ont pas le droit. Ce serait de leur part un déni de justice, un crime. Il faut renoncer à savoir, mais il ne faut pas renoncer à juger. Ceux qui veulent que les arrêts des tribunaux soient fondés sur la recherche méthodique des faits sont de dangereux sophistes et des ennemis perfides de la justice civile et de la justice militaire. Le président Bourriche a l'esprit trop juridique pour faire dépendre ses sentences de la raison et de la science dont les conclusions sont sujettes à d'éternelles disputes. Il les fonde sur des dogmes et les assied sur la tradition, en sorte que ses jugements égalent en autorité les commandements de l'Eglise. Ses sentences sont canoniques[64]. J'entends qu'il les tire d'un certain nombre de sacrés canons. Voyez, par exemple, qu'il classe les témoignages non d'après les caractères incertains et trompeurs de la vraisemblance et de l'humaine vérité, mais d'après des caractères intrinsèques, permanents et manifestes. Il les pèse au poids des armes. Y a-t-il rien de plus simple et de plus sage à la fois? Il tient pour irréfutable le témoignage d'un gardien de la paix conçu métaphysiquement en tant qu'un numéro matricule[65] et selon les catégories de la police idéale. Non pas que Matra (Bastien), né à Cinto-Monte (Corse), lui paraisse incapable d'erreur. Il n'a jamais pensé que Bastien Matra fût doué d'un grand esprit d'observation, ni qu'il appliquât à l'examen des faits une méthode exacte et rigoureuse. A vrai dire, il ne considère pas Bastien Matra, mais l'agent 64. — Un homme est faillible, pense-t-il. Pierre et Paul peuvent se tromper. Descartes et Gassendi, Leibnitz et Newton, Bichat et Claude Bernard[66] ont pu se tromper. Nous nous trompons tous et à tout moment. Nos raisons d'errer sont innombrables. Les perceptions des sens et les jugements de l'esprit sont des sources d'illusion et des causes d'incertitude. Il ne faut pas se fier au témoignage d'un homme: *Testis unus, testis nullus*[67]. Mais on peut avoir foi dans un numéro.

370

375

380

385

390

395

[64] canoniques: conformes à la bonne règle. Jeu de mots avec le droit canon.

[65] numéro matricule: numéro donné à tous les hommes dans l'armée, les prisons, etc.

[66] Descartes (1596-1650): philosophe et mathématicien français.
Gassendi (1592-1655): philosophe et mathématicien français.
Leibnitz (1646-1717): philosophe et mathématicien allemand.
Newton (1642-1727): mathématicien, physicien et astronome anglais.
Bichat (1771-1802): anatomiste et physiologiste français.
Claude Bernard (1813-1878): physiologiste français.

[67] *Testis unus, testis nullus*: adage juridique latin, un seul témoin est sans valeur.

Bastien Matra, de Cinto-Monte, est faillible. Mais l'agent 64, abstraction faite de son humanité, ne se trompe pas. C'est une entité. Une entité n'a rien en elle de ce qui est dans les hommes et les trouble, les corrompt, les abuse. Elle est pure, inaltérable et sans mélange. Aussi le Tribunal n'a-t-il point hésité à repousser le témoignage du docteur David Matthieu, qui n'est qu'un homme, pour admettre celui de l'agent 64, qui est une idée pure, et comme un rayon de Dieu descendu à la barre[68].

"En procédant de cette manière, le président Bourriche s'assure une sorte d'infaillibilité, et la seule à laquelle un juge puisse prétendre. Quand l'homme qui témoigne est armé d'un sabre, c'est le sabre qu'il faut entendre et non l'homme. L'homme est méprisable et peut avoir tort. Le sabre ne l'est point et il a toujours raison. Le président Bourriche a profondément pénétré l'esprit des lois. La société repose sur la force, et la force doit être respectée comme le fondement auguste des sociétés. La justice est l'administration de la force. Le président Bourriche sait que l'agent 64 est une parcelle du Prince. Le Prince réside dans chacun de ses officiers. Ruiner l'autorité de l'agent 64, c'est affaiblir l'Etat. Manger une des feuilles de l'artichaut, c'est manger l'artichaut, comme dit Bossuet[69] en son sublime langage. (*Politique tirée de l'Ecriture sainte, passim.*)

"Toutes les épées d'un Etat sont tournées dans le même sens. En les opposant les unes aux autres, on subvertit la république. C'est pourquoi l'inculpé Crainquebille fut condamné justement à quinze jours de prison et cinquante francs d'amende, sur le témoignage de l'agent 64. Je crois entendre le président Bourriche expliquer lui-même les raisons hautes et belles qui inspirèrent sa sentence. Je crois l'entendre dire:

"— J'ai jugé cet individu en conformité avec l'agent 64, parce que l'agent 64 est l'émanation de la force publique. Et pour reconnaître ma sagesse, il vous suffit d'imaginer que j'ai agi inversement. Vous verrez tout de suite que c'eût été absurde. Car si je jugeais contre la force, mes jugements ne seraient pas exécutés. Remarquez, messieurs, que les juges ne sont obéis que tant qu'ils ont la force avec eux. Sans les gendarmes, le juge ne serait qu'un pauvre rêveur. Je me nuirais si je

[68] la barre: l'endroit où les gens viennent témoigner.
[69] Bossuet (1627-1704): un des grands écrivains classiques français, surtout connu aujourd'hui pour ses *Oraisons funèbres* et ses *Sermons*.

donnais tort à un gendarme. D'ailleurs le génie des lois s'y oppose. Désarmer les forts et armer les faibles ce serait changer l'ordre social que j'ai mission de conserver. La justice est la sanction des injustices établies. La vit-on jamais opposée aux conquérants et contraire aux usurpateurs? Quand s'élève un pouvoir illégitime, elle n'a qu'à le re-connaître pour le rendre légitime. Tout est dans la forme, et il n'y a entre le crime et l'innocence que l'épaisseur d'une feuille de papier timbré[70]. — C'était à vous, Crainquebille, d'être le plus fort. Si après avoir crié: 'Mort aux vaches!' vous vous étiez fait déclarer empereur, dictateur, président de la République ou seulement conseiller municipal, je vous assure que je ne vous aurais pas condamné à quinze jours de prison et cinquante francs d'amende. Je vous aurais tenu quitte de[71] toute peine. Vous pouvez m'en croire.

"Ainsi sans doute eût parlé le président Bourriche, car il a l'esprit juridique et il sait ce qu'un magistrat doit à la société. Il en défend les principes avec ordre et régularité. La justice est sociale. Il n'y a que de mauvais esprits pour la vouloir humaine et sensible. On l'administre avec des règles fixes et non avec les frissons de la chair et les clartés de l'intelligence. Surtout ne lui demandez pas d'être juste, elle n'a pas besoin de l'être puisqu'elle est justice, et je vous dirai même que l'idée d'une justice juste n'a pu germer que dans la tête d'un anarchiste. Le président Magnaud[72] rend, il est vrai, des sentences équitables. Mais on les lui casse, et c'est justice.

"Le vrai juge pèse les témoignages au poids des armes. Cela s'est vu dans l'affaire Crainquebille, et dans d'autres causes plus célèbres."

Ainsi parla M. Jean Lermite, en parcourant d'un bout à l'autre bout la salle des Pas-Perdus[73].

Maître Joseph Aubarrée, qui connaissait le Palais, lui répondit en se grattant le bout du nez:

— Si vous voulez avoir mon avis, je ne crois pas que monsieur le président Bourriche se soit élevé jusqu'à une si haute métaphysique. A mon sens, en admettant le témoignage de l'agent 64 comme l'expression de la vérité, il fit simplement ce qu'il avait toujours vu faire. C'est

[70] papier timbré: papier vendu par l'Etat et qui doit être obligatoirement utilisé pour certains actes judiciaires.

[71] tenu quitte de: dispensé de.

[72] président Magnaud: magistrat célèbre à l'époque de *Crainquebille* par son désir d'humaniser la justice.

[73] salle de Pas-Perdus: salle d'attente, dans un Palais de Justice, dans une gare.

dans l'imitation qu'il faut chercher la raison de la plupart des actions humaines. En se conformant à la coutume on passera toujours pour un honnête homme. On appelle gens de bien ceux qui font comme les autres.

V

De la soumission de Crainquebille
aux lois de la République

Crainquebille, reconduit en prison, s'assit sur son escabeau enchaîné, plein d'étonnement et d'admiration. Il ne savait pas bien lui-même que les juges s'étaient trompés. Le Tribunal lui avait caché ses faiblesses intimes sous la majesté des formes. Il ne pouvait croire qu'il eût raison contre des magistrats dont il n'avait pas compris les raisons: il lui était impossible de concevoir que quelque chose clochât[74] dans une si belle cérémonie. Car, n'allant ni à la messe, ni à l'Elysée[75], il n'avait, de sa vie, rien vu de si beau qu'un jugement en police correctionnelle. Il savait bien qu'il n'avait pas crié "Mort aux vaches!" Et, qu'il eût été condamné à quinze jours de prison pour l'avoir crié, c'était, en sa pensée, un auguste mystère, un de ces articles de foi auxquels les croyants adhèrent sans les comprendre, une révélation obscure, éclatante, adorable et terrible.

Ce pauvre vieil homme se reconnaissait coupable d'avoir mystiquement offensé l'agent 64, comme le petit garçon qui va au catéchisme se reconnaît coupable du péché d'Eve. Il lui était enseigné, par son arrêt, qu'il avait crié: "Mort aux vaches!" C'était donc qu'il avait crié: "Mort aux vaches!" d'une façon mystérieuse, inconnue de lui-même. Il était transporté dans un monde surnaturel. Son jugement était son apocalypse.

S'il ne se faisait pas une idée nette du délit, il ne se faisait pas une idée plus nette de la peine. Sa condamnation lui avait paru une chose solennelle, rituelle et supérieure, une chose éblouissante qui ne se comprend pas, qui ne se discute pas, et dont on n'a ni à se louer, ni à se plaindre. A cette heure il aurait vu le président Bourriche, une auréole[76]

[74] clocher: être défectueux.
[75] Elysée: résidence du président de la République française.
[76] auréole: cercle qui, dans les tableaux, entoure la tête des saints.

au front, descendre, avec des ailes blanches, par le plafond entr'ouvert, qu'il n'aurait pas été surpris de cette nouvelle manifestation de la gloire judiciaire. Il se serait dit: "Voilà mon affaire qui continue!" 495

Le lendemain son avocat vint le voir:

— Eh bien! mon bonhomme, vous n'êtes pas trop mal? Du courage! deux semaines sont vite passées. Nous n'avons pas trop à nous plaindre.

— Pour ça, on peut dire que ces messieurs ont été bien doux, bien polis; pas un gros mot[77]. J'aurais pas cru. Et le cipal avait mis des gants 500 blancs. Vous avez pas vu?

— Tout pesé, nous avons bien fait d'avouer.

— Possible.

— Crainquebille, j'ai une bonne nouvelle à vous annoncer. Une personne charitable, que j'ai intéressée à votre position, m'a remis pour 505 vous une somme de cinquante francs qui sera affectée au payement de l'amende à laquelle vous avez été condamné.

— Alors quand que vous me donnerez les cinquante francs?

— Ils seront versés au greffe[78]. Ne vous en inquiétez pas.

— C'est égal. Je remercie tout de même la personne. 510 Et Crainquebille méditatif murmura:

— C'est pas ordinaire ce qui m'arrive.

— N'exagérez rien, Crainquebille. Votre cas n'est pas rare, loin de là.

— Vous pourriez pas me dire où qu'ils m'ont étouffé ma voiture?

VI

Crainquebille devant l'opinion

Crainquebille, sorti de prison, poussait sa voiture rue Montmartre 515 en criant: *Des choux, des navets, des carottes!* Il n'avait ni orgueil, ni honte de son aventure. Il n'en gardait pas un souvenir pénible. Cela tenait, dans son esprit, du théâtre, du voyage et du rêve. Il était surtout content de marcher dans la boue, sur le pavé de la ville, et de voir sur sa tête le ciel tout en eau et sale comme le ruisseau, le bon ciel de sa 520 ville. Il s'arrêtait à tous les coins de rue pour boire un verre; puis, libre et joyeux, ayant craché dans ses mains pour en lubrifier la paume calleuse, il empoignait les brancards et poussait la charrette, tandis que, devant lui, les moineaux, comme lui matineux[79] et pauvres, qui cher-

[77] gros mot: parole grossière, injurieuse.
[78] greffe: "clerk's office".
[79] matineux: qui se lève de bonne heure.

chaient leur vie sur la chaussée, s'envolaient en gerbe[80] avec son cri
familier: *Des choux, des navets, des carottes!* Une vieille ménagère,
qui s'était approchée, lui disait en tâtant des céleris:

— Qu'est-ce qui vous est donc arrivé, père Crainquebille? Il y a
bien trois semaines qu'on ne vous a pas vu. Vous avez été malade?
Vous êtes un peu pâle.

— Je vas vous dire, m'ame Mailloche, j'ai fait le rentier[81].

Rien n'est changé dans sa vie, à cela près[82] qu'il va chez le troquet[83]
plus souvent que d'habitude, parce qu'il a l'idée que c'est fête, et qu'il
a fait connaissance avec des personnes charitables. Il rentre un peu
gai, dans sa soupente. Etendu dans le plumard[84], il ramène sur lui les
sacs que lui a prêtés le marchand de marrons du coin et qui lui servent
de couverture, et il songe: "La prison, il n'y a pas à se plaindre; on y
a tout ce qui vous faut. Mais on est tout de même mieux chez soi."

Son contentement fut de courte durée. Il s'aperçut vite que les
clientes lui faisaient grise mine[85].

— Des beaux céleris, m'ame Cointreau!

— Il ne me faut rien.

— Comment, qu'il ne vous faut rien? Vous vivez pourtant pas de l'air
du temps.

Et m'ame Cointreau, sans lui faire de réponse, rentrait fièrement
dans la grande boulangerie dont elle était la patronne. Les boutiquières
et les concierges, naguère assidues autour de sa voiture verdoyante et
fleurie, maintenant se détournaient de lui. Parvenu à la cordonnerie
de l'Ange Gardien, qui est le point où commencèrent ses aventures
judiciaires, il appela:

— M'ame Bayard, m'ame Bayard, vous me devez quinze sous de
l'autre fois.

Mais m'ame Bayard, qui siégeait à son comptoir, ne daigna pas
tourner la tête.

Toute la rue Montmartre savait que le père Crainquebille sortait
de prison, et toute la rue Montmartre ne le connaissait plus. Le bruit
de sa condamnation était parvenu jusqu'au faubourg et à l'angle tu-

[80] en gerbe: tous à la fois et dans plusieurs directions.
[81] rentier: personne qui vit des revenus de son argent, sans travailler.
[82] à cela près: avec cette exception.
[83] troquet: *pop.*, marchand de vin.
[84] plumard: *pop.*, lit.
[85] faisaient grise mine: accueillaient mal, n'étaient pas aimables.

multueux de la rue Richer. Là, vers midi, il aperçut madame Laure, sa
bonne et fidèle cliente, penchée sur la voiture du petit Martin. Elle
tâtait un gros chou. Ses cheveux brillaient au soleil comme d'abondants 560
fils d'or largement tordus. Et le petit Martin, un pas grand'chose, un
sale coco[86], lui jurait la main sur son cœur, qu'il n'y avait pas plus belle
marchandise que la sienne. A ce spectacle le cœur de Crainquebille se
déchira. Il poussa sa voiture sur celle du petit Martin et dit à madame
Laure, d'une voix plaintive et brisée: 565
— C'est pas bien de me faire des infidélités.

Madame Laure, comme elle le reconnaissait elle-même, n'était pas
duchesse. Ce n'est pas dans le monde qu'elle s'était fait une idée du
panier à salade et du Dépôt. Mais on peut être honnête dans tous les
états, pas vrai[87]? Chacun a son amour-propre, et l'on n'aime pas avoir 570
affaire à un individu qui sort de prison. Aussi ne répondit-elle à Crain-
quebille qu'en simulant un haut-le-cœur[88]. Et le vieux marchand ambu-
lant, ressentant l'affront, hurla:
— Dessalée[89]! va!

Madame Laure en laissa tomber son chou vert et s'écria: 575
— Eh! va donc, vieux cheval de retour[90]! Ça sort de prison, et ça
insulte les personnes!

Crainquebille, s'il avait été de sang-froid, n'aurait jamais reproché
à madame Laure sa condition. Il savait trop qu'on ne fait pas ce qu'on
veut dans la vie, qu'on ne choisit pas son métier, et qu'il y a du bon 580
monde partout. Il avait coutume d'ignorer sagement ce que faisaient
chez elles les clientes, et il ne méprisait personne. Mais il était hors de
lui. Il donna par trois fois à madame Laure les noms de dessalée, de
charogne et de roulure[91]. Un cercle de curieux se forma autour de
madame Laure et de Crainquebille, qui échangèrent encore plusieurs 585
injures aussi solennelles que les premières, et qui eussent égrené tout
du long leur chapelet[92], si un agent soudainement apparu ne les avait,
par son silence et son immobilité, rendus tout à coup aussi muets et

[86] un pas grand'chose, un sale coco: *fam.*, quelqu'un qui ne mérite pas de considéra-
tion, un individu déplaisant.

[87] pas vrai?: *fam.*, n'est-il pas vrai?

[88] haut-le-cœur: nausée.

[89] Dessalée: on dessale une morue, et une morue en argot est une prostituée. Des-
salée est donc ici une injure.

[90] cheval de retour: personne qui a été plusieurs fois condamnée.

[91] charogne, roulure: termes insultants.

[92] égrener son chapelet: "to tell one's beads".

immobiles que lui. Ils se séparèrent. Mais cette scène acheva de perdre Crainquebille dans l'esprit du faubourg Montmartre et de la rue Richer. 59

VII

Les conséquences

Et le vieil homme allait marmonnant[93]:
— Pour sûr que c'est une morue[94]. Et même y a pas plus morue que cette femme-là.

Mais dans le fond de son cœur, ce n'est pas de cela qu'il lui faisait un reproche. Il ne la méprisait pas d'être ce qu'elle était. Il l'en estimait 59 plutôt, la sachant économe et rangée. Autrefois ils causaient tous deux volontiers ensemble. Elle lui parlait de ses parents qui habitaient la campagne. Et ils formaient tous deux le même vœu de cultiver un petit jardin et d'élever des poules. C'était une bonne cliente. De la voir acheter des choux au petit Martin, un sale coco, un pas grand'chose, 60 il en avait reçu un coup dans l'estomac; et quand il l'avait vue faisant mine[95] de le mépriser, la moutarde lui avait monté au nez[96], et dame!

Le pis, c'est qu'elle n'était pas la seule qui le traitât comme un galeux[97]. Personne ne voulait plus le connaître. Tout comme madame Laure, madame Cointreau la boulangère, madame Bayard de l'Ange 6C Gardien le méprisaient et le repoussaient. Toute la société, quoi.

Alors! parce qu'on avait été mis pour quinze jours à l'ombre[98], on n'était plus bon seulement à vendre des poireaux! Est-ce que c'était juste? Est-ce qu'il y avait du bon sens à faire mourir de faim un brave homme parce qu'il avait eu des difficultés avec les flics[99]? S'il ne pou- 6 vait plus vendre ses légumes, il n'avait plus qu'à crever.

Comme le vin mal traité, il tournait à l'aigre[100]. Après avoir eu "des mots" avec madame Laure, il en avait maintenant avec tout le monde. Pour un rien, il disait leur fait aux chalandes[101], et sans mettre de gants[102], je vous prie de le croire. Si elles tâtaient un peu longtemps 6

[93] marmonnant: murmurant entre ses dents.
[94] voir note 89.
[95] faisant mine: faisant semblant, ayant l'air.
[96] la moutarde lui avait monté au nez: la colère l'avait pris.
[97] galeux: "scruffy".
[98] à l'ombre: *pop.*, en prison.
[99] flics: "cops".
[100] tournait à l'aigre: devenait amer, désagréable.
[101] disait leur fait aux chalandes: il disait aux clientes ce qu'il pensait d'elles.
[102] sans mettre de gants: sans prendre de précautions.

la marchandise, il les appelait proprement râleuses et purées[103]; pareillement chez le troquet, il engueulait[104] les camarades. Son ami, le marchand de marrons, qui ne le reconnaissait plus, déclarait que ce sacré[105] père Crainquebille était un vrai porc-épic. On ne peut le nier: il devenait incongru[106], mauvais coucheur[107], mal embouché[108], fort en gueule[109]. C'est que, trouvant la société imparfaite, il avait moins de facilité qu'un professeur de l'Ecole des sciences morales et politiques à exprimer ses idées sur les vices du système et sur les réformes nécessaires, et que ses pensées ne se déroulaient pas dans sa tête avec ordre et mesure. 620 625

Le malheur le rendait injuste. Il se revanchait sur ceux qui ne lui voulaient pas de mal et quelquefois sur de plus faibles que lui. Une fois, il donna une gifle à Alphonse, le petit[110] du marchand de vin, qui lui avait demandé si l'on était bien à l'ombre. Il le gifla et lui dit:

— Sale gosse! c'est ton père qui devrait être à l'ombre au lieu de s'enrichir à vendre du poison. 630

Acte et parole qui ne lui faisaient pas honneur, car, ainsi que le marchand de marrons le lui remontra justement, on ne doit pas battre un enfant, ni lui reprocher son père, qu'il n'a pas choisi.

Il s'était mis à boire. Moins il gagnait d'argent, plus il buvait d'eau-de-vie. Autrefois économe et sobre, il s'émerveillait lui-même de ce changement. 635

— J'ai jamais été fricoteur[111], disait-il. Faut croire qu'on devient moins raisonnable en vieillissant.

Parfois il jugeait sévèrement son inconduite et sa paresse: 640
— Mon vieux Crainquebille, t'es plus bon que pour lever le coude[112].

Parfois il se trompait lui-même et se persuadait qu'il buvait par besoin:

— Faut comme ça de temps en temps, que je boive un verre pour me donner des forces et pour me rafraîchir. Sûr que j'ai quelque chose 645

[103] râleuses et purées: *pop.*, qui ont mauvais caractère, qui n'ont pas d'argent.
[104] engueuler: *pop.*, "to yell at".
[105] sacré: ici, "damned".
[106] incongru: mal élevé.
[107] mauvais coucheur: *fam.*, difficile à vivre.
[108] mal embouché: *fam.*, grossier, vulgaire.
[109] fort en gueule: *pop.*, qui parle beaucoup et grossièrement.
[110] le petit: le fils.
[111] fricoteur: *pop.*, celui qui gagne de l'argent malhonnètement.
[112] t'es plus bon que pour lever le coude: *pop.*, tu n'es plus capable que de boire.

Moins il gagnait d'argent, plus il buvait d'eau-de-vie.

de brûlé dans l'intérieur. Et il y a encore que la boisson[113] comme rafraîchissement.

Souvent il lui arrivait de manquer la criée[114] matinale et il ne se fournissait plus que de marchandise avariée qu'on lui livrait à crédit. Un jour, se sentant les jambes molles et le cœur las, il laissa sa voiture dans la remise et passa toute la sainte journée[115] à tourner autour de l'étal de madame Rose, la tripière[116], et devant tous les troquets des Halles. Le soir, assis sur un panier, il songea, et il eut conscience de sa déchéance. Il se rappela sa force première[117] et ses antiques travaux, ses longues fatigues et ses gains heureux, ses jours innombrables, égaux et pleins; les cent pas[118], la nuit, sur le carreau des Halles, en attendant la criée; les légumes enlevés par brassées[119] et rangés avec art dans la

650

655

[113] et il y a encore que la boisson: la boisson est la seule chose.

[114] criée: vente. Ici, la vente des légumes aux Halles qui a lieu de très bonne heure.

[115] toute la sainte journée: *fam.*, la journée tout entière.

[116] l'étal de madame Rose, la tripière: "the stall of Mrs. Rose, the tripe-store merchant".

[117] première: comme autrefois.

[118] les cent pas: aller et venir.

[119] brassées: ce que les deux bras peuvent tenir.

voiture, le petit noir[120] de la mère Théodore avalé tout chaud d'un coup, au pied levé[121], les brancards empoignés solidement; son cri, vigoureux comme le chant du coq, déchirant l'air matinal, sa course 660 par les rues populeuses, toute sa vie innocente et rude de cheval humain, qui, durant un demi-siècle, porta, sur son étal roulant, aux citadins brûlés de veilles et de soucis, la fraîche moisson des jardins potagers. Et secouant la tête il soupira:

— Non! j'ai plus le courage que j'avais. Je suis fini. Tant va la cruche 665 à l'eau qu'à la fin elle se casse[122]. Et puis, depuis mon affaire en justice, je n'ai plus le même caractère. Je suis plus le même homme, quoi!

Enfin il était démoralisé. Un homme dans cet état-là, autant dire que c'est un homme par terre et incapable de se relever. Tous les gens qui passent lui pilent dessus[123]. 670

VIII

Les dernières conséquences

La misère vint, la misère noire. Le vieux marchand ambulant, qui rapportait autrefois du faubourg Montmartre les pièces de cent sous à plein sac[124], maintenant n'avait plus un rond[125]. C'était l'hiver. Expulsé de sa soupente, il coucha sous des charrettes, dans une remise. Les pluies étant tombées pendant vingt-quatre jours, les égouts débordè- 675 rent et la remise fut inondée.

Accroupi dans sa voiture, au-dessus des eaux empoisonnées, en compagnie des araignées, des rats et des chats faméliques[126], il songeait dans l'ombre. N'ayant rien mangé de la journée et n'ayant plus pour se couvrir les sacs du marchand de marrons, il se rappela les deux 680 semaines durant lesquelles le gouvernement lui avait donné le vivre et le couvert[127]. Il envia le sort des prisonniers, qui ne souffrent ni du froid ni de la faim, et il lui vint une idée:

[120] petit noir: *pop.*, café.
[121] au pied levé: sans donner le temps de réfléchir.
[122] proverbe qui signifie que tout finit par s'user, que si les choses mauvaises sont trop nombreuses cela se termine mal, etc.
[123] lui pilent dessus: *pop.*, lui marchent dessus, l'écrasent.
[124] à plein sac: la valeur d'un pleine sac, c'est-à-dire beaucoup.
[125] rond: *pop.*, sou.
[126] famélique: qui n'a pas mangé depuis longtemps.
[127] le vivre et le couvert: la nourriture et le logement.

— Puisque je connais le truc[128], pourquoi que je m'en servirais pas?

Il se leva et sortit dans la rue. Il n'était guère plus de onze heures. Il faisait un temps aigre et noir. Une bruine[129] tombait, plus froide et plus pénétrante que la pluie. De rares passants se coulaient au ras des murs[130].

Crainquebille longea l'église Saint-Eustache et tourna dans la rue Montmartre. Elle était déserte. Un gardien de la paix se tenait planté sur le trottoir, au chevet de l'église,[131] sous un bec de gaz[132], et l'on voyait, autour de la flamme, tomber une petite pluie rousse. L'agent la recevait sur son capuchon, il avait l'air transi, mais soit qu'il préférât la lumière à l'ombre, soit qu'il fût las de marcher, il restait sous son candélabre[133], et peut-être s'en faisait-il un compagnon, un ami. Cette flamme tremblante était son seul entretien[134] dans la nuit solitaire. Son immobilité ne paraissait pas tout à fait humaine; le reflet de ses bottes sur le trottoir mouillé, qui semblait un lac, le prolongeait inférieurement[135] et lui donnait de loin l'aspect d'un monstre amphibie, à demi sorti des eaux. De plus près, encapuchonné et armé, il avait l'air monacal[136] et militaire. Les gros traits de son visage, encore grossis par l'ombre du capuchon, étaient paisibles et tristes. Il avait une moustache épaisse, courte et grise. C'était un vieux sergot[137], un homme d'une quarantaine d'années.

Crainquebille s'approcha doucement de lui et, d'une voix hésitante et faible, lui dit:

— Mort aux vaches!

Puis il attendit l'effet de cette parole consacrée. Mais elle ne fut suivie d'aucun effet. Le sergot resta immobile et muet, les bras croisés sous son manteau court. Ses yeux, grands ouverts et qui luisaient dans l'ombre, regardaient Crainquebille avec tristesse, vigilance et mépris.

Crainquebille, étonné, mais gardant encore un reste de résolution, balbutia:

[128] le truc: *fam.*, le moyen, la combinaison.
[129] bruine: petite pluie froide.
[130] se coulaient au ras des murs: marchaient contre les murs (nous donnons le sens, non l'image).
[131] chevet de l'église: une de ses extrémités.
[132] bec de gaz: lampe qui éclaire la rue.
[133] candélabre: ici, le bec de gaz.
[134] entretien: ici, compagnie, ce qui lui permet de durer ainsi.
[135] inférieurement: par le bas.
[136] monacal: d'un moine, "monk".
[137] sergot: *argot*, sergent.

— Mort aux vaches! que je vous ai dit.

Il y eut un long silence durant lequel tombait le pluie fine et rousse 715
et régnait l'ombre glaciale. Enfin le sergot parla:

— Ce n'est pas à dire . . . Pour sûr et certain que ce n'est pas à dire.
A votre âge on devrait avoir plus de connaissance . . . Passez votre
chemin[138].

— Pourquoi que vous m'arrêtez pas? demanda Crainquebille. 720

Le sergot secoua la tête sous son capuchon humide:

— S'il fallait empoigner tous les poivrots[139] qui disent ce qui n'est
pas à dire, y en aurait de l'ouvrage[140]! . . . Et de quoi que ça servirait?

Crainquebille, accablé par ce dédain magnanime, demeura long-
temps stupide et muet, les pieds dans le ruisseau. Avant de partir, il 725
essaya de s'expliquer:

— C'était pas pour vous que j'ai dit: "Mort aux vaches!" C'était pas
plus pour l'un que pour l'autre que je l'ai dit. C'était pour une idée.

Le sergot répondit avec une austère douceur:

— Que ce soye[141] pour une idée ou pour autre chose, ce n'était pas 730
à dire, parce que quand un homme fait son devoir et qu'il endure bien
des souffrances, on ne doit pas l'insulter par des paroles futiles . . . Je
vous réitère de passer votre chemin.

Crainquebille, la tête basse, et les bras ballants[142], s'enfonça sous la
pluie dans l'ombre. 735

Questions

A. 1. Quels sont les sentiments de Crainquebille devant le tribunal?
 2. Quel est le métier de Crainquebille?
 3. L'auteur dit ironiquement que Crainquebille *se trouvait dans une
 situation particulière, entre un devoir et un droit* (1. 93). Quel est
 ce devoir et quel est ce droit?
 4. Pourquoi l'agent s'estime-t-il insulté? Pourquoi a-t-il entendu *Mort
 aux vaches*?
 5. Que vient affirmer le témoin?
 6. Pourquoi madame Bayard n'a-t-elle pas payé Crainquebille?
 7. Quelle est la raison pour laquelle on refuse de croire un homme
 aussi important que le docteur Matthieu?

[138] passez votre chemin: continuez votre route, allez plus loin.
[139] poivrots: *pop.*, ivrognes
[140] y en aurait de l'ouvrage!: *pop.*, quel travail il y aurait!
[141] que se soye: *pop.*, que ce soit.
[142] bras ballants: bras qui pendent et oscillent.

8. Quelles sont les réactions de Crainquebille en prison?

9. D'après l'agent 64, qu'est-ce que le docteur lui aurait dit? Pourquoi le président fait-il aussitôt retirer l'agent?

10. Quel rapport y a-t-il entre Crainquebille et sir Walter Raleigh?

11. Quelle différence Anatole France fait-il entre Bastien Matra et l'agent 64?

12. Si vraiment Crainquebille avait insulté l'agent, qu'est-ce qui, d'après les pensées supposées du président Bourriche, aurait pu le sauver?

13. Quelle est l'attitude de Crainquebille à sa sortie de prison?

14. Quel est le métier de madame Laure? Quels sentiments Crainquebille a-t-il en général pour elle?

15. Pourquoi Crainquebille, lorsqu'il est dans la misère, envie-t-il le sort des prisonniers?

16. Par quel moyen espère-t-il aller en prison?

B. 1. Pourquoi le conte commence-t-il par des considérations historiques sur la justice alors qu'on ne sait même pas de quoi Crainquebille est accusé?

2. *Ce regard disait* (l. 116). Quel est le procédé comique utilisé par France pour "traduire" la pensée de Crainquebille contenue dans son regard?

3. Il s'agit d'une petite affaire. Expliquez les sentiments du président Bourriche pendant l'audience.

4. La plaidoirie de l'avocat est exécrable. C'est en même temps une parodie des clichés d'avocat. Relevez ces clichés. Indiquez aussi tous les points qu'un bon avocat aurait discutés et ceux qu'il aurait laissés.

5. *La méthode qui consiste à examiner les faits selon les règles de la critique est inconciliable avec la bonne administration de la justice* (l. 348). Commentez cette phrase. Est-ce un paradoxe? Est-ce que la bonne administration de la justice est la même chose que la justice?

6. Le discours supposé du président Bourriche est directement inspiré de Pascal. Pour quelle raison, ce discours, d'une grande force logique, est-il tellement ironique?

7. Que pensez-vous de la définition: *on appelle gens de bien ceux qui font comme les autres* (l. 406)?

8. Quelle est l'ironie finale de l'histoire?

9. Ce conte, sous son incessante ironie, est terriblement sentimental. Pour quelle raison, l'auteur a-t-il tellement voulu nous apitoyer sur son héros, Crainquebille?

Sujets de Conversation

L'affaire Crainquebille est plus qu'une simple erreur judiciaire. Un innocent est condamné parce qu'il ignore la langue de la Cour et que son cas n'intéresse personne. Le magistrat ne songe qu'à appliquer la loi au plus vite. Ce que voudrait France, c'est une humanisation de la justice. Est-ce possible? Est-ce souhaitable?

Pour une humanisation de la justice

La justice absolue n'existe pas. Autrement, il n'y aurait pas de jurys. Si vous étiez malade, voudirez-vous être soigné par douze personnes tirées au sort ou par un médecin? Comment expliquer qu'un magistrat professionnel soit moins bon juge que douze non-spécialistes?

L'agent de police est un homme ordinaire. Comment admettre que son témoignage ait une plus grande valeur que celui d'une autre personne? N'est-ce pas ouvrir la porte à tous les abus d'autorité?

Si l'homme est le produit de son milieu, comme le pensent psychologues et sociologues, comment peut-il être considéré comme responsable de ses actes? Et s'il n'est pas responsable, comment peut-il être condamné?

Quelle serait votre attitude si vous étiez membre d'un jury? La peur de participer à une erreur judiciaire vous arrêterait-elle si, par exemple, l'accusé affirmait être in-

Pour une justice objective

L'erreur judiciaire est impossible à éliminer avec certitude. Dès lors, le respect des règles n'est-il pas la meilleure protection d'un accusé? Peut-on demander davantage qu'un procès où toutes les règles auront été respectées?

Ne faut-il pas, en cas de contradiction, que le témoignage de la police soit plus important que celui de l'accusé? Sinon quel chauffeur avouerait qu'il a conduit trop vite si sa faute n'a pas abouti à un accident?

Que pouvait faire le président Bourriche, à supposer qu'il ait voulu faire quelque chose? L'affaire Crainquebille était minime. Cinquante autres attendaient. Pouvait-il s'attarder sur ce seul cas pour trouver une vérité difficile? N'était-ce pas commettre quarante-neuf injustices en laissant les autres affaires en attente?

La justice vise à maintenir l'ordre. Elle protège la société autant que l'individu. Mais alors, si la condamnation sert à défendre les gens n'est-ce pas une erreur de mettre les

nocent? Qu'est-ce qui pour vous constitue un doute raisonnable?

Si Crainquebille avait réellement crié *Mort aux vaches!*, cela valait-il quinze jours de prison? Comment peut-on justifier cette sentence?

prisonniers en liberté provisoire, "on parole"? Et si on veut réhabiliter l'individu, n'est-ce pas une erreur de l'entourer de criminels?

Si le second agent de police n'arrête pas Crainquebille est-ce par bonté ou par lassitude? Pourquoi le cri du vieil homme ne lui semble-t-il pas grave? Qu'est-ce alors qu' une faute grave si deux agents pensent si différemment?

Guy de Maupassant
(1850-1893)

La carrière littéraire de Maupassant dure dix ans. Dix ans de succès incontestés. Il est lancé d'un coup par *Boule de Suif* (1880) et publie durant cette période vingt-sept volumes. Puis, en 1891, terrassé par une paralysie générale, il cesse d'écrire, non sans avoir donné un certain nombre de contes fantastiques, comme le *Horla* (1887), où il laisse apparaître un monde d'hallucinations qui va être désormais le sien.

Maupassant est surtout connu par ses nouvelles. Il est vraiment le maître du genre, peut-être parce que ses romans n'atteignent pas à la même qualité. Ils sont pourtant célèbres: *Une vie* (1883), *Pierre et Jean* (1884), *Bel-Ami* (1886), *Fort comme la mort* (1889); mais, dans l'ensemble, ils manquent de puissance et d'invention. Maupassant a le souffle un peu court, ses personnages restent sommaires, on le sent plus à l'aise dans la nouvelle qui est le développement logique d'une situation donnée, la solution d'une crise.

Comme Zola, Maupassant montre la vie sans chercher à l'embellir mais il n'a pas, comme lui, cette note d'espoir, ce lyrisme généreux qui le soulève. Maupassant observe, juge et condamne. Il ne cherche ni à analyser, ni à expliquer, encore moins à justifier.

Par ce pessimisme, il s'apparente à Flaubert, son maître. Par sa haine des bourgeois aussi, dont il ne cesse de dénoncer l'hypocrisie, la cupidité, la bassesse. Chez Maupassant, tout personnage qui veut être noble et courageux a tort. Il est vaincu d'avance. Les hommes sont comme ils sont et, si l'on veut réussir parmi eux, il faut accepter leurs conventions et jouer le jeu. Autrement, ils seront d'autant plus féroces qu'on respectera moins l'édifice social.

Il résulte de cette conception la création d'individus pittoresques, souvent amusants: paysans normands, petits employés, bourgeois aux prises avec des difficultés médiocres, à leur mesure. Aucun sentiment de grandeur ne les anime, aucune pensée ne les occupe. Véritablement Maupassant est sans inquiétude métaphysique et sans curiosité intellectuelle. On le lui reproche aujourd'hui.

*
**

Boule de Suif est le modèle de la nouvelle bien faite, parfaitement construite. Le seul défaut qu'on pourrait lui trouver, c'est justement cette perfection. Elle est un peu trop voulue, trop délibérée, trop symétrique, avec sa partie centrale à l'auberge entourée des deux voyages en contraste. Elle n'en est pas moins remarquable.

Malgré les circonstances, c'est beaucoup moins une attaque contre la guerre qu'une satire de l'hypocrisie bourgeoise. L'officier allemand apparaît à peine, c'est le *deus ex machina*. En face de Boule de Suif, qui représente curieusement la vertu patriotique, tous les personnages sont odieux, à des degrés variables, mais sans aucune exception. Il convient de noter avec quelle férocité, par exemple, Maupassant s'acharne sur le personnage de Cornudet, dont l'attitude ambiguë pourrait laisser croire qu'il fait cause commune avec Boule de Suif. Mais il ne tente rien pour la soutenir et, s'il se désolidarise des autres, ce n'est pas par sympathie pour la jeune femme mais pour une idéologie suspecte. Il est le *démoc*, inutile et solitaire.

Quelle est la faute de Boule de Suif? C'est de ne pas jouer le jeu social, par son métier de prostituée d'abord, qui la rejette hors de la société, par l'erreur qu'elle commet ensuite, une fois qu'elle a été tolérée dans le groupe, de ne pas s'arranger discrètement avec l'Alle-

mand, au besoin avec la complicité des autres, comme n'aurait pas manqué de le faire une madame Carré-Lamadon. Elle a le tort impardonnable de faire passer ses sentiments avant l'intérêt général du petit groupe auquel elle est liée.

Maupassant n'analyse pas mais il observe merveilleusement et, dans ce conte où les personnages sont trop nombreux pour s'exprimer vraiment, chaque notation est une merveille de vérité psychologique. Quant à l'ironie, elle est presque toujours excellente, animée par cette haine que Maupassant porte aux bourgeois satisfaits.

Boule de Suif

Pendant plusieurs jours de suite[1] des lambeaux d'armée en déroute avaient traversé la ville. Ce n'était point de la troupe, mais des hordes débandées. Les hommes avaient la barbe

[1] de suite: consécutifs.

longue et sale, des uniformes en guenilles, et ils avançaient d'une allure molle, sans drapeau, sans régiment. Tous semblaient accablés, éreintés, incapables d'une pensée ou d'une résolution, marchant seulement par habitude, et tombant de fatigue sitôt qu'ils s'arrêtaient. On voyait surtout des mobilisés[2], gens pacifiques, rentiers[3] tranquilles, pliant sous le poids du fusil; des petits moblots[4] alertes, faciles à l'épouvante et prompts à l'enthousiasme, prêts à l'attaque comme à la fuite; puis, au milieu d'eux, quelques culottes rouges, débris d'une division moulue[5] dans une grande bataille; des artilleurs sombres alignés avec ces fantassins divers; et, parfois, le casque brillant d'un dragon au pied pesant qui suivait avec peine la marche plus légère des lignards[6].

Des légions de francs-tireurs[7] aux appellations héroïques: "les Vengeurs de la Défaite — les Citoyens de la Tombe — les Partageurs de la Mort" — passaient à leur tour, avec des airs de bandits.

Leurs chefs, anciens commerçants en draps ou en graines, ex-marchands de suif ou de savon, guerriers de circonstance, nommés officiers pour leurs écus ou la longueur de leurs moustaches, couverts d'armes, de flanelle et de galons, parlaient d'une voix retentissante, discutaient plans de campagne, et prétendaient soutenir seuls la France agonisante sur leurs épaules de fanfarons; mais ils redoutaient parfois leurs propres soldats, gens de sac et de corde[8], souvent braves à outrance, pillards et débauchés.

Les Prussiens allaient entrer dans Rouen, disait-on.

La Garde nationale qui, depuis deux mois, faisait des reconnaissances très prudentes dans les bois voisins, fusillant parfois ses propres sentinelles, et se préparant au combat quand un petit lapin remuait sous des broussailles, était rentrée dans ses foyers[9]. Ses armes, ses uniformes, tout son attirail meurtrier, dont elle épouvantait naguère les bornes des routes nationales à trois lieues à la ronde[10], avaient subitement disparu.

Les derniers soldats français venaient enfin de traverser la Seine

[2] mobilisés: personnes qui sont appelées dans l'armée au moment d'une guerre.
[3] rentiers: personnes qui vivent du revenu de leur argent sans travailler.
[4] moblots: abréviation pour soldats de la garde mobile.
[5] moulue: réduite en poudre, détruite.
[6] lignards: soldats d'infanterie.
[7] francs-tireurs: soldats qui ne font pas partie de l'armée régulière.
[8] gens de sac et de corde: bandits qui méritent d'être pendus.
[9] rentrée dans ses foyers: retournée à la maison.
[10] à trois lieues à la ronde: dans un périmètre d'environ trois lieues.

pour gagner Pont-Audemer par Saint-Sever et Bourg-Achard; et, marchant après tous, le général, désespéré, ne pouvant rien tenter avec ces loques disparates, éperdu lui-même dans la grande débâcle d'un peuple habitué à vaincre et désastreusement battu malgré sa bravoure légendaire, s'en allait à pied, entre deux officiers d'ordonnance.

Puis un calme profond, une attente épouvantée et silencieuse avaient plané sur la cité. Beaucoup de bourgeois bedonnants, émasculés par le commerce, attendaient anxieusement les vainqueurs, tremblant qu'on ne considérât comme une arme leurs broches à rôtir ou leurs grands couteaux de cuisine.

La vie semblait arrêtée; les boutiques étaient closes, la rue muette. Quelquefois un habitant, intimidé par ce silence filait rapidement le long des murs.

L'angoisse de l'attente fait désirer la venue de l'ennemi.

Dans l'après-midi du jour qui suivit le départ des troupes françaises, quelques uhlans[11], sortis on ne sait d'où, traversèrent la ville avec célérité. Puis, un peu plus tard, une masse noire descendit de la côte Sainte-Catherine, tandis que deux autres flots envahisseurs apparaissaient par les routes de Darnetal et de Boisguillaume. Les avant-gardes des trois corps, juste au même moment, se joignirent sur la place de l'Hôtel-de-Ville; et, par toutes les rues voisines, l'armée allemande arrivait, déroulant ses bataillons qui faisaient sonner les pavés sous leur pas dur et rythmé.

Des commandements criés d'une voix inconnue et gutturale montaient le long des maisons qui semblaient mortes et désertes, tandis que, derrière les volets fermés, des yeux guettaient ces hommes victorieux, maîtres de la cité, des fortunes et des vies, de par le "droit de guerre". Les habitants, dans leurs chambres assombries, avaient l'affolement que donnent les cataclysmes, les grands bouleversements meurtriers de la terre, contre lesquels toute sagesse et toute force sont inutiles. Car la même sensation reparaît chaque fois que l'ordre établi des choses est renversé, que la sécurité n'existe plus, que tout ce que protégeaient les lois des hommes ou celles de la nature se trouve à la merci d'une brutalité inconsciente et féroce. Le tremblement de terre écrasant sous les maisons croulantes un peuple entier; le fleuve débordé qui roule les paysans noyés avec les cadavres des bœufs et les poutres arrachées aux toits, ou l'armée glorieuse massacrant ceux qui se défendent, emmenant les autres prisonniers, pillant au nom du Sabre et

[11] uhlans: soldats de cavalerie dans l'armée allemande.

remerciant un Dieu au son du canon, sont autant de fléaux effrayants qui déconcertent toute croyance à la Justice Eternelle, toute la confiance qu'on nous enseigne en la protection du Ciel et en la raison de l'Homme.

Mais à chaque porte des petits détachements frappaient, puis disparaissaient dans les maisons. C'était l'occupation après l'invasion. Le devoir commençait pour les vaincus de se montrer gracieux envers les vainqueurs.

Au bout de quelque temps, une fois la première terreur disparue, un calme nouveau s'établit. Dans beaucoup de familles, l'officier prussien mangeait à table. Il était parfois bien élevé, et, par politesse, plaignait la France, disait sa répugnance en prenant part à cette guerre. On lui était reconnaissant de ce sentiment; puis on pouvait, un jour ou l'autre, avoir besoin de sa protection. En le ménageant on obtiendrait peut-être quelques hommes de moins à nourrir. Et pourquoi blesser quelqu'un dont on dépendait tout à fait? Agir ainsi serait moins de la bravoure que de la témérité. — Et la témérité n'est plus un défaut des bourgeois de Rouen, comme au temps des défenses héroïques où s'illustra leur cité. — On se disait enfin, raison suprême tirée de l'urbanité française, qu'il demeurait bien permis d'être poli dans son intérieur pourvu qu'on ne se montrât pas familier, en public, avec le soldat étranger. Au dehors on ne se connaissait plus, mais dans la maison on causait volontiers, et l'Allemand demeurait plus longtemps, chaque soir, à se chauffer au foyer commun.

La ville même reprenait peu à peu de son aspect ordinaire. Les Français ne sortaient guère encore, mais les soldats prussiens grouillaient dans les rues. Du reste, les officiers de hussards bleus, qui traînaient avec arrogance leurs grands outils de mort sur le pavé, ne semblaient pas avoir pour les simples citoyens énormément plus de mépris que les officiers de chasseurs[12], qui, l'année d'avant, buvaient aux mêmes cafés.

Il y avait cependant quelque chose dans l'air, quelque chose de subtil et d'inconnu, une atmosphère étrangère intolérable, comme une odeur répandue, l'odeur de l'invasion. Elle emplissait les demeures et les places publiques, changeait le goût des aliments, donnait l'impression d'être en voyage, très loin, chez des tribus barbares et dangereuses.

Les vainqueurs exigeaient de l'argent, beaucoup d'argent. Les habitants payaient toujours; ils étaient riches d'ailleurs. Mais plus un

[12] chasseurs: soldats d'infanterie.

négociant normand devient opulent et plus il souffre de tout sacrifice, de toute parcelle de sa fortune qu'il voit passer aux mains d'un autre.

Cependant, à deux ou trois lieues sous la ville, en suivant le cours de la rivière, vers Croisset, Dieppedalle ou Biessart, les mariniers et les pêcheurs ramenaient souvent du fond de l'eau quelque cadavre d'Allemand gonflé dans son uniforme, tué d'un coup de couteau ou de savate[13], la tête écrasée par une pierre, ou jeté à l'eau d'une poussée du haut d'un pont. Les vases du fleuve ensevelissaient ces vengeances obscures, sauvages et légitimes, héroïsmes inconnus, attaques muettes, plus périlleuses que les batailles au grand jour et sans le retentissement de la gloire.

Car la haine de l'Etranger arme toujours quelques Intrépides prêts à mourir pour une Idée.

Enfin, comme les envahisseurs, bien qu'assujétissant la ville à leur inflexible discipline, n'avaient accompli aucune des horreurs que la renommée leur faisait commettre tout le long de leur marche triomphale, on s'enhardit, et le besoin du négoce travailla de nouveau le cœur des commerçants du pays. Quelques-uns avaient de gros intérêts engagés au Havre, que l'armée française occupait, et ils voulurent tenter de gagner ce port en allant par terre à Dieppe, où ils s'embarqueraient.

On employa l'influence des officiers allemands dont on avait fait la connaissance, et une autorisation de départ fut obtenue du général en chef.

Donc, une grande diligence[14] à quatre chevaux ayant été retenue pour ce voyage, et dix personnes s'étant fait inscrire chez le voiturier[15], on résolut de partir un mardi matin, avant le jour, pour éviter tout rassemblement.

Depuis quelque temps déjà la gelée avait durci la terre, et le lundi, vers trois heures, de gros nuages noirs venant du nord apportèrent la neige qui tomba sans interruption pendant toute la soirée et toute la nuit.

A quatre heures et demie du matin, les voyageurs se réunirent dans la cour de l'Hôtel de Normandie, où l'on devait monter en voiture.

Ils étaient encore pleins de sommeil, et grelottaient de froid sous leurs couvertures. On se voyait mal dans l'obscurité; et l'entassement des lourds vêtements d'hiver faisait ressembler tous ces corps à des

[13] coup de savate: coup de pied. La savate est une sorte de boxe avec les pieds et les poings.
[14] diligence: "stage-coach".
[15] voiturier: personne qui transporte les gens dans une voiture.

Lines marked: 115, 120, 125, 130, 135, 140, 145

curés obèses avec leurs longues soutanes[16]. Mais deux hommes se reconnurent, un troisième les aborda, ils causèrent: — "J'emmène ma femme", — dit l'un. — "J'en fais autant." — "Et moi aussi." — Le premier ajouta: — "Nous ne reviendrons pas à Rouen, et si les Prussiens approchent du Havre nous gagnerons l'Angleterre." — Tous avaient les mêmes projets, étant de complexion semblable.

Cependant on n'attelait pas la voiture. Une petite lanterne, que portait un valet d'écurie, sortait de temps à autre d'une porte obscure pour disparaître immédiatement dans une autre. Des pieds de chevaux frappaient la terre, amortis par le fumier des litières[17], et une voix d'homme parlant aux bêtes et jurant s'entendait au fond du bâtiment. Un léger murmure de grelots annonça qu'on maniait les harnais; ce murmure devint bientôt un frémissement clair et continu, rythmé par le mouvement de l'animal, s'arrêtant parfois, puis reprenant dans une brusque secousse qu'accompagnait le bruit mat d'un sabot ferré battant le sol.

La porte subitement se ferma. Tout bruit cessa. Les bourgeois gelés s'étaient tus; ils demeuraient immobiles et roidis.

Un rideau de flocons blancs ininterrompu miroitait sans cesse en descendant vers la terre; il effaçait les formes, poudrait les choses d'une mousse de glace; et l'on n'entendait plus, dans le grand silence de la ville calme et ensevelie sous l'hiver, que ce froissement vague, innommable et flottant, de la neige qui tombe, plutôt sensation que bruit, entremêlement d'atomes légers qui semblaient emplir l'espace, couvrir le monde.

L'homme reparut, avec sa lanterne, tirant au bout d'une corde un cheval triste qui ne venait pas volontiers. Il le plaça contre le timon, attacha les traits, tourna longtemps autour pour assurer les harnais, car il ne pouvait se servir que d'une main, l'autre portant sa lumière. Comme il allait chercher la seconde bête, il remarqua tous ces voyageurs immobiles, déjà blancs de neige, et leur dit: — "Pourquoi ne montez-vous pas dans le voiture, vous serez à l'abri, au moins?"

Ils n'y avaient pas songé, sans doute, et ils se précipitèrent. Les trois hommes installèrent leurs femmes dans le fond, montèrent ensuite; puis les autres formes indécises et voilées prirent à leur tour les dernières places sans échanger une parole.

[16] soutane: vêtement porté par un prêtre.
[17] le fumier des litières: "the manure of the litters".

Le plancher était couvert de paille où les pieds s'enfoncèrent. Les dames du fond, ayant apporté des petites chaufferettes[18] en cuivre avec un charbon chimique, allumèrent ces appareils, et, pendant quelque temps, à voix basse, elles en énumérèrent les avantages, se répétant des choses qu'elles savaient déjà depuis longtemps.

Enfin, la diligence étant attelée, avec six chevaux au lieu de quatre à cause du tirage plus pénible, une voix du dehors demanda: — "Tout le monde est-il monté?" — Une voix du dedans répondit: — "Oui." — On partit.

La voiture avançait lentement, lentement, à tout petits pas. Les roues s'enfonçaient dans la neige; le coffre[19] entier geignait avec des craquements sourds; les bêtes glissaient, soufflaient, fumaient; et le fouet gigantesque du cocher claquait sans repos, voltigeait de tous les côtés, se nouant et se déroulant comme un serpent mince, et cinglant brusquement quelque croupe rebondie qui se tendait alors sous un effort plus violent.

Mais le jour imperceptiblement grandissait. Ces flocons légers qu'un voyageur, Rouennais pur sang[20], avait comparés à une pluie de coton, ne tombaient plus. Une lueur sale filtrait à travers de gros nuages obscurs et lourds qui rendaient plus éclatante la blancheur de la campagne où apparaissaient tantôt une ligne de grands arbres vêtus de givre, tantôt une chaumière avec un capuchon de neige.

Dans la voiture, on se regardait curieusement, à la triste clarté de cette aurore.

Tout au fond, aux meilleures places, sommeillaient, en face l'un de l'autre, M. et Mme Loiseau, des marchands de vins en gros[21] de la rue Grand-Pont.

Ancien commis d'un patron ruiné dans les affaires, Loiseau avait acheté le fonds[22] et fait fortune. Il vendait à très bon marché de très mauvais vin aux petits débitants[23] des campagnes et passait parmi ses connaissances et ses amis pour un fripon madré[24], un vrai Normand plein de ruses et de jovialité.

[18] chaufferettes: appareils pour se chauffer les pieds.

[19] coffre: ici, "body".

[20] Rouennais pur sang: typiquement de Rouen, authentiquement Rouennais.

[21] en gros: "wholesale".

[22] le fonds: l'affaire.

[23] débitants: ceux qui vendent du vin au détail.

[24] fripon madré: trompeur adroit et rusé.

Sa réputation de filou[25] était si bien établie, qu'un soir, à la préfecture, M. Tournel, auteur de fables et de chansons, esprit mordant et fin, une gloire locale, ayant proposé aux dames qu'il voyait un peu somnolentes de faire une partie de "Loiseau vole"[26], le mot lui-même vola à travers les salons du préfet, puis, gagnant ceux de la ville, avait fait rire pendant un mois toutes les mâchoires de la province.

Loiseau était en outre célèbre par ses farces de toute nature, ses plaisanteries bonnes ou mauvaises; et personne ne pouvait parler de lui sans ajouter immédiatement: — "Il est impayable[27], ce Loiseau."

De taille exiguë, il présentait un ventre en ballon surmonté d'une face rougeaude entre deux favoris grisonnants.

Sa femme, grande, forte, résolue, avec la voix haute et la décision rapide, était l'ordre et l'arithmétique de la maison de commerce, qu'il animait par son activité joyeuse.

A côté d'eux se tenait, plus digne, appartenant à une caste supérieure, M. Carré-Lamadon, homme considérable, posé[28] dans les cotons, propriétaire de trois filatures, officier de la Légion d'honneur et membre du Conseil général. Il était resté, tout le temps de l'Empire[29], chef de l'opposition bienveillante, uniquement pour se faire payer plus cher son ralliement à la cause qu'il combattait avec des armes courtoises, selon sa propre expression. Mme Carré-Lamadon, beaucoup plus jeune que son mari, demeurait la consolation des officiers de bonne famille envoyés à Rouen en garnison.

Elle faisait vis-à-vis à son époux, toute mignonne, toute jolie, pelotonnée[30] dans ses fourrures, et regardait d'un air navré l'intérieur lamentable de la voiture.

Ses voisins, le comte et la comtesse Hubert de Bréville, portaient un des noms les plus anciens et les plus nobles de Normandie. Le comte, vieux gentilhomme de grande tournure, s'efforçait d'accentuer, par les artifices de sa toilette, sa ressemblance naturelle avec le roy Henri IV qui, suivant une légende glorieuse pour la famille, avait rendu grosse[31] une dame de Bréville dont le mari, pour ce fait, était devenu comte et gouverneur de province.

[25] filou: voleur.
[26] Loiseau vole: jeu de mots sur "oiseau" et les deux sens du verbe "voler".
[27] impayable: *fam.*, comique.
[28] homme posé: homme sérieux, qui a réussi dans la vie.
[29] l'Empire: le gouvernement de Napoléon III, renversé par la défaite.
[30] pelotonnée: serrée.
[31] grosse: enceinte, "pregnant".

Collègue de M. Carré-Lamadon au Conseil général, le comte Hubert représentait le parti orléaniste[32] dans le département. L'histoire de son mariage avec la fille d'un petit armateur de Nantes était toujours demeurée mystérieuse. Mais comme la comtesse avait grand air, recevait mieux que personne, passait même pour avoir été aimée par un des fils de Louis-Philippe[33], toute la noblesse lui faisait fête[34], et son salon demeurait le premier du pays, le seul où se conservât la vieille galanterie, et dont l'entrée fût difficile.

La fortune des Bréville, toute en biens-fonds[35], atteignait, disait-on, cinq cent mille livres[36] de revenu.

Ces six personnes formaient le fond de la voiture, le côté de la société rentée[37], sereine et forte, des honnêtes gens autorisés qui ont de la Religion et des Principes.

Par un hasard étrange, toutes les femmes se trouvaient sur le même banc; et la comtesse avait encore pour voisines deux bonnes sœurs qui égrenaient de longs chapelets[38] en marmottant des *Pater* et des *Ave*. L'une était vieille avec une face défoncée par la petite vérole comme si elle eût reçu à bout portant une bordée de mitraille[39] en pleine figure. L'autre, très chétive, avait une tête jolie et maladive sur une poitrine de phtisique rongée[40] par cette foi dévorante qui fait les martyrs et les illuminés[41].

En face des deux religieuses, un homme et une femme attiraient les regards de tous.

L'homme, bien connu, était Cornudet le démoc[42], la terreur des gens respectables. Depuis vingt ans, il trempait sa grande barbe rousse dans les bocks de tous les cafés démocratiques. Il avait mangé avec les frères et amis une assez belle fortune qu'il tenait de[43] son père, ancien confiseur, et il attendait impatiemment la République pour obtenir enfin

250

255

260

265

270

275

[32] parti orléaniste: un des deux partis royalistes de l'époque.
[33] Louis-Philippe: roi des Français, de 1830 à 1848, chef de la famille d'Orléans.
[34] faisait fête: recevait, accueillait avec plaisir.
[35] biens-fonds: terres ou maisons.
[36] livres: francs.
[37] société rentée: société qui a des rentes, qui est donc riche.
[38] égrener . . . chapelets: "to tell . . . beads".
[39] comme si elle eût reçu à bout portant une volée de mitraille: "as if she had received a volley of grape-shots at point-blank range".
[40] rongée: corrodée, usée lentement.
[41] illuminés: visionnaires.
[42] démoc: abréviation ironique pour démocrate.
[43] qu'il tenait de: qu'il avait héritée de.

la place méritée par tant de consommations révolutionnaires. Au quatre septembre[44], par suite[45] d'une farce peut-être, il s'était cru nommé préfet, mais quand il voulut entrer en fonctions, les garçons de bureau[46], demeurés seuls maîtres de la place, refusèrent de le reconnaître, ce qui le contraignit à la retraite. Fort bon garçon, du reste, inoffensif et serviable, il s'était occupé avec une ardeur incomparable d'organiser la défense. Il avait fait creuser des trous dans les plaines, coucher[47] tous les jeunes arbres des forêts voisines, semé des pièges sur toutes les routes, et, à l'approche de l'ennemi, satisfait de ses préparatifs, il s'était vivement replié vers la ville. Il pensait maintenant se rendre plus utile au Havre, où de nouveaux retranchements allaient être nécessaires.

La femme, une de celles appelées galantes[48], était célèbre par son embonpoint précoce qui lui avait valu[49] le surnom de Boule de Suif. Petite, ronde de partout, grasse à lard[50], avec des doigts bouffis, étranglés aux phalanges[51], pareils à des chapelets de courtes saucisses; avec une peau luisante et tendue, une gorge énorme qui saillait sous sa robe, elle restait cependant appétissante et courue, tant sa fraîcheur faisait plaisir à voir. Sa figure était une pomme rouge, un bouton de pivoine prêt à fleurir; et là dedans s'ouvraient, en haut, deux yeux noirs magnifiques, ombragés de grands cils épais qui mettaient une ombre dedans; en bas, une bouche charmante, étroite, humide pour le baiser, meublée de quenottes[52] luisantes et microscopiques.

Elle était de plus, disait-on, pleine de qualités inappréciables.

Aussitôt qu'elle fut reconnue, des chuchotements coururent parmi les femmes honnêtes, et les mots de "prostituée", de "honte publique" furent chuchotés si haut qu'elle leva la tête. Alors elle promena sur ses voisins un regard tellement provocant et hardi qu'un grand silence aussitôt régna, et tout le monde baissa les yeux à l'exception de Loiseau, qui la guettait d'un air émoustillé.

Mais bientôt la conversation reprit entre les trois dames, que la présence de cette fille avait rendues subitement amies, presque intimes.

[44] quatre septembre: date de la révolution qui a renversé Napoléon III (1870).
[45] par suite de: en conséquence de.
[46] garçons de bureau: "ushers".
[47] coucher: ici, abattre, couper.
[48] femme galante: prostituée.
[49] lui avait valu: lui avait fait donner.
[50] grasse à lard: très grasse.
[51] étranglés aux phalanges: serrés aux articulations.
[52] quenottes: *fam.*, dents.

Elles devaient faire, leur semblait-il, comme un faisceau de leurs dignités d'épouses en face de cette vendue sans vergogne[53], car l'amour légal le prend toujours de haut[54] avec son libre confrère.

Les trois hommes aussi, rapprochés par un instinct de conservateurs à l'aspect de Cornudet, parlaient argent d'un certain ton dédaigneux pour les pauvres. Le comte Hubert disait les dégâts que lui avaient fait subir les Prussiens, les pertes qui résulteraient du bétail volé et des récoltes perdues, avec une assurance de grand seigneur dix fois millionnaire que ces ravages gêneraient à peine une année. M. Carré-Lamadon, fort éprouvé[55] dans l'industrie cotonnière, avait eu soin d'envoyer six cent mille francs en Angleterre, une poire pour la soif[56] qu'il se ménageait à toute occasion. Quant à Loiseau, il s'était arrangé pour vendre à l'Intendance française[57] tous les vins communs qui lui restaient en cave, de sorte que l'Etat lui devait une somme formidable qu'il comptait bien toucher au Havre.

Et tous les trois se jetaient des coups d'œil rapides et amicaux. Bien que de conditions différentes, ils se sentaient frères par l'argent, de la grande franc-maçonnerie[58] de ceux qui possèdent, qui font sonner de l'or en mettant la main dans la poche de leur culotte.

La voiture allait si lentement qu'à dix heures du matin on n'avait pas fait quatre lieues. Les hommes descendirent trois fois pour monter des côtes à pied. On commençait à s'inquiéter, car on devait déjeuner à Tôtes et l'on désespérait maintenant d'y parvenir avant la nuit. Chacun guettait pour apercevoir un cabaret sur la route, quand la diligence sombra dans un amoncellement de neige et il fallut deux heures pour la dégager.

L'appétit grandissait, troublait les esprits; et aucune gargote[59], aucun marchand de vin ne se montraient, l'approche des Prussiens et le passage des troupes françaises affamées ayant effrayé toutes les industries.

Les messieurs coururent aux provisions dans les fermes au bord du chemin, mais ils n'y trouvèrent pas même du pain, car le paysan défiant cachait ses réserves dans la crainte d'être pillé par les soldats

310

315

320

325

330

335

[53] vendue sans vergogne: femme qui se vend sans avoir honte.
[54] le prend de haut: traite avec mépris.
[55] fort éprouvé: qui a subi des pertes sévères.
[56] une poire pour la soif: *fam.*, une réserve pour les besoins futurs.
[57] Intendance: "supply services".
[58] franc-maçonnerie: "Freemasonry".
[59] gargote: mauvais restaurant.

qui, n'ayant rien à se mettre sous la dent[60], prenaient par force ce qu'ils découvraient.

Vers une heure de l'après-midi, Loiseau annonça que décidément il se sentait un rude creux dans l'estomac. Tout le monde souffrait comme lui depuis longtemps; et le violent besoin de manger, augmentant toujours, avait tué les conversations.

De temps en temps, quelqu'un bâillait; un autre presque aussitôt l'imitait; et chacun, à tour de rôle[61], suivant son caractère, son savoir-vivre et sa position sociale, ouvrait la bouche avec fracas ou modestement en portant vite sa main devant le trou béant d'où sortait une vapeur.

Boule de Suif, à plusieurs reprises, se pencha comme si elle cherchait quelque chose sous ses jupons. Elle hésitait une seconde, regardait ses voisins, puis se redressait tranquillement. Les figures étaient pâles et crispées. Loiseau affirma qu'il payerait mille francs un jambonneau. Sa femme fit un geste comme pour protester; puis elle se calma. Elle souffrait toujours en entendant parler d'argent gaspillé, et ne comprenait même pas les plaisanteries sur ce sujet. — "Le fait est que je ne me sens pas bien, dit le comte, comment n'ai-je pas songé à apporter des provisions?" — Chacun se faisait le même reproche.

Cependant, Cornudet avait une gourde pleine de rhum; il en offrit; on refusa froidement. Loiseau seul en accepta deux gouttes, et, lorsqu'il rendit la gourde, il remercia: — "C'est bon tout de même, ça réchauffe, et ça trompe l'appétit." — L'alcool le mit en belle humeur et il proposa de faire comme sur le petit navire de la chanson[62]: de manger le plus gras des voyageurs. Cette allusion indirecte à Boule de Suif choqua les gens bien élevés. On ne répondit pas; Cornudet seul eut un sourire. Les deux bonnes sœurs avaient cessé de marmotter leur rosaire, et, les mains enfoncées dans leurs grandes manches, elles se tenaient immobiles, baissant obstinément les yeux, offrant sans doute au ciel la souffrance qu'il leur envoyait.

Enfin, à trois heures, comme on se trouvait au milieu d'une plaine interminable, sans un seul village en vue, Boule de Suif se baissant vivement, retira de sous la banquette un large panier couvert d'une serviette blanche.

Elle en sortit d'abord une petite assiette de faïence, une fine timbale

[60] n'ayant rien à se mettre sous la dent: n'ayant rien à manger.
[61] à tour de rôle: chacun son tour.
[62] la chanson: *Il était un petit navire*, où le plus jeune est mangé par ses compagnons.

en argent, puis une vaste terrine dans laquelle deux poulets entiers,
tout découpés, avaient confi[63] sous leur gelée; et l'on apercevait encore
dans le panier d'autres bonnes choses enveloppées, des pâtés, des fruits,
des friandises, les provisions préparées pour un voyage de trois jours,
afin de ne point toucher à la cuisine des auberges. Quatre goulots de 380
bouteilles passaient entre les paquets de nourriture. Elle prit une aile
de poulet et, délicatement, se mit à la manger avec un de ces petits
pains qu'on appelle "Régence" en Normandie.

 Tous les regards étaient tendus vers elle. Puis l'odeur se répandit,

élargissant les narines, faisant venir aux bouches une salive abondante 385
avec une contraction douloureuse de la mâchoire sous les oreilles. Le
mépris des dames pour cette fille devenait féroce, comme une envie
de la tuer ou de la jeter en bas de la voiture, dans la neige, elle, sa
timbale, son panier et ses provisions.

 Mais Loiseau dévorait des yeux la terrine de poulet. Il dit: — "A la 390
bonne heure, madame a eu plus de précaution que nous. Il y a des
personnes qui savent toujours penser à tout." — Elle leva la tête vers
lui: — "Si vous en désirez, monsieur? C'est dur de jeûner depuis le
matin." — Il salua: — "Ma foi, franchement, je ne refuse pas, je n'en
peux plus[64]. A la guerre comme à la guerre[65], n'est-ce pas, madame?" — 395

[63] confi: conservé dans la graisse, la gelée, "jelly", pour de la viande.
[64] je n'en peux plus: je n'ai plus la force de résister.
[65] A la guerre comme à la guerre: il faut s'adapter aux circonstances.

Et, jetant un regard circulaire, il ajouta: — "Dans des moments comme celui-ci, on est bien aise de trouver des gens qui vous obligent." — Il avait un journal qu'il étendit pour ne point tacher son pantalon, et sur la pointe d'un couteau toujours logé dans sa poche, il enleva une cuisse toute vernie de gelée, la dépeça des dents, puis la mâcha avec une satisfaction si évidente qu'il y eut dans la voiture un grand soupir de détresse.

Mais Boule de Suif, d'une voix humble et douce, proposa aux bonnes sœurs de partager sa collation. Elles acceptèrent toutes les deux instantanément, et, sans lever les yeux, se mirent à manger très vite après avoir balbutié des remerciements. Cornudet ne refusa pas non plus les offres de sa voisine, et l'on forma aves les religieuses une sorte de table en développant des journaux sur les genoux.

Les bouches s'ouvraient et se fermaient sans cesse, avalaient, mastiquaient, engloutissaient férocement. Loiseau, dans son coin, travaillait dur, et, à voix basse, il engageait sa femme à l'imiter. Elle résista longtemps, puis, après une crispation qui lui parcourut les entrailles, elle céda. Alors son mari, arrondissant sa phrase[66], demanda à leur "charmante compagne" si elle lui permettait d'offrir un petit morceau à Mme Loiseau. Elle dit: — "Mais oui, certainement, monsieur", avec un sourire aimable, et tendit la terrine.

Un embarras se produisit lorsqu'on eut débouché la première bouteille de bordeaux[67]: il n'y avait qu'une timbale. On se la passa après l'avoir essuyée. Cornudet seul, par galanterie sans doute, posa ses lèvres à la place humide encore des lèvres de sa voisine.

Alors, entourés de gens qui mangeaient, suffoqués par les émanations des nourritures, le comte et la comtesse de Bréville, ainsi que M. et Mme Carré-Lamadon souffrirent ce supplice odieux qui a gardé le nom de Tantale. Tout d'un coup la jeune femme du manufacturier poussa un soupir qui fit retourner les têtes; elle était aussi blanche que la neige du dehors; ses yeux se fermèrent, son front tomba: elle avait perdu connaissance[68]. Son mari, affolé, implorait le secours de tout le monde. Chacun perdait l'esprit, quand la plus âgée des bonnes sœurs, soutenant la tête de la malade, glissa entre ses lèvres la timbale de Boule de Suif et lui fit avaler quelques gouttes de vin. La jolie dame remua, ouvrit les yeux, sourit et déclara d'une voix mourante qu'elle se

[66] arrondissant sa phrase: faisant des effets pour bien parler.
[67] bordeaux: vin de Bordeaux.
[68] elle avait perdu connaissance: elle s'était évanouie.

sentait fort bien maintenant. Mais, afin que cela ne se renouvelât plus, la religieuse la contraignit à boire un plein verre de bordeaux, et elle ajouta: — "C'est la faim, pas autre chose."

Alors Boule de Suif, rougissante et embarrassée, balbutia en re- **435** gardant les quatre voyageurs restés à jeun[69]. — "Mon Dieu, si j'osais offrir à ces messieurs et à ces dames . . ." Elle se tut, craignant un outrage. Loiseau prit la parole: — "Eh, parbleu, dans des cas pareils tout le monde est frère et doit s'aider. Allons, mesdames, pas de cérémonie, acceptez, que diable! Savons-nous si nous trouverons seulement une **440** maison où passer la nuit? Du train dont nous allons nous ne serons pas à Tôtes avant demain midi." — On hésitait, personne n'osant assumer la responsabilité du "oui".

Mais le comte trancha la question. Il se tourna vers la grosse fille intimidée, et, prenant son grand air de gentilhomme, il lui dit: — "Nous **445** acceptons avec reconnaissance, madame."

Le premier pas seul coûtait. Une fois le Rubicon[70] passé, on s'en donna carrément[71]. Le panier fut vidé. Il contenait encore un pâté de foie gras, un pâté de mauviettes, un morceau de langue fumée, des poires de Crassane, un paté de Pont-l'Evêque[72], des petits fours et une **450** tasse pleine de cornichons et d'oignons au vinaigre, Boule de Suif, comme toutes les femmes, adorant les crudités[73].

On ne pouvait manger les provisions de cette fille sans lui parler. Donc on causa, avec réserve d'abord, puis, comme elle se tenait fort bien, on s'abandonna davantage. Mmes de Bréville et Carré-Lamadon, **455** qui avaient un grand savoir-vivre, se firent gracieuses avec délicatesse. La comtesse sourtout montra cette condescendance aimable des très nobles dames qu'aucun contact ne peut salir, et fut charmante. Mais la forte Mme Loiseau, qui avait une âme de gendarme, resta revêche[74], parlant peu et mangeant beaucoup. **460**

On s'entretint de la guerre, naturellement. On raconta des faits horribles des Prussiens, des traits de bravoure des Français; et tous ces gens qui fuyaient rendirent hommage au courage des autres. Les

[69] à jeun: qui n'ont pas mangé.
[70] le Rubicon: passer le Rubicon signifie prendre une décision hardie et définitive.
[71] on s'en donna carrément: on se laissa aller, on ne se retint plus.
[72] pâté . . . Pont-l'Evêque: "goose-liver paste, skylark paste, smoked tongue, pears and a Pont-l'Evêque cheese".
[73] crudités: légumes crus.
[74] revêche: désagréable.

histoires personnelles commencèrent bientôt, et Boule de Suif raconta, avec une émotion vraie, avec cette chaleur de parole qu'ont parfois les filles pour exprimer leurs emportements naturels, comment elle avait quitté Rouen: — "J'ai cru d'abord que je pourrais rester, disait-elle. J'avais ma maison pleine de provisions, et j'aimais mieux nourrir quelques soldats que m'expatrier je ne sais où. Mais quand je les ai vus, ces Prussiens, ce fut plus fort que moi! Ils m'ont tourné le sang[75] de colère; et j'ai pleuré de honte toute la journée. Oh! si j'étais un homme, allez! Je les regardais de ma fenêtre, ces gros porcs avec leur casque à pointe, et ma bonne me tenait les mains pour m'empêcher de leur jeter mon mobilier sur le dos. Puis il en est venu pour loger chez moi; alors j'ai sauté à la gorge du premier. Ils ne sont pas plus difficiles à étrangler que d'autres! Et je l'aurais terminé, celui-là, si l'on ne m'avait pas tirée par les cheveux. Il a fallu me cacher après ça. Enfin, quand j'ai trouvé une occasion, je suis partie, et me voici."

On la félicita beaucoup. Elle grandissait dans l'estime de ses compagnons qui ne s'étaient pas montrés si crânes[76]; et Cornudet, en l'écoutant, gardait un sourire approbateur et bienveillant d'apôtre; de même un prêtre entend un dévot louer Dieu, car les démocrates à longue barbe ont le monopole du patriotisme comme les hommes en soutane ont celui de la religion. Il parla à son tour d'un ton doctrinaire, avec l'emphase apprise dans les proclamations qu'on collait chaque jour aux murs, et il finit par un morceau d'éloquence où il étrillait[77] magistralement cette "crapule de Badinguet"[78].

Mais Boule de Suif aussitôt se fâcha, car elle était bonapartiste. Elle devenait plus rouge qu'une guigne[79], et bégayant d'indignation: — "J'aurais bien voulu vous voir à sa place, vous autres. Ça aurait été du propre[80], ah oui! C'est vous qui l'avez trahi, cet homme! On n'aurait plus qu'à quitter la France si l'on était gouverné par des polissons comme vous!" — Cornudet, impassible, gardait un sourire dédaigneux et supérieur, mais on sentait que les gros mots allaient arriver quand le comte s'interposa et calma, non sans peine, la fille exaspérée, en

[75] tourner le sang: causer un grand trouble.
[76] crânes: fiers et décidés.
[77] étriller: maltraiter, se montrer très dur.
[78] crapule de Badinguet: une crapule est un homme malhonnête et Badinguet est le surnom donné à Napoléon III par ses ennemis.
[79] guigne: cerise.
[80] Ça aurait été du propre: ça aurait été bien, dans un sens ironique qui veut dire le contraire.

proclamant avec autorité que toutes les opinions sincères étaient respectables. Cependant la comtesse et la manufacturière, qui avaient dans l'âme la haine irraisonnée des gens comme il faut[81] pour la République, et cette instinctive tendresse que nourrissent toutes les femmes pour les gouvernements à panache[82] et despotiques, se sentaient, malgré elles, attirées vers cette prostituée pleine de dignité, dont les sentiments ressemblaient si forts aux leurs.

La panier était vide. A dix on l'avait tari sans peine, en regrettant qu'il ne fût pas plus grand. La conversation continua quelque temps, un peu refroidie néanmoins depuis qu'on avait fini de manger.

La nuit tombait, l'obscurité peu à peu devint profonde, et le froid, plus sensible pendant les digestions, faisait frissonner Boule de Suif, malgré sa graisse. Alors Mme de Bréville lui proposa sa chaufferette dont le charbon, depuis le matin, avait été plusieurs fois renouvelé, et l'autre accepta tout de suite, car elle se sentait les pieds gelés. Mmes Carré-Lamadon et Loiseau donnèrent les leurs aux religieuses.

Le cocher avait allumé ses lanternes. Elles éclairaient d'une lueur vive un nuage de buée au-dessus de la croupe en sueur des timoniers[83], et, des deux côtés de la route, la neige qui semblait se dérouler sous le reflet mobile des lumières.

On ne distinguait plus rien dans la voiture; mais tout à coup un mouvement se fit entre Boule de Suif et Cornudet; et Loiseau, dont l'œil fouillait l'ombre, crut voir l'homme à la grande barbe s'écarter vivement comme s'il eût reçu quelque bon coup lancé sans bruit.

Des petits points de feu parurent en avant sur la route. C'était Tôtes. On avait marché onze heures, ce qui, avec les deux heures de repos laissées en quatre fois aux chevaux pour manger l'avoine et souffler, faisait treize. On entra dans le bourg et devant l'Hôtel du Commerce on s'arrêta.

La portière s'ouvrit! un bruit bien connu fit tressaillir tous les voyageurs; c'étaient les heurts d'un fourreau de sabre sur le sol. Aussitôt la voix d'un Allemand cria quelque chose.

Bien que la diligence fût immobile, personne ne descendait, comme si on se fût attendu à être massacré à la sortie. Alors le conducteur apparut, tenant à la main une de ses lanternes qui éclaira subitement

500

505

510

515

520

525

530

[81] comme il faut: convenable, bien élevé.

[82] gouvernements à panache: gouvernements forts, à prestige.

[83] timoniers: chevaux de l'attelage.

jusqu'au fond de la voiture les deux rangs de têtes effarées, dont les bouches étaient ouvertes et les yeux écarquillés[84] de surprise et d'épouvante.

A côté du cocher se tenait, en pleine lumière, un officier allemand, un grand jeune homme excessivement mince et blond, serré dans son uniforme comme une fille en son corset, et portant sur le côté sa casquette plate et cirée qui le faisait ressembler au chasseur[85] d'un hôtel anglais. Sa moustache démesurée, à longs poils droits, s'amincissant[86] indéfiniment de chaque côté et terminée par un seul fil blond, si mince qu'on n'en apercevait pas la fin, semblait peser sur les coins de sa bouche, et, tirant la joue, imprimait aux lèvres un pli tombant.

Il invita en français d'Alsacien les voyageurs à sortir, disant d'un ton raide: — "Foulez-vous tescentre, messieurs et dames?"

Les deux bonnes sœurs obéirent les premières avec une docilité de saintes filles habituées à toutes les soumissions. Le comte et la comtesse parurent ensuite, suivis du manufacturier et de sa femme, puis de Loiseau poussant devant lui sa grande moitié[87]. Celui-ci, en mettant pied à terre, dit à l'officier: — "Bonjour, monsieur", par un sentiment de prudence bien plus que de politesse. L'autre, insolent comme les gens tout-puissants, le regarda sans répondre.

Boule de Suif et Cornudet, bien que près de la portière, descendirent les derniers, graves et hautains devant l'ennemi. La grosse fille tâchait de se dominer et d'être calme; le démoc tourmentait d'une main tragique et un peu tremblante sa longue barbe roussâtre. Ils voulaient garder de la dignité, comprenant qu'en ces rencontres-là chacun représente un peu son pays; et pareillement révoltés par la souplesse de leurs compagnons, elle tâchait de se montrer plus fière que ses voisines, les femmes honnêtes, tandis que lui, sentant bien qu'il devait l'exemple, continuait en toute son attitude sa mission de résistance commencée au défoncement des routes.

On entra dans le vaste cuisine de l'auberge, et l'Allemand, s'étant fait présenter l'autorisation de départ signée par le général en chef et où étaient mentionnés les noms, le signalement[88] et la profession de chaque voyageur, examina longuement tout ce monde, comparant les personnes aux renseignements écrits.

[84] yeux écarquillés: yeux grand ouverts.
[85] chasseur: "bellboy".
[86] s'amincissant: devenant plus fine, plus mince.
[87] moitié: femme.
[88] signalement: description.

Puis il dit brusquement: — "C'est pien", et il disparut.

Alors on respira. On avait faim encore; le souper fut commandé. Une demi-heure était nécessaire pour l'apprêter; et, pendant que deux servantes avaient l'air de s'en occuper, on alla visiter les chambres. Elles se trouvaient toutes dans un long couloir que terminait une porte vitrée marquée d'un numéro parlant[89]. 570

Enfin on allait se mettre à table, quand le patron de l'auberge parut lui-même. C'était un ancien marchand de chevaux, un gros homme asthmatique, qui avait toujours des sifflements, des enrouements, des chants de glaires[90] dans le larynx. Son père lui avait transmis le nom de 575
Follenvie.

Il demanda:

— "Mademoiselle Elisabeth Rousset?"

Boule de Suif tressaillit, se retourna:

— C'est moi. 580

— Mademoiselle, l'officier prussien veut vous parler immédiatement.

— A moi?

— Oui, si vous êtes bien mademoiselle Elisabeth Rousset.

Elle se troubla, réfléchit une seconde, puis déclara carrément:

— C'est possible, mais je n'irai pas. 585

Un mouvement se fit autour d'elle; chacun discutait, cherchait la cause de cet ordre. Le comte s'approcha:

— Vous avez tort, madame, car votre refus peut amener des difficultés considérables, non seulement pour vous, mais même pour tous vos compagnons. Il ne faut jamais résister aux gens qui sont les plus 590
forts. Cette démarche assurément ne peut présenter aucun danger; c'est sans doute pour quelque formalité oubliée.

Tout le monde se joignit à lui, on la pria, on la pressa, on la sermonna, et l'on finit par la convaincre; car tous redoutaient les complications qui pourraient résulter d'un coup de tête[91]. Elle dit enfin: 595

— C'est pour vous que je le fais, bien sûr!

La comtesse lui prit la main:

— Et nous vous en remercions.

Elle sortit. On l'attendit pour se mettre à table.

Chacun se désolait de n'avoir pas été demandé à la place de cette 600

[89] parlant: explicite.
[90] glaires: "mucus".
[91] coup de tête: décision irréfléchie.

fille violente et irascible, et préparait mentalement des platitudes pour le cas où on l'appellerait à son tour.

Mais, au bout de dix minutes, elle reparut, soufflant, rouge à suffoquer, exaspérée. Elle balbutiait: — "Oh la canaille! la canaille!"

Tous s'empressaient pour savoir, mais elle ne dit rien; et comme le comte insistait, elle répondit avec une grande dignité: — "Non, cela ne vous regarde pas[92], je ne peux pas parler."

Alors on s'assit autour d'une haute soupière d'où sortait un parfum de choux. Malgré cette alerte, le souper fut gai. Le cidre était bon, le ménage Loiseau et les bonnes sœurs en prirent, par économie. Les autres demandèrent du vin; Cornudet réclama de la bière. Il avait une façon particulière de déboucher la bouteille, de faire mousser le liquide, de le considérer en penchant le verre, qu'il élevait ensuite entre la lampe et son œil pour bien apprécier la couleur. Quand il buvait, sa grande barbe, qui avait gardé la nuance de son breuvage aimé, semblait tressaillir de tendresse; ses yeux louchaient[93] pour ne point perdre de vue sa chope, et il avait l'air de remplir l'unique fonction pour laquelle il était né. On eût dit qu'il établissait en son esprit un rapprochement et comme une affinité entre les deux grandes passions qui occupaient toute sa vie: le Pale Ale et la Révolution; et assurément il ne pouvait déguster l'un sans songer à l'autre.

M. et Mme Follenvie dînaient tout au bout de la table. L'homme, râlant[94] comme une locomotive crevée, avait trop de tirage[95] dans la poitrine pour pouvoir parler en mangeant; mais la femme ne se taisait jamais. Elle raconta toutes ses impressions à l'arrivée des Prussiens, ce qu'ils faisaient, ce qu'ils disaient, les exécrant, d'abord, parce qu'ils lui coûtaient de l'argent, et, ensuite, parce qu'elle avait deux fils à l'armée. Elle s'adressait surtout à la comtesse, flattée de causer avec une dame de qualité.

Puis elle baissait la voix pour dire des choses délicates, et son mari, de temps en temps, l'interrompait: — "Tu ferais mieux de te taire, madame Follenvie." — Mais elle n'en tenait aucun compte, et continuait:

— "Oui, madame, ces gens-là, ça ne fait que manger des pommes de terre et du cochon, et puis du cochon et des pommes de terre. Et il

[92] cela ne vous regarde pas: cela ne vous concerne pas.
[93] ses yeux louchaient: ses yeux ne regardaient pas dans la même direction.
[94] râlant: faisant un bruit anormal en respirant.
[95] tirage: mouvement de l'air dans un conduit, une cheminée.

ne faut pas croire qu'ils sont propres. — Oh non! — Ils ordurent[96] par-
tout, sauf le respect que je vous dois[97]. Et si vous les voyiez faire l'exer-
cice pendant des heures et des jours; ils sont là tous dans un champ:
— et marche en avant, et marche en arrière, et tourne par-ci, et tourne
par-là. — S'ils cultivaient la terre au moins, ou s'ils travaillaient aux 640
routes dans leur pays! — Mais non, madame, ces militaires, ça n'est
profitable à personne! Faut-il que le pauvre peuple les nourrisse pour
n'apprendre rien qu'à massacrer! — Je ne suis qu'une vieille femme
sans éducation, c'est vrai, mais en les voyant qui s'esquintent[98] le
tempérament à piétiner du matin au soir, je me dis: — Quand il y a des 645
gens qui font tant de découvertes pour être utiles, faut-il que d'autres se
donnent tant de mal pour être nuisibles! Vraiment, n'est-ce pas une
abomination de tuer des gens, qu'ils soient Prussiens, ou bien Anglais,
ou bien Polonais, ou bien Français? — Si l'on se revenge sur quelqu'un
qui vous a fait tort, c'est mal, puisqu'on vous condamne; mais quand 650
on extermine nos garçons comme du gibier, avec des fusils, c'est donc
bien, puisqu'on donne des décorations à celui qui en détruit le plus? —
Non, voyez-vous, je ne comprendrai jamais ça!"
 Cornudet éleva la voix:
 — "La guerre est une barbarie quand on attaque un voisin paisible; 655
c'est un devoir sacré quand on défend la patrie."
 La vieille femme baissa la tête:
 — "Oui, quand on se défend, c'est autre chose; mais si l'on ne de-
vrait pas plutôt tuer tous les rois qui font ça pour leur plaisir?"
 L'œil de Cornudet s'enflamma: 660
 — "Bravo, citoyenne!" dit-il.
 M. Carré-Lamadon réfléchissait profondément. Bien qu'il fût fana-
tique des illustres capitaines, le bon sens de cette paysanne le faisait
songer à l'opulence qu'apporteraient dans un pays tant de bras inoc-
cupés et par conséquent ruineux, tant de forces qu'on entretient impro- 665
ductives, si on les employait aux grands travaux industriels qu'il faudra
des siècles pour achever.
 Mais Loiseau, quittant sa place, alla causer tout bas avec l'aubergiste.
Le gros homme riait, toussait, crachait; son énorme ventre sautillait de

[96] ils ordurent: ils font leurs besoins naturels.
[97] sauf le respect que je vous dois: phrase de politesse populaire pour excuser un mot
 vulgaire qu'on a été forcé de dire.
[98] s'esquintent le tempérament: se fatiguent beaucoup.

joie aux plaisanteries de son voisin, et il lui acheta six feuillettes[99] de bordeaux pour le printemps, quand les Prussiens seraient partis.

Le souper à peine achevé, comme on était brisé de fatigue, on se coucha.

Cependant Loiseau, qui avait observé les choses, fit mettre au lit son épouse, puis colla tantôt son oreille et tantôt son œil au trou de la serrure, pour tâcher de découvrir ce qu'il appelait: "les mystères du corridor".

Au bout d'une heure environ, il entendit un frôlement, regarda bien vite, et aperçut Boule de Suif qui paraissait plus replète encore sous un peignoir de cachemire bleu, bordé de dentelles blanches. Elle tenait un bougeoir à la main et se dirigeait vers le gros numéro tout au fond du couloir. Mais une porte, à côté, s'entr'ouvrit, et, quand elle revint au bout de quelques minutes, Cornudet, en bretelles, la suivait. Ils parlaient bas, puis ils s'arrêtèrent. Boule de Suif semblait défendre l'entrée de sa chambre avec énergie. Loiseau, malheureusement, n'entendait pas les paroles, mais, à la fin, comme ils élevaient la voix, il put en saisir quelques-unes. Cornudet insistait avec vivacité. Il disait:

— "Voyons, vous êtes bête, qu'est-ce que ça vous fait?"

Elle avait l'air indignée et répondit:

— "Non, mon cher, il y a des moments où ces choses-là ne se font pas; et puis, ici, ce serait une honte."

Il ne comprenait point, sans doute, et demanda pourquoi. Alors elle s'emporta, élevant encore le ton:

— "Pourquoi? Vous ne comprenez pas pourquoi? Quand il y a des Prussiens dans la maison, dans la chambre à côté, peut-être?"

Il se tut. Cette pudeur patriotique de catin qui ne se laissait point caresser près de l'ennemi dut réveiller en son cœur sa dignité défaillante, car, après l'avoir seulement embrassée, il regagna sa porte à pas de loup[100].

Loiseau, très allumé[101], quitta la serrure, battit un entrechat[102] dans sa chambre, mit son madras[103], souleva le drap sous lequel gisait[104] la dure carcasse de sa compagne qu'il réveilla d'un baiser en murmurant:

—"M'aimes-tu chérie?"

[99] feuillettes: tonneaux, "barrels".
[100] à pas de loup: sans bruit.
[101] allumé: excité.
[102] battit un entrechat: fit un pas de danse.
[103] madras: ici, bonnet de nuit, "night-cap".
[104] gisait: était allongée.

Alors toute la maison devint silencieuse. Mais bientôt s'éleva quelque part, dans une direction indéterminée qui pouvait être la cave aussi bien que le grenier, un ronflement puissant, monotone, régulier, un bruit sourd et prolongé, avec des tremblements de chaudière sous pression. M. Follenvie dormait.

Comme on avait décidé qu'on partirait à huit heures le lendemain, tout le monde se trouva dans la cuisine; mais la voiture, dont la bâche avait un toit de neige, se dressait solitaire au milieu de la cour, sans chevaux et sans conducteur. On chercha en vain celui-ci dans les écuries, dans les fourrages, dans les remises. Alors tous les hommes se résolurent à battre le pays[105] et ils sortirent. Il se trouvèrent sur la place, avec l'église au fond et, des deux côtés, des maisons basses où l'on apercevait des soldats prussiens. Le premier qu'ils virent épluchait des pommes de terre. Le second, plus loin, lavait la boutique du coiffeur. Un autre, barbu jusqu'aux yeux, embrassait un mioche[106] qui pleurait et le berçait sur ses genoux pour tâcher de l'apaiser; et les grosses paysannes dont les hommes étaient à "l'armée de la guerre" indiquaient par signes à leurs vainqueurs obéissants le travail qu'il fallait entreprendre: fendre du bois, tremper la soupe[107], moudre le café; un d'eux même lavait le linge de son hôtesse, une aïeule toute impotente.

Le comte, étonné, interrogea le bedeau qui sortait du presbytère. Le vieux rat d'église lui répondit: — "Oh! ceux-là ne sont pas méchants; c'est pas des Prussiens à ce qu'on dit[108]. Ils sont de plus loin; je ne sais pas bien d'où; et ils ont tous laissé une femme et des enfants au pays; ça ne les amuse pas, la guerre, allez! Je suis sûr qu'on pleure bien aussi là-bas après les hommes; et ça fournira une fameuse misère chez eux comme chez nous. Ici, encore, on n'est pas trop malheureux pour le moment, parce qu'ils ne font pas de mal et qu'ils travaillent comme s'ils étaient dans leurs maisons. Voyez-vous, monsieur, entre pauvres gens, faut bien qu'on s'aide . . . C'est les grands qui font la guerre."

Cornudet, indigné de l'entente cordiale établie entre les vainqueurs et les vaincus, se retira, préférant s'enfermer dans l'auberge. Loiseau eut un mot pour rire: — "Ils repeuplent." M. Carré-Lamadon eut un mot grave: — "Ils réparent." Mais on ne trouvait pas le cocher. A la fin

105 battre le pays: aller partout pour trouver.
106 mioche: *fam.*, enfant.
107 tremper la soupe: verser du bouillon sur du pain.
108 à ce qu'on en dit: d'après les bruits qui circulent.

on le découvrit dans le café du village, attablé fraternellement avec l'ordonnance[109] de l'officier. Le comte l'interpella:

— "Ne vous avait-on pas donné l'ordre d'atteler pour huit heures?

— Ah bien oui, mais on m'en a donné un autre depuis.

— Lequel?

— De ne pas atteler du tout.

— Qui vous a donné cet ordre?

— Ma foi! le commandant prussien.

— Pourquoi?

— Je n'en sais rien. Allez lui demander. On me défend d'atteler, moi je n'attelle pas. Voilà.

— C'est lui-même qui vous a dit cela?

— Non, monsieur, c'est l'aubergiste qui m'a donné l'ordre de sa part[110].

— Quand ça?

— Hier, soir, comme j'allais me coucher."

Les trois hommes rentrèrent fort inquiets.

On demanda M. Follenvie, mais la servante répondit que monsieur, à cause de son asthme, ne se levait jamais avant dix heures. Il avait même formellement défendu de le réveiller plus tôt, excepté en cas d'incendie.

On voulut voir l'officier, mais cela était impossible absolument, bien qu'il logeât dans l'auberge, M. Follenvie seul était autorisé à lui parler pour les affaires civiles. Alors on attendit. Les femmes remontèrent dans leurs chambres, et des futilités les occupèrent.

Cornudet s'installa sous la haute cheminée de la cuisine où flambait un grand feu. Il se fit apporter là une des petites tables du café, une canette[111], et il tira sa pipe qui jouissait parmi les démocrates d'une considération presque égale à la sienne, comme si elle avait servi la patrie en servant à Cornudet. C'était une superbe pipe en écume admirablement culottée[112], aussi noire que les dents de son maître, mais parfumée, recourbée, luisante, familière à sa main, et complétant sa physionomie. Et il demeura immobile, les yeux tantôt fixés sur la flamme du foyer, tantôt sur la mousse qui couronnait sa chope; et chaque fois

[109] ordonnance: "orderly".

[110] de sa part: en son nom.

[111] canette: bouteille de bière.

[112] une pipe en écume admirablement culottée: "a beautifully seasoned meerschaum pipe".

qu'il avait bu, il passait d'un air satisfait ses longs doigts maigres dans ses longs cheveux gras pendant qu'il humait sa moustache frangée d'écume.

Loiseau, sous prétexte de se dégourdir les jambes, alla placer du vin aux débitants du pays. Le comte et le manufacturier se mirent à causer politique. Ils prévoyaient l'avenir de la France. L'un croyait aux d'Orléans, l'autre à un sauveur inconnu, un héros qui se révélerait quand tout serait désespéré: un Du Guesclin[113], une Jeanne d'Arc peut-être? ou un autre Napoléon I^er? Ah! si le prince impérial n'était pas si jeune! Cornudet, les écoutant, souriait en homme qui sait le mot des destinées. Sa pipe embaumait la cuisine. 775

 780

Comme dix heures sonnaient, M. Follenvie parut. On l'interrogea bien vite; mais il ne put que répéter deux ou trois fois, sans une variante, ces paroles: — L'officier m'a dit comme ça: "Monsieur Follenvie, vous défendrez qu'on attelle demain la voiture de ces voyageurs. Je ne veux pas qu'ils partent sans mon ordre. Vous entendez. Ça suffit." 785

Alors on voulut voir l'officier. Le comte lui envoya sa carte où M. Carré-Lamadon ajouta son nom et tous ses titres. Le Prussien fit répondre qu'il admettrait ces deux hommes à lui parler quand il aurait déjeuné, c'est-à-dire vers une heure. 790

Les dames reparurent et l'on mangea quelque peu, malgré l'inquiétude. Boule de Suif semblait malade et prodigieusement troublée.

On achevait le café quand l'ordonnance vint chercher ces messieurs.

Loiseau se joignit aux deux premiers; mais comme on essayait d'entraîner Cornudet pour donner plus de solennité à leur démarche, il déclara fièrement qu'il entendait n'avoir jamais aucun rapport avec les Allemands; et il se remit dans sa cheminée, demandant une autre canette. 795

Les trois hommes montèrent et furent introduits dans la plus belle chambre de l'auberge où l'officier les reçut, étendu dans un fauteuil, les pieds sur la cheminée, fumant une longue pipe de porcelaine, et enveloppé par une robe de chambre flamboyante, dérobée sans doute dans la demeure abandonnée de quelque bourgeois de mauvais goût. Il ne se leva pas, ne les salua pas, ne les regarda pas. Il présentait un magnifique échantillon de la goujaterie[114] naturelle au militaire victorieux. 800

 805

[113] Du Gueslin (vers 1320-1380): célèbre homme de guerre français pendant la Guerre de Cent Ans.

[114] goujaterie: grossièreté.

Au bout de quelques instants il dit enfin:

— "Qu'est-ce que fous foulez?"

Le comte prit la parole: — Nous désirons partir, monsieur.

— Non.

— Oserai-je vous demander la cause de ce refus?

— Parce que che ne feux pas.

— Je vous ferai respectueusement observer, monsieur, que votre général en chef nous a délivré une permission de départ pour gagner Dieppe; et je ne pense pas que nous ayons rien fait pour mériter vos rigueurs.

— Che ne feux pas . . . foilà tout . . . Fous poufez tescentre."

S'étant inclinés tous les trois, ils se retirèrent.

L'après-midi fut lamentable. On ne comprenait rien à ce caprice d'Allemand; et les idées les plus singulières troublaient les têtes. Tout le monde se tenait dans la cuisine et l'on discutait sans fin, imaginant des choses invraisemblables. On voulait peut-être les garder comme otages — mais dans quel but? — ou les emmener prisonniers? ou, plutôt, leur demander une rançon considérable? A cette pensée, une panique les affola. Les plus riches étaient les plus épouvantés, se voyant déjà contraints, pour racheter leur vie, de verser des sacs pleins d'or entre les mains de ce soldat insolent. Ils se creusaient la cervelle[115] pour découvrir des mensonges acceptables, dissimuler leurs richesses, se faire passer pour pauvres, très pauvres. Loiseau enleva sa chaîne de montre et la cacha dans sa poche. La nuit qui tombait augmenta les appréhensions. La lampe fut allumée, et comme on avait encore deux heures avant le dîner, Mme Loiseau proposa une partie de trente et un[116]. Ce serait une distraction. On accepta. Cornudet lui-même, ayant éteint sa pipe par politesse, y prit part.

Le comte battit les cartes — donna[117] — Boule de Suif avait trente et un d'emblée[118]; et bientôt l'intérêt de la partie apaisa la crainte qui hantait les esprits. Mais Cornudet s'aperçut que le ménage Loiseau s'entendait pour tricher.

Comme on allait se mettre à table[119], M. Follenvie reparut; et, de

[115] se creusaient la cervelle: cherchaient intensément.

[116] trente et un: jeu de cartes.

[117] battit . . . donna: "shuffled . . . dealt".

[118] d'emblée: immédiatement.

[119] se mettre à table: manger.

sa voix graillonnante[120], il prononça: "L'officier prussien fait demander 840
à Mlle Elisabeth Rousset si elle n'a pas encore changé d'avis."

Boule de Suif resta debout, toute pâle; puis, devenant subitement
cramoisie[121], elle eut un tel étouffement de colère qu'elle ne pouvait
plus parler. Enfin elle éclata: — "Vous lui direz à cette crapule, à ce
saligaud, à cette charogne[122] de Prussien, que jamais je ne voudrai; vous 845
entendez bien, jamais, jamais, jamais."

Le gros aubergiste sortit. Alors Boule de Suif fut entourée, inter-
rogée, sollicitée par tout le monde de dévoiler le mystère de sa visite.
Elle résista d'abord, mais l'exaspération l'emporta bientôt: — "Ce qu'il
veut? . . . ce qu'il veut? . . . Il veut coucher avec moi!" cria-t-elle. Per- 850
sonne ne se choqua du mot, tant l'indignation fut vive. Cornudet brisa
sa chope en la reposant violemment sur la table. C'était une clameur
de réprobation contre ce soudard[123] ignoble, un souffle de colère, une
union de tous pour la résistance, comme si l'on eût demandé à chacun
une partie du sacrifice exigé d'elle. Le comte déclara avec dégoût que 855
ces gens-là se conduisaient à la façon des anciens barbares. Les femmes
surtout témoignèrent à Boule de Suif une commisération énergique et
caressante. Les bonnes sœurs, qui ne se montraient qu'aux repas, avaient
baissé la tête et ne disaient rien.

On dîna néanmoins lorsque la première fureur fut apaisée; mais on 860
parla peu: on songeait.

Les dames se retirèrent de bonne heure; et les hommes, tout en
fumant, organisèrent un écarté[124] auquel fut convié M. Follenvie qu'on
avait l'intention d'interroger habilement sur les moyens à employer
pour vaincre la résistance de l'officier. Mais il ne songeait qu'à ses 865
cartes, sans rien écouter, sans rien répondre; et il répétait sans cesse:
— "Au jeu, messieurs, au jeu." Son attention était si tendue qu'il en
oubliait de cracher, ce qui lui mettait parfois des points d'orgue[125] dans
la poitrine. Ses poumons sifflants donnaient toute la gamme de l'asthme,
depuis les notes graves et profondes jusqu'aux enrouements aigus des 870
jeunes coqs essayant de chanter.

Il refusa même de monter, quand sa femme, qui tombait de som-
meil, vint le chercher. Alors elle partit toute seule, car elle était "du

[120] graillonnante: "husky".
[121] cramoisie: rouge foncé.
[122] crapule, saligaud, charogne: insultes violentes.
[123] soudard: soldat grossier.
[124] écarté: jeu de cartes.
[125] points d'orgues: notes prolongées.

matin", toujours levée avec le soleil, tandis que son homme était "du soir", toujours prêt à passer la nuit avec des amis. Il lui cria: — "Tu placeras mon lait de poule[126] devant le feu", et se remit à sa partie. Quand on vit bien qu'on n'en pourrait rien tirer, on déclara qu'il était temps de s'en aller, et chacun gagna son lit.

On se leva encore d'assez bonne heure le lendemain avec un espoir indéterminé, un désir plus grand de s'en aller, une terreur du jour à passer dans cette horrible petite auberge.

Hélas! les chevaux restaient à l'écurie, le cocher demeurait invisible. On alla, par désœuvrement, tourner autour de la voiture.

Le déjeuner fut bien triste; et il s'était produit comme un refroidissement vis-à-vis de Boule de Suif, car la nuit, qui porte conseil, avait un peu modifié les jugements. On en voulait presque à cette fille, maintenant, de n'avoir pas été trouver secrètement le Prussien, afin de ménager, au réveil, une bonne surprise à ses compagnons. Quoi de plus simple? Qui l'eût su, d'ailleurs? Elle aurait pu sauver les apparences en faisant dire à l'officier qu'elle prenait en pitié leur détresse. Pour elle, ça avait si peu d'importance!

Mais personne n'avouait encore ces pensées.

Dans l'après-midi, comme on s'ennuyait à périr, le comte proposa de faire une promenade aux alentours du village. Chacun s'enveloppa avec soin et la petite société partit, à l'exception de Cornudet, qui préférait rester près du feu, et des bonnes sœurs, qui passaient leurs journées dans l'église ou chez le curé.

Le froid, plus intense de jour en jour, piquait cruellement le nez et les oreilles; les pieds devenaient si douloureux, que chaque pas était une souffrance; et lorsque la campagne se découvrit, elle leur apparut si effroyablement lugubre sous cette blancheur illimitée que tout le monde aussitôt retourna, l'âme glacée et le cœur serré.

Les quatre femmes marchaient devant, les trois hommes suivaient, un peu derrière.

Loiseau, qui comprenait la situation, demanda tout à coup si cette "garce-là"[127] allait les faire rester longtemps encore dans un pareil endroit. Le comte, toujours courtois, dit qu'on ne pouvait exiger d'une femme un sacrifice aussi pénible, et qu'il devait venir d'elle-même. M. Carré-Lamadon remarqua que si les Français faisaient, comme il

[126] lait de poule: "egg-nog".
[127] garce: fille de mauvaise vie.

en était question, un retour offensif par Dieppe, la rencontre ne pour- 910
rait avoir lieu qu'à Tôtes. Cette réflexion rendit les deux autres soucieux.
— "Si l'on se sauvait à pied", — dit Loiseau. Le comte haussa les épaules:
— "Y songez-vous, dans cette neige? avec nos femmes? Et puis nous
serions tout de suite poursuivis, rattrapés en dix minutes, et ramenés
prisonniers à la merci des soldats." — C'était vrai; on se tut. 915

Les dames parlaient toilette; mais une certaine contrainte semblait
les désunir.

Tout à coup, au bout de la rue, l'officier parut. Sur la neige qui
fermait l'horizon, il profilait sa grande taille de guêpe[128] en uniforme,
et marchait, les genoux écartés, de ce mouvement particulier aux mili- 920
taires qui s'efforcent de ne point maculer leurs bottes soigneusement
cirées.

Il s'inclina en passant près des dames, et regarda dédaigneusement
les hommes qui eurent, du reste, la dignité de ne se point découvrir[129],
bien que Loiseau ébauchât un geste pour retirer sa coiffure. 925

Boule de Suif était devenue rouge jusqu'aux oreilles; et les trois
femmes mariées ressentaient une grande humiliation d'être ainsi ren-
contrées par ce soldat, dans la compagnie de cette fille qu'il avait si
cavalièrement traitée.

Alors on parla de lui, de sa tournure, de son visage. Mme Carré- 930
Lamadon, qui avait connu beaucoup d'officiers et qui les jugeait en
connaisseur, trouvait celui-là pas mal du tout; elle regrettait même qu'il
ne fût pas Français, parce qu'il ferait un fort joli hussard dont toutes
les femmes assurément raffoleraient.

Une fois rentrés, on ne sut plus que faire. Des paroles aigres furent 935
même échangées à propos de choses insignifiantes. Le dîner, silencieux,
dura peu, et chacun monta se coucher, espérant dormir pour tuer le
temps.

On descendit le lendemain avec des visages fatigués et des cœurs
exaspérés. Les femmes parlaient à peine à Boule de Suif. 940

Une cloche tinta. C'était pour un baptême. La grosse fille avait un
enfant élevé chez des paysans d'Yvetot. Elle ne le voyait pas une fois
l'an, et n'y songeait jamais; mais la pensée de celui qu'on allait baptiser
lui jeta au cœur une tendresse subite et violente pour le sien, et elle
voulut absolument assister à la cérémonie. 945

[128] taille de guêpe: taille très fine.
[129] se découvrir: enlever son chapeau pour saluer.

Aussitôt qu'elle fut partie, tout le monde se regarda, puis on rapprocha les chaises, car on sentait bien qu'à la fin il fallait décider quelque chose. Loiseau eut une inspiration: il était d'avis de proposer à l'officier de garder Boule de Suif toute seule, et de laisser partir les autres.

M. Follenvie se chargea encore de la commission, mais il redescendit presque aussitôt. L'Allemand, qui connaissait la nature humaine, l'avait mis à la porte[130]. Il prétendait retenir tout le monde tant que son désir ne serait pas satisfait.

Alors le tempérament populacier[131] de Mme Loiseau éclata: — "Nous n'allons pourtant pas mourir de vieillesse ici. Puisque c'est son métier, à cette gueuse[132], de faire ça avec tous les hommes, je trouve qu'elle n'a pas le droit de refuser l'un plutôt que l'autre. Je vous demande un peu, ça a pris[133] tout ce qu'elle a trouvé dans Rouen, même des cochers! oui, madame, le cocher de la préfecture! Je le sais bien, moi, il achète son vin à la maison. Et aujourd'hui qu'il s'agit de nous tirer d'embarras, elle fait le mijaurée[134], cette morveuse[135]! . . . Moi, je trouve qu'il se conduit très bien, cet officier. Il est peut-être privé depuis longtemps; et nous étions là trois qu'il aurait sans doute préférées. Mais non, il se contente de celle à tout le monde. Il respecte les femmes mariées. Songez donc, il est le maître. Il n'avait qu'à dire: 'Je veux', et il pouvait nous prendre de force avec ses soldats."

Les deux femmes eurent un petit frisson. Les yeux de la jolie Mme Carré-Lamadon brillaient, et elle était un peu pâle, comme si elle se sentait déjà prise de force par l'officier.

Les hommes, qui discutaient à l'écart, se rapprochèrent. Loiseau, furibond, voulait livrer "cette misérable" pieds et poings liés à l'ennemi. Mais le comte, issu de trois générations d'ambassadeurs, et doué d'un physique de diplomate, était partisan de l'habileté: — "Il faudrait la décider", — dit-il.

Alors on conspira.

Les femmes se serrèrent, le ton de la voix fut baissé, et la discussion devint générale, chacun donnant son avis. C'était fort convenable du

[130] mis à la porte: chassé, renvoyé.
[131] populacier: qui est du bas peuple, très vulgaire.
[132] gueuse: mot insultant: coquine, friponne.
[133] ça a pris: "she has grabbed". "Ça" est méprisant et insultant, ici.
[134] elle fait la mijaurée: elle fait la difficile.
[135] morveuse: mot insultant pour une femme.

reste. Ces dames surtout trouvaient des délicatesses de tournures, des subtilités d'expression charmantes, pour dire les choses les plus sca- 980 breuses. Un étranger n'aurait rien compris, tant les précautions du langage étaient observées. Mais la légère tranche de pudeur dont est bardée toute femme du monde ne recouvrant que la surface, elles s'épanouissaient dans cette aventure polissonne, s'amusaient follement au fond, se sentant dans leur élément, tripotant de l'amour avec la 985 sensualité d'un cuisinier gourmand qui prépare le souper d'un autre.

La gaieté revenait d'elle-même, tant l'histoire leur semblait drôle à la fin. Le comte trouva des plaisanteries un peu risquées, mais si bien dites qu'elles faisaient sourire. A son tour Loiseau lâcha quelques gri-voiseries[136] plus raides dont on ne se blessa point; et la pensée brutale- 990 ment exprimée par sa femme dominait tous les esprits: "Puisque c'est son métier, à cette fille, pourquoi refuserait-elle celui-là plus qu'un autre?" Le gentille Mme Carré-Lamadon semblait même penser qu'à sa place elle refuserait celui-là moins qu'un autre.

On prépara longuement le blocus[137], comme pour une forteresse 995 investie. Chacun convint du rôle qu'il jouerait, des arguments dont il s'appuierait, des manœuvres qu'il devrait exécuter. On régla le plan des attaques, les ruses à employer, et les surprises de l'assaut, pour forcer cette citadelle vivante à recevoir l'ennemi dans la place.

Cornudet cependant restait à l'écart, complètement étranger à cette 1000 affaire.

Une attention si profonde tendait[138] les esprits, qu'on n'entendit point rentrer Boule de Suif. Mais le comte souffla un léger: "Chut"[139] qui fit relever tous les yeux. Elle était là. On se tut brusquement et un certain embarras empêcha d'abord de lui parler, La comtesse, plus as-souplie que les autres aux duplicités des salons, l'interrogea: — "Etait-ce 1005 amusant, ce baptême?"

La grosse fille, encore émue, raconta tout, et les figures, et les atti-tudes, et l'aspect même de l'église. Elle ajouta: — "C'est si bon de prier quelquefois."

Cependant, jusqu'au déjeuner, ces dames se contentèrent d'être 1010 aimables avec elle, pour augmenter sa confiance et sa docilité à leurs conseils.

[136] grivoiseries: plaisanteries indécentes.
[137] blocus: "blockade".
[138] tendait: ici, occupait si fort.
[139] Chut: "Hush, ssh".

Aussitôt à table, on commença les approches. Ce fut d'abord une conversation vague sur le dévouement. On cita des exemples anciens: Judith et Holopherne, puis, sans aucune raison, Lucrèce avec Sextus, Cléopâtre faisant passer par sa couche tous les généraux ennemis, et les y réduisant à des servilités d'esclave. Alors se déroula une histoire fantaisiste, éclose dans l'imagination de ces millionnaires ignorants, où les citoyennes de Rome allaient endormir à Capoue Annibal entre leurs bras, et, avec lui, ses lieutenants, et les phalanges des mercenaires. On cita toutes les femmes qui ont arrêté des conquérants, fait de leur corps un champ de bataille, un moyen de dominer, une arme, qui ont vaincu par leurs caresses héroïques des êtres hideux ou détestés, et sacrifié leur chasteté à la vengeance et au dévouement.

On parla même en termes voilés de cette Anglaise de grande famille qui s'était laissé inoculer une horrible et contagieuse maladie pour la transmettre à Bonaparte, sauvé miraculeusement, par une faiblesse subite, à l'heure du rendez-vous fatal.

Et tout cela était raconté d'une façon convenable et modérée, où parfois éclatait un enthousiasme voulu propre à exciter l'émulation.

On aurait pu croire, à la fin, que le seul rôle de la femme, ici-bas, était un perpétuel sacrifice de sa personne, un abandon continu aux caprices des soldatesques[140].

Les deux bonnes sœurs ne semblaient point entendre, perdues en des pensées profondes. Boule de Suif ne disait rien.

Pendant toute l'après-midi, on la laissa réfléchir. Mais, au lieu de l'appeler "madame" comme on avait fait jusque-là, on lui disait simplement "mademoiselle", sans que personne sût bien pourquoi, comme si l'on avait voulu la faire descendre d'un degré dans l'estime qu'elle avait escaladée, lui faire sentir sa situation honteuse.

Au moment où l'on servit le potage, M. Follenvie reparut, répétant sa phrase de la veille: — "L'officier prussien fait demander à Mlle Elisabeth Rousset si elle n'a point encore changé d'avis."

Boule de Suif répondit sèchement: — "Non, monsieur."

Mais au dîner la coalition faiblit. Loiseau eut trois phrases malheureuses. Chacun se battait les flancs[141] pour découvrir des exemples nouveaux et ne trouvait rien, quand la comtesse, sans préméditation peut-être, éprouvant un vague besoin de rendre hommage à la Religion,

[140] soldatesques: troupes de soldats indisciplinés.
[141] se battait les flancs: cherchait sans résultat

interrogea la plus âgée des bonnes sœurs sur les grands faits de la vie
des saints. Or beaucoup avaient commis des actes qui seraient des 1050
crimes à nos yeux; mais l'Eglise absout sans peine ces forfaits quand ils
sont accomplis pour la gloire de Dieu, ou pour le bien du prochain.
C'était un argument puissant; la comtesse en profita. Alors, soit par une
de ces ententes tacites, de ces complaisances voilées, où excelle qui-
conque porte un habit ecclésiastique, soit simplement par l'effet d'une 1055
inintelligence heureuse, d'une secourable bêtise, la vieille religieuse
apporta à la conspiration un formidable appui. On la croyait timide,
elle se montra hardie, verbeuse, violente. Celle-là n'était pas troublée
par les tâtonnements de la casuistique[142]; sa doctrine semblait une barre
de fer, sa foi n'hésitait jamais; sa conscience n'avait point de scrupules. 1060
Elle trouvait tout simple le sacrifice d'Abraham, car elle aurait im-
médiatement tué père et mère sur un ordre venu d'en haut; et rien, à
son avis, ne pouvait déplaire au Seigneur quand l'intention était louable.
La comtesse, mettant à profit l'autorité sacrée de sa complice inattendue,
lui fit faire comme une paraphrase édifiante de cet axiome de morale: 1065
"La fin justifie les moyens."

Elle l'interrogeait.

— "Alors, ma sœur, vous pensez que Dieu accepte toutes les voies,
et pardonne le fait quand le motif est pur?

— Qui pourrait en douter, madame? Une action blâmable en soi 1070
devient souvent méritoire par la pensée qui l'inspire."

Et elles continuaient ainsi, démêlant les volontés de Dieu, prévoyant
ses décisions, le faisant s'intéresser à des choses qui, vraiment, ne le
regardaient guère.

Tout cela était enveloppé, habile, discret. Mais chaque parole de 1075
la sainte fille en cornette faisait brèche dans la résistance indignée de
la courtisane. Puis, la conversation se détournant un peu, la femme aux
chapelets pendants parla des maisons de son ordre, de sa supérieure,
d'elle-même, et de sa mignonne voisine, la chère sœur Saint-Nicéphore.
On les avait demandées au Havre pour soigner dans les hôpitaux des 1080
centaines de soldats atteints de la petite vérole. Elle les dépeignit, ces
misérables, détailla leur maladie. Et tandis qu'elles étaient arrêtées en
route par les caprices de ce Prussien, un grand nombre de Français
pouvaient mourir qu'elles auraient sauvés peut-être! C'était sa spécialité,

[142] casuistique: "casuistry".

à elle, de soigner les militaires; elle avait été en Crimée, en Italie, en
Autriche, et, racontant ses campagnes, elle se révéla tout à coup une
de ces religieuses à tambours et à trompettes qui semblent faites pour
suivre les camps, ramasser des blessés dans les remous des batailles,
et, mieux qu'un chef, dompter d'un mot les grands soudards indisciplinés;
une vraie bonne sœur Ran-tan-plan[143] dont la figure ravagée, crevée de
trous sans nombre, paraissait une image des dévastations de la guerre.

Personne ne dit rien après elle, tant l'effet semblait excellent.

Aussitôt le repas terminé, on remonta bien vite dans les chambres
pour ne descendre, le lendemain, qu'assez tard dans la matinée.

Le déjeuner fut tranquille. On donnait à la graine semée la veille le
temps de germer et de pousser ses fruits.

La comtesse proposa de faire une promenade dans l'après-midi; alors
le comte, comme il était convenu, prit le bras de Boule de Suif, et

demeura derrière les autres, avec elle.

Il lui parla de ce ton familier, paternel, un peu dédaigneux, que
les hommes posés emploient avec les filles, l'appelant: "ma chère en-
fant", la traitant du haut de sa position sociale, de son honorabilité
indiscutée. Il pénétra tout de suite au vif de la question:

— "Donc, vous préférez nous laisser ici, exposés comme vous-même
à toutes les violences qui suivraient un échec des troupes prussiennes,

[143] Ran-tan-plan: imitation du bruit du tambour.

108

1090

109?

1100

1105

plutôt que de consentir à une des ces complaisances que vous avez eues si souvent en votre vie?"

Boule de Suif ne répondit rien.

Il la prit par la douceur, par le raisonnement, par les sentiments. Il sut rester "monsieur le comte", tout en se montrant galant quand il le fallut, complimenteur, aimable enfin. Il exalta le service qu'elle leur rendrait, parla de leur reconnaissance; puis soudain, la tutoyant gaiement: — "Et tu sais, ma chère, il pourrait se vanter d'avoir goûté d'une jolie fille comme il n'en trouvera pas beaucoup dans son pays."

Boule de Suif ne répondit pas et rejoignit la société.

Aussitôt rentrée, elle monta chez elle et ne reparut plus. L'inquiétude était extrême. Qu'allait-elle faire? Si elle résistait, quel embarras!

L'heure du dîner sonna; on l'attendit en vain. M. Follenvie, entrant alors, annonça que Mlle Rousset se sentait indisposée, et qu'on pouvait se mettre à table. Tout le monde dressa l'oreille[144]. Le comte s'approcha de l'aubergiste, et, tout bas: "Ca y est?" — "Oui." — Par convenance, il ne dit rien à ses compagnons, mais il leur fit seulement un léger signe de la tête. Aussitôt un grand soupir de soulagement sortit de toutes les poitrines, une allégresse parut sur les visages. Loiseau cria: — "Saperlipopette[145]! je paye du champagne si l'on en trouve dans l'établissement"; — et Mme Loiseau eut une angoisse lorsque le patron revint avec quatre bouteilles aux mains. Chacun était devenu subitement communicatif et bruyant; une joie égrillarde emplissait les cœurs. Le comte parut s'apercevoir que Mme Carré-Lamadon était charmante, le manufacturier fit des compliments à la comtesse. La conversation fut vive, enjouée, pleine de traits[146].

Tout à coup, Loiseau, la face anxieuse et levant les bras, hurla: — "Silence!" — Tout le monde se tut, surpris, presque effrayé déjà. Alors il tendit l'oreille en faisant "Chut!" des deux mains, leva les yeux vers le plafond, écouta de nouveau, et reprit, de sa voix naturelle: — "Rassurez-vous, tout va bien."

On hésitait à comprendre, mais bientôt un sourire passa.

Au bout d'un quart d'heure il recommença la même farce, la renouvela souvent dans la soirée; et il faisait semblant d'interpeller quel-

[144] dressa l'oreille: devint attentif.

[145] saperlipopette: juron léger.

[146] pleine de traits: pleine de remarques spirituelles.

qu'un à l'étage au-dessus, en lui donnant des conseils à double sens 114
puisés dans son esprit de commis voyageur[147]. Par moments il prenait
un air triste pour soupirer: — "Pauvre fille." — ou bien il murmurait
entre ses dents d'un air rageur: — "Gueux de Prussien, va!" — Quelque-
fois, au moment où l'on n'y songeait plus, il poussait, d'un voix vibrante,
plusieurs: — "Assez! assez!" — et ajoutait, comme se parlant à lui-même: 114
— "Pourvu que nous la revoyions; qu'il ne l'en fasse pas mourir, le
misérable!"

Bien que ces plaisanteries fussent d'un goût déplorable, elles amu-
saient et ne blessaient personne, car l'indignation dépend des milieux
comme le reste, et l'atmosphère qui s'était peu à peu crée autour d'eux 115
était chargée de pensées grivoises.

Au dessert, les femmes elles-mêmes firent des allusions spirituelles
et discrètes. Les regards luisaient; on avait bu beaucoup. Le comte, qui
conservait, même en ses écarts, sa grande apparence de gravité, trouva
une comparaison fort goûtée sur la fin des hivernages[148] au pôle et la 115
joie des naufragés qui voient s'ouvrir une route vers le sud.

Loiseau, lancé, se leva, un verre de champagne à la main: "Je bois
à notre délivrance!" — Tout le monde fut debout; on l'acclamait. Les
deux bonnes sœurs, elles-mêmes, sollicitées par ces dames, consentirent
à tremper leurs lèvres dans ce vin mousseux[149] dont elles n'avaient 11
jamais goûté. Elles déclarèrent que cela ressemblait à la limonade
gazeuse, mais que c'était plus fin cependant.

Loiseau résuma la situation.

— "C'est malheureux de ne pas avoir de piano parce qu'on pourrait
pincer[150] un quadrille." 1

Cornudet n'avait pas dit un mot, pas fait un geste; il paraissait même
plongé dans des pensées très graves, et tirait parfois, d'un geste furieux,
sa grande barbe qu'il semblait vouloir allonger encore. Enfin, vers
minuit, comme on allait se séparer, Loiseau, qui titubait[151], lui tapa
soudain sur le ventre et lui dit en bredouillant: — "Vous n'êtes pas 11
farce[152], vous, ce soir; vous ne dites rien, citoyen?" — Mais Cornudet
releva brusquement la tête, et, parcourant la société d'un regard luisant

[147] commis voyageur: voyageur de commerce.
[148] hivernages: "hibernations".
[149] vin mousseux: vin qui forme une écume, comme le champagne.
[150] pincer: ici, jouer.
[151] tituber: "to stagger".
[152] farce: drôle.

et terrible: — "Je vous dis à tous que vous venez de faire une infamie!"
— Il se leva, gagna la porte, répéta encore une fois: "Une infamie!" et
disparut. 1175

Cela jeta un froid d'abord. Loiseau, interloqué[153], restait bête, mais
il reprit son aplomb, puis tout à coup, se tordit[154] en répétant: — "Ils
sont trop verts[155], mon vieux, ils sont trop verts." — Comme on ne com-
prenait pas, il raconta les "mystères du corridor". Alors il y eut une
reprise de gaieté formidable. Ces dames s'amusaient comme des folles. 1180
Le comte et M. Carré-Lamadon pleuraient à force de rire. Ils ne pou-
vaient croire.

— "Comment! vous êtes sûr? Il voulait . . .
— Je vous dis que je l'ai vu.
— Et, elle a refusé . . . 1185
— Parce que le Prussien était dans la chambre à côté.
— Pas possible?
— Je vous le jure."

Le comte étouffait. L'industriel se comprimait le ventre à deux
mains. Loiseau continuait: 1190

— "Et, vous comprenez, ce soir, il ne la trouve pas drôle, mais pas
du tout."

Et tous les trois repartaient, malades, essoufflés, toussant.

On se sépara là-dessus. Mais Mme Loiseau, qui était de la nature
des orties[156], fit remarquer à son mari, au moment où ils se couchaient, 1195
que "cette chipie"[157] de petite Carré-Lamadon avait ri jaune[158] toute
la soirée: — "Tu sais, les femmes, quand ça en tient pour[159] l'uniforme,
qu'il soit Français ou bien Prussien, ça leur est, ma foi, bien égal. Si ce
n'est pas une pitié, Seigneur Dieu!"

Et toute la nuit, dans l'obscurité du corridor coururent comme des 1200
frémissements, des bruits légers, à peine sensibles, pareils à des souffles,
des effleurements de pieds nus, d'imperceptibles craquements. Et l'on

[153] interloqué: stupéfait.
[154] se tordit: se mit à rire exagérément.
[155] ils sont trop verts: allusion à la fable de La Fontaine où le renard, qui ne peut
attraper les raisins, les juge trop verts pour se consoler.
[156] orties: "nettles". Les orties, par nature, piquent.
[157] chipie: *fam.*, femme désagréable.
[158] ri jaune: ri d'une manière forcée, contrainte.
[159] en tient pour: *fam.*, aime, a une sérieuse attirance pour.

ne dormit que très tard, assurément, car des filets de lumière glissèrent longtemps sous les portes. Le champagne a de ces effets-là; il trouble, dit-on, le sommeil.

Le lendemain, un clair soleil d'hiver rendait la neige éblouissante. La diligence, attelée enfin, attendait devant la porte, tandis qu'une armée de pigeons blancs, rengorgés dans leurs plumes épaisses, avec un œil rose, taché, au milieu, d'un point noir, se promenaient gravement entre les jambes des six chevaux, et cherchaient leur vie dans le crottin fumant[160] qu'ils éparpillaient.

Le cocher, enveloppé dans sa peau de mouton, grillait[161] une pipe sur son siège, et tous les voyageurs, radieux, faisaient rapidement empaqueter des provisions pour le reste du voyage.

On n'attendait plus que Boule de Suif. Elle parut.

Elle semblait un peu troublée, honteuse; et elle s'avança timidement vers ses compagnons, qui, tous, d'un même mouvement, se détournèrent comme s'ils ne l'avaient pas aperçue. Le comte prit avec dignité le bras de sa femme et l'éloigna de ce contact impur.

La grosse fille s'arrêta, stupéfaite; alors ramassant tout son courage, elle aborda la femme du manufacturier d'un "bonjour, madame" humblement murmuré. L'autre fit de la tête seule un petit salut impertinent qu'elle accompagna d'un regard de vertu outragée. Tout le monde semblait affairé, et l'on se tenait loin d'elle comme si elle eût apporté une infection dans ses jupes. Puis on se précipita vers la voiture où elle arriva seule, la dernière, et reprit en silence la place qu'elle avait occupée pendant la première partie de la route.

On semblait ne pas la voir, ne pas la connaître, mais Mme Loiseau, la considérant de loin avec indignation, dit à mi-voix à son mari: — "Heureusement que je ne suis pas à côté d'elle."

La lourde voiture s'ébranla, et le voyage recommença.

On ne parla point d'abord. Boule de Suif n'osait pas lever les yeux. Elle se sentait en même temps indignée contre tous ses voisins, et humiliée d'avoir cédé, souillée par les baisers de ce Prussien entre les bras duquel on l'avait hypocritement jetée.

Mais la comtesse, se tournant vers Mme Carré-Lamadon, rompit bientôt ce pénible silence.

— "Vous connaissez, je crois, Mme d'Etrelles?

[160] crottin fumant: "steaming dung".
[161] grillait: fumait.

— Oui, c'est une de mes amies.

— Quelle charmante femme! 1240

— Ravissante! Une vraie nature d'élite, fort instruite d'ailleurs, et artiste jusqu'au bout des doigts; elle chante à ravir et dessine dans la perfection."

Le manufacturier causait avec le comte, et au milieu du fracas[162] des vitres un mot parfois jaillissait: "Coupon — échéance — prime — à 1245 terme[163]."

Loiseau, qui avait chipé[164] le vieux jeu de cartes de l'auberge, engraissé par cinq ans de frottement sur les tables mal essuyées, attaqua un bésigue[165] avec sa femme.

Les bonnes sœurs prirent à leur ceinture le long rosaire qui pendait, 1250 firent ensemble le signe de la croix, et tout à coup leurs lèvres se mirent à remuer vivement, se hâtant de plus en plus, précipitant leur vague murmure comme pour une course d'*oremus*[166]; et de temps en temps elles baisaient une médaille, se signaient de nouveau, puis recommençaient leur marmottement rapide et continu. 1255

Cornudet songeait, immobile.

Au bout de trois heures de route, Loiseau ramassa ses cartes: — "Il fait faim[167]", dit-il.

Alors sa femme atteignit un paquet ficelé d'où elle fit sortir un morceau de veau froid. Elle le découpa proprement par tranches minces 1260 et fermes, et tous deux se mirent à manger.

— "Si nous en faisions autant", — dit la comtesse. On y consentit et elle déballa les provisions préparées pour les deux ménages. C'était, dans un de ces vases allongés dont le couvercle porte un lièvre en faïence, pour indiquer qu'un lièvre en pâté gît au-dessous, une charcu- 1265 terie succulente, où de blanches rivières de lard traversaient la chair brune du gibier, mêlée à d'autres viandes hachées fin. Un beau carré de gruyère, apporté dans un journal, gardait imprimé: "faits divers"[168] sur sa pâte onctueuse.

Les deux bonnes sœurs développèrent un rond de saucisson qui 1270

[162] fracas: grand bruit.
[163] coupon . . . à terme: mots du jargon financier.
[164] chiper: *fam.*, voler.
[165] attaqua un bésigue: commença une partie de cartes.
[166] *oremus*: prière.
[167] il fait faim: *pop.*, j'ai faim.
[168] faits divers: "news in brief".

sentait l'ail; et Cornudet, plongeant les deux mains en même temps dans les vastes poches de son paletot sac[169], tira de l'une quatre œufs durs et de l'autre le croûton d'un pain. Il détacha la coque, la jeta sous ses pieds dans la paille et se mit à mordre à même[170] les œufs, faisant tomber sur sa vaste barbe des parcelles de jaune clair qui semblaient, là dedans, des étoiles.

Boule de Suif, dans la hâte et l'effarement de son lever, n'avait pu songer à rien; et elle regardait, exaspérée, suffoquant de rage, tous ces gens qui mangeaient placidement. Une colère tumultueuse la crispa d'abord, et elle ouvrit la bouche pour leur crier leur fait[171] avec un flot d'injures qui lui montait aux lèvres; mais elle ne pouvait pas parler tant l'exaspération l'étranglait.

Personne ne la regardait, ne songeait à elle. Elle se sentait noyée dans le mépris de ces gredins[172] honnêtes qui l'avaient sacrifiée d'abord, rejetée ensuite, comme une chose malpropre et inutile. Alors elle songea à son grand panier tout plein de bonnes choses qu'ils avaient goulûment dévorées, à ses deux poulets luisants de gelée, à ses pâtés, à ses poires, à ses quatre bouteilles de bordeaux; et sa fureur tombant soudain, comme une corde trop tendue qui casse, elle se sentit prête à pleurer. Elle fit des efforts terribles, se roidit, avala ses sanglots comme les enfants, mais les pleurs montaient, luisaient au bord de ses paupières, et bientôt deux grosses larmes, se détachant des yeux, roulèrent lentement sur ses joues. D'autres les suivirent plus rapides, coulant comme les gouttes d'eau qui filtrent d'une roche, et tombant régulièrement sur la courbe rebondie de sa poitrine. Elle restait droite, le regard fixe, la face rigide et pâle, espérant qu'on ne la verrait pas.

Mais la comtesse s'en aperçut et prévint son mari d'un signe. Il haussa les épaules comme pour dire: "Que voulez-vous, ce n'est pas ma faute." Mme Loiseau eut un rire muet de triomphe et murmura: — "Elle pleure sa honte."

Les deux bonnes sœurs s'étaient remises à prier, après avoir roulé dans un papier le reste de leur saucisson.

[169] paletot sac: sorte de manteau.

[170] à même: directement.

[171] leur crier leur fait: leur dire tout ce qu'elle pensait.

[172] gredins: personnes méprisables.

Alors Cornudet, qui digérait ses œufs, étendit ses longues jambes sous la banquette d'en face, se renversa[173], croisa ses bras, sourit comme un homme qui vient de trouver une bonne farce, et se mit à siffloter la *Marseillaise*. 1305

Toutes les figures se rembrunirent[174]. Le chant populaire, assurément, ne plaisait point à ses voisins. Ils devinrent nerveux, agacés, et avaient l'air prêts à hurler comme des chiens qui entendent un orgue de Barbarie[175]. Il s'en aperçut, ne s'arrêta plus. Parfois même il fredonnait les paroles: 1310

Amour sacré de la patrie,
Conduis, soutiens nos bras vengeurs,
Liberté, liberté chérie,
Combats avec tes défenseurs! 1315

On fuyait plus vite, la neige étant plus dure; et jusqu'à Dieppe, pendant les longues heures mornes du voyage, à travers les cahots du chemin, par la nuit tombante, puis dans l'obscurité profonde de la voiture, il continua, avec une obstination féroce, son sifflement vengeur et monotone, contraignant les esprits las et exaspérés à suivre le chant 1320 d'un bout à l'autre, à se rappeler chaque parole qu'ils appliquaient sur chaque mesure.

Et Boule de Suif pleurait toujours; et parfois un sanglot, qu'elle n'avait pu retenir, passait, entre deux couplets[176], dans les ténèbres.

Questions

A. 1. Quelle importance la chute de neige a-t-elle pour la suite du récit?
 2. Quels sont les deux groupes qui se trouvent réunis dans la voiture? Essayez d'établir les distinctions sociales entre les couples de la première catégorie.
 3. Quelle est la principale et peut-être unique occupation de Cornudet? Qu'a fait ce patriote pendant la guerre?
 4. Quelle est la réaction des *femmes honnêtes* en voyant Boule de Suif et comment celle-ci se comporte-t-elle?

[173] se renversa: se laissa aller en arrière.

[174] se rembrunirent: devinrent sombres. La *Marseillaise*, hymne national sous la République, est d'abord un chant révolutionnaire.

[175] orgue de Barbarie: "barrel-organ".

[176] couplets: strophes dans une chanson.

5. Que pensent les occupants de la voiture lorsque, tout en mangeant, Boule de Suif leur parle de sa haine des Prussiens?

6. Que répond Boule de Suif quand l'officier prussien veut la voir? Pourquoi accepte-t-elle de le rencontrer?

7. Pourquoi Boule de Suif refuse-t-elle d'écouter les propositions de Cornudet?

8. Pendant longtemps les voyageurs ignorent pourquoi ils ne peuvent repartir. Lorsqu'ils en savent la raison, quelle est leur réaction?

9. En quoi l'attitude des voyageurs est-elle différente le lendemain et pourquoi?

10. Dès que Boule de Suif est allée au baptême, qu'est-ce que Loiseau fait proposer à l'officier? Pourquoi celui-ci refuse-t-il?

11. Le discours de madame Loiseau, dans sa vulgarité, exprime l'opinion générale. Montrez le changement survenu, notamment dans la façon de juger l'officier.

12. Qui parvient à décider Boule de Suif à céder? Où est l'ironie?

13. Quelle est la réaction du groupe en apprenant que Boule de Suif a cédé à l'Allemand?

14. Cornudet seul est choqué de ce qui est arrivé. Mais n'a-t-il pas des raisons personnelles pour cela?

15. Quelle est l'attitude des voyageurs lorsque Boule de Suif vient les rejoindre à la voiture?

16. Boule de Suif n'a rien pris pour manger. Pourquoi ne lui offre-t-on rien? Quelle est ici l'opposition avec la première partie du voyage?

B. 1. Les descriptions de l'armée française et de l'armée allemande font visiblement contraste. Qu'est-ce que chacune d'elles essaie de suggérer

 a) à vous?

 b) à des bourgeois nationalistes et conservateurs?

2. L'emploi des majuscules, *Etranger, Intrépide, Idée* (l. 122) est ironique. Or cette haine détermine Boule de Suif et Cornudet. Comment donc l'ironie peut-elle s'appliquer à eux?

3. La faim force les voyageurs à capituler et à accepter la nourriture de la prostituée. Relevez dans quel ordre la capitulation se fait et justifiez cet ordre.

4. On voit l'armée d'occupation dans le village. Quelle impression l'auteur veut-il donner? Pourquoi Cornudet est-il furieux de ce qu'il voit?

5. La conjuration. L'histoire universelle est utilisée comme si elle n'avait été qu'une succession d'exemples pour Boule de Suif. Rétablissez, quand vous le pouvez, la vérité historique et montrez le comique de ces "précédents".

6. *Tout cela était enveloppé, habile, discret* (l. 1076). A plusieurs reprises Maupassant oppose la délicatesse du langage et la grossièreté des pensées. Quelle est l'importance de ce point dans la satire de l'hypocrisie sociale?

7. Chacun mange sans s'occuper de Boule de Suif. Les bonnes soeurs rangent le reste de leur saucisson. Pourquoi ce geste est-il encore plus frappant d'égoïsme que si elles avaient tout mangé?

8. Cornudet siffle la Marseillaise pour se venger des bourgeois, non pour venger Boule de Suif. Examinez son attitude dans la voiture et relevez les termes qui montrent son absence de sympathie pour Boule de Suif qui, il ne faut pas l'oublier, lui avait beaucoup plu physiquement.

Sujets de Conversation

Le monde de Maupassant est divisé en deux catégories: d'un côté les riches, ceux qui appliquent avec bonne conscience les règles de la société et qui triomphent toujours. De l'autre, ceux qui ne veulent pas ou ne peuvent pas jouer le jeu et qui sont condamnés à un échec perpétuel. A cette situation, Maupassant n'oppose que l'ironie. Mais tout n'est pas si simple, le conformisme n'a pas que des défauts et le non-conformisme que des avantages.

Pour le conformisme

Le non-conformiste est conformiste à 99%. Il arrête sa voiture aux feux rouges et repart aux feu verts. Quel intérêt y aurait-il à faire le contraire?

En acceptant les règles établies, on peut se trouver amené à occuper une position importante d'où il est possible d'exercer une grande influence. Ne vaut-il pas mieux réformer que d'adopter une attitude de protestation stérile?

Pour le non-conformisme

La vie en société impose des habitudes que l'on tolère par commodité. Pourquoi faudrait-il accepter celles qui nous déplaisent et à quel titre?

Ne faut-il pas qu'il y ait de temps en temps des gens courageux pour dire *non* aux usages établis? Il y aura toujours assez de gens intelligents pour dire *oui* et se justifier par de petites réformes qui ne leur nuiront pas.

On abuse des grands mots: liberté, justice, patrie, famille, mais ne représentent-ils pas quelque chose? Est-ce être conformiste que de leur attribuer une valeur et de leur faire certains sacrifices?

A quoi sert la vertu patriotique d'une Boule de Suif et quelle est la portée de son refus? N'y a-t-il pas beaucoup d'hypocrisie et d'orgueil dans son refus? N'est-elle pas simplement une "conformiste à l'envers"?

Le conformisme n'est un trait bourgeois que dans un monde bourgeois. Il est la base même de toute société. Pourquoi? Essayez de montrer par quelques exemples son caractère nécessaire.

L'anticonformisme n'est-il pas le meilleur moyen de rappeler qu'il existe d'autres valeurs que la réussite sociale? que ces valeurs ne se mesurent pas au succès qu'elles apportent?

L'exemple de Boule de Suif montre combien il est difficile de supporter la réprobation sociale. Pourtant, à ses yeux, elle n'a rien à se reprocher. Que devait-elle faire? Le non-conformiste véritable est-il celui qui brave les conventions ou celui qui sait ne pas les suivre sans les heurter de front?

Le conformisme est-il une pression du groupe social? N'est-il pas bien souvent une peur d'une pression du groupe social? Obéissent ceux qui ne demandent qu'à obéir.

Jules Laforgue
(1860-1887)

*L*aforgue est d'abord un poète, poète maudit puisqu'il meurt à vingt-sept ans sans avoir connu la gloire. Il est né à Montevideo mais vient très jeune en France. Ses débuts sont difficiles, il fréquente des poètes mineurs et collabore à de petites revues pour gagner sa vie. En 1881, il obtient un poste de lecteur auprès de l'impératrice Augusta à Berlin. C'est là qu'il écrit ses *Complaintes* (1885). Il rentre en France, épouse une jeune Anglaise, rencontrée à Berlin, et tuberculeuse comme lui. Malgré sa maladie, il publie le *Concile féerique* et *L'Imitation de Notre-Dame la Lune* et meurt peu après, suivi à quelques mois de distance par sa femme. En 1890, ses amis font paraître ses poèmes posthumes: *Des fleurs de bonne volonté.*

Laforgue se rattache au mouvement symboliste, mouvement idéaliste dont les membres sont moins un groupe que des écrivains qui partagent certaines façons de sentir. Encore y a-t-il entre eux des

divergences de vues considérables, jusque dans les techniques poé-
tiques, puisque certains continuent à soutenir le vieil alexandrin alors
qu'un Laforgue se fait le champion du vers "libre". Laforgue est en
effet hostile au côté déclamatoire du vers, à sa pompe qui heurte sa
pudeur. Sa poésie naît au milieu de la prose qui l'entoure et répand
une sorte de vibration qui laisse pressentir Apollinaire.

<div align="center">*
**</div>

Les *Moralités légendaires* (1887): "Hamlet", "Les deux pigeons",
etc., sont des parodies, non des pastiches, et l'on ne saurait trop re-
commander dans le cas présent aux étudiants la lecture de la fable de
La Fontaine. Elle aidera à la compréhension de cette histoire, assez
difficile à suivre pour qui veut en apprécier les continuelles trouvailles
à cause de l'ironie que l'auteur ne cesse de répandre sur le récit, les
personnages et même le décor.

"Les deux pigeons" de La Fontaine s'aiment, mais l'un veut partir pour satisfaire sa curiosité, son goût de l'aventure. Chez Laforgue, il s'agit d'un faux grand amour, parodie du vrai. L'héroïne ne s'élance pas vers l'avenir mais vers le passé; son désir n'est qu'une nostalgie. Gaspard et Juliette n'éprouvent pas grand'chose l'un pour l'autre et en tirent vanité; leurs sentiments éthérés les distinguent du vulgaire. Ils ont lu trop de livres. Ils se veulent artistes et esthètes. Ce ne sont que des snobs et des bourgeois, fort probablement des imbéciles et certainement des égoïstes. Notons par exemple dans quelles conditions de confort se fait ce voyage déchirant. Toute leur histoire n'est qu'un jeu, mais, même dans la comédie, ces comédiens sont médiocres.

Chez eux tout est littéraire, dans la mesure où l'art s'oppose à la nature. Le paysage devient décor, le dialogue est une succession de clichés. En plus de tout, ils sont maladroits, physiquement et moralement. Et l'histoire s'achève sans qu'ils aient pris conscience de leur insincérité. Mais sous la dureté de cette continuelle ironie, perce la tendresse d'un poète au grand cœur pour ces personnages un peu absurdes et lunaires qui ne peuvent accepter leur médiocrité et se rêvent un destin qu'ils sont incapables d'accomplir.

Les Deux Pigeons

— Alors, c'est sérieux? Ce n'est pas une simple épreuve, simple mais vulgairement littéraire, à laquelle on voulait soumettre son cher et solide Gaspard?

— Non; et la solidité de tous les Gaspard du monde serait ici déplacée. 5

— C'est fou, Juliette! Il n'y a pas place en votre petit cœur pour d'aussi grosses plaisanteries, de ces plaisanteries que j'appellerais éléphantaisistes[1]! (Ces à-peu-près[2] étaient une de ses deux ou trois manies).

— Vous êtes précisément là dans la plus masculine erreur. Mon petit cœur est bien gros[3], je vous assure! . . . 10

— Et alors?

[1] éléphantaisistes: plaisanterie faite en réunissant deux mots: éléphant et fantaisiste en un seul.

[2] à-peu-près: plaisanterie faite sur la ressemblance plus ou moins grande de certains mots.

[3] est bien gros: est affligé, triste.

— Je vais lui faire prendre l'air[4]. Je vous l'ai déjà dit, je vous le répète depuis deux jours.

— Et alors, moi, je vais bonnement rester là, à regarder ce bateau s'éloigner; et puis rentrer . . . Conseillez-moi du moins une attitude, ô imaginative Juliette!

— Celle d'un homme d'esprit devant un de ses pairs.

— Et si cet homme d'esprit allait, comme on dit, prendre sa revanche?

— Oh, faites! D'ailleurs je suis sûre de votre espèce de fidélité.

— Si au moins tu me disais: "Gaspard, je te fuis décidément parce que tu ne me tuerais pas plutôt que de me laisser fuir, ce que tu aurais certainement fait aux premiers temps de notre amour et ce qui prouve que tu ne m'aimes plus comme alors". Mais non, tu me fuis pour fuir.

— Et, en effet, pourquoi ne me tues-tu pas plutôt?

— Oh! parce que j'aimerais mieux me mettre d'abord au courant.

— Si vous m'aimiez, vous seriez vite au courant, rien qu'à me regarder dans les yeux.

A la minute d'un grand départ, toute l'immensité d'espace où nous allons être lancés nous prend à la gorge[5]; les plus tendres suffoqueraient si, ne serrant les dents, ils laissaient passer autre chose que des propos allègrement secs.

Gaspard et Juliette avaient d'ailleurs épuisé à huis clos[6] les dernières scènes.

Ils continuèrent de promener leur attente[7] le long du quai.

Parmi des empilements de barriques[8], des garçons et des fillettes jouaient à cache-cache[9]; ce contre quoi pestaient [10] des équipes de rudes gens en vareuse[11] bleue, de minces anneaux d'or aux oreilles, mais pestaient pour la forme[12], car ces rudes gens sont pour la plupart de braves pères.

O crépuscules d'août! Belle pleine lune vieil or, éblouissante, outrecuidante[13]! Et toute une communauté d'hirondelles filant, rasant l'eau

[4] prendre l'air: se promener, ici, voyager.

[5] nous prend à la gorge: nous serre la gorge d'émotion.

[6] à huis clos: les portes fermées. L'expression est employée dans la langue judiciaire, lorsque le président du tribunal fait sortir les assistants.

[7] promener leur attente: ici, se promener en attendant.

[8] empilements de barriques: des piles de tonneaux.

[9] jouer à cache-cache: "to play hide-and-seek".

[10] ce contre quoi pestaient: ce qui faisait protester.

[11] vareuse: veste de marin.

[12] pour la forme: pour le principe, pour avoir l'air de faire quelque chose.

[13] outrecuidante: qui a une haute opinion de soi-même.

tiède, s'étourdissant de gazouillés[14] en tous sens, semblant (Dieu me pardonne!) vouloir illustrer de leurs arabesques des grands jours, ce crépuscule comme il n'y en aurait sans doute jamais plus. Et puis encore, ô crépuscules des petits ports! Un chien qui aboie à l'odeur de la soupe sur une péniche amarrée[15], les lanternes qu'on hisse comme pour une messe du Mois de Marie-des-Eaux[16], et surtout les mâtures et les cordages qui s'effilent[17] si nostalgiquement sur l'adieu du jour. (Quelle destinée, en effet, pour un simple arbre des forêts, devenir mât et s'en aller ainsi! ...)

Le bateau avec sa blanche dunette[18] dominant le désordre des passagers et des colis, attendait, rongeant ses freins[19], dans la basse ronflante[20] de ses flancs; les deux grosses cheminées ne fumaient pas, mais le mince tuyau adossé à chacune d'elles s'égosillait[21] à fuser furieusement un jet de brouillard très blanc.

A ce moment, derrière la petite ville, une cloche se mit en devoir de[22] sonner l'Angelus. Et cette cloche fidèle et même abrutie, semblait insinuer: "Faites comme moi et mes sœurs. Voyez cette petite ville de trois cents feux[23] environ, l'église du bon Dieu et le petit cimetière de la bonne mort: tout n'est-il pas là? Or ma voix est toujours la même, et je suis une personne bien conservée, faites comme moi, enfants d'un siècle prodigue, résignez-vous au provincialisme de *n'être pas ailleurs.*"

Gaspard, les poings serrés, attendit que cette cloche sans mandat eût fini, pour hasarder un suprême argument (si sublime, que je ne puis l'associer à l'expression, trop sèche à tous les cœurs bien nés, de "pousser une dernière pointe"[24]).

— Juliette, ma Juliette, vous êtes bien seule au monde, pourtant!

— Plus que jamais, je vous prie.

[14] gazouillés: petits chants d'oiseau.

[15] péniche amarrée: "moored barge".

[16] une messe du mois de Marie-des-Eaux: le mois de Marie est le mois de mai.

[17] les mâtures . . . qui s'effilent: l'ensemble des mâts, des cordages . . . qui vont en diminuant d'épaisseur.

[18] dunette: "poop".

[19] rongeant ses freins: supportant avec impatience.

[20] la basse ronflante de ses flancs: le grand bruit de basse qui a lieu dans ses flancs.

[21] s'égosillait: criait fort et longtemps.

[22] se mit en devoir de: se prépara à.

[23] feux: familles.

[24] pousser une dernière pointe: *fam.*, poursuivre une dernière fois ce qu'on a commencé.

— Vous ne partirez pas là!

— Vous pensez que ce sera comme hier? Je me suis laissée basse-ment[25] moraliser par des manœuvres de la dernière heure et mes ba-gages sont partis sans moi; vous n'y avez rien gagné. Et cette fois-ci vous y perdriez tout!

— Me resterait-il donc quelque chose encore?

— Oui, l'espoir, comme à tout le monde.

Les premières villas s'allumaient de lampes de famille en immobiles gouttes de lumière qui semblaient, dans l'enchantement tout neuf de cette exceptionnelle lune d'or, de modestes bijoux de province, des bijoux de famille, des bijoux à la vieille mode, presque du temps où la reine Berthe[26] filait.

— Juliette, comme ces soirs vont à votre beauté! Et qui vous le ra-contera mieux que moi? Juliette, au nom de l'amour que vous m'avez juré si souvent par des soirs pareils!

— Je vous l'ai toujours juré!

— C'est vrai, calme-toi. Mais, maintenant, que vais-je devenir, moi?

— Sous quel rapport?

Gaspard avait tiré un canif de sa poche et s'usait l'ongle à l'ouvrir.

— Tiens! demande-moi de m'entailler[27] la main, le front, de me faire des blessures graves pour te prouver que tes regards ont toujours troublé et appelé mon sang!

— Vous voyez, vous ne parvenez seulement pas à l'ouvrir!

— Minute[28], on va voir.

— Gaspard, laissez ce canif, si vous ne voulez pas me voir prendre une attaque de nerfs dans le désordre de ce quai.

— Je vous dégoûte, voilà le vrai, l'inextirpable!

— Non, c'est moi qui suis raisonnable.

— Raisonnable est un peu fort pour les raisons maladivement pué-riles que je suis parvenu à vous arracher. Voyons, redites-les sans rire . . .

Et elle redit, le regard perdu au septième ciel[29] littéraire:

— L'âge bizarre qui me tombe sur l'âme cette année, une envie folle de me montrer dans la petite ville où j'ai été élevée, de me perdre un peu laissant quelqu'un derrière moi . . .

[25] bassement: sottement, vulgairement.
[26] la reine Berthe: mère de Charlemagne, morte en 783.
[27] m'entailler: me couper, me faire une blessure.
[28] minute: doucement, attendez.
[29] le septième ciel: l'état de bonheur parfait.

— Toujours présent.

— Quelqu'un qui m'a comprise, jusqu'ici du moins, et saura garder 105
la conscience artiste de quelle singulière enfant sa vie fut traversée et
se demandera par des soirs pareils à celui-ci: "Où est-elle, à cette heure,
dans le vaste monde?"

— Mais c'est la fable des *Deux Pigeons*[30], encore une fois!

— Jamais de ma vie! La littérature vous égare. 110

— Enfin; et c'est naturellement moi qui ai laissé votre imagination
assez en jachère[31] pour que d'aussi sordides ivraies[32] y aient pu pousser.

— Non, c'est la vie, mon âme, ma chère, ma petite ville natale . . .
Oh! pourvu que je ne meure pas demain!

— Juliette, assez de mal comme cela! Rentrons; vous me raconterez 115
tout en prenant le thé, et je vous jure de vous organiser dès demain une
existence salutairement nouvelle.

— Prendre le thé, ici, ce soir! (L'exorbitance de ce petit tableau de
genre[33] la suffoquait.) Mais quand je vous répète qu'il y va de ma vie[34]!

— Où vous écrire? fit Gaspard après un silence oblique. 120

— Là-bas, nulle part encore.

— M'écrirez-vous, vous?

— Peut-être.

— Vous reviendrez, dites-vous?

— C'est cela! Avec un passé dont vous ne manquerez pas d'être 125
bassement jaloux heure à heure.

— Assez; je vous attendrai, ma pauvre Juliette; vous connaissez le
chemin.

Il s'arrêta, eut un sourire aussi jaune[35] que la lune, alluma une ciga-
rette et, frisant sa moustache vers la lune, d'une voix d'amateur: 130

— Ah, quel temps enchanteur pour un cœur romanesque[36]! (Tiens,
un vers.) Etes-vous bien couverte? Je parie que vous avez oublié votre
flacon de sels[37]?

— C'est vrai, quel ennui! C'est stupide!

[30] les *Deux Pigeons*: une des fables les plus célèbres de La Fontaine.

[31] en jachère: en repos. Une terre en jachère est une terre labourable qu'on laisse
reposer.

[32] ivraie: plante qui est le symbole de toutes les mauvaises herbes.

[33] tableau de genre: tableau qui représente une scène familière ou anecdotique.

[34] il y va de ma vie: c'est ma vie qui est en jeu.

[35] sourire jaune: sourire forcé, pour dissimuler son mécontentement.

[36] romanesque: qui est comme dans les romans, exalté.

[37] flacon de sels: petite bouteille qu'on fait respirer aux personnes évanouies pour les
ranimer.

— Le voici, fit Gaspard tirant froidement cet article de son gousset[38].

— Ah, c'est gentil! Merci. — Ah, ai-je bien mis aussi ma douzaine de photographies dans la valise?

Gaspard toisa[39] sa compagne du corset aux genoux.

— Oui, et vous pouvez distribuer là le portrait d'un joli monstre! Adieu!

Et lui tournant le dos, il fila et disparut derrière les baraques des douaniers[40] vers les villas. Juliette le suivit des yeux et tout son reste d'angoisse se fondit en un soupir au large.

La cloche du bateau se mit à tinter vers ces villas pour qui elle était ainsi chaque soir le dernier bruit du jour. Juliette se hâta.

— Votre ticket est d'hier, Madame, il faut aller le faire marquer de nouveau là, en face.

Comme elle revenait, elle se trouva, au moment de franchir la passerelle[41], devant Gaspard qui l'attendait derrière un groupe d'embrassades[42].

— Laissez-moi vous embrasser aussi! déclara-t-il, l'adieu dans l'âme.

— Adieu, mon ami! fit-elle, d'une voix sage qui n'excluait pas un fonds de bonne foi bien enviable.

Il l'étreignit miséricordieusement[43] et leurs bouches se pénétrèrent comme sans arrière-pensée.

— Fais-moi signe avec ton mouchoir, n'est-ce-pas? conclut-il débonnairement.

Les flancs du bateau turent leur ronflement, on se renvoya des paquets de cordes trempées, et les palettes des hélices[44] se mirent à taper, follement d'abord, puis en mesure, l'eau charmante et paisible qui ainsi se mit à fuir dans le beau soir . . .

Juliette regardait s'éloigner le quai vulgaire dans le si beau soir! . . .

— Eh bien? On n'agite donc pas son mouchoir?

Elle se retourna, Gaspard était là, tout embarqué avec elle; il se nouait maternellement un foulard au cou en feignant de s'intéresser à la paire de petits fanaux[45] rouges qu'on hissait à mi-mâture.

[38] gousset: "vest-pocket".

[39] toisa: mesura du regard (toujours un peu méprisant).

[40] les baraques des douaniers: les petites maisons en planches de la douane.

[41] passerelle: petit pont entre le bateau et le quai, pour les passagers.

[42] un groupe d'embrassades: un groupe de gens en train de s'embrasser.

[43] miséricordieusement: avec une pitié qui fait pardonner.

[44] palettes des hélices: "propeller-blades".

[45] fanaux: lanternes.

— Quelle lâcheté! dit-elle tout bas. Vil clown! Mais sachez vous tenir[46]! Vous n'êtes ici qu'un passager et je suis une honnête femme.

Elle descendit au salon. Il l'y suivit largement et s'assit à l'entrée. Juliette fit le tour et remonta. Il remonta. 170

Elle alla s'installer tout à l'arrière et, indifférente à qui pouvait s'occuper d'elle, s'arrangea dans sa couverture, avec l'aisance sans co-quetterie d'une émancipée blasée sur les voyageurs, ne semblant que vouloir s'établir en son petit coin pour bien songer à ses affaires à elle, en face de la lune et de la mer qui appartiennent à tout le monde. 175

Gaspard adossé à un bastingage[47], non loin d'elle, avait allumé sa courte pipe de campagne et attendait, ne perdant pas de vue ce cher profil perdu, liseré de lune[48] pour le moment.

— C'est de la folie douce, songeait-il. Est-ce bien elle, là? Et moi ici, étranger, attendant je ne sais quoi pour m'approcher? Et sur cette 180 espèce de bateau, par ce clair de lune invraisemblable? Singulier épi-sode. Sans doute la crise de la vingt-cinquième année, si tant est[49] qu'il y ait une crise de la vingt-cinquième année. Attendons; c'est une enfant distinguée et je l'adore affectueusement après tout.

Et Gaspard se mit à rêvasser par bouffées de pipe.[50] Il savait tout, 185 les philosophies et l'histoire, les sciences morales et les paradoxes, il s'entendait à tout mêler dans son idéal de coin du feu[51]. Et c'est par là qu'il avait jadis pris Juliette, peut-être, hélas! dans un de ses jours de lassitude romanesque.

En vérité l'enchantement romanesque de ce pur beau soir, cet em- 190 barquement imprévu lui brouillaient le tempérament de toute la poésie d'un enlèvement jadis refusé par modestie. Et il oubliait peu à peu la grêle de reparties dures[52], insultantes même dont elle repoussait depuis deux jours ses cordiales supplications, il oubliait la bien grave scène de tout à l'heure. 195

— Encore trois heures de bateau, imaginait-il, et, dans une navrante chambre d'hôtel inconnu, comme je vais la serrer ingénieusement sur mon cœur! Pauvre oiseau migrateur et sauvage! Et essuyer ses larmes

[46] vous tenir: vous tenir bien, avoir la conduite d'un monsieur bien élevé.
[47] bastingage: "bulwarks".
[48] profil perdu liseré de lune: elle est absorbée dans ses pensées et la lune fait comme un bord, un cadre à son profil.
[49] si tant est que: à supposer que.
[50] rêvasser par bouffées de pipe: s'abandonner à ses rêveries en fumant sa pipe.
[51] idéal de coin du feu: idéal d'une vie sédentaire, calme et retirée.
[52] grêle de reparties dures: quantité de réponses désagréables.

de pardon et de reconnaissance . . . Elle est si gentiment coiffée!

Juliette avait toujours porté les cheveux courts et bouclés sur la nuque. Et maintenant, comme autrefois aux temps plus ou moins lointains où, assis dans un coin d'un certain salon, obscur rêvasseur d'amours, il la regardait vivre parmi ses charmantes amies, Gaspard se répétait encore:

— Ecarter, déranger ses cheveux bouclés, d'une main familière et tremblante? Oh, je ne parle pas pour moi? mais quelqu'un! Serait-ce possible? Et, levant sur lui ses yeux de lumière tendre, elle le laisserait faire comme une chose naturelle, et poserait même sa tête sur son épaule, et tout ce qui s'ensuit.

Et il se souvint qu'alors, après avoir ressassé[53] cette idée, fixe mais scandaleuse, de la possibilité de caresser ses cheveux bouclés, chaque fois il se consolait en pensant: "C'est une petite créature animale, après tout, un petit mammifère distingué qui vieillira comme les autres, etc., etc." Il se souvint que régulièrement aussi une dernière imagination l'achevait: "Oh, seuls, dans une chambre louée pour la circonstance! Et elle pleurant comme une Madeleine[54], parce que, dirait-elle, je lui aurais fait de la peine, et que je ne la comprendrai jamais, et prête à refondre en larmes[55], et pressant son petit mouchoir roulé en boule contre sa bouche pour ne pas crier! etc., etc."

Gaspard à ce moment leva les yeux; des larmes de silence justement glissaient le long du profil liseré de lune de sa Juliette.

— C'est trop fort!

Il se retint d'aller la consoler, non crainte qu'elle fît un scandale (il ne pensait plus à son menaçant avertissement), mais à un soudain afflux[56] d'espérances voluptueuses qui le fit chuchoter: "Tout à l'heure, tout à l'heure, les choses seront à point[57]."

Et pour prendre patience et se mettre lui-même dans la note[58], il essaya de s'abîmer aux féeries[59] exceptionnelles de ce clair de lune de l'âge des Bergeries[60]. Un cuivre du bastingage accrochant un rayon de l'astre en question accrocha également son rêve, et ce lui fut la vision

[53] ressassé: répété sans cesse.

[54] pleurant comme une Madeleine: pleurant abondamment, comme Marie-Madeleine.

[55] refondre en larmes: pleurer à nouveau et beaucoup.

[56] afflux: arrivée abondante.

[57] seront à point: seront juste ce qu'il faut; c'est là un terme de cuisine.

[58] se mettre dans la note: se préparer à faire ce qui convient.

[59] s'abîmer aux féeries: se plonger dans la contemplation des beautés.

[60] l'âge des Bergeries: l'époque où on écrivait, lisait des pastorales.

du Samovar reflétant la lampe dans un coin de leur petit salon, le Samovar et la lampe des bonnes soirées sages. Ce soir, maison désertée et noire, ni thé, ni lampe, ni estampes, ni parties d'échecs, et la fenêtre ne s'ouvrira pas sur la fraîcheur du petit jardinet[61], et les grillons[62] pourront chanter pour eux seuls, si le cœur (leur noir petit cœur de grillon) leur en dit[63].

Mais sur quelles histoires pleurait-elle, là cette Juliette, un peu notre maîtresse à tous?

Depuis trois jours, l'annonce d'une agonie par un entrefilet[64] de journal la faisait crier devant l'évocation d'un sourire d'antan[65], un sourire d'homme sous une moustache point effilée[66], ah! un sourire peu vainqueur (vu certaines choses d'ici-bas[67]) mais qui avait été le metteur en scène de ses premières insomnies de femme. Depuis trois jours, l'hallucinant sourire qui allait se mourir là-bas, de l'autre côté de l'eau, l'attirait, la poussait à entrer tout de suite dans cette mer, les yeux perdus vers les ingrates insomnies d'antan! Heureusement s'était trouvé là un de ces calmes et solides bateaux qui font, été comme hiver, le service des âmes romanesques.

Que de fois elle avait rêvé d'idéales intrigues qui amèneraient ce tableau-ci: elle mourante et seule et, au dernier moment, la porte qui s'ouvre et lui, l'homme à l'éternel sourire, venant s'agenouiller à son chevet[68], lui disant comme elle fut toujours incomparable avec ses courts cheveux bouclés, et implorant des pardons infinis et posthumes pour son inqualifiable[69] conduite du 9 septembre 1877! — Et maintenant, c'était elle (oh! arriverait-elle à temps?) qui allait sonner à la grille dans cette rue si tranquille, entrer, traverser l'atelier, pousser la porte de la chambre, et venant s'agenouiller au chevet de ce mourant, étonné de tant de grandeur d'âme dans une enveloppe si frêle, lui dire comme elle a toujours vécu de son sourire dédaigneux, et lui pardonner son excusable conduite du 9 septembre 1877! — Après cela, elle reprendrait

235

240

245

250

255

260

[61] jardinet: petit jardin.

[62] grillons: "crickets".

[63] si le cœur leur en dit: s'ils sont dans l'humeur, la disposition pour chanter.

[64] entrefilet: petit article dans un journal.

[65] antan: autrefois.

[66] point effilée: dont on n'a pas aminci les pointes.

[67] ici-bas: dans ce monde-ci.

[68] s'agenouiller à son chevet: se mettre à genoux auprès de son lit.

[69] inqualifiable: qu'aucun mot ne peut qualifier assez sévèrement.

les voies et chemins de la douce villa à Gaspard, et lui raconterait tout, tel quel[70] à Gaspard.

Et voilà ce qu'un romancier aurait pu lire entre les lignes du ticket de voyage que Juliette avait mis dans son petit porte-monnaie en faux cuir de Russie[71].

Il commençait à faire plus que lunairement frais[72] sur le pont du bateau. A l'avant, un chœur d'émigrants chantait, sans beaucoup de cœur au ventre[73] d'ailleurs.

Juliette se leva soudain, jeta son pliant[74] à la mer, essuya ses beaux yeux et vint s'asseoir près de Gaspard.

— Pardonne-moi.

— Oh! pauvre! pauvre! (et, les mains tâtonnantes, il lui noua fraternellement son propre foulard autour du cou.) Nous arrivons, tu me raconteras tout. Demain nous prendrons le premier bateau. Ou, si tu préfères! nous ferons un petit voyage de santé? ·

Elle s'empara fébrilement[75] de sa main droite de brave homme.

— Ecoute, je n'ai pas de secrets pour toi. Mais, si tu me respectes, laisse-moi celui-ci jusqu'au bout. Comprends un peu! Ce qui fait que nous nous sommes aimés, c'est que nous sommes de ceux que le vulgaire dit romanesques, de ceux qui, sans crier gare[76], se lancent à travers des lieues d'insolite pour une satisfaction déclassée[77], de ceux dont les cas de conscience logent là. (Et elle se passa à deux reprises l'index[78] à la place présumée du cœur.).

— Je vois la note[79]. Tu ne peux rien dire davantage?

— Non, tu sauras tout à mon retour.

— C'est-à-dire?

— Dans un mois. Ne lésine pas,[80] Gaspard! C'est comme si l'on ne te donnait qu'un mois pour faire un chef-d'œuvre.

[70] tel quel: sans rien changer.

[71] faux cuir de Russie: imitation d'un cuir traité spécialement et qui est assez recherché.

[72] lunairement frais: un froid de lune. Le mot lune conditionne tout le passage, mais n'a pas de sens particulier ici.

[73] sans beaucoup de cœur au ventre: sans beaucoup de conviction.

[74] pliant: petit siège qui se plie et qu'on transporte facilement.

[75] elle s'empara fébrilement: elle prit d'une manière nerveuse, excitée.

[76] sans crier gare: sans avertir, sans prévenir.

[77] déclassée: considérée comme inférieure.

[78] index: deuxième doigt de la main.

[79] je vois la note: je vois de quoi il s'agit.

[80] Ne lésine pas: ne sois pas avare.

— Un chef-d'œuvre? Ah! chef-d'œuvre n'est guère pour me rassurer! Seras-tu du moins en sûreté[81]? 290

— Mais oui; ces choses ne m'effleureront pas plus abusivement qu'un roman que je lirais, que toi-même, qui es si large en littérature, me donnerais à lire.

—Suis-je si large que cela en littérature?

— La Nature même! 295

Gaspard ne put qu'esquisser un geste d'incommensurable confiance vers les villes, là-bas[82] . . .

— Et alors, tu vas passer cette nuit en express, seule; et moi je la passerai seul dans le prochain hôtel? . . .

— Ne me tourmente pas plus! Je suis déjà exténuée de ma mission! 300 J'aurais dû partir hier.

— C'est bien, je m'efface, j'attendrai. Il faut vraiment que je t'aime!

Ils avaient en conscience tout épuisé. Ils restèrent ainsi assis au frais; lui, tenant sur son cœur cette petite tête encore adolescente pleine d'un si gros secret défendu, un secret inquiétant comme un chef-d'œuvre! 305

Les émigrants cessèrent leurs chants. L'horizon s'émaillait[83] de feux symétriques. Et la cloche du bateau se mit à tinter avec une molle allégresse, aussi insensible aux arrivées qu'aux départs naturellement.

La gare était en face[84]; on eut vite rattrapé et réglé en douane les bagages partis la veille. Encore cinq quarts d'heure à errer, consulter 310 des affiches de paquebots qu'on ne prenda jamais, etc., etc., et Gaspard, ayant installé la fugitive dans un coupé de dames seules[85], scella[86] d'un indélébile baiser cette mignonne bouche d'enfant en mal de roman[87].

Six heures du matin. Une charmante station en briques rouges à la lisière[88] d'une forêt de sapins. L'express avait eu vingt minutes pour 315 prendre son café au lait, il allait repartir et déjà son sifflet stridait[89] dans la douce solitude matinale.

Juliette, prostrée sur une chaise devant le buffet en plein air, un

[81] en sûreté: à l'abri du danger.

[82] là-bas: au loin, dans cette direction.

[83] s'émaillait: s'éclairait, s'ornait.

[84] en face: juste de l'autre côté.

[85] coupé de dames seules: autrefois, les wagons n'avaient pas de couloir, certains compartiments étaient réservés aux dames non accompagnées et interdits aux hommes.

[86] scella: ferma.

[87] en mal de roman: qui est porté irrésistiblement vers le roman.

[88] lisière: limite, bord.

[89] stridait: faisait un son aigu, strident.

journal du matin froissé sur ses genoux, fixait solitairement le sol d'un œil en deuil, le sol, cet endroit où l'on enterre. Quelqu'un l'observait, qui, ne la voyant pas se décider à remonter en wagon, en redescendit lui-même, marmottant: "Elle disait aller au moins jusqu'à Orléans, et c'est ici qu'elle descend! une station inconnue et sans rapport avec . . .!"

Et c'était encore cet absurde et obtus Gaspard! La veille, après avoir scellé d'un baiser définitif la bouche de Juliette, il avait sauté dans le même train, au dernier moment, malgré sa promesse faite d'une voix pleine de résignations infinies, et sous prétexte que les sifflets de départ de cet express lui semblaient trop louches[90]. Mais il ne s'était pas encore montré, résolu à en avoir le cœur net[91], incognito jusqu'au bout.

— Qu'est-ce quelle attend là? se demandait-il, en allant prendre, pour la cerner, une porte qui n'était pas la porte de sortie. L'obséquiosité méridionale d'un employé fit avorter cette manœuvre et il se trouva forcément à découvert[92].

Elle leva les yeux sur lui, sur ce vague intrus[93], et détourna la tête supérieurement. Et, comme le train va s'ébranler, la voilà qui s'élance contre le front de la locomotive! Là, une seconde d'hésitation criminelle, et, on la voit qui passe outre[94] et s'enfuit, de l'autre côté, à travers la lande[95].

Gaspard, qui s'était précipité pour la pousser hors de voie[96], dut attendre que le train eût défilé[97]; et deux employés le retinrent encore comme un autre train interminable arrivait. Quand, ces cinq bonnes minutes après, la voie fut libre et qu'il l'eut franchie en dépit d'une administration trop zélée et pris également sa course à travers la lande, plus de Juliette en vue.

— Cette lisière de sapins me la cache sans doute. Elle ne peut être que par là . . .

Il y courut, les coudes au corps[98], haletant encore de la vision de suicide de tout à l'heure.

A la lisière, il n'eut que le temps de deviner, lancé au galop[99]! qu'il

[90] louches: équivoques, suspects.
[91] en avoir le cœur net: savoir exactement de quoi il s'agit.
[92] à découvert: visible, qui n'est plus caché.
[93] intrus: "intruder".
[94] outre: ici, au delà (de la locomotive).
[95] la lande: sorte de campagne.
[96] hors de voie: hors des rails du chemin de fer.
[97] défilé: passé.
[98] les coudes au corps: en courant très vite.
[99] deviner, lancé au galop: "to guess, coming at full speed".

y avait là un fossé à sauter, miroitant entre des fougères fraîchement 350
dérangées[100].

— Comment a -t-elle pu sauter ça? pensa-t-il.

Il bondit en conséquence, et — ce fut dans un second fossé, sans eau
et masqué de fougères rataches[101] d'où un cri partit, qu'il retomba
lourdement, portant à faux[102] des deux pieds sur un corps mou et déli- 355
cat, et se sentant aussitôt terrassé par le vertige lancinant[103] d'une
double et parfaite entorse[104].

Et il put reconnaître, avant de s'évanouir de douleur, que c'était
Juliette qui gisait là, elle, qui levait vers lui ce visage sanglant et écrasé
et puis retombait pareillement évanouie. 360

Les heures d'une radieuse matinée, aussi unique dans son genre que
le crépuscule de la veille dans le sien, passèrent sur ces deux pseudo-
cadavres, en ce trou d'une lande déserte, avec des murmures de frelons
aux dentelures des fougères pour toute enquête[105].

Vers huit heures, une voiture de récolteuses de résine[106], très in- 365
triguées par ce couple en cet état, les ramena à la ville.

Ils se retrouvèrent dans une chambre d'hôtel, la Juliette et le
Gaspard!

Gaspard mit un temps infini à se remettre[107]. Et Juliette était dé-
figurée pour jamais, avec une joue mal rapetassée[108] et son cher nez 370
aquilin qui maintenant retourné en trompette[109] faisait de l'ange mo-
deste d'autrefois un laideron au museau effronté[110], son teint restant
d'ailleurs celui d'une pêche. Quelles existences!

Gaspard aime sa Juliette toujours autant. Il sauve si bien les ap-
parences que cela fait une réalité double de celle d'autrefois. 375

Mais Juliette sait qu'au fond, Gaspard ne vit que pour le Beau (dont
il a poussé l'amour jusqu'à s'en faire un métier), elle sait combien elle

[100] miroitant entre des fougères fraîchement dérangées: "gleaming through the re-
cently trampled ferns".

[101] masqué de fougères rataches: dissimulé par une variété de fougères.

[102] portant à faux: tombant en déséquilibre.

[103] terrassé par le vertige lancinant: vaincu par la douleur aiguë et vertigineuse.

[104] entorse: "sprain". Parfaite parce qu'elle est aussi grave que possible.

[105] avec des murmures de frelons aux dentelures des fougères pour toute enquête:
"with hornets buzzing around the serrations of ferns as the only clue to any
investigation".

[106] récolteuses de résine: femmes qui ramassent la résine des pins.

[107] à se remettre: à guérir.

[108] rapetassée: *fam.*, réparée, arrangée grossièrement.

[109] relevé en trompette: "snub-nosed".

[110] laideron au museau effronté: une fille laide au visage hardi et impudent.

le déprave[111] et le mène à sa ruine, par le spectacle de son masque incohérent.

Elle ne se suicidera pas tout sec[112], mais elle se tue à petites doses. C'est l'affaire de quelques mois. Automate de plus en plus diaphane, elle passe ses journées à tricoter, jusqu'au dernier filet de jour[113], d'épaisses voilettes[114].

Ah! la voilette du linceul[115] sera bientôt aussi marquée au livre de comptes[116] du marchand! . . .

C'est l'affaire de quelques semaines.

Et Gaspard ne tardera pas à lui survivre.

Questions

A. 1. Que se passe-t-il au début de l'histoire? Que veut Juliette et que veut Gaspard?

2. Le récit commence par un dialogue. Où se trouvent les personnages? Qu'attendent-ils?

3. Qu'est-ce que Gaspard a réussi à obtenir de Juliette le jour précédent? Quelle conclusion pouvez-vous en tirer sur l'importance de ce voyage?

4. Pourquoi Gaspard veut-il absolument ouvrir son canif?

5. Tandis que Juliette monte sur le bateau, que fait Gaspard?

6. Selon lui, que vont-ils faire lorsque le bateau arrivera au port?

7. Quels sont les motifs du voyage de Juliette? Changent-ils au cours du récit?

8. Qui est cet homme que Juliette va retrouver?

9. Quelle demande Juliette fait-elle à Gaspard avant de quitter le bateau? Et que lui promet-elle à son retour?

10. Combien de temps veut-elle avoir et pourquoi?

11. Que fait Gaspard après avoir embrassé et quitté Juliette?

12. Quelle est la réaction de Juliette lorsqu'elle voit Gaspard à la descente du train et pourquoi agit-elle comme elle le fait?

13. Comment Gaspard interprète-t-il la fuite de Juliette?

14. Qu'est-ce qui arrive à Gaspard lorsqu'il veut éviter de tomber dans le fossé?

[111] déprave: pervertit, corrompt.
[112] tout sec: d'un seul coup.
[113] jusqu'au dernier filet de jour: jusqu'à ce qu'il n'y ait plus la lumière du jour.
[114] voilettes: "veils".
[115] linceul: "shroud".
[116] livre de comptes: registre sur lequel un commerçant inscrit ses opérations.

15. Comment expliquez-vous que cet accident ait un caractère comique? Relevez tous les ridicules de cette situation pour des personnages romanesques.

B. 1. Relevez dans la première phrase, qui donne le ton à l'histoire, les termes et constructions qu'on ne trouverait pas dans un dialogue *réaliste*.

2. Les personnages se vouvoient. Notez les cas où ils se tutoient et expliquez les différentes raisons de ce changement.

3. L'attente sur le quai amène une description. Qu'est-ce qui caractérise cette description: les enfants et les marins d'abord, puis le décor, le bateau et la cloche?

4. Les mots *littéraire*, *littérature*, reviennent plusieurs fois dans le récit. Quelle est leur utilité?

5. Dans son chagrin, Gaspard remarque qu'il a fait un vers; il a pensé à prendre les sels que Juliette avait oubliés. Que peut-on déduire de ces détails?

6. *le quai vulgaire* (l. 162). Pourquoi l'auteur emploie-t-il cet adjectif inattendu?

7. *c'est une enfant distinguée et je l'adore affectueusement après tout* (l. 183). Relevez les mots qui s'opposent dans cette phrase. Y en a-t-il qui représentent ses vrais sentiments?

8. Etudiez le détail des deux rencontres imaginaires de Juliette et de l'homme. Notez les ressemblances et les différences. Dégagez le faux pathétique de chacune d'elles.

9. Quel est le nouveau jeu de Juliette après l'accident? Notez les éléments vrais et faux qui lui permettent de dramatiser la situation. Relevez tous les mots grandiloquents de cette fin.

Sujets de Conversation

Les Deux Pigeons de la Fontaine s'aimaient d'amour tendre; ceux de Laforgue font semblant. Ce n'est qu'eux-mêmes qu'ils aiment. Tout chez eux est faux, conventionnel. Mais tout le monde ne ment pas pour dissimuler son incapacité et l'on peut estimer que le jeu est à la sincérité ce que le mensonge est à la vérité: un ornement, une variété, une poésie.

Pour le jeu

Si la vie ne mérite pas qu'on la prenne au sérieux, ne faut-il pas la

Pour la sincérité

Le jeu conduit au masque et le masque à l'hypocrisie. Y a-t-il quel-

traiter comme un divertissement? Et alors le but de l'existence n'est-il pas de se faire, ou de se trouver un beau rôle?

Le jeu est une évasion. N'est-il pas tentant de sortir de soi-même, et, comme le comédien, d'être successivement tous les personnages qu'on désire représenter?

Est-il possible de ne pas jouer? Peut-on agir sans avoir la conscience d'agir? Et dès l'instant où l'on se regarde agir, ne se comporte-t-on pas selon l'idée préconçue qu'on se fait de la situation, c'est-à-dire qu'on joue?

La sincérité absolue obligerait à tout remettre en question à chaque instant. Ne vaut-il pas mieux se trouver dans la vie les partenaires dont le jeu corresponde le mieux au vôtre? La Juliette de Shakespeare avait Roméo, celle de Laforgue a Gaspard. Estimez-vous que l'on a les partenaires que l'on mérite?

Que resterait-il à Gaspard et à Juliette s'ils n'avaient pas l'illusion de leur supériorité distinguée? Seraient-ils d'ailleurs Gaspard et Juliette s'ils renonçaient au mensonge?

que chose de moins drôle que l'hypocrisie? N'aboutit-elle pas à la condamnation de tous les plaisirs?

Le jeu est une dissimulation. On veut échapper au jugement des autres. Mais peut-on ne pas être le personnage qu'on prétend être? Peut-on ne pas subir les réactions de son rôle? Peut-on simuler pendant dix minutes la mauvaise humeur sans devenir véritablement désagréable?

La sincérité totale est probablement impossible, comme tout absolu. Mais n'est-ce pas vers elle qu'il faut tendre? Ne constitue-t-elle pas le seul moyen de s'accomplir, de développer sa véritable personnalité?

"On se lasse de tout sauf de comprendre", a dit un Ancien. Que pensez-vous de cette affirmation? Voulez-vous savoir ou vous contentez-vous de croire, surtout lorsque vous n'êtes pas sûr que la vérité ne sera pas désagréable?

Avez-vous remarqué avec quelle subtilité les gens remarquent le jeu chez les autres? Est-ce parce que les autres sont mauvais comédiens? parce qu'ils veulent qu'on sache qu'ils jouent? ou parce que le détachement avec lequel on les juge vous donne une extrême lucidité?

LEXIQUE

A

abaisser (s') *to humble, stoop*

abattement (m) *depression, dejection*

abattre *to knock, pull down, destroy, kill*

abîme (m.) *abyss, chasm*

abîmer *to spoil, ruin*

abord (m.) *approach*

d'----- *at first*

aborder *to approach, address*

aboutir *to end in, lead to, succeed*

aboyer *to bark, bay*

abri (m.) *shelter*

abruti *sot, fool*

abrutir *to brutalize, besot, stupefy, stun*

absoudre *to absolve*

abstenir (s') *to abstain, refrain, forego*

acajou (m.) *mahogany*

accabler *to overwhelm, crush*

accouder (s') *to lean on one's elbow(s)*

accourir *to run to, rush up*

accrocher *to hook, hang up*

accroître *to increase, add to, enhance*

accroupir (s') *to squat, crouch*

accueillir *to receive, greet, welcome*

acharner (s') *to be dead set against, persist in, be set on*

achevé *finished, polished*

achever *to finish*

acier (m.) *steel*

actualité (f.) *event of the moment, news*

407

adosser (s') *to lean against, back against*
adresse (f.) *cleverness*
affaiblir *to weaken*
affamé *starving*
affermir (s') *to become stronger, to harden*
affiche (f.) *poster*
affliger *to distress, to grieve*
affolé *panic-stricken, frantic*
affoler *to madden, bewilder*
affreux *frightful, ghastly*
affronter *to face, confront*
agacé *annoyed, irritated*
agenouiller (s') *to kneel*
agent (m.) *policeman*
aggraver (s') *to grow worse*
agir *to act*
aïeule (f.) *ancestress, grandmother*
aigre *sour, sharp, bitter*
ail (m.) *garlic*
aile (f.) *wing*
ailleurs *elsewhere*
 d'----- *moreover, besides*
aimable *likeable, pleasant, courteous*
aimant (m.) *magnet*
aîné *elder, eldest*
air (m.), avoir l'----- *to seem*
airain (m.) *bronze, brass*
aisance (f.) *ease, freedom*
ajouter *to add to*
alentour *around, round about*
alentours (m. pl.) *environs, vicinity*
aliment (m.) *food*
allée (f.) *alley, path, passage*
allègrement *nimbly, cheerfully*
aller *to become*
allonger *to lengthen, stretch out*
 s'----- *to lie down*
allumer *to light up, kindle*
allure (f.) *rhythm, speed, gait, appearance*
alourdir *to make heavy, dull, stupid*
altérer *to make thirsty, change (for the worse)*

altier *haughty, proud*
amaigri *emaciated*
amarre (f.) *cable*
amarrer *to moor*
amas (m.) *heap, pile*
âme (f.) *soul*
amende (f.) *fine*
amener *to bring, lead*
amer *bitter*
ameublement (m.) *furnishing*
amoindrir *to lessen*
amoncellement (m.) *heap, pile*
amortir *to muffle, stifle, weaken, subdue*
amour-propre (m.) *self-esteem, vanity*
anéanti *destroyed, dumbfounded, thunderstruck*
anneau (m.) *ring*
août (m.) *August*
apaiser *to appease, calm, allay, lessen*
apercevoir *to perceive, see*
 s'----- *to realize, notice*
apitoyer (s') *to pity, commiserate*
aplomb (m.) *self-confidence*
 d'----- *upright, vertical, plumb*
apôtre (m.) *apostle*
appareil (m.) *display, array, apparel, apparatus, appliance*
appareiller *to install, get under way*
apparemment *apparently*
apparenter (s') *to be connected with*
appartenir *to belong*
appellation (f.) *noun*
appliquer *to apply, place*
apprêter *to prepare*
appui (m.) *support*
appuyer (s') *to lean, rely, depend on*
âpre *rough, bitter*
araignée (f.) *spider*
arceau (m.) *arch*
archet (m.) *bow*
ardemment *passionately, ardently*
ardoise (f.) *slate*
armateur (m.) *shipowner*
armoire (f.) *wardrobe, chest*
arracher *to tear, pull (up, out, away)*

arranger (s') *to manage, come to an agreement*
arrêt (m.) *stop, arrest, order, sentence*
arrêté *decided, fixed*
arrière-pensée (f.) *reservation, ulterior motive*
arroser *to water, sprinkle*
artichaut (m.) *artichoke*
ascendant (m.) *ascendency, influence*
asile (m.) *shelter, refuge, retreat*
assidu *assiduous, industrious, constant, unceasing*
assiéger *to besiege*
assiette (f.) *position, situation, basis, (dinner) plate*
assister *to attend*
assombri *darkened*
assommer *to stun, kill, bore*
assoupir *to make sleepy, calm, quiet*
assouplir *to soften, make supple*
assujetir *to subject*
astre (m.) *star*
atelier (m.) *studio, workroom*
attacher (s') *to apply oneself*
atteindre *to attain, reach, hit*
atteint *attacked, stricken*
atteler *to harness*
attendri *touched, moved*
attendrissement (m.) *feeling of pity, sentimentality*
attente (f.) *waiting, expectation*
atterrer *to overwhelm, stun, crush*
attirail (m.) *finery, gear, outfit*
attirer *to attract*
aube (f.) *dawn*
auberge (f.) *inn*
au-delà (m.) *the next world, the hereafter*
audience (f.) *hearing, court session*
auditoire (m.) *auditorium, audience, congregation*
aumônier (m.) *chaplain*
auparavant *previously, first*
aurore (f.) *dawn*
aussitôt *immediately*
autel (m.) *altar*

autour *around*
Autriche (f.) *Austria*
avaler *to swallow*
avant-bras (m.) *forearm*
avarie (f.) *injury, damage*
avarié *rotten*
avènement (m.) *advent, accession*
avenir (m.) *future*
aventurer (s') *to venture*
averti *experienced, informed*
avertir *to warn*
avertissement (m.) *warning*
aveu (m.) *avowal, confession*
aveugle *blind*
avis (m.) *opinion*
aviser *to perceive, notice*
 s'----- *to take into one's head (to do something)*
avocat (m.) *lawyer*
avoine (f.) *oat*
avouer *to admit, confess*

B

bâche (f.) *awning, cover*
bagatelle (f.) *trifle*
bague (f.) *ring*
bâiller *to yawn*
baiser *to kiss*
baisser *to lower*
balance (f.) *scales*
balancer *to balance, swing, rock*
balançoire (f.) *swing, see-saw*
balayer *to sweep*
balbutier *to stammer, mumble*
balle (f.) *ball, bullet*
banc (m.) *bench*
baptême (m.) *baptism*
barbe (f.) *beard*
barbu *bearded*
baril (m.) *barrel, keg*
barque (f.) *boat, bark*
barreau (m.) *bar, rail*
barrer *to bar, fasten, obstruct, cross out, line*
bas (m.) *stocking*

bâtir *to build*

bâtiment (m.) *building, ship*

battement (m.) *beat*

bavard *talkative, gossipy*

baver *to dribble, slobber*

béant *gaping, yawning*

bec de gaz (m.) *street-lamp*

bêche (f.) *spade*

bedeau (m.) *beadle, verger*

bedonner *to become stout, grow a
 pouch*

bégayer *to stutter*

bélier (m.) *ram*

bénir *to bless*

berceau (m.) *cradle*

bercer *to rock, lull, soften*

berger (m.) *shepherd*

bétail (m.) *cattle, livestock*

bêtise (f.) *stupidity*

bibliothécaire (m., f.) *librarian*

bien (m.) *possession, property, wealth,
 goods*

bienfaiteur (m.) *benefactor*

bienveillant *kindly, benevolent*

bijou (m.) *jewel*

bille (f.) *billiard-ball*

billet (m.) *note, letter, ticket*

blague (f.) *joke, tall story*

blé (m.) *corn, wheat*

blême *livid*

blesser *to wound, hurt*

se ----- *to be shocked*

blottir (se) *to crouch down, huddle up*

bock (m.) *glass of beer*

boisson (f.) *drink*

bondir *to bound, leap, spring*

bonnement, tout ----- *simply, plainly*

bonnet (m.) *cap*

bord (m.) *edge, brim*

borne (f.) *limit, boundary, landmark,
 milestone*

borner (se) *to restrict, limit oneself*

botte (f.) *boot, bunch*

boucher *to stop up, bottle up*

boucle (f.) *curl, lock*

boue (f.) *mud*

bouffée (f.) *puff, whiff*

bouffi *swollen, puffy, bloated*

bougeoir (m.) *candlestick*

bouger *to move, budge*

bougie (f.) *candle*

boulangerie (f.) *bakery*

boulet (m.) *(cannon-)ball*

bouleverser *to upset, overturn,
 throw into confusion*

bourbeux *muddy*

bourg (m.) *small town*

bourreau (m.) *executioner*

bourrelé *tormented*

bourru *rough, surly*

bourse (f.) *purse, bag, scholarship*

bout (m.) *end*

au-----de *at the end of*

boutique *shop*

brancard (m.) *stretcher, shaft*

bras (m.) *arm*

brèche (f.) *breach, hole*

bredouiller *to mumble, stammer*

bretelle (f.) *suspender, shoulder-strap*

breuvage (m.) *beverage, drink*

briller *to shine, sparkle*

briser *to break*

broche (f.) *spit, skewer*

broder *to embroider*

brouillard (m.) *fog, mist*

brouiller *to mix up, jumble, confuse*

se ----- avec *to quarrel with,
 be in trouble with*

broussaille (f.) *underbrush*

broyer *to pulverize, pound, grind*

brûler *to burn*

bruyant *noisy*

bruyère (f.) *heath, heather*

buée (f.) *steam, mist*

buisson (m.) *bush, thicket*

but (m.) *aim, goal, purpose*

C

cabinet (m) *closet, small room*

cabrer (se) *to rear*

cacher *to hide*

cachet (m.) *seal, hallmark*
cacheté *sealed*
cachette (f.) *hiding-place*
cachot (m.) *dungeon*
cadeau (m.) *gift*
cadet *younger, junior*
cadran (m.) *clock dial*
cagoule (f.) *cowl*
cahot (m.) *jolt, bump*
caillou (m.) *pebble, stone*
cale (f.) *hold (of a ship)*
calepin (m.) *notebook*
calleux *calloused*
cambrer (se) *to draw oneself up*
camion (m.) *wagon, truck*
canaille (f.) *scoundrel, riff-raff*
canapé (m.) *sofa, couch*
canif (m.) *penknife*
canon (m.) *barrel*
capote (f.) *overcoat, hood*
capuchon (m.) *hood*
caressant *tender, affectionate*
carré *square*
carreau (m.) *small square*
carrefour (m.) *crossroads, intersection*
carrelage (m.) *tiling*
carrément *straightforwardly*
case (f.) *hut, cabin*
casque (m.) *helmet*
casquette (f.) *cap*
casser *to break, annul*
castor (m.) *beaver*
catin (f.) *prostitute*
causer *to chat*
cave (f.) *cellar*
cécité (f.) *blindness*
céder *to give up, yield, turn over*
ceinture (f.) *belt*
cénacle (m.) *coterie, group*
cendre (f.) *ashes, cinders*
cercueil (m.) *coffin*
cerf (m.) *stag*
cerf-volant (m.) *kite*
cerner *to ring, encircle*
cerveau (m.) *brain*
chagrin (m.) *grief, trouble, irritation*

chair (f.) *flesh*
chaleur (f.) *heat*
chaloupe (f.) *launch*
champ (m.) *field*
champêtre *rural, rustic*
chanceler *to stagger, totter*
chanter *to sing*
chapelet (m.) *rosary, beads*
charcuterie (f.) *pork-butcher's shop,*
 delicatessen
charge (f.) *burden, duty*
chargement (m.) *loading, cargo*
charger *to load*
 se ----- de *to take charge of,*
 take care of
charpente (f.) *framework*
charrette (f.) *cart*
charrue (f.) *plough*
chasse (f.) *hunting*
chasser *to chase, dismiss, fire, hunt*
châtaignier (m.) *chestnut-tree*
chaudière (f.) *boiler*
chaumière (f.) *cottage*
chaussée (f.) *roadway*
chauve *bald*
chauve-souris (f.) *bat*
chef-d'oeuvre (m.) *masterpiece*
chemise (f.) *shirt, nightgown*
chêne (m.) *oak tree*
chétif *puny, weak*
chevalet (m.) *stand, trestle*
chevelure (f.) *head of hair*
chevet (m.) *head (of a bed)*
chèvre (f.) *goat*
chevreuil (m.) *roe deer (male)*
chiffon (m.) *rag, scrap*
chirurgien (m.) *surgeon*
chope (f.) *mug, tankard*
chou (m.) *cabbage*
chuchoter *to whisper*
chute (f.) *fall*
ciel, cieux (m.) *sky, heaven*
cierge (m.) *candle*
cil (m.) *eye-lash*
cime (f.) *summit, top*
cingler *to lash*

cirer *to wax*
ciseaux (m. pl.) *scissors*
ciseler *to carve, chisel*
citadelle (f.) *fortress*
citadin (m.) *city dweller*
citer *to summon*
citoyen (m.) *citizen*
citron (m.) *lemon*
clairière (f.) *clearing*
claquer *to clap, bang*
cligner *to wink*
cloche (f.) *bell*
clocher (m.) *bell-tower*
cloison (f.) *partition*
clouer *to nail*
cocher (m.) *coachman*
cocotier (m.) *coconut palm*
cognée (f.) *axe, hatchet*
cogner *to knock, hammer in*
coiffeur (m.) *hairdresser, barber*
coiffure (f.) *hairstyle, hat*
coin (m.) *corner*
col (m.) *collar*
colère (f.) *anger*
colis (m.) *package*
coller *to stick, glue*
collet (m.) *collar*
colleter *to collar, scuffle*
collier (m.) *necklace*
colline (f.) *hill*
colombe (f.) *pigeon, dove*
combinaison (f.) *combination, scheme*
comble (m.) *height, top, roof*
combler *to fill up*
comédien (m.) *actor*
commerce (m.) *trade, business*
commis (m.) *clerk, salesman*
commode *suitable, convenient, easy*
commode (f.) *chest of drawers*
commuer *to commute*
complaisance (f.) *obligingness, complacency*
complice (m., f.) *accomplice*
comportement (m.) *behavior*
comporter *to call for, require, comprise, entail*

comprimer *to compress, squeeze, repress*
comptoir (m.) *counter*
concours (m.) *concurrence, gathering*
confier *to confide*
confiseur (m.) *confectioner*
congé (m.) *leave, vacation*
conjurer *to plot, conspire, conjure up, ward off, entreat*
connaissance (f.) *knowledge*
consacrer *to devote*
consommation (f.) *drink*
conspiration (f.) *conspiracy*
constater *to establish, certify*
contenir (se) *to control oneself*
conteur (m.) *story-teller*
contraindre *to force*
se ----- *to constrain*
contravention (f.) *ticket*
convenable *decent, proper, respectable, appropriate*
convenance (f.) *conformity, convenience, suitability*
convenir *to please, suit, agree*
convier *to invite*
convive (m.) *guest*
convoitise (f.) *covetousness*
coq (m.) *rooster*
coque (f.) *shell*
coquin (m.) *rascal, rogue*
corbeau (m.) *crow*
corbeille (f.) *basket*
cordelier (m.) *Franciscan friar*
cordonnerie (f.) *shoemaker's shop*
corne (f.) *horn*
cornichon (m.) *pickle*
corvette (f.) *boat, corvette*
côte (f.) *slope*
coteau (m.) *hill*
cou (m.) *neck*
coude (m.) *elbow*
couler *to flow, slide*
coulisse (f.) *wing (in a theater)*
couloir (m.) *corridor*
coup (m.) *blow, knock, shot*
coupable *guilty*

coupole (f.) *cupola, dome*
cour (f.) *yard*
courant (m.) *stream*
----- d'air (m.) *draft*
au ----- de *up-to-date, informed*
courber *to bend, curve*
couronner *to crown*
courrier (m.) *courier, messenger, mail*
couru *popular, sought after*
couverture (f.) *blanket*
cracher *to spit*
craquer *to scratch, crunch, squeak*
crasseux *dirty*
crépu *frizzled*
crépuscule (m.) *twilight*
creuser *to hollow out, dig out*
creux (m.) *hollow, hole, pit*
crever *to burst; (pop.) to die, overwork*
cribler *to sift, riddle (with bullets)*
crisper *to contract, clench*
croisée (f.) *casement window*
croiser *to cross*
croissant (m.) *crescent*
croître *to grow*
crosse (f.) *butt*
crouler *to collapse*
croûte (f.) *crust*
cruche (f.) *pitcher, jug*
cuir (m.) *leather*
cuisse (f.) *thigh, leg*
cuivre (m.) *copper*
culbuter *to knock over*
culotte (f.) *breeches*
culte (m.) *worship, creed*
curé (m.) *priest*
curieux (m.) *onlooker, spectator*

D

daigner *to deign, condescend*
daim (m.) *deer*
dalle (f.) *floor-tile, paving-stone*
déballer *to unpack*
débarquer *to land*
débarrasser (se) *to get rid of*

débattre (se) *to struggle*
débitant (m.) *retail dealer*
déborder *to overflow, stick out, extend*
déboucher *to uncork*
debout *upright, standing*
débrouiller *to unravel, straighten out, make out*
décevoir *to disappoint*
déchéance (f.) *fall, downfall*
déchiqueter *to mangle, shred*
déchirant *heart-rending*
déchirer *to tear, tear open*
décider *to decide, persuade*
décocher *to shoot, let fly, throw*
découvert *uncovered, open*
dedans (m.) *inside*
dédire (se) *to retract*
défaillir *to weaken, fail, faint*
défait *drawn, dishevelled, defeated*
défoncer *to smash in, break down, dig up*
dégager *to disengage, release, free, emit*
dégâts (m. pl.) *damage*
dégourdi *wide-awake, sharp*
dégourdir (se) *to limber up*
dégoût (m.) *disgust*
degré (m.) *degree, stair*
déguisement (m.) *disguise*
déguster *to taste, sip, sample, relish*
dehors *outside*
délabré *dilapidated*
délacer *to unlace*
délaisser *to abandon, relinquish*
délasser (se) *to rest*
délier *to untie*
délire (m.) *delirium*
délit (m.) *offence*
demander (se) *to wonder*
démarche (f.) *step, action*
démêlé (m.) *quarrel*
démêler *to disentangle, clear up, distinguish*
démener (se) *to throw oneself about, struggle*

démesuré *immoderate, unbounded, very large*
démettre (se) *to resign*
demeure (f.) *house, residence*
demeurer *to remain*
démonter *to dismount, dismantle*
dénégation (f.) *denial*
déni (m.) *denial, refusal*
dénouer *to untie*
dénouement (m.) *outcome, ending*
dentelle (f.) *lace*
dépasser *to pass, go beyond*
dépecer *to carve, cut up*
dépeindre *to depict, describe*
déplacé *displaced, ill-timed*
déplier *to unfold*
déployer *to unfold, display*
déposer *to depose, deposit, testify*
dépouille (f.) *hide, remains*
dépouiller *to cast off, deprive, divest*
dépourvu *destitute*
déranger *to disturb*
dérisoire *ridiculous, insignificant*
dernièrement *recently, lately*
dérober *to steal*
 se ----- *to evade, slip away*
dérouler (se) *to unfold, develop*
dès *from*
dès que *as soon as*
désarroi (m.) *disorder, confusion*
désavouer *to disown, repudiate, deny*
déshabiller *to undress*
désinvolture *unself-consciousness, ease, offhandedness*
désœuvrement (m.) *idleness*
désordonné *disordered, dissolute*
désormais *henceforth*
dessein (m.) *plan, purpose*
dessiner *to draw*
détenir *to hold, possess*
détente (f.) *trigger*
détourner (se) *to turn away*
détruire *to destroy*
deuil (m.) *mourning*
devant (m.) *front*
développer *to spread out, unwrap*

deviner *to guess*
dévoiler (se) *to reveal, disclose*
devoir *to owe*
dévot (m.) *devout person*
dévouement (m.) *devotion*
digérer *to digest*
digne *worthy of*
diligence (f.) *diligence, haste, stage-coach*
discours (m.) *discourse, speech, talk*
disparaître *to disappear*
distraire *to divert, distract, amuse*
divertissement (m.) *entertainment, amusement*
dompter *to tame, subdue*
don (m.) *gift*
dot (f.) *dowry*
douane (f.) *customs*
doué *gifted*
douleur (f.) *pain, suffering*
douter (se) *to suspect*
drap (m.) *sheet*
drapeau (m.) *flag*
dresser *to raise, hold up*
 se ----- *to stand up, sit up*
droit (m.) *right, law*
drôle (m.) *rogue, rascal*
durcir *to harden*
durée (f.) *duration*
durer *to last*

E

eau-de-vie (f.) *brandy*
ébahir *to astound*
ébaucher *to sketch, outline*
ébène (m.) *ebony*
éblouir *to dazzle*
ébranler *to shake, unsettle*
 s'----- *to get under way*
écart (m.) *divergence, swerve, separation*
écarter *to avert, dismiss, shove aside*
 s'----- *to move, step, draw aside*
échafaud (m.) *scaffold*

échantillon (m.) *sample*
échapper, s'échapper *to escape, come out*
échauffer *to heat, rouse*
échec (m.) *check, defeat, setback; chess*
échelle (f.) *ladder, scale*
échelon (m.) *rung, grade*
échouer *to be stranded, fail*
éclair (m.) *lightning*
éclaircir· *to lighten, make clear*
éclairer *to light up, inform*
éclat (m.) *flash, burst*
éclater *to burst, blow up*
éclore *to hatch, bloom*
écluse (f.) *lock*
écolier (m.) *schoolboy*
écorce (f.) *bark, rind*
écorcher *to skin, scrape*
écouler (s') *to flow out*
écraser *to crush*
écrier (s') *to cry out, exclaim*
écriture (f.) *handwriting*
écrouler (s') *to collapse, fall in*
écu (m.) *crown, three franks*
écueil (m.) *reef*
écume (f.) *foam, froth*
écurie (f.) *stable*
écuyer (m.) *squire*
effacer *to erase*
 s'----- *to step aside*
effarer *to frighten, bewilder*
effiler *to fray, taper*
effleurer *to brush, touch lightly*
effondrer (s') *to fall in, cave in*
efforcer (s') *to strive*
effrayer *to frighten*
effréné *unrestrained, frantic*
effroi (m.) *fear*
effroyable *frightful*
égard (m.) *respect, regard*
 à l'----- de *in regard to, concerning*
égarer *to lead astray, mislead, bewilder*
égayer *to amuse, cheer up, enliven*
égorger *to slit a throat, slaughter*

égout (m.) *sewer, drain*
égratigner *to scratch*
égrillard *shameless, lewd*
élan (m.) *spurt, burst*
élancer (s') *to spring, leap, rush, soar*
élever *to breed*
 s'----- *to rise, take place, protest*
élire *to elect*
éloignement (m.) *removal, absence, distance*
éloigner (s') *to move off, go astray*
embarcation (f.) *boat*
embarras (m.) *jam, traffic*
embaumer *to perfume, embalm*
emblée, d'----- *right away*
embuscade (f.) *ambush*
emmener *to take away, out*
émoustillé *excited, exhilarated*
emparer (s') *to seize*
empêcher et sémpêcher *to prevent*
emphase (f.) *grandiloquence, pomposity*
emplir *to fill*
empoigner *to grasp*
emportement (m.) *anger, fury*
emporter, l'----- sur *to prevail over*
emporter (s') *to lose one's temper*
empresser (s') *to hurry, be eager to do something*
ému *moved, affected*
encadrer *to frame, enclose*
encombrement (m.) *jam, traffic*
enduire *to smear, coat*
enfantillage (m.) *childishness*
enfer (m.) *hell*
enfermer *to enclose, shut*
 s'----- *to shut oneself up*
enfoncer *to drive in, break open, sink*
 s'----- *to penetrate, plunge*
enfuir (s') *to run away, escape*
engager *to hire*
engloutir *to engulf*
enhardir (s') *to grow bold*
enivrement (m.) *intoxication, rapture*
enjoué *playful*
enlever *to carry off, take away*

enlèvement (m.) *elopement, abduction*
ennuyer (s') *to get bored*
énoncer *to state, articulate*
enquête (f.) *inquiry, investigation*
enrhumer (s') *to catch a cold*
enrouer (s') *to get hoarse*
ensanglanté *covered with blood*
ensemble (m.) *whole*
enseigner *to teach*
ensevelir *to bury*
ensommeillé *sleepy*
ensorceler *to bewitch, captivate*
ensuivre (s') *to follow, result*
entamer *to cut into, begin*
entasser *to heap up, pile up*
entente (f.) *understanding, agreement*
enterrer *to bury*
entêter (s') *to be stubborn*
entourer *to surround*
entrailles (f. pl.) *intestines*
entraîner *to carry along, drag along*
entraver *to shackle, hinder*
entreprendre *to undertake*
entretenir *to maintain, keep up,*
 converse with
entretien (m.) *maintenance, support,*
 conversation
entrevoir *to catch sight of*
entrevue (f.) *meeting*
entrouvrir *to half-open*
envahir *to invade*
envers *towards, in regard to*
envoler (s') *to flight off, take flight*
épais *thick*
épaissir *to thicken*
épanchement (m.) *outpouring,*
 effusion
épancher *to pour out, shed*
épanouir (s') *to open out, blossom,*
 spread
épargner *to spare, save*
éparpiller *to scatter*
épars *scattered, dishevelled*
épée (f.) *sword*
éperdu *frantic*
éperon (m.) *spur*

épicier (m.) *grocer*
épingle (f.) *pin*
éplucher *to peel*
éponger *to sponge up*
épouse (f.) *wife*
épouser *to marry*
épouvanter *to terrify*
épreuve (f.) *test, trial*
épris *enamored*
éprouver *to experience, suffer, feel*
épuiser *to use up, wear out*
équipage (m.) *crew, retinue, carriage*
 and horses, apparel
équipe (f.) *team, work party*
éreinté *exhausted, worn out*
errer *to wander*
escabeau (m.) *stool*
escalader *to scale, climb*
escalier (m.) *staircase*
esclave (m.,f.) *slave*
espion (m.) *spy*
esquisser *to sketch, outline, begin*
essouflé *out of breath*
essuyer *to wipe*
estampe (f.) *print, engraving*
étage (m.) *story, floor*
étaler *to display*
 s'----- *to spread out, extend*
étang (m) *pool, pond*
état-major (m.) *general staff*
éteindre *to put out, extinguish*
étendre *to spread, stretch*
étendue (f.) *stretch, importance*
étinceler *to sparkle, glitter*
étoffe (f.) *fabric, material*
étonner *to astonish*
étouffer *to choke, stiffle*
étourdi *dizzy, foolish*
étourdir *to stun, daze*
étrangler *to strangle*
étreindre *to embrace, hug, grasp*
étrier (m.) *stirrup*
étroit *narrow, confined*
étui (m.) *case*
évader (s') *to escape*
évangile (m.) *Gospel*

évanouir (s') *to faint, disappear*
évasion (f.) *escape*
éveiller (s') *to wake up*
éventail (m.) *fan*
éventrer *to disembowel, rip open*
éviter *to avoid*
excédé *exasperated, exhausted*
exclure *to exclude*
exiger *to demand*
exigu *scanty, tiny*
expédier *to send, ship*
exprimer *to express*
expulser *to expulse, eject*
exténuer *to exhaust*

F

fâcher (se) *to get angry*
fâcheux *annoying, distressing*
fagot (m.) *faggot*
faïence (f.) *crockery, earthenware*
faillir: a failli *just missed, came near*
fainéant *lazy, idle*
faisceau (m.) *sheaf, bundle, pile, beam*
fait (m.) *fact*
falaise (f.) *cliff*
fanfaron *braggart*
fantassin (m.) *infantryman*
fardeau (m.) *burden*
farouche *wild, fierce, shy, unsociable*
fatalité (f.) *fatality, fate, calamity*
fatuité (f.) *self-conceit*
faubourg (m.) *suburb, outskirts*
faucher *to reap, mow down*
faussement *by mistake, erroneously*
fauteuil (m.) *armchair*
favoris (m. pl.) *sideburns*
feindre *to pretend*
féliciter *to congratulate*
fendre *to split*
fente (f.) *crack, slot*
fer (m.) *iron*
fermeté (f.) *firmness*
ferrure (f.) *iron fitting*
feu (m.) *fire, light*

feuillage (m.) *foliage*
feuilleter *to leaf through*
fève (f.) *bean*
ficelle (f.) *string*
fier (se) *to trust*
fier *proud*
fièvre (f.) *fever*
figure (f.) *face*
figurer (se) *to imagine*
fil (m.) *wire, thread*
filature (f.) *spinning-mill*
file (f.) *line, row*
filer *to spin, "scram", flow, slip*
filet (m.) *thread, thrickle*
fin *fine, slender, delicate, shrewd*
fixer *to stare at*
flacon (m.) *bottle*
flageoler *to shake, tremble, give way*
flambeau (m.) *torch*
fléau (m.) *scourge, calamity*
flèche (f.) *arrow*
flétri *faded, withered*
flibustier (m.) *buccaneer*
flic (m.) *(pop.) cop*
flot (m.) *wave*
flotte (f.) *fleet*
foi (f.) *faith*
foin (m.) *hay*
folâtre *playful, frisky*
folie (f.) *madness*
follement *madly, foolishly*
foncé *dark*
fondre *to melt, dissolve*
----- en larmes *to burst into tears*
force, à ----- de *by dint of*
forcené *wild, frenzied*
forfait (m.) *crime; contract*
fosse (f.) *pit, hole, grave*
fossé (m.) *ditch, trench*
foudre (f.) *lightning*
foudroyant *terrifying, overwhelming*
fouet (m.) *whip*
fougueux *fiery, ardent, impetuous*
fouiller *to dig, search*
foulard (m.) *silk scarf, foulard*
foule (f.) *crowd*

fouler *to press, crush, trample*
fourbir *to furbish, polish*
fourmi (f.) *ant*
fournir *to supply*
fourreau (m.) *sheath, scabbard*
fourrer *to stuff, cram, put*
fourrure (f.) *fur*
foyer (m.) *hearth*
fracasser *to smash, shatter*
fraîcheur (f.) *freshness, coolness*
frais *fresh*
frais (m. pl.) *expenses*
franchir *to cross, pass, jump over*
franchise (f.) *frankness*
frapper *to strike*
frayer (se) *to break one's way*
fredonner *to hum*
frein (m.) *brake, curb*
frêle *frail, weak*
frémir *to quiver, tremble, shudder*
friandise (f.) *delicacy*
friser *to curl*
frissonner *to shiver, shudder*
froideur (f.) *coldness*
froisser *to bruise, rumple*
frôler *to brush against, rub*
froncer *to wrinkle, pucker*
fronde (f.) *sling*
frotter *to rub*
fuir *to flee*
fumée (f.) *smoke*
fumer *to smoke, steam*
fumier (m.) *manure*
funeste *fatal, deadly*
furibond *furious*
furieusement *furiously, tremendously*
fuser *to spread, burst out, fuse*
fusil (m.) *gun*
fusiller *to shoot*

G

gagner *to earn, win, reach, attain*
gaillard (m.) *fellow*
gain (m.) *gain, profit, earnings*
galon (m.) *braid, stripe*

gamme (f.) *gamut, range, scale*
gant (m.) *glove*
garder (se) *to be careful not to do something*
garnison (f.) *garrison*
gaspiller *to waste*
gâter *to spoil*
gauche *left, awkward*
gazon (m.) *grass, lawn*
geindre *to whine*
gelée (f.) *gelatin, frost*
gémir *to moan*
gendre (m.) *son-in-law*
gêner *to hinder, inconvenience, embarrass*
génie (m.) *spirit, genius*
genou (m.) *knee*
genre (m.) *kind*
gens (m. pl.) *people, servants*
geôlier (m.) *jailer*
germer *to germinate*
gésir *to lie*
 ci-gît *here lies*
giberne (f.) *cartridge pouch*
gibier (m.) *wild game*
gifle (f.) *slap*
gilet (m.) *vest*
girouette (f.) *weather vane*
givre (m.) *hoar-frost*
glace (f.) *ice cream*
glacé *frozen, cold*
glisser *to slide, glide*
 se ----- *to steal*
goémon (m.) *seaweed*
gonfler *to swell*
gorge (f.) *breast, throat*
goulot (m.) *neck (of a bottle)*
goulûment *greedily*
goût (m.) *taste, flavor*
goûter *to taste, enjoy, try*
goutte (f.) *drop*
grâce (f.) *grace, favor, pardon, mercy*
----- à *thanks to*
grappe (f.) *bunch, cluster*
gras *fat, greasy*
gratter *to scrape, scratch*

graver *to carve, engrave*
gravir *to climb*
gré (m.) *liking, taste, will, pleasure*
gredin (m.) *rogue, scoundrel*
grêle *thin*
grêle (f.) *hail*
grelot (m.) *bell*
grelotter *to shiver*
grenier (m.) *granary, attic*
griffe (f.) *claw*
grillé *barred*
grimper *to climb*
grincer *to grind, grate*
griser *to intoxicate*
grisonnant *greying*
grivois *bawdy, licentious*
gronder *to scold, rumble, roar*
grossier *coarse, crude*
grossir *to grow fat, larger*
grouiller *to swarm*
guenille (f.) *rag, tatter*
guère *not much*
guérison (f.) *recovery, cure*
guetter *to lie in wait for, watch out for*
gueule (f.) *mouth (of an animal),*
 muzzle (of a gun)

H

habile *clever*
habit (m.) *coat*
hache (f.) *axe*
hacher *to chop, hash*
haillon (m.) *rag*
haineux *full of hatred*
haleine (f.) *breath*
haleter *to pant*
hangar (m.) *shed, hangar*
hanter *to haunt*
hardi *bold, fearless, rash*
hasard (m.) *chance, luck*
 au ----- *at random*
hasarder (se) *to take risks*
hâter (se) *to hurry*
hausser *to lift, shrug*
haut *high, loud*

hautain *haughty*
hautement *highly, loudly, boldly*
hébété *dazed, stupid*
heure, à la bonne -----! *fine! good!*
heurter *to knock against, collide with,*
 run into, shock
hirondelle (f.) *swallow*
hisser *to hoist*
hocher *to nod, shake, toss (the head)*
honte (f.) *shame*
hoquet (m.) *hiccup, gasp*
horloge (f.) *clock*
hors *outside of, beside, out*
huile (f.) *oil*
humer *to breathe, suck in*
hurler *to howl, roar*

I

ignorer *not to know, to be ignorant of*
impassibilité (f.) *impassivity*
impayable *priceless, screamingly*
 funny
impie *impious, blasphemous*
imprévu *unforeseen, unexpected*
imprimer *to print*
inappréciable *inestimable*
inattendu *unexpected*
incendie (m.) *fire*
incommode *unconvenient,*
 uncomfortable, awkward
inconduite (f.) *loose living,*
 misconduct
inculpé (m.) *accused, defendant*
indécis *undecided*
indigne *unworthy*
indomptable *indomitable,*
 ungovernable
indûment *improperly*
inébranlable *unshakeable, inflexible*
inégal *uneven*
inonder *to flood*
inopinément *suddenly, unexpectedly*
inouï *unheard of, outrageous,*
 extraordinary

inquiéter (s') *to become anxious, uneasy*

insaisissable *unseizable, indiscernible*

inscrire (s') *to enroll, register*

insensé *senseless, foolish*

insensible *insensitive*

insigne *notorious*

insolite *unusual*

insouciance (f.) *unconcern, thoughtlessness, casualness*

instance (f.) *immediacy*

instruction (f.) *investigation*

insu, à l'----- de *unbeknownst to*

insupportable *unbearable*

intarissable *inexhaustible*

interdit *amazed, bewildered*

interpeller *to challenge, summon to answer*

inusité *unusual*

invraisemblable *unlikely, improbable, unbelievable*

irréfragable *undeniable*

irriter (s') *to grow angry, to become irritated, aroused*

ivre *drunk*

J

jadis *formerly*

jaillir *to spout, gush, spurt*

jais (m.) *jet*

jambonneau (m.) *knuckle of ham*

jarret (m.) *bend of the knee*

jaser *to chatter*

jatte (f.) *bowl, basin*

jetée (f.) *pier, jetty*

jeu (m.) *game, play, sport, acting*

jeûne (m.) *fast*

joncher *to strew, litter*

joue (f.) *cheek*

jouet (m.) *toy*

jouissance (f.) *enjoyment, possession*

journalier *daily, everyday*

juif (m.) *jew*

jupe (f.) *skirt*

jupon (m.) *petticoat*

jurer *to swear, curse*

L

labourer *to plow*

lâcher *to release, loosen*

lâcheté (f.) *cowardice*

laitier (m.) *milkman*

lambeau (m.) *rag, shred*

lame (f.) *blade*

lancer *to throw, launch, start*

lancier (m.) *lancer*

lapin (m.) *rabbit*

large (m.) *open sea*

larme (f.) *tear*

las *tired, weary*

lasser (se) *to get tired*

lauréat (m.) *prizewinner*

lecture (f.) *reading*

lendemain (m.) *next day*

lenteur (f.) *slowness*

lestement *lightly, nimbly*

lettré (m.) *scholar, well-read man*

lien (m.) *tie, bond*

lier *to bind, tie*

lierre (m.) *ivy*

lieu (m.) *place*

 avoir ----- *to take place*

lieue (f.) *league*

lièvre (m.) *hare*

lisse *smooth, glossy*

litière (f.) *litter*

livrer *to deliver, give up*

 se ----- *to surrender, give oneself up*

loge (f.) *dressing-room, box*

logis (m.) *house*

lointain *remote*

long, le ----- de *alongside*

longer *to pass along, hug, keep to the side of*

longueur (f.) *length*

loque (f.) *rag*

loquet (m.) *latch*

lors de *at the time of, when*

louche *cross-eyed, suspicious, shifty*

louer *to praise, rent*

loup (m.) *wolf*
lourd *heavy*
lubrifier *to lubricate*
lueur (f.) *gleam, glimmer*
luire *to shine*
luisant *shiny*
lumière (f.) *light*
lunaire *lunar*
lustre (m.) *chandelier*
lutte (f.) *struggle*

M

mâcher *to chew*
mâchoire (f.) *jaw*
maculer *to dirty*
maigre *thin, lean*
maire (m.) *Mayor*
mal (m.) *evil, pain*
maladif *sickly, morbid*
maladresse (f.) *awkwardness*
malédiction (f.) *curse*
malgré *in spite of*
malheur (m.) *misfortune*
 par ----- *unfortunately*
malice *sly trick*
malin *wicked, cunning*
malle (f.) *trunk*
malpropre *unclean, nasty*
mammifère (m.) *mammal*
manche (f.) *sleeve*
manche (m.) *handle*
manie (f.) *mania, idiosyncrasy*
manier *to handle, manage*
manières (f. pl.) *manners*
manteau (m.) *coat*
marchandise (f.) *goods*
marche (f.) *step, walking, sailing,
 running*
marché (m.) *bargain, deal, market*
 à bon ----- *cheap*
marchepied (m.) *step, footboard*
marcher *to walk, to be (good or bad)*
mare (f.) *pool, pond*
marge (f.) *margin*
marin (m.) *sailor*

marmonner *to mumble, mutter*
marmotter *to mumble, mutter*
marron (m.) *chestnut*
marronnier (m.) *chestnut-tree*
marteau (m.) *hammer*
mat *dull, flat*
mât (m.) *mast*
matelas (m.) *mattress*
matelot (m.) *sailor*
matière (f.) *matter, subject*
maudire *to curse*
méchanceté (f.) *wickedness,
 naughtiness, spitefulness*
mèche (f.) *wick*
méconnaître *to fail to recognize,
 misappreciate, disown*
méfait (m.) *misdeed*
méfier (se) *to mistrust*
mêler *to mix, blend*
ménage (m.) *housekeeping, couple*
ménagement (m.) *caution,
 consideration*
ménager *to save, arrange, provide*
ménagère (f.) *housewife*
mener *to lead, conduct*
mensonge (m.) *lie*
mentir *to lie*
méprendre (se) *to be mistaken*
mépris (m.) *contempt, scorn*
méridional *Southern*
mériter *to deserve*
merle (m.) *blackbird*
merveille (f.) *marvel*
métier (m.) *profession, trade*
mettre, se ----- à *to begin*
 se ----- à table *to sit down at the
 table*
meubler *to furnish*
meunier (m.) *miller*
meurtre (m.) *murder*
midi (m.) *south, noon*
miette (f.) *crumb*
mignon *dainty, sweet, cute*
mince *thin*
mine (f.) *appearance, look*
miroiter *to gleam, sparkle*

miséricorde (f.) *mercy*
mobilier (m.) *furniture*
mode (f.) *fashion*
mœurs (f. pl.) *manners, morals*
moineau (m.) *sparrow*
moins *less*
 au, du ----- *at least*
moisson (f.) *harvest*
moitié (f.) *half*
mollement *softly, slowly*
mondain *worldly, fashionable*
monde (m.) *world, society*
monnaie (f.) *money, change*
moquer (se) *to make fun*
mordre *to bite*
morne *gloomy, bleak*
mou, molle *soft*
mouche (f.) *fly*
mouchoir (m.) *handkerchief*
moudre *to grind*
mouillé *damp, wet*
moulin (m.) *windmill*
mousse (f.) *foam, moss*
mousse (m.) *apprentice sailor*
mousseline (f.) *muslin*
mousser *to foam*
moyen *middle, medium, average*
moyen (m.) *means*
moyennant *in return for*
muet *mute*
mugir *to bellow, roar*
munir *to provide with*
mûr *ripe, mature*
muraille (f.) *wall*

N

naguère *a short time ago*
naissance (f.) *birth*
nappe (f.) *cloth, sheet, surface*
narine (f.) *nostril*
naufrage (m.) *shipwreck*
navet (m.) *turnip*
navire (m.) *ship*
navré *heartbroken, extremely sorry*
néanmoins *nevertheless*

néant (m.) *nothingness*
négociant (m.) *merchant*
net *clean*
neuf *new*
niais *foolish, silly*
nier *to deny*
niveau (m.) *level*
noce (f.) *wedding, marriage*
nœud (m.) *knot*
 ----- coulant (m.) *slipknot*
noircir *to blacken, darken*
nonobstant *nevertheless*
nouer *to knot, tie*
nourrice (f.) *nurse*
nourrir *to feed*
noyau (m.) *fruit stone, pit, nucleus*
noyer *to drown, deluge*
nuage (m.) *cloud*
nue (f.) *cloud*
nuire *to be harmful*
nuisible *harmful*
nul *no one*
nuque (f.) *nape of the neck*

O

obscurcir (s') *to grow dark, dim*
obstruer *to obstruct*
obtempérer *to obey, comply with*
occidental *western*
odoriférant *fragrant*
ombrageux *touchy, quick to take offence*
ombre (f.) *shadow*
onctueux *oily, greasy, silky*
onde (f.) *wave, water*
ondée (f.) *heavy shower*
ongle (m.) *fingernail*
orage (m.) *storm*
orgue (m.) *organ*
orgueil (m.) *pride*
orme (m.) *elm*
orner *to adorn, decorate*
orthographe (f.) *spelling, orthography*
os (m.) *bone*
oser *to dare*

otage (m.) *hostage*
ôter *to take off, away*
ouïe (f.) *hearing*
ouragan (m.) *hurricane*
outil (m.) *tool, instrument*
outrance (f.) *excess, exaggeration*
outre, en ----- *in addition*

P

paille (f.) *straw*
paillette (f.) *spangle*
pair (m.) *peer*
paisible *peaceful*
paître *to pasture, graze*
pan (m.) *flap, section, surface*
panier (m.) *basket*
panser *to dress a wound*
pantelant *panting*
paon (m.) *peacock*
pape (m.) *pope*
papillon (m.) *butterfly*
parcourir *to travel through, glance through*
pareil *similar, alike, such*
parer *to adorn, embellish*
paresse (f.) *laziness*
parier *to bet*
parquer *to pen, park, confine*
partager *to divide, share*
parterre (m.) *flower-bed*
parti, prendre un ----- *to make a decision*
partie (f.) *game*
partir, à ----- de *from . . . on*
parure (f.) *ornament, finery, jewelry*
pas (m.) *step, pace*
passager *fleeting, momentary*
passager (m.) *passenger*
passer, se ----- de *to do without*
passionner *to excite, intrigue*
patauger *to wallow, flounder*
patrie (f.) *homeland, country*
patrimoine (m.) *heritage*
patron (m.) *boss, landlord, employer, proprietor*

patrouille (f.) *patrol*
patte (f.) *paw, leg*
paume (f.) *palm*
paupière (f.) *eyelid*
pavé (m.) *paving-stone, pavement*
paysage (m.) *landscape*
peccadille (f.) *peccadillo, small offence*
pêche (f.) *fishing, a catch, peach*
pécher *to sin*
pêcher *to fish*
pêcheur (m.) *fisherman*
peignoir (m.) *dressing gown, bathrobe*
peindre *to paint, describe*
peine (f.) *pain, penalty, difficulty*
à ----- *hardly, scarcely*
pelouse (f.) *lawn*
penchant (m.) *inclination, bent*
pencher *to bend, lean*
pendre *to hang*
pénible *hard, difficult, painful*
pénombre (f.) *penumbra, half-light*
pente (f.) *slope*
percer *to pierce, penetrate*
perdre *to lose*
perron (m.) *steps*
persienne (f.) *shutter*
perte (f.) *loss*
peser *to weigh, be heavy*
peuplier (m.) *poplar*
physionomie (f.) *physiognomy, features, appearance*
piège (m.) *trap*
pierre (f.) *stone*
piétiner *to stamp, trample on*
pilier (m.) *pillar*
piller *to loot*
pincer *to pinch*
piquer *to prick, sting, stick*
pis *worse*
le ----- *the worst*
pitoyable *pitiable*
pivoine (f.) *peony*
plafond (m.) *ceiling*
plage (f.) *beach*

plaie (f.) *wound*
plaindre *to pity*
 se ----- *to complain*
planche (f.) *board*
plancher (m.) *floor*
planer *to glide, soar*
plat *flat*
platane (m.) *plane tree*
plateau (m.) *pan (of a pair of scales)*
plâtre (m.) *plaster*
pli (m.) *fold*
plier *to fold*
plomb (m.) *lead*
plume (f.) *pen*
plupart, la ----- *most*
plutôt *rather*
poids (m.) *weight*
poignard (m.) *poniard, dagger*
poignée (f.) *handful*
poignet (m.) *wrist*
poil (m.) *hair*
poing (m.) *fist*
poireau (m.) *leek*
poitrine (f.) *chest*
polisson (m.) *naughty child, scamp*
poltron *timid, chicken-hearted*
pommette (f.) *cheek bone*
pont (m.) *bridge, deck*
porc-épic (m.) *porcupine*
portail (m.) *main entrance*
porte-monnaie (m.) *coin purse*
portique (m.) *portico*
posé *staid, solemn, sedate*
potager (m.) *kitchen-garden*
pouce (m.) *thumb*
poudre (f.) *powder, dust*
poule (f.) *chicken*
poumon (m.) *lung*
pourtant *nevertheless*
poursuivre *to pursue, torment*
pourvoir *to provide, furnish*
poussée (f.) *thrust, push, tendency,*
 growth
pousser *to push, frow, put forth, grow*
poussière (f.) *dust*
poutre (f.) *beam*

pré (m.) *meadow*
précipiter (se) *to rush, throw oneself*
préfet (m.) *prefect, police chief*
préfecture (f.) *prefecture, police*
 headquarters
préjugé (m.) *prejudice*
prendre, s'y ----- *to set about doing*
 things
prendre pour *to confuse*
préparatif (m.) *preparation*
prescrire *to prescribe, stipulate*
présent (m.) *gift*
préserver *to protect*
pressentiment (m.) *presentiment,*
 foreboding
presser (se) *to crowd, hurry*
prétendre *to claim*
prêter *to lend, give*
prêtre (m.) *priest*
prévenir *to warn, tell, prevent*
prévention (f.) *bias, prejudice*
prévoir *to predict, foresee, plan*
prévoyance (f.) *foresight, precaution*
prière (f.) *prayer*
privé *private, deprived*
procès (m.) *trial*
proférer *to utter, speak*
proie (f.) *prey*
propice *propitious, favorable*
propos (m.) *talk, gossip*
proposer *to propose, offer*
propreté (f.) *cleanliness*
propriété (f.) *property, estate*
prosterner (se) *to prostrate*
provenir *to come from, proceed from,*
 arise from
prunelle (f.) *pupil of the eye*
pudeur (f.) *modesty*
puer *to stink*
puiser *to draw forth*
puits (m.) *well*

Q

quant à *as to, as for*
quartier (m.) *district, area*

queue (f.) *tail, line*
quiconque *whoever*
quotidien *daily, everyday*

R

rabbin (m.) *Rabbi*
raccommoder *to mend, repair, reconcile*
râcler *to scrape*
radieux *radiant, dazzling*
radotage (m.) *drivel, nonsense*
radoucir (se) *to get gentler*
raffoler *to be infatuated*
rafraîchir *to freshen, refresh*
ragaillardir *to cheer someone up*
raide *stiff, straight*
raie (f.) *streak, line*
railler *to laugh at, jeer at, tease*
rajeunir *to make young again, younger*
râle (m.) *rattle, death rattle*
ralliement (m.) *rallying, winning over*
ramasser *to gather together, collect, pick up*
rame (f.) *oar*
rameau (m.) *branch, palm*
ramener *to bring back*
ramper *to crawl*
rang (m.) *rank, row*
rangé *tidy, steady, regular*
ranger (se) *to line up, to settle down*
rapetisser *to make smaller, shorten*
rapprocher *to bring together*
raser *to shave, graze*
rassemblement (m.) *crowd, gathering*
rattacher (se) *to be fastened, connected to something*
rattraper *to recapture, overtake*
rauque *hoarse, harsh*
ravir *to ravish, delight*
raviser (se) *to change one's mind*
rayon (m.) *ray, beam*
rebondi *rounded, plump*
réchaud (m.) *hot plate*
réchauffer *to heat, warm up (again)*
recherché *sought after, select, affected*

récit (m.) *narrative*
réclame (f.) *advertising*
réclamer *to complain, protest against, claim, crave, call for*
récolter *to harvest*
recommander (se) *to commend oneself*
récompenser *to reward*
reconnaissance (f.) *gratitude*
reconnaître *to admit, recognize*
recourbé *bent, curved*
recours (m.) *recourse, resort*
recouvrer *to recover, retrieve*
récrier (se) *to exclaim, protest*
recueil (m.) *collection*
recueillir *to collect, gather up, shelter*
reculer *to back up*
récuser *to challenge*
rédimer *to redeem*
redingote (f.) *coat*
redouter *to fear*
redresser (se) *to straighten up*
reflet (m.) *reflection*
refroidir *to cool*
régir *to govern, rule, manage*
règlement (m.) *payment, regulation*
rehausser *to raise, heighten*
rein (m.) *kidney; (pl.) back, loins*
rejoindre *to catch up with, overtake*
réjouir (se) *to rejoice*
relever *to raise, pick up, heighten, call attention to, record, relieve*
religieuse (f.) *nun*
rembourser *to reimburse, redeem*
remettre (se) *to recover*
se ----- à *to start again*
remise (f.) *shed*
remous (m.) *eddy, swirl, backwash*
remplir *to fill*
remporter *to carry off, win*
remuer *to move, stir*
rencontrer *to meet*
rendre (se) *to yield, surrender*
rengorger *to strut, swagger*
renommée (f.) *fame*
renouveler (se) *to repeat*
renseignement (m.) *information*

renverser *to reverse, invert, overturn, astound*
répandre *to pour out, spread, scatter*
réparer *to repair, make good*
repartir *to answer*
répartir *to divide, distribute*
repêcher *to fish out*
repeupler *to repopulate, restock*
replier *to refold, withdraw*
répliquer *to retort, answer back*
repousser *to push back, repel, be repellant*
réprimer *to repress, curb*
reprise (f.) *mend, time*
reproduire (se) *to happen again*
requis *required, necessary*
respirer *to breathe*
ressentir *to feel, experience*
resserrer *to confine, restrain, draw together*
ressort (m.) *spring*
reste, du ----- *besides, moreover*
résumer *to sum up*
retarder *to delay*
retenir (se) *to restrain*
retentir *to resound, ring*
retirer (se) *to retire, withdraw*
retrancher *to cut off, retrench*
retremper *to soak again, brace up*
réunir *to (re)unite, join together*
réussite (f.) *result, success*
revanche (f.) *revenge*
réveil (m.) *awakening*
revenant (m.) *ghost*
revers (m.) *reverse, underside*
revêtir *to put on, assume*
ricaner *to sneer*
rideau (m.) *curtain*
rider *to wrinkle, ripple*
risée (f.) *jeer, butt*
rivage (m.) *shore, beach, bank*
rixe (f.) *brawl, fight*
robe de chambre (f.) *bathrobe*
roidi *stiff*
romain *Roman*
romancier (m.) *novelist*

rompre *to break, break up*
ronfler *to snore, hum*
roseau (m.) *reed*
roue (f.) *wheel*
rougir *to blush*
rouille (f.) *rust*
rouillé *rusty, out of practice*
roulement (m.) *rolling*
rouler *to roll*
roulis (m.) *rolling*
roussâtre *reddish*
roux, rousse *red, reddish-brown*
ruban (m.) *ribbon*
ruer (se) *to hurl, fling oneself*
rugir *to roar, howl*
ruisseau (m.) *brook, stream, gutter*
ruisseler *to trickle*
rusé *sly, crafty*

S

sable (m.) *sand*
sac (m.) *bag*
sage *quiet, wise*
sagement *wisely*
saigner *to bleed*
saillir *to gush, project, jut out*
saisir *to grasp, seize, understand*
salir *to dirty*
saluer *to greet*
salut (m.) *greeting, salvation*
salutairement *profitably*
sang-froid (m.) *composure*
sanglant *blood-stained*
sanglot (m.) *sob*
santé (f.) *health*
sapin (m.) *fir-tree, pine*
saucisse (f.) *sausage*
sauf, sauve *safe*
saule (m.) *willow*
saut (m.) *jump*
sautiller *to hop, jump about*
sauvage *savage, wild*
sauver (se) *to escape, run away, clear out*
savant (m.) *scholar, intellectual*

scélérat (m.) *scoundrel*
sceller *to seal, affix*
scintiller *to sparkle, twinkle*
scruter *to scrutinize*
sec, sèche *dry*
secouer *to shake*
secourable *helpful*
secours (m.) *help, aid*
secousse (f.) *shake, shock*
sein (m.) *bosom, womb*
séjour (m.) *stay, sojourn, abode*
semer *to sow*
sens (m.) *direction*
sensibilité (f.) *sensitivity, compassion, pity*
sensible *sensitive, noticeable*
sensiblement *appreciably*
sentier (m.) *path*
serment (m.) *oath*
serrer *to squeeze, grip, close, press, tighten*
serrure (f.) *lock*
serviable *helpful, obliging*
serviette (f.) *napkin*
seuil (m.) *threshold, doorstep*
sévir *to punish*
siège (m.) *seat, center, siege*
siéger *to sit*
siffler *to whistle*
sifflet (m.) *whistle*
siffloter *to whistle to oneself*
signer (se) *to cross oneself*
sillonner *to plow, furrow*
sitôt que *as soon as*
soie (f.) *silk*
soigner *to look after, take care of*
soin (m.) *care, trouble*
soit que . . . soit que *whether . . . or*
sombrer *to sink, founder*
solennel *solemn*
sommaire *succinct, hasty*
sommeiller *to doze*
sommet (m.) *top, summit, acme*
son (m.) *sound*
sonder *to sound, probe*
songer *to dream, think*

sorcière (f.) *witch*
sort (m.) *fate*
sot *foolish, stupid*
souci (m.) *care, anxiety*
soudain *sudden, unexpected*
souffle (m.) *blow, wind*
souffler *to blow, breathe*
soufflet (m.) *slap*
souiller *to soil, pollute, blemish*
soulager *to relieve, ease*
soulèvement (m.) *rising, revolt, upheaval*
----- de cœur *nausea*
soulier (m.) *shoe*
soumettre *to submit, subdue, subject*
soumis *submissive*
soupçon (m.) *suspicion*
soupente (f.) *garret, loft*
soupière (f.) *soup tureen*
soupir (m.) *sigh*
souplesse (f.) *suppleness, pliability, docility*
sourcil (m.) *eyebrow*
sourciller *to frown*
sourd *deaf, dull, muffled*
souris (f.) *mouse*
sournois *sly, cunning*
soustraire (se) *to withdraw, avoid, elude*
soutane (f.) *cassock*
soutenir *to sustain, uphold, support*
spirituel *witty, spiritual*
stationner *to stop, take up one's position, stand, park*
statuer *to decide*
stylet (m.) *stiletto, knife*
suave *suave, sweet, pleasant*
subir *to suffer, undergo*
subit *sudden*
suédois *Swedish*
sueur (f.) *sweat*
suffire *to be sufficient*
suif (m.) *tallow, fat*
suivant *according to*
suivi *connected, sustained, uninterrupted*

suivre *to follow*

suppléer *to supply, make good,*
 take the place of

supplice (m.) *torture, agony*

supplier *to beseech, beg*

supporter *to stand, bear*

surcharger *to overburden, overwork,*
 overornament

surcroît (m.) *increase*

surdité (f.) *deafness*

surlendemain (m.) *day after next*

surmener *to overwork*

survenir *to happen, take place,*
 crop up

survivre *to outlive, survive*

T

tablier (m.) *apron*

tache (f.) *spot, stain*

tâcher *to try, attempt*

taille (f.) *figure, height, waist*

tailler *to cut, trim, clip*

taillis (m.) *copse*

taire (se) *to be, keep silent*

talon (m.) *heel*

tambour (m.) *drum*

tangage (m.) *pitching*

tant, ----- mieux *so much the better*
 ----- pis *so much the worse*

tantôt . . . tantôt *sometimes . . .*
 sometimes

tapage (m.) *noise, uproar*

taper *to tap, hit*

tapis (m.) *rug, cloth*

tarder *to delay*

tarir *to dry up, exhaust*

tas (m.) *heap, pack*

tâter *to feel, touch, handle*

tâtonner *to grope*

taureau (m.) *bull*

teint (m.) *complexion*

teinte (f.) *color*

témoigner *to testify, bear witness,*
 show

témoin (m.) *witness*

tempe (f.) *temple*

tenace *tenacious, dogged*

tendre (se) *to stretch*

tendu *strained, tense, smooth*

ténèbres (f.pl.) *shadows*

tenir (se) *to behave*

tentative (f.) *attempt, endeavor*

tenter *to try*

tenue (f.) *dress, clothing*

terne *dull, dim*

terrasser *to throw down, defeat, crush*

terrine (f.) *earthenware pot*

tiède *tepid, mild*

tillac (m.) *deck*

timbale (f.) *mug*

timon (m.) *beam, pole, tiller*

tinter *to ring, chime, clink*

tir (m.) *shooting, firing*

tirer *to pull, rescue, fire*
 se ----- de *to manage, get along*

toile (f.) *canvas, linen*
 ----- cirée *oilcloth*

toit (m.) *roof*

tôle (f.) *sheet-iron*

tonneau (m.) *barrel, cash*

tonnerre (m.) *thunder*

tordre *to twist*

tort (m.) *harm, wrong*

touffu *dense, thick*

tour (m.) *turn*

tourbillon (m.) *whirlwind*

tournoiement (m.) *whirl*

tournoyer *to whirl, twirl*

tournure (f.) *appearance, expression*

tourtereau (m.) *turtle dove*

tousser *to cough*

toutefois *however*

toux (f.) *cough*

trahir *to betray, reveal*

trahison (f.) *betrayal*

traîner *to drag, pull*

trait (m.) *feature, drawing*

trancher *to slice, cut short, solve*

transi *chilled*

traquer *to hunt down*

travers, à ----- *through*
 de ----- *awry, amiss*
traversée (f.) *crossing*
traverser *to cross*
trébucher *to stumble, totter*
tremblement (m.) *quiver*
 ----- de terre *earthquake*
tremper *to dilute, soak*
tressaillir *to shudder, start*
tricher *to trick, cheat*
tricoter *to knit*
tripoter *to meddle, dabble*
tromper (se) *to be mistaken, deceive oneself*
trottoir (m.) *sidewalk*
trou (m.) *hole*
trouble (m.) *confusion, uneasiness*
troubler (se) *to become hazy, confused*
trouée (f.) *gap, opening*
troupeau (m.) *flock, herd*
trouvaille (f.) *find, windfall*
tutoyer *to say 'tu' to someone*
tuyau (m.) *pipe, tube*

U

uni *smooth, level*
user *to use up*
usité *used, in use*

V

vague (f.) *billow, wave*
vaincre *to win*
vanter *to praise*
 se ----- *to boast*
vapeur (f.) *steam*
vase (f.) *mud*
vaurien (m.) *rascal, good for nothing*
veille (f.) *vigil, eve*
veiller *to watch over*
veilleuse (f.) *night light*
velours (m.) *velvet*
vendre *to sell, betray*

ventre (m.) *belly*
ver (m.) *worm*
verdâtre *greenish*
verdoyant *green, verdant*
vergogne (f.) *shame*
vérole (f.), petite ----- *smallpox*
verre (m.) *glass*
verrou (m.) *bolt, bar*
verser *to pour out, shed, deposit, turn over*
vertige (m.) *dizziness*
veste (f.) *jacket*
veuf (m.) *widower*
vider *to empty*
vif *quick, intense, vivid*
vin (m.) *wine*
vis (f.) *screw*
vis-à-vis *opposite*
viser *to aim at*
vitrage (m.) *window*
vitre (f.) *pane of glass*
vœu (m.) *vow*
voguer *to sail*
voie (f.) *way, route*
voile (m.) *veil*
voile (f.) *sail*
voilé *hidden, veiled*
voisin (m.) *neighbor*
voisinage (m.) *neighborhood, nearness*
voix (f.) *voice*
volée (f.) *flight, volley, peal*
voler *to steal, fly*
volet (m.) *shutter*
volontaire *spontaneous, determined, hard-headed, willful*
volonté (f.) *will*
volontiers *willingly*
voltiger *to fly, flutter*
vouloir, en-----à *to bear a grudge against*
voulu *deliberate, studied*
voûte (f.) *vault*
vu que *considering that*
voûté *stooping*